THE HUNT FOR UNICORNS

价值捕手

主权基金
如何重塑数字经济的
投资模式

How Sovereign Funds
Are Reshaping Investment
in the Digital Economy

马文彦
[美] 保罗·唐斯
（Paul Downs）
/ 著

蒋焰
/ 译

中信出版集团 | 北京

图书在版编目（CIP）数据

价值捕手：主权基金如何重塑数字经济的投资模式 / 马文彦,（美）保罗·唐斯著；蒋焰译 . -- 北京：中信出版社，2022.9
书名原文：The Hunt for Unicorns：How Sovereign Funds Are Reshaping Investment in the Digital Economy
ISBN 978-7-5217-4450-7

I. ①价⋯ Ⅱ . ①马⋯ ②保⋯ ③蒋⋯ Ⅲ . ①基金－投资 Ⅳ . ① F830.59

中国版本图书馆 CIP 数据核字（2022）第 098362 号

The Hunt for Unicorns：How Sovereign Funds Are Reshaping Investment in the Digital Economy
by Winston Ma and Paul Downs.
ISBN：9781119746607
Copyright ©2021 by Winston Ma and Paul Downs. All rights reserved.
Simplified Chinese translation copyright ©2022 by CITIC Press Corporation.
ALL RIGHTS RESERVED
本书仅限中国大陆地区发行销售

价值捕手——主权基金如何重塑数字经济的投资模式
著者：　马文彦　［美］保罗·唐斯
译者：　蒋焰
出版发行：中信出版集团股份有限公司
（北京市朝阳区惠新东街甲 4 号富盛大厦 2 座　邮编　100029）
承印者：　北京诚信伟业印刷有限公司

开本：787mm×1092mm　1/16　　印张：25.5　　字数：330 千字
版次：2022 年 9 月第 1 版　　印次：2022 年 9 月第 1 次印刷
书号：ISBN 978–7–5217–4450–7
定价：99.00 元

版权所有·侵权必究
如有印刷、装订问题，本公司负责调换。
服务热线：400–600–8099
投稿邮箱：author@citicpub.com

致汝欣，我非常爱你。

——马文彦

致丽贝卡，你的支持是无价的。

——保罗·唐斯

序一
是时候建造最伟大的时间机器了

这是一个关于时间机器的故事。

亲爱的读者，你并不是偶然间来到了书店的科幻小说书架。然而，你手里的确是拿着一本关于在地球上寻找"时间机器"的编年史。

这本书的出版恰逢其时。作者向我们展示了由推动技术变革的初创企业和背后的投资人——新兴主权财富基金，所构成的神秘世界。这些人分别是建设者和投资人，成为重塑我们所知世界的最大的两股力量。它们的起源不同，但是它们的演化却有许多相似之处。它们的未来，以及我们的未来，以超乎所有人预料的方式交织在一起。

在近20年的科技和投资生涯中，我逐渐认识到，每一家伟大的科技初创企业实际上都是一台时间机器，是一群致力于将我们带入未来世界的疯狂天才的成果。虽然大多数尝试都失败了，但是几乎所有的失败都史无前例地拓展了我们的认知。一旦他们成功，他们将为一两代人重塑整个行业。

2020年，全球市值最大的10家公司中，有7家是位于美国和中国的科技巨头：苹果、微软、亚马逊、谷歌、脸书、阿里巴巴和腾讯。即使与10年前相比，这个名单也有很大不同，当时的名单中还有埃克森美孚、中国工商银行、通用电气和花旗等能源、金融和工业领域的领导企业。如今，排名前10的非科技公司只有伯克希尔-哈撒韦、维萨和强生。

2000年互联网泡沫破灭后，初创企业逐渐淡出了华尔街的视野。但是，这些公司却在新一代投资者的默默支持下得以蓬勃发展。这些投资者通常自身就是初创企业的创始人，他们秉承以创始人为中心的精神并始终引以为傲。在最优秀的创业者和他们的投资伙伴中，过去和现在都有着强烈的社区精神——当你帮助他人的同时，自身也在和志同道合的人一起，共同谋划辉煌的未来。同样，在这一群体中也存在着一种被称为"建设性妄想症"的倾向，即无论一家企业多么成功，总会存在一家潜在的强大竞争对手。毕竟，备受尊敬的微软公司和苹果公司也需要经过一番彻底的自我改革，才能在卓越企业名单上占据一席之地。亚马逊公司始终把公司当作创立"第一天"（Day 1）来看，正如创始人杰夫·贝佐斯（Jeff Bezos）在2016年致股东的信中所强调的那样，"第二天是停滞期，接踵而来的是远离主业，然后是一蹶不振，业绩痛苦地下跌，然后是死亡。这就是为什么我们总是处于'第一天'"。

对于那些想要基业长青的人来说，情况已经发生了很大的变化。

正如彼得·蒂尔（Peter Thiel）在《从0到1》一书中做出的简洁明了的概述，今天的科技市场最重要的特征是赢家通吃。胜利属于"最后推动者"，即在某个领域第一家做出最佳产品或服务的公司，往往并非第一家进入该领域的公司。在巅峰时期，某一领域中占主导地位的领导者的价值，甚至超过了它所有竞争对手的价值总和。更为重要的是，孵化和培育成熟这样的赢家至少需要10年的时间。

因此，今天的赢家更加成熟，无疑也更加强大，但是仍因为受困于尴尬的青春期而掩盖了自身的力量。大规模IPO和零售市场的繁荣已经不复存在，取而代之的是大量私募资本远离低利率市场，更加偏好持续的增长性。每一家成功的冠军企业都会产生大量的公司财富和大批成功的员工，二者都成为资助下一代变革理念的引擎。

今天的科技领导者无论是从触达范围还是从起源来看，都更加全球化。硅谷拥有大量的初创企业，但是它现在已经日益成为一种超越地理位置而存在的精神象征。这里有更大的故事。在这本编年史中,科技初创企业并不是唯一的时间机器。

在我十几岁移民去加拿大并最终定居硅谷之前,我所成长的城市——阿布扎比,带给了我如同时间机器般的感觉。20 世纪 80 年代,这座城市本质上还是一座初创城市,唯一的目标就是不顾一切地快速向前发展;对于这座城市来说,除了快速的变化和增长,没有什么是永恒的。正如最优秀的创业者所揭示的那样,不冒险,就不可能取得进步。成功依赖于愿景、专注、技能、动机和耐力等因素不可思议的组合,以及前进的步伐是否朝着正确的方向。阿布扎比正是如此。

阿布扎比曾经是一座依赖珍珠产业的小型绿洲,在短短几十年的时间里,它成为世界上最现代化的酋长国之一。我来自印度,发现自己生活在两个截然不同的世界之间:一个是古老的、有着深厚底蕴的故乡,那里勤劳的人民在迫切等待着各种许可;一个是从无到有建立的繁华大都市,它的经济奇迹来源于自然的天赋、全球的人才和领袖的远见等因素的结合。

同样推动变化的力量也出现在其他地方,既预示着阿布扎比的未来,也激励着那些以阿布扎比为榜样的国家:第二次世界大战后的日本、韩国和新加坡,当然还有中国。每一个国家在变革之后都开启了旨在激励整个社会拉动未来前行的创业模式。与创业公司一样,尝试创业的国家既有惊人的成功,也有更多的失败。在这些国家变革之旅的巅峰,每一次成功都依赖于超越政府、带来广泛繁荣的强烈使命感和强大的执行力。一旦这些国家取得成功,这些经济发展的胜利者就会拥有资金充足的国库和庞大的主权资本池,足以维持几代人的繁荣。

但是,更多的繁荣是有代价的。由于成熟行业内部竞争加剧,在短期内获取增长的边际成本正在上升;而发达国家长达 10 年的金融抑制导致经济增速放缓。那些为"进入"发达世界而付出巨大努力的经济体发现,它们和发达经济体都面临着不断发生颠覆性变化的西西弗斯式悖论。此外，随着新兴国家逐步迈入"发达"国家行列，它们会逐渐习惯于一成不变的做事方式，并满足于已有的金融实力，这使得它们在更善于利用下一代创新技术的竞争对手面前，展现出难以置信的脆弱。

与此同时，科技行业的竞争压力越来越大，下一代蓝海创新主要来自医疗保健、材料科学领域的变革，或是软件和自动化技术驱动的实物商品和服务转型。与传统软件或消费互联网公司相比，新的领域有更高的风险和复杂性，本质上需要更长的培育期。投资者无法再像以往那样从相关领域的创新中轻松获得股权投资收益，除非他们仅仅依靠基本原理就可以准确评估创新想法的前景，并且能够在相当长的时间范围内承担项目的生产性风险。这就是我们这样的传统的风险投资基金设立的初衷，虽然基金规模较小，但是形式上更为灵活。

但是，正如两位作者巧妙地指出的那样，正是这一现实导致主权基金——规模大、期限长且天生具有防御性的投资机构——出人意料地成为颠覆性技术领域最多产和最具实力的投资者之一。

然而，具有讽刺意味的是，从我作为风险投资人的角度来看，几家实力最为强大的主权基金本身就处于初创阶段，它们往往反映着它们所在国家的发展状态。例如，阿布扎比的穆巴达拉投资公司（Mubadala Investment Company）和中国的中投公司（CIC）年轻而有活力，两家公司在 2002 年之前还未设立。而其他一些公司，如新加坡的淡马锡（Temasek）和加拿大魁北克储蓄投资集团（CDPQ），其历史可以追溯到 20 世纪六七十年代，但是，就像近年来的微软公司和苹果公司一样，这些主权投资机构充满着引领新技术发展的进取心。最终的结果是，我在风险投资界的同行发现，他们从癌症治疗到网络安全、微卫星星座，再到核聚变等多个领域都与主权基金建立了愉快的合作关系。而 15 年前，他们可能不会接触到任何一家大型主权基金，因为后者只有少数的被动投资需求。

看起来，我们正处于科技冠军和主权投资增长的"历史终结"期，奖项和胜利者都已经确定。

但是历史对自满的君主并不友好。

2020年2月，新冠肺炎疫情终结了始于2009年3月的持续增长的牛市。全球各国财政部和央行发动了一场令人生畏的财政和货币攻势。这些措施可能在短期内有助于遏制金融经济体系的失血。但是，新冠病毒如同在实体经济中引爆的中子弹，基础设施完好无损，人却已经消失不见。由于冲击的滞后效应，新冠病毒给人类带来了广泛的痛苦、持续的传播风险，以及无法在短期内恢复的全球产业链。即使是在这本书面世之际，人们也不会看到世界经济在短期内V型或W型复苏的曙光。

在最近几十年里，许多习以为常的理念突然间变得具有争议。创业公司和主权国家都将在决定争议走向方面发挥关键作用。例如下面两个问题。

- 去全球化与全球化。新冠病毒导致全球许多边境关闭了；那些被认为早已解决的关于推动自由贸易和共同标准的争议被重新提出来。出于政治信仰和现实需求，经济可能会变得越来越自给自足。投资者和创业者都必须为某种形式的去全球化做好准备，这又需要对来自硅谷以及硅谷模仿者之外的独特创意采取更加开放的态度。同样，广泛接种疫苗和抗病毒的努力，需要更多的全球合作，更为重要的是，找到有助于提升共同韧性的通用方法。
- 分布式与中心化。社会网络赋予了现代生活活力，但是新冠病毒破坏了这一强大而重要的网络，并创造了新的技术偏好，新的技术增加了本地化的选项，并进一步将网络能力分散化，降低了集中故障风险，例如：分布式发电和存储、高效的微型工厂、便携式数字医疗设备和分布式信任应用（如比特币），有人将其视为产品设计中体现出的自给自足理念。但是，也有观点支持更多的中心化。如果国家和企业之间没有更多（而不是更少）的合作，就不可能达到规模经济的基本临界点以及实现生产力水平的提升。

总而言之，世界必须为最坏的情况做打算，坚定并果断地朝着最好的方向努力。在这个方面，过去并不意味着开始。各国政府和企业都在进行着多方面的尝试。我们所知道的是，这将是一个漫长的复苏过程。

我们需要赶上并超越以前的增长率，并以一种能够将繁荣惠及数十亿人的方式来实现这一目标。如果没有一场由技术驱动的涵盖所有行业的转型浪潮，以及支撑行业转型所需的基础设施，这一切将是不可能的。这本书中描述的主人公们从未被赋予过如此重要的使命，因为未来10年将是一场"超级生产力"的生动实验，他们将是预测、融资和执行这一任务的最佳人选。

是时候建造最伟大的时间机器了。

阿贾伊·罗恩（Ajay Royan）

Mithril 联合创始人和负责人。Mithril 是一家为具有变革性和长期发展前景的科技公司提供长期投资的基金公司。他与彼得·蒂尔一起将 Mithril 的资金投资于网络安全、核能、下一代金融、医疗机器人、工业自动化、高级抗体发现、代谢疾病治疗以及专业数据集成、可视化和分析等领域。

序二
最佳投资伙伴

"好吧，既然我们已经见过面了，"独角兽说，"如果你愿意相信我，我就会相信你。"

——《爱丽斯漫游奇境》

这本由马文彦和保罗·唐斯撰写且适时出版的重要著作完全颠覆了长期以来盛行的正统观点，而且为此提供了具有说服力的论据。不久以前，特别是在2008—2009年全球金融危机爆发之前，最复杂和最成功的机构资本是由养老基金、保险公司和大学捐赠基金管理的，这些基金大都设在经济合作与发展组织（OECD）国家，它们将资金分配给投资经理，投资于股票、债券，在某种程度上，也投资于房地产和私募股权。

大规模投资在很大程度上被视为取得成功的障碍，因为规模较小的基金更加灵活，可以在避免对市场造成明显冲击的前提下获得较大收益（例如，通过投资小市值股）。主权投资基金数量少、人手少，似乎比更为大胆的机构基金同行落后了一步。

如今，无论是对于全球投资市场和经济发展，还是对于现代生活，主权投资基金的影响力都不可低估。事实上，我们在全球范围内看到的从出租车转向共享出行、从燃油汽车转向电动汽车，以及共享办公和家居空间的巨大变化，在很大程度上都可以归功于主权投资者，他们因为具有投资期限长，且愿意承担长期风险的特质，成为全球股票和债券市场的重要稳定力量。

此外，规模大并不是一种劣势，这些主权投资基金还证明了，规模大也可以成为一种优势，因为它们有能力获得新的机会，而且在世界各地的管理人中具有较高的信誉，这些管理人越来越把它们视为国际投资的首选投资伙伴。

正是由于主权投资基金作为国际投资首选伙伴的角色已经日渐稳固，它们将能够在未来几十年对现代生活产生非常强大的影响。作者对这些极为重要却鲜为人知的机构具有清晰而广泛的了解，无论是对于投资领域的专业人士，还是对于想要了解这些新独角兽为什么会从现代金融体系中崛起的公众来说，都至关重要。

罗素·里德（Russell Read）

博士，CFA，曾任加州公务员退休基金（CalPERS）、科威特海湾投资公司（GIC-Kuwait）、阿拉斯加永久基金公司（APFC）的首席投资官。

序三
成为数字化转型的先锋

有时,一本书能够揭示出一种鲜为人知却强大的力量;有时,一本书是恰逢其时的,因为它抓住了世界的拐点。然而,很少有一本书能同时做到这两点。

在改变世界的新冠肺炎疫情的情景下,这本书为主权投资者如何在改变世界的数字化转型中发挥作用提供了深思熟虑的指引。两位作者以一种快节奏且引人入胜的方式,记录了世界上最大的资本池是如何再次脱颖而出的。这些资本是发展中国家经济的超级英雄,但对发达市场而言,却是漫画中的反派。

在经历了第一次海湾战争、全球金融危机和如今的新冠肺炎疫情之后,主权投资者越来越强大。毫无疑问,在危机时刻他们会被召唤。他们掌握着惊人的资源,保守估计也有30万亿美元。即使是一家规模中等偏上的主权基金对其投资组合进行简单和机械式调仓,也足以改变全球外汇市场的走向。挪威基金平均持有全球所有上市公司1.5%的股份。当主权基金将重心从华尔街转向拯救本国经济时,人们可以从投资银行和本国政府的预算刺激方案中感受到它们所带来的资金流入与流出。

与此同时,在新冠病毒肺炎疫情的大背景下,关于居家办公和社交距离的强制要求只会加速所有事物数字化转型的趋势。这种数字化转型越来越多地受到大规模主权资本的推动。这本书跟踪了一些独角兽公司（估值超过 10 亿美元的私人公司）快速成长与跌落神坛的过程，并通过案例研究揭示了主权投资基金是如何助推这类曾经罕见的企业崛起的，比如阿里巴巴、京东、爱彼迎、特斯拉、优步、WeWork和著名的独角兽制造者软银的愿景基金。此外，这本书讨论了主权投资基金如何将人工智能和区块链技术整合到自身的运营中，以及如何应对数字技术对其投资组合的冲击。

这本书介绍了从中东到北美、从东南亚到非洲、从欧洲到澳大利亚、从拉丁美洲到东亚的各种各样的参与者，他们投资于数字化转型，他们自身也在数字化转型。世界的焦点从硅谷和北京的科技中心蔓延到了印度、欧洲和中东的新兴中心，非洲大陆也在快速拥抱数字经济。

地理因素加剧了数字鸿沟的扩大，全球各国都在规划不同的数字未来。越来越多的人认为，主权投资者的活动也带来了风险，但矛盾的是，他们也恰恰是应对这些风险的手段。在这种背景下，新的基金正在酝酿，现有基金正在重新调整其使命。

主权投资者正在成为 ESG（环境、社会和公司治理）和 SDG（可持续发展目标）的关键仲裁者。作为主要的股票持有者，他们不断提升可持续性、治理、气候变化等问题的权重。在这一过程中，不同地区的主权投资者团结在一起，在与其参与治理的公司管理层的对话中，让数万亿资产发出同一个声音。

两位作者广泛地参与了这个鲜为人知世界的交易和运作过程，他们采用的非学术论文的叙述方式，为他们所讲述的实际案例赋予了活力。这本书得益于作者截然不同的背景。马文彦出生在中国，是华尔街的资深人士，曾担任世界上最大的一家主权财富基金中投公司的北美办事处负责人。作为一名律师、交易撮合者和机构投资人，他有着深刻的洞察力。唐斯是美国人，曾是全球律师事务所霍根·洛弗尔斯（Hogan Lovells）的合伙人，长期以来一直担任各大洲许多主权基金的外部律师，并在交易、治理和培训方面积累了数十年的经验。总而言之，他们独特的视角和不同的方法为这些巨头鲜为人知的过去和令人兴奋的未来绘制了细致入微的路线图。

这本书适时传递了明确的信息：世界主权投资者，用作者的话说就是"万亿美元俱乐部"，已经摆脱了传统的被动投资者的角色，成为我们正在经历的数字化转型的先锋。这些超级资产所有者不再简单地通过华尔街的资产管理人来指导他们数万亿美元的资金投向，而是成为积极的 ESG 守护者、金融科技巨头、可持续发展的倡导者，以及作者提出的一个新的领导者角色——数字外交官。多亏了这两位作者，我们现在能够清楚地看到他们所感受到的威胁，但愿他们展示的是新的机会。

玛格丽特·富兰克林（Margaret Franklin）
CFA 协会总裁兼首席执行官

中文版序

2021年年底,我担任顾问董事会主席的金融科技创业公司Open Mineral完成了3 300万美元C轮融资。Open Mineral总部在瑞士,创始人来自全球最大的大宗商品交易商瑞士嘉能可公司,致力于建设数字化的贸易平台来推进全球金属交易。(金属原材料大宗商品市场规模超过2 000亿美元,其大部分参与者仍通过纸质文件进行交易。)这一轮融资由阿联酋主权财富基金穆巴达拉投资公司领投,Open Mineral将利用这笔资金加速提升其在金属原材料交易数字化方面的领先地位。

这次Open Mineral融资,是我从创业公司的角度直接见证本书中主权基金投资科技创业公司的精彩案例。2008年,我在国家主权财富基金中投公司成立之初,从纽约华尔街回国;作为中投公司第一批海外招聘的投资主管人员,更多的经验是从主权投资基金去投资科技独角兽(是指成立不到10年但估值10亿美元以上,且尚未在股票市场上市的科技创业公司)。

例如,我作为项目负责人在中投公司成立早期(2009年),于硅谷设立华山资本高科技投资平台,是中投公司第一次涉足海外科技投资领域。作为中国首家海外投资的高科技基金,华山资本的定位是一只全球化成长期的风险投资基金,投资中国与海外的高科技公司并为被投公司带来深度的价值创造。相应的投资策略强调帮助海外被投资公司带入中国战略元素,同时帮助中国企业走向海外。华山资本在

2013年领投的美国Twitch游戏直播公司，于2014年8月被亚马逊公司以总额11亿美元收购，由此让我在互联网革命的早期得以经历了独角兽交易。

的确，主权投资基金越来越成为一个全新角度的风险投资人，而科技独角兽也越发受益于主权投资基金的"长期资本"。本书中的主权投资基金包括主权财富基金、公共养老基金和央行投资平台等。它们的共同特征是持有长期、耐心的资本，从而能够以长期投资的视角进入科技领域的风险投资。它们行事比华尔街投资银行和风投基金低调，但拥有更多的金融资本，对于国际科技创业领域将形成深远的影响。

前无古人的千亿愿景基金可能是最好的例子。愿景基金是日本软银集团于2016年年底发起、2017年5月正式成立的私募股权科技基金，募集资金规模达千亿美元，为全球最大的私募股权基金。（与此对比，美国硅谷的风险投资基金的平均规模大约为1亿美元。也就是说，愿景基金的体量是美国硅谷典型风投基金的1 000倍。）愿景基金体量巨大，就是由于它的两个基石投资人是两大著名主权基金，沙特阿拉伯公共投资基金（PIF）和阿联酋穆巴达拉投资公司。

愿景基金的核心管理人是日本软银集团的创始人孙正义。在投资领域，孙正义是个神奇并且疯狂的存在。其在投资领域的传奇经历，源于1998年1亿美元投资雅虎，以及在2000年以2 000万美元再投阿里巴巴所获得的巨大成功。在两大主权基金的支持下，孙正义建立软银愿景基金，以1 000亿美元的压倒性规模，改写了"捕获独角兽"的游戏规则。千亿基金赚足光环的背后，其彪悍的投资风格也备受质疑。

由于规模巨大，愿景基金向世界各地的创业公司投入大笔资金，这体现了一种大格局。其主要的做法是：大手笔投资同一赛道的多家竞争公司，谋求大股份甚至控股。不同于普通中小基金的策略打法，愿景基金不做早期风投，而是重点瞄准最优秀的创业公司，使之成为独角兽并进而成为全球领先公司。当然，愿景基金也由此受到很多质疑，最常见的就是如此巨大的基金可能会推动科技行业的泡沫，最终不利于创业公司的后续发展和资本运作。（有关市场争论，本书中有详细的讨论。）

就如愿景基金的例子所显示的，特别需要指出的是，全球主权投资基金的分布具有鲜明的亚洲视角（甚至可以说鲜明的中国视角）。根据 SWF Institute 2021 年数据，全球 95 家最大的主权财富基金管理的资产总额达到 8.2 万亿美元。其中，排名前 10 的基金资产总额为 5.95 万亿美元，全球占比高达 72.4%，显示出明显的头部效应。这十大基金，除了 1 家位于欧洲地区（挪威），其余 9 家均位于亚洲地区（其中 4 家位于中东地区，包括愿景基金的基石投资人沙特阿拉伯公共投资基金）。而中国就拥有 3 家，即中投公司、香港金融管理局和全国社会保障基金理事会。

全球只有两家主权财富基金的资产规模超过 1 万亿美元。挪威政府全球养老基金以 1.27 万亿美元资产高居主权财富基金榜首，中投公司以 1.05 万亿美元资产位居第二。事实上，上述只是整理了全球最大的主权财富基金。如果把管理超过万亿资产的外汇管理局也一并考虑在内的话，那么中国拥有两家资产规模超过 1 万亿美元的超大规模的主权投资基金，是全球绝无仅有的。（由于外汇管理局是中国央行的下属机构，传统上不被看作主权财富基金。）

另一个中国视角是，传统上主权投资者主要聚焦科技初创企业云集的美国硅谷，而如今中国市场也成为他们捕获独角兽的主战场。例如新加坡政府投资公司和淡马锡、阿联酋穆巴达拉投资公司、卡塔尔投资局等都在中国设立办公室，以就近寻找中国市场的科技创新公司。

当前，中国新兴的创新生态环境，正在创造出一波引人注目的创新浪潮。在全球范围内，中国要比其他所有世界创新中心更接近美国的硅谷，因为中国市场的创业者的基数大，风险投资的资金量足，市场的机会和规模也令其他地区难以望其项背。在规模上，中国大型互联网公司也是世界上唯一可与美国公司匹敌的公司（参见拙著《数字经济2.0》，2017年出版）。

所以在全球范围内可以看到，中美两个数字经济大国，以其各有特点、各有代表性的公司，形成了代表不同竞争优势而又密切相关的两个全球创新的主市场。美国代表了技术原创的中心，而中国则代表了最大的互联网群体市场和创新商业化的实验室，许多原创技术在中国形成了发展和应用，又进一步促进了技术创新。因此，中国市场对于主权投资机构充满吸引力。期望通过本书，也帮助中国创新市场多了解国际国内的主权投资基金，在科技独角兽蓬勃出现的新时代形成"多赢"。

正因为主权投资基金在国际资本市场的影响不断扩张、日新月异，所以本书的写作也是一个不断更新的过程。在资本市场之外，我还担任美国纽约大学法学院兼任教授（当前授课"主权财富基金投资与法律监管"），得以时常邀请各国主权财富基金、公共养老基金的朋友来我的课上作客座演讲，来努力更新与补充相关领域最新的创新与演变。但面对国际资本市场大潮，疏漏之处仍在所难免，恳请行业、投资和资本市场各界的先进同人不吝指正。

马文彦

2022年6月于纽约

目录

前言 / 001

第一部分　万亿美元俱乐部

第一章　**危机中崛起的主权投资者** / 011
　　万亿美元俱乐部 / 012
　　紧随金钱的脚步 / 017
　　大手笔的投资人，ESG 的推动者 / 030
　　投身于数字革命 / 037

第二章　**从被动配置者到主动投资者** / 045
　　幕后的资产所有者 / 046
　　直接投资：从房地产到基础设施 / 052
　　积极投资者采取行动 / 059
　　独角兽的稀缺性：公开市场 / 063
　　成熟主权投资基金的新里程碑 / 069

第二部分　追寻数字革命

第三章　**全球寻找独角兽** / 081
　　万亿美元俱乐部：主权投资基金和独角兽 / 084

硅谷的新风险投资人 / 090
　　中国：狂野的东方 / 104
　　英国、印度和新兴创新中心 / 110

第四章　**投资于数字基础设施的长期资本** / 121
　　从数据到信息再到知识 / 122
　　主权投资基金与全球基础设施缺口 / 124
　　网络基础设施和数据中心 / 132
　　全球智能物流 / 137
　　智慧城市：城市可持续发展目标 / 145
　　物联网：为超级互联的世界融资 / 150

第五章　**推动本国数字化转型** / 155
　　寻求"溢出效应"：从爱尔兰全国养老金储备基金到爱尔兰战略投资基金 / 159
　　沙漠里的科技中心 / 164
　　非洲创新的主权财富基金结构 / 168
　　数字非洲——更宏大的故事 / 173

第六章　**更早期，更灵活** / 191
　　WeWork 溃败之年 / 193
　　淡马锡：资深投资人的坎坷之路 / 195
　　新策略，新配置 / 201
　　成为风险投资基金：早期、灵活和投资组合方式 / 208
　　从早期创新开始 / 212

第七章 **寻找人才，组建捕猎队伍** / 223
　　楠塔基特岛雪橇之旅 / 225
　　AlpInvest：更具吸引力的雇主？ / 232
　　安大略省市政雇员退休系统和牛津物业公司 / 234
　　新加坡基金和加拿大养老金：走出去 / 236
　　日本投资公司：不要在母国尝试 / 241
　　华山资本和愿景基金：播种 / 247
　　多元化和参与：建立生态系统 / 254

第三部分　全球扩张、监管应对和国际政策

第八章 **海外扩张与国家安全冲突** / 263
　　白衣骑士，危难少女，从此不再幸福 / 264
　　并非所有的国家安全问题都是一致的 / 267
　　美国外国投资委员会起源：先日本，后中国 / 269
　　能源安全，国家安全 / 273
　　关键基础设施，扩展审查 / 277
　　拧紧数字螺丝 / 282
　　改变游戏规则的主权投资基金 / 287

第九章 **国际紧张局势下的技术交易** / 297
　　技术与半导体芯片 / 301
　　从硬科技到无形数据 / 305
　　欧洲：德国、英国、法国 / 310
　　以色列和日本：难以平衡的技术三角 / 315
　　中美两国的技术跨境关系 / 321
　　重新考虑对科技公司的直接投资 / 326

第十章　**超级资产所有者** / 333
　　　　强大的 ESG 守护者 / 334
　　　　超级金融科技机构 / 339
　　　　分裂的科技未来 / 346
　　　　和平外交：从"相互确保摧毁"到"相互确保繁荣" / 351
　　　　结语 / 360

致谢　马文彦 / 363
致谢　保罗·唐斯 / 367
参考文献 / 369

前言

谁掌握着金融市场的权力？对许多人来说，答案可能是大型投资银行、大型资产管理公司和对冲基金，它们经常是媒体关注的焦点。但越来越多的主权投资者，包括一些世界上最大的主权财富基金、公共养老基金、央行储备基金、国有企业和其他主权资本实体，已成为最具影响力的资本市场参与者和投资公司，管理着约30万亿美元的资产（"超级资产所有者"）。

重要的是，主权投资者的崛起不仅反映在其管理的资产规模的增加上，还体现在过去10年新设基金数量的激增上。这些新设基金来自新近拥有资源财富的国家（如非洲国家）酝酿成立的新基金，以及政府致力于推动经济转型地区（如欧盟）设立的新基金。

主权投资者拥有丰富的资源，偏好低调，以被动投资为主，具有长期视野，坚持可持续性，要求在全球和各个领域实现多元化。这些都有助于改变投资领域，特别是数字科技企业的私募市场。主权投资者帮助创建并维护了创业企业的成长环境，促进了优步、阿里巴巴、Spotify等数字经济领域的革命性企业的崛起，同时为这些企业的创始人和商业模式提供了长期资本所能带来的好处。

尽管主权投资者的影响越来越重要，但他们一般在全球市场上保持低调，大多并不为人所知。出于这样的原因，他们也是最容易被误解的投资者之一，因为许多人认为主权投资者的投资纯粹是出于政治目的。人们普遍认为，大多数主权投资机构缺乏透明度，治理控制存在问题，导致被投资国家担心面临不公平竞争、数据安全、腐败，以及非经济动机投资的风险。

2020年，肆虐全球的新冠肺炎疫情再次将主权投资者推上了新闻头版。他们在推动人工智能和大数据等科技独角兽崛起，以及大笔投资从事疫苗研发的生物科技初创企业中发挥了关键作用。在媒体的报道里，他们的角色有时是响应号召拯救全球经济的超级英雄，有时是掠夺受疫情影响而一蹶不振的优秀企业的恶棍。当然，这些简单的漫画角色并不能反映现实。本书的任务是揭示这些简单化描述背后的复杂现实。

当前围绕人工智能竞赛和技术竞争的全球紧张局势，以及新冠肺炎疫情，加剧了这种误解，引发了围绕主权投资者和资本市场、政府、新技术、跨境投资以及相关法律法规的争议（见图0-1）。

因此，主权资本和全球数字经济正处于一个前所未有、充满争议的时间节点。本书描绘了这些"超级资产所有者"的全球足迹，特别是他们在追求数字革命过程中具有共性的3个领域：他们的战略和机构设置、他们的投资和影响，以及监管政策的反应。

本书结构如下：

第一部分的两章明确了主权投资者的关键特征，如资本规模、投资政策和治理结构，为本书的其余部分奠定了基础。许多主权投资基金正在进行自我转型，以便更好地投资于新兴数字经济。

第一章从比较政治经济学的角度考察了主权投资者的世界，分析了不同主权投资基金的起源，揭示了主权投资者是如何履行其多样且广泛的职能的，这些职能并非相互排斥——事实上，如今大多数主权基金都在履行不止一项本书所描述的职能。这一章还介绍了主权基金在全球投资中鲜为人知的巨大的资本力量，强调了它们在疫情、金融危机和冲突时期的作用，以及它们在环境、社会和公司治理（ESG）

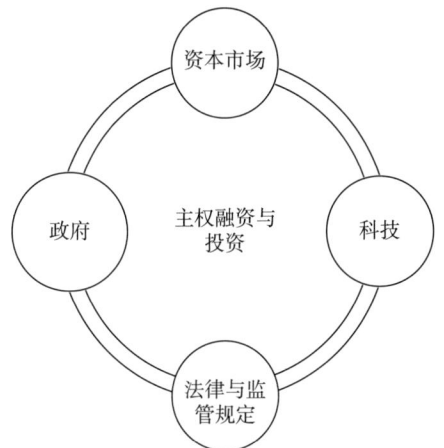

图 0-1　围绕主权投资者的争议

和可持续发展目标（SDG）方面的全球领导作用。最后，这一章还将致力于寻找越来越多的政府参与国内国际高科技市场案例背后的原因。

第二章叙述了主权基金从传统上简单地通过外部基金管理人进行资本配置（这使得主权基金在资本市场上处于被动和鲜为人知的状态）向积极投资的转变；强调了主权投资者在数字经济领域的投资越来越积极和直接，随着他们成为成熟的投资者，彼此之间的合作会越来越多。同时，这一章还描述了主权基金对市场的影响和在独角兽公司崛起中发挥的作用，以及公开股票市场的萎缩。

第二部分的章节详细介绍了主权投资者是如何追寻数字革命的。

第三章将注意力转向了寻找独角兽。越来越多的主权投资者直接对科技行业和数字经济相关领域进行投资，与私募股权投资和风险投资基金平分秋色。由于海外投资（全球投资组合）和海外布局（全球办事处）不断增加，主权投资者在全球范围内越来越活跃。

这一章记录了主权投资者对颠覆性科技巨头的高调投资，包括阿里巴巴和京东等电子商务巨头，爱彼迎、优步和 WeWork 等共享经济领军企业，以及无人驾驶领域的先行者 GM Cruise、特斯拉和 Waymo。

主权投资者越来越重视培育自身内部的投资能力，以及不断加强与各国政府之间的密切关系。

第四章强调了，对于主权投资者来说，数字经济基础设施以及更为广泛的数字生态系统，是如何作为科技投资的代理路径而成为另一种前沿资产类别的。数字经济基础设施投资也为促进发展目标和落实绿色倡议提供了路径，这与中国的"一带一路"和美国的"蓝点网络"等全球政府倡议相一致。

这一组合吸引了大量主权资本进入数据中心、全球数字物流系统、数字卫星网络和智慧城市。下一个重大突破可能来自物联网、金融科技、支付科技和数字健康，这些都是未来数字经济基础设施的一部分，也是主权投资者热衷于投资的标的。

第五章关注的是，具有如此重要地位的主权投资基金，其利益相关方并不仅仅是希望通过对数字基础设施的投资获得财务回报。主权投资基金还可以发挥巨大的杠杆作用，服务于长期投资战略的多个目标，解决从政治压力到国内技术基础设施短缺等无数需求。

为此，各国政府正在设立新的主权基金，并重新调整现有基金的用途。非洲提供了借助以资源财富为基础的主权基金培育国内数字生态系统的创新样本。这一章还提到了，致力于加快国内数字生态系统发展的主权投资者之间的合作在持续增加，例如意大利和阿联酋、中国和俄罗斯、沙特阿拉伯和埃及。

第六章认为主权投资者对早期风险投资几乎没有做好任何准备，并进一步探讨了主权投资者需要在哪些方面从根本上对自我进行彻底改造，才能成为合格的早期风险投资专家，以及他们在这个新领域曾经取得的巨大成功和令人难堪的失败。

改变传统的投资流程以适应数字化初创企业，需要与以往不同的关键绩效指标、收入标准、商业模式、增长潜力、政府关系等。为了在不断变化的环境中发展，主权投资者必须努力掌握早期投资技巧，从而从新兴的科技初创企业那里获取增长,而早期投资技巧过去一直是风险投资基金的独家秘诀。

第七章回顾了主权投资者尝试通过招募更大规模、更熟悉技术的本地团队,以及地理位置上更加接近创新源头等方式参与数字经济时所面临的运营挑战。这一章对主权投资者成功和失败的战略进行了对比,突出了他们作为团队建设者的独特优势和劣势。最后还探讨了参与数字生态系统的其他途径,其中最引人注目的是1 000亿美元的愿景基金,还包括培育新的投资人和提升被投资企业之间的创业互动活跃度等。

第三部分的章节介绍了监管部门对主权投资者推动的数字革命所做出的反应,由此导致的紧张局势正在全球各地出现——从英国到澳大利亚,从德国到加拿大,从以色列到日本。

第八章回顾了主权投资者的活动,包括海外投资(全球投资组合)和海外布局(全球办事处)对母国和东道国的国家安全影响。我们将探讨国家安全立法应如何应对与他国政府存在密切联系的主权投资者的崛起。我们将美国外国投资委员会(Committee on Foreign Investment in the United States,简写为CFIUS)机制和相应的中美紧张关系作为一个案例进行研究,澳大利亚、加拿大、欧盟成员国和以色列也有类似的法律规定。最后,这一章回溯了"国家安全"概念从武器到关键基础设施再到数据的演进过程,在这一过程中,"国家安全"不可避免地与主权投资者在数字经济领域的野心发生了冲突。

第九章重点介绍了主权投资者对人工智能和数字技术领域的直接投资。这些活动加剧了地缘政治紧张局势,引发了更严格的跨境监管。在美国外国投资委员会以及欧盟、以色列和澳大利亚等国的类似机制下,交易被叫停的情况屡屡上演。与此同时,对美国的投资机构来说,美国针对外国司法管辖区的投资限制也在不断增加。

这些发展将深刻影响各国的风险投资和创业生态系统,因为主权资本，无论是外国主权投资基金还是美国养老基金，都是最新科技浪潮的主要资金来源。这一章最后探讨了主权投资者在这种封闭环境下投资海外数字技术的策略。

第十章描述了作为"超级资产所有者"的主权投资者，以及他们在4个关键角色中日益增长的影响力（见图0-2）。

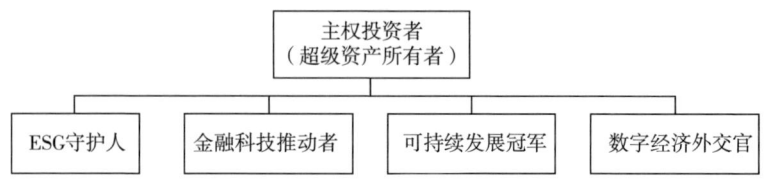

图0-2 主权投资者的4个关键角色

首先，主权投资者是ESG守护人。他们在数字经济中的ESG和SDG方面处于领先地位，将联合起来共同应对网络直播枪击案等恶性事件，依赖人工智能技术监督所投资企业的行为，谴责公司治理失效的企业，并通过重新调整投资组合，降低气候变化和技术颠覆带来的风险。

其次，主权投资者是金融科技推动者。他们必然会发展成为孕育金融科技的温床，他们将建立内部团队，专注于应对数字化带来的风险、机遇和对公司运营的影响。人工智能和区块链技术将率先在主权投资者内部部署，并在他们投资的初创企业中生根发芽。主权投资者将成为资产管理行业的领导者，而非客户。

再次，主权投资者是可持续发展冠军。主权投资者将长期资本投入尖端技术，在美国和德国等传统科技中心之外培育新的创新中心。因此，新兴经济体正在变得更加聪明、更具有竞争力。甚至是那些将数字未来视为零和游戏的人，也开始意识到这些"超级资产所有者"所发挥的作用。

最后，主权投资者是数字经济外交官。主权投资者正面临着一个日益分裂的科技世界。然而，主权投资者之间的合作提供了一种新的方案，使得中国、美国、欧盟、日本和世界上许多其他地区可以借此达到新的平衡，共同推动创新。从本质上看，这些未来的"超级资产所有者"可以带来共同繁荣的新机会。

第一部分
万亿美元俱乐部

第一章
危机中崛起的主权投资者

　　设想一下你穿过躺椅和矮桌，来到柜台。在这里，你可以看到电视上正在播放的国际新闻，西装革履的咖啡师端上你点的咖啡，你可以一边喝咖啡，一边使用免费的无线网络浏览电子邮件或阅读国际时事，获得短暂的放松，休息厅外不断有喧嚣声传来——来自不同地区的商务人士正在通过安检，并从高耸的中庭搭乘电梯。

　　不，你并不是在国际枢纽机场的头等舱休息室里（尽管从外观上看可能是这样）。相反，你来到的是阿布扎比投资局（Abu Dhabi Investment Authority，简写为 ADIA）总部大楼的访客休息室。阿布扎比投资局是世界上规模最大但知名度最低的主权财富基金之一，管理着超过 7 000 亿美元的全球投资组合。在这座闪闪发光的玻璃大楼里，阿布扎比投资局雇用了世界各地的投资专业人士。阿布扎比投资局只是越来越多的大型主权财富基金中的一员，这些基金目前仍不受关注，但对全球市场的影响越来越大。

　　它们的低调做派与金融中心那些更为知名的交易撮合者形成了鲜明对比。但总的来说，它们的支票簿和对世界的影响超过了昔日的金融巨头。

　　随着主权投资者进行交易的数量和规模不断增加，他们的影响力也在不断增强。他们拥有规模庞大的资金池，在危机中可以发挥更大的作用。2020 年，世界面临新冠肺炎疫情的威胁。这也是一个转折点，本书的两个主题在这里融合在了一起：危机时期巨额资金的力量，以及当今世界向数字经济的加速转型。

万亿美元俱乐部

在过去 20 年里,全球经济见证了一类新的关键角色的崛起——主权投资者。我们将主权财富基金和大型公共养老基金也归为此类,后者活跃于全球市场,同时与主权财富基金具有许多共性特点。主权财富基金还包括主权发展基金,即政府设立的具有发展目标的投资工具。

由于具备庞大的资金实力,这些主权投资基金已经成为全球金融市场的关键参与者,而且它们的数量、规模、种类和范围都在不断增加。这类基金个体差异明显,有着不同的背景、结构和使命,但它们有一个共同的最终目标:保护本金并最大化投资回报。因此,在本书中,我们将它们统称为主权投资基金。

这些基金坐拥数十万亿美元。表 1.1 列出了资产管理规模排名前 10 的主权财富基金。顶级基金管理的资产规模甚至超过了大型欧洲国家的 GDP。如果将这些基金的资产管理规模看作 GDP 的话,它们将跻身全球前 20 名国家之列。

正如下面将要详细讨论的那样,这些主权投资基金有着不同的来源,服务于不同的目标。但是它们具有一个共同的特点,即无论是从管理规模还是地域分布来看,它们都在快速地扩张。通常来说,这些基金被认为是中东地区的特有现象。但是从广义上来看,主权投资基金的总部已经遍布大多数发达国家,其中包括北美、东亚、欧洲和海湾地区。未来主权投资基金的数量增长预计将来自其他区域,尤其是撒哈拉以南非洲,那里的自然资源是基金增长的潜在源泉,新设基金的目标则是推动本国经济发展。

目前,根据美国主权财富基金研究所发布的"86家总资产最大的主权财富基金排名",总资产排名前10的主权财富基金如表1.1所示。

表1.1　　　　　　　全球前十大主权财富基金

排序	名称	地区	资金(美元)
1	挪威政府养老基金	欧洲	1 108 170 000 000
2	中投公司	亚洲	940 604 000 000
3	阿布扎比投资局	中东	696 660 000 000
4	科威特投资局	中东	592 000 000 000
5	中国香港金融管理局	亚洲	509 353 000 000
6	新加坡政府投资公司	亚洲	440 000 000 000
7	全国社会保障基金理事会	亚洲	437 900 000 000
8	中国华安投资有限公司	亚洲	417 844 700 460
9	淡马锡	亚洲	375 383 000 000
10	卡塔尔投资局	中东	328 000 000 000

资料来源:美国主权财富基金研究所(2020年3月)。

公共养老基金是主权投资基金家族的重要成员,它们的规模甚至要更大(见表1.2)。它们是全球性的,而且具有创新基因,越来越多地关注科技创新。日本政府养老金投资基金(Government Pension Investment Fund Japan,简写为GPIF)、韩国国民年金(National Pension Service of Korea,简写为NPS)、加拿大退休金计划投资委员会(Canadian Pension Plan Investment Board，简写为 CPPIB）和加州公务员退休基金（California Public Employees Retirement System，简写为 CalPERS）在资本市场都以积极投资而闻名。这些特征的结合强化了人们对主权投资基金的看法，即它们是世界私募和公开市场上精明且低调的重量级角色。

表 1.2　　　　　　　　全球前十大公共养老基金

排序	名称	地区	金额（美元）
1	美国社会保障信托基金（Social Security Trust Funds）	北美	2 925 789 929 172
2	日本政府养老金投资基金（GPIF）	亚洲	1 490 240 000 000
3	美国军人退休基金（Military Retirement Fund）	北美	813 555 000 000
4	美国联邦雇员退休系统（Federal Employees Retirement System）	北美	687 000 000 000
5	韩国国民年金（NPS）	亚洲	593 192 000 000
6	美国联邦退休储蓄投资委员会（Federal Retirement Thrift Investment Board）	北美	572 370 000 000
7	日本全劳联（Zenkyoren Pension Japan）	亚洲	523 463 576 000
8	荷兰国家公务员养老基金（Stichting Pensioenfonds ABP）	欧洲	476 000 000 000
9	加拿大退休金计划投资委员会（CPPIB）	北美	385 634 000 000
10	加州公务员退休基金（CalPERS）	北美	370 300 000 000

资料来源：美国主权财富基金研究所（2020 年 3 月）。

鉴于财富的高度集中，这些巨人被视为经济领域的超级英雄也就不足为奇了。在危机时期（战争时期、全球金融危机时期以及疫情时期），公众会一再求助于它们。就像超级英雄一样，每只主权基金都要完成角色赋予的任务，有些甚至还被额外赋予了新的任务，特别是在当前这个时期，人们面临着新冠肺炎疫情引发的全球危机。

主权基金队伍继续以越来越快的速度膨胀。基金管理资产规模持续增长，新的基金不断涌现。新基金的设立并不是某一个特定地区的趋势。在全球范围内，新的主权基金不断出现，例如中国香港未来基金、赤道几内亚控股 2020 和西弗吉尼亚未来基金。欧洲尤其有趣。在主权财富基金方面，欧洲并不是一个传统意义上的主要参与者。挪威政府养老基金（也被称为石油基金）被认为是世界上最大的主权财富基金，它由挪威央行投资管理机构（Norges Bank Investment Management，简写为 NBIM）管理，但不在欧盟之内。

如今，卢森堡基金也加入了主权财富基金的世界——卢森堡主权基金，它将为未来几代卢森堡人进行投资。同样在欧洲，法国、意大利和西班牙等国的基金也相继出现，吸引其他外国投资者在本国开展共同投资，甚至还有人提议设立一只英国公民财富基金。但是，下一轮主权投资者的大幅增长将出现在撒哈拉以南非洲，尼日利亚和肯尼亚是本章后面案例研究的重点，阿尔及利亚、安哥拉、博茨瓦纳、加纳、利比亚、摩洛哥、纳米比亚和卢旺达也有主权基金。为了不在这方面落后，日本和印度等其他国家也加入了主权投资者的行列。

主权投资基金的规模本身就意味着，即使只是出于审慎管理目的，它们的行动，无论是集体还是个体，都可能产生重大影响。例如，挪威政府养老基金平均持有全球所有上市公司 1.5% 的股份，这使得它成为全球董事会都必须关注的投资者（见专栏 1.1）。全球最大的养老基金——日本政府养老金投资基金，被金融记者视作日元意外贬值的幕后推手。日本政府养老金投资基金重新调整了其投资组合，提高了日本之外的投资占比，足以改变每日约 6 万亿美元交易额的外汇市场走势。这些庞然大物的目光所到之处，所有人都能感受到冲击力。

主权投资基金的崛起正值各国政府在全球市场上变得越来越活跃之际。本章从比较政治经济学的角度审视了主权投资者的世界。我们将介绍他们在全球投资中鲜为人知的强大资金实力，观察他们如何履行自身的使命，以及有多少国家对过去和今天的危机做出了反应，并且正在监测未来的危机。

> **专栏1.1 对话 vs. 离开**
>
> 当机构投资者寻求对其投资的企业的战略施加影响时,有两种主要的选择。例如,为了实现ESG目标,他们可以行使股东权力,与这些公司的最高管理层和董事会进行接触,以减少排放("对话");或者,他们可以"用脚投票",将污染企业从他们的投资组合中剔除("离开")。
>
> 挪威央行投资管理机构在积极参与上市公司管理方面处于优势地位。根据大部分报道,它拥有超过1万亿美元的投资组合,平均持有全球所有上市公司1.5%的股份。挪威央行投资管理机构于2020年3月发布了长达100多页的最新责任投资报告,涵盖了2019年的投票、与管理层的接触和后续工作等。在挪威央行投资管理机构持有有表决权股份的9 000多家公司中,它的投票率超过97%。即使是对其持有的谷歌、亚马逊和脸书等全球顶级企业,它也毫不犹豫地对管理层投反对票。
>
> 在气候变化方面,挪威央行投资管理机构采取了两种选择:一方面,与公司合作,制定强有力的脱碳战略;另一方面,从煤炭和化石燃料公司等重污染企业撤出投资。主权投资者之间正在进行一场有趣的辩论,到底是撤资更好,还是参与更好。在实践中,许多主权投资基金同时使用两种方法,并且通常以"对话"开始。
>
> 可以说,这两种策略都是有效的,而且它们可以相互影响,因为"离开"的威胁可以加强"对话"的影响。然而有时候,ESG的界限是模糊的。澳大利亚未来基金首席投资官

> 拉斐尔·阿恩特（Raphael Arndt）表示："提出口号是很容易的，但是如果有人让我远离化石燃料企业，那我该出售 AGL（一家澳大利亚天然气公司，同时也是一家可再生能源公司）吗？这也是我们在可再生能源领域最大的一笔投资。"

紧随金钱的脚步

了解这些规模庞大的行动者如何获得资金和分配任务，是了解其在全球范围内独特权力的关键。重要的是要理解，设立主权投资基金的资金来源和动机各不相同，从而影响了其运营、结构和投资。随着母国授权范围日益扩大，大多数基金履行的职能不止一项，比如在尼日利亚等国，为储蓄、稳定和发展等不同的政策目标设立了多只主权基金。

储蓄基金

面向子孙后代的长期储蓄基金，也被称为"代际基金"。储蓄基金通常是由大宗商品资源丰富的国家设立的，目的是为未来储备一部分资源财富。如下面的例子所示，有时未来的到来比预期要早，而且是以意想不到的方式。石油、天然气和贵金属的储量是有限的，总有一天会耗尽。此外，由于气候变化法规和绿色能源替代品可能使碳氢化合物开采变得不再经济，这些资源也有可能成为闲置资产。

各国政府希望与未来几代人分享今天的意外收获，因此通过主权财富基金将今日的资源财富转化为可持续增长的金融资产。世界上历史最悠久的主权财富基金——科威特投资局（Kuwait Investment Authority，简写为 KIA），就是一个很好的例子，其历史可以追溯到 1953 年。根据其网站介绍，科威特投资金融储备是为了"提供石油储备的替代方案，使科威特的后代能够更有信心地面对未来的不确定性"。随着战争的爆发和疫情的蔓延，这种不确定性确实出现了。

科威特为子孙后代设立的基金，没有等到石油耗尽，就已经使用了。1990年，科威特在伊拉克长达7个月的占领中被洗劫一空，撤退的伊拉克军队点燃了科威特的油田，为战后的科威特留下了满目疮痍。彼时，科威特投资局提供了850多亿美元（按2020年的美元购买力计算，约合1 690亿美元）用于重建国家。该基金当时在海外已有近40年的投资历史，为重建国家经济和实体基础设施做好了充分的准备。现在，正如我们将在第四章描述的，科威特投资局正在紧靠伊拉克的边境建设一座未来的智慧城市，一栋高达千米的摩天大楼将成为该城市的标志性建筑。

2008—2009年的全球金融危机威胁到世界上最大的金融机构和全球经济体系的存亡，盛产石油的海湾国家的长期储蓄基金又接到了拯救世界的召唤。正如我们将在第八章探讨的那样，科威特投资局和阿布扎比投资局在短期内向花旗银行注资100多亿美元。除了海湾国家，还有其他国家伸出援手。中投公司向摩根士丹利投资了近100亿美元，新加坡的两家主权投资基金——新加坡政府投资公司和淡马锡，向美林、瑞银和花旗银行（是的，又是花旗银行）注资了近240亿美元（见图1.1）。

2020年，随着新冠肺炎疫情撼动全球金融市场，这些经济领域的超级英雄又回来了。在股市动荡中，截至2020年4月初，沙特阿拉伯公共投资基金（Public Investment Fund，简写为PIF）已经花费了70多亿美元，收购了欧洲遭受重创的埃尼集团、挪威国家石油公司和荷兰皇家壳牌等石油巨头的股份。此举导致意大利、德国和西班牙进一步收紧了对外国投资的限制，加剧了本书第八章和第九章中探讨的紧张局势（与之前全球危机期间受到欢迎的"白衣骑士"截然不同）。

有趣的是，沙特阿拉伯公共投资基金还斥资3.7亿美元收购了嘉

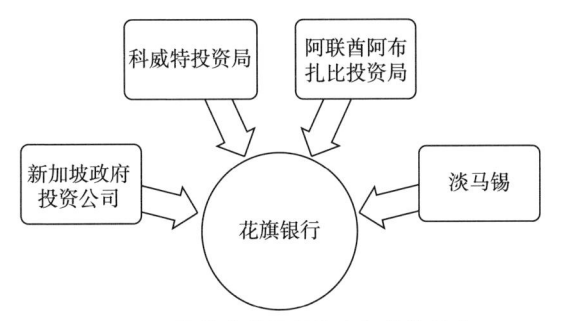

```
         科威特      阿联酋阿布
         投资局      扎比投资局
新加坡政府                        淡马锡
  投资公司
                花旗银行
```

图 1.1 拯救花旗银行的主权投资基金

年华邮轮公司超过 8% 的股份（此前该公司股价因新冠肺炎疫情暴跌了 75%），随后又斥资逾 5 亿美元收购了同样低迷的直播娱乐巨头 Live Nation 近 6% 的股份。沙特阿拉伯公共投资基金放弃了以 3 亿英镑收购英国足球俱乐部纽卡斯尔联队的计划。我们将在后面的章节中看到，沙特阿拉伯公共投资基金有助于沙特阿拉伯经济摆脱对石油的依赖，并将旅游业作为重点。这种看似机会主义（或者，从另一个角度看，甚至可能是利他主义）的举措，也同样是有利于经济转型的举措。

与此同时，美国国内的经济混乱使其在 2020 年制定了一项 2 万亿美元的刺激计划——《关爱法案》（CARES Act）。该法案允许美国政府在对救助公司注入资金之后持有该公司股票，这显然是预料到选民会要求应由纳税人享受 2 万亿美元经济刺激方案可能带来的投资收益，从而对上一轮全球金融危机中贷款救助方案做出的改变。该法案规定，此次救助的注资方式包括认股权证、股权和参与优先债务。在过去，这些方式只是在有限范围内（例如在救助美国汽车业的过程中）才能看到。这一次，持有股权的要求涉及所有行业，并可能导致美国政府设立一家本质上是主权财富基金的机构。

阿拉斯加已经在享受主权投资基金带来的好处。在新冠肺炎疫情期间，它预计将从石油资金的金库中支出 31 亿美元，约占其总资产的 5%。

此外，与许多国家的主权基金类似，美联储也被赋予了作为最后股权投资者的角色。《关爱法案》为美联储提供了4 540亿美元的投资基金。在该基金中，有一项专门授权美联储购买新发行证券以维持市场流动性的工具。在这个新的时代，美国国会并没有将这种融资工具局限于购买债务。美联储前主席珍妮特·耶伦（Janet Yellen）援引日本等国央行在公开市场购买股票方面拥有更为广泛授权的例子，主张进一步扩大美联储在资本市场的职能。对于经验最为丰富的观察家来说，当世界面临一场全球性大流行病时，主权投资基金的作用是显而易见的。

长期以来，主权财富基金一直被用来应对经济健康发展面临的更多潜在威胁。大宗商品资源丰富的国家的储蓄基金可以通过海外投资有效预防"荷兰病"，即大宗商品出口激增导致外汇流入急剧增加，进而造成通货膨胀压力，损害其他经济部门的竞争力（见专栏1.2）。卡塔尔天然气储量比荷兰小得多，经济规模也小得多。该国采用了主权财富基金的方式，将巨额盈余投资海外。

专栏1.2 荷兰病

1977年，《经济学人》杂志首次提出"荷兰病"这一概念，指的是荷兰20世纪50年代发现大量海上天然气储备后，经济负担日益加重，而这些天然气储备被认为是荷兰经济丧失竞争力的原因。

与自然资源带来意外之财有关，货币升值会扭曲当地的生产经济，因为出口竞争力下降，劳动力转移到采掘业。以荷兰为例，20世纪70年代，失业率从1.1%飙升至5%以上，投资流向海外，而天然气出口激增。

> 此后的研究还考察了大宗商品依赖带来的其他不利影响，以及如何减轻影响，其中将通过大宗商品取得的收益转移到主权投资基金是一种可行方案。这样做可以保存一部分自然资源财富，造福子孙后代，同时在资源枯竭后促进多样化和可持续的经济发展。主权投资基金对国内经济进行战略投资，可以促进出口更加多元化。

据报道，2019年，卡塔尔投资局（Qatar Investment Authority，简写为QIA）收购了富丽堂皇的瑞吉酒店（St. Regis Hotel），这家酒店距离纽约市第五大道的特朗普大厦只有几步之遥。这个人口稀少的酋长国通过出口大量天然气获取了巨额财富，收购了一系列豪华酒店，瑞吉酒店就是其中之一。这显然是符合公认模式的做法：作为一个位于动荡地区的小国，收购国际大都市的高端地产作为财富储备。这一点同时也表明，当一场大流行病来袭时，作为一名全球投资人可能会遭遇不利的一面。然而，与沙特阿拉伯公共投资基金收购嘉年华邮轮公司的举动不同，卡塔尔投资局进军酒店业本可以选择更好的时机，但是，对于一名长期投资者来说，卡塔尔投资局并不担心。事实上，据报道，卡塔尔投资局已经借入了100亿英镑，希望继续以低价收购外国资产。

在中国这样以贸易为基础的经济体中，一个重要的储蓄来源是通过进出口积累的外汇储备。"中国制造"的公司将其产品——鞋子和牛仔裤，或者组装好的手机和笔记本电脑，销往海外，然后换回美元或其他外币。然后，中国人民银行通过印制本币并从出口公司手中购买美元来进行干预。传统上，出于安全和流动性的考虑，中国人民银行主要通过其投资机构国家外汇管理局，将美元投资于美国国债。随着中国的外汇储备达到了数万亿美元（高峰时一度达到惊人的4万亿美元），第二家主权基金——中投公司，于2007年成立，旨在寻求更高的风险调整后的回报。

财政稳定基金

这类主权财富基金旨在提升本国经济的财政稳定性，并在某些情况下，在发生外部冲击时稳定汇率。通常来说，大宗商品资源充裕的国家设立这些基金的目的是为了管理收入现金流，从而稳定预算。当商品价格高时，资金流入，当商品价格低时，资金流出。通过平抑大宗商品收入现金流，财政稳定基金可以帮助政府避免在周期中出现极端峰值和低谷。另外，当宏观经济面临冲击时，这些资金还可以用于协助稳定本国货币价值。

为了实现这一目标，这类基金投资期限通常较短，往往将大部分资产用于流动性投资（私募市场投资很少）。这在很大程度上限制了它们对固定收益产品的投资，因为扩大对股票和另类资产投资的敞口可能导致更大的波动性和更少的流动性，从而导致它们干预本国经济的能力面临考验。铜矿资源丰富的拉丁美洲国家智利的经济社会稳定基金（ESSF）就是一个典型的例子。智利经济社会稳定基金成立于2007年，旨在偿还公共债务并为财政赤字提供资金。它并不是以获取财务回报为导向的基金，而且多年来一直保持着最初的目标。

这一点还可以从2020年新冠肺炎疫情中看出来。中东石油基金的职能之一是稳定预算，维持母国的国内经济。在遭受创纪录的低油价和新冠肺炎疫情对经济冲击的双重打击之后，预计海湾国家将从其巨额主权投资基金中提取资金，以弥补政府财政赤字，并为经济刺激提供资金。

2020年4月，彭博社估计，为政府刺激计划提供资金，再加上资产价值下跌和石油盈余减少的损失，将导致阿布扎比、科威特、卡塔尔和沙特阿拉伯的基金资产减少3 000亿美元。这些主权投资基金准备投入超过2万亿美元来应对危机，因此它们足以胜任拯救经济的任务。当然，华尔街担心，大部分所需的现金将来自这些基金大规模的投资变现，从而导致基金经理争先恐后地调整他们的重仓股。事实上，海湾地区的主权投资基金最终并没有低价出售所持有的股份，而是选择了借贷数十亿美元，此举同时为基金经理带来了赚取更多收入的机会。这些巨头的影响在全球范围内引发了反响。

据报道，在海湾地区抗击新冠肺炎疫情的前线，阿联酋穆巴达拉投资公司正在讨论为陷入困境的当地医疗健康企业 NMC Health（阿联酋最大的医疗健康服务商），提供一揽子投资救援计划。当穆巴达拉投资公司和其他主权投资基金所投资的人工智能和生物技术公司在全球各地寻找治疗和预防新冠病毒的药物时，穆巴达拉投资公司还需要维持国内医疗系统的正常运转。在东南亚，石油生产国马来西亚也在通过主权基金马来西亚国库控股公司（Khazanah），来救助廉价航空公司亚洲航空（Air Asia），马来西亚政府要求马来西亚国库控股公司为这家因新冠肺炎疫情而遭受沉重打击的廉价航空公司提供贷款担保。

世界上最大的主权基金——挪威石油基金，已经为稳定本国经济做好了准备。该基金成立于1996年，最初是作为预算稳定工具，现在规模已经发展到相当于该国GDP的两倍多，因此它更多地被视为代际储蓄基金（见专栏1.3）。然而，为了弥补挪威政府因新冠肺炎疫情冲击引发的巨额开支，该基金被要求直接向挪威政府提供130亿美元到250亿美元或更多的资金，尽管其唯一的资金来源——石油，价格在2020年已经跌至创纪录低点。

专栏1.3　透明度是核心

挪威政府养老基金又叫作挪威石油基金，它的运作完全符合字典上关于"透明度"的定义。它甚至在其网站上公开展示其不断变化的资产市值，就像汽油泵或老虎机上不断跳跃的数字一样。有了人口统计数据，每个挪威人都可以立即计算出自己的"份额"。这一份额并不是微不足道的。按照挪威人口数量计算，总额1.1万亿美元的基金市值平均下来相当于每人拥有20多万美元的基金资产。

挪威政府养老基金致力于提高透明度，这使得它在很大程度上局限在公开市场投资，而不能像那些透明度较低的同行那样，为了获得更好的回报，将大量资金配置到私募市场。最初，挪威政府养老基金的投资组合只包括债券，在2008—2009年全球金融危机爆发之初，该基金以60∶40的比例配置股票。这导致它很快损失了23%的价值。在危机期间，该基金加倍投资于股票，购买了1 750亿美元的上市公司股票，占全球市场的0.5%（并享受了长期的牛市）。同样的策略在2020年可能并不可行，因为在新冠肺炎疫情和创纪录的低油价的情况下，挪威政府要求该基金履行预算稳定职能。挪威政府预计将动用该基金4.8%的资产来支付新冠肺炎疫情带来的开支。

尽管有"石油基金"这样一个绰号，但挪威政府养老基金长期以来一直是ESG原则的领导者。对于一家以石油资源为基础的基金来说，这似乎有些奇怪。但是，这一偏差背后有一个明智的理由。挪威的财富来自石油，但是一只承担代际储蓄或预算稳定职能的基金的任务是减轻此类集中度的风险。从这个角度来看，这只代际基金必须在石油耗尽之后仍能为子孙后代提供保障，因此对可持续性的关注促使该基金实行了谨慎的投资管理策略。

尽管如此，该基金在ESG方面的领导地位和对透明度的执着并没有能够避免令人尴尬的问题。该基金某位即将退休的负责人曾搭乘一架准备接替他位置的对冲基金经理的私人飞机从美国回国，但是他并没有对外披露相关信息。由于被认为存在利益冲突，原定于2020年9月1日启动的交接仍存在不确定性。住在玻璃房子里真不容易。

即使北欧国家对透明度高度执着，也不能完全避免一些"装门面"的行为。挪威政府养老基金的名称中带有"养老金"，不过这个词明显具有误导性，因为该基金对任何养老金领取者都不承担义务。而它显然不能放弃这个看起来友好、易于推广，且不具有威胁性的名称。在实践中，它通常被称为"石油基金"。

发展基金

对于遭遇周期性衰退的世界经济来说，主权投资基金的群体正在迅速扩张。发展基金，如爱尔兰战略投资基金（Irish Strategic Investment Fund，简写为 ISIF）或俄罗斯直接投资基金（Russian Direct Investment Fund，简写为 RDIF），它们的优先目标并不是通过国际投资来实现基金增值，而是专注于提高自己国家的长期生产力。它们通过投资实体基础设施（公路、铁路等）、社会基础设施（教育、医疗健康等）以及越来越多的数字基础设施（电信网络、数据中心等）来实现这一目标。它们还推动战略性产业发展，促进本国经济多元化，同时与外部机构（例如主权投资基金同行）经常开展合作，吸引外国资本。

在2008—2009年全球金融危机期间，爱尔兰战略投资基金的核心职能被暂停，这是我们在危机来袭时一次又一次见到的例子。该基金的成立是为了扮演一个不同寻常的超级英雄的角色，但是，目前它的大部分资产已经转变为爱尔兰银行业的纾困资金。一旦它完成了拯救的使命，黄金重新回到银行的金库，它将继续专注于经济发展。到2019年，爱尔兰战略投资基金通过共同投资推动了超过35亿美元的投资进入爱尔兰。

同样是在欧盟内部，西班牙也采取了一种有趣的方式，即"合作"主权基金模式。西班牙-阿曼私募股权基金（Spain-Oman Private Equity Fund，简写为SOPEF）成立于2018年，由阿曼国家总储备基金和西班牙国有机构西班牙发展金融公司及其外国投资基金各出资50%组建。每个国家出资1亿欧元，共同选择了一家私募股权基金管理人来管理这只新基金。

该基金的重点是支持并加强西班牙公司的海外扩张，不仅是向海湾地区国家，也包括更为广泛的地区，比如非洲部分地区、印度，甚至拉丁美洲。根据协议安排，该基金只考虑1 500万欧元以内的投资，由阿曼提供资金，西班牙执行交易。阿曼希望从西班牙在基础设施、物流、医疗和旅游等领域的专业投资中受益。后面的章节将介绍更多欧洲"合作"基金的例子，包括法国、爱尔兰和意大利。

"合作"趋势是有支撑的，并不是欧洲独有的。印度尼西亚和阿联酋共同宣布，阿联酋承诺向印度尼西亚投资230亿美元。这笔投资将通过印度尼西亚新的主权基金（当时定于2020年年中启动）进行，该基金旨在支持印度尼西亚初创企业并促进其成长。据报道，印度尼西亚的这只基金是以新加坡主权基金淡马锡和新加坡政府投资公司为蓝本。印度尼西亚没有新加坡那样的外汇储备，阿联酋的资金可以解决这个问题，并能够帮助印度尼西亚进一步培育其原本已经充满活力的创业市场，两家新加坡巨头已经在印度尼西亚市场上进行了多笔大额投资，印度尼西亚和阿联酋将加入淡马锡和新加坡政府投资公司的行列，在这个群岛国家寻找科技独角兽公司。

一些主权投资基金既是全球投资者，也是国内发展基金。例如，穆巴达拉投资公司专注于科技投资，在硅谷和伦敦设有办事处。然而，该基金的既定目标是"为了阿布扎比的长远利益，推动经济加快增长"。为实现这一目标，该基金同时投资于本国基础设施和科技行业，例如 2019 年年初启动的创新加速器项目 Hub71，该项目既包括母基金，也包括直接投资，旨在通过刺激技术创新，推动阿布扎比和中东地区的经济发展。第五章对 Hub71 进行了更为详细的探讨。

虽然与富裕的海湾国家的背景截然不同，但是非洲一直是主权投资基金的沃土。例如，卢旺达研究和创新基金（Rwanda Research and Innovation Fund）主要针对初创企业，但非洲更为常见的是资源型基金。除了多只石油基金（包括安哥拉、加蓬、加纳、尼日利亚、毛里塔尼亚和乌干达），还有一只钻石基金（博茨瓦纳的普拉基金）和一只矿产基金（纳米比亚的矿产开发基金）。第五章将介绍更多关于这些新兴基金的内容，它们共同的政策目标是推动本国的经济发展。

肯尼亚和尼日利亚为主权财富基金提供了有趣的案例研究对象。肯尼亚政府于 2019 年年初立法设立主权财富基金，这显然是 2012 年该国发现巨大油田的结果。这项立法的目的是设立主权财富基金，以确保有效管理石油和其他矿产出口获得的收益。肯尼亚石油业目前还处于起步阶段，主权财富基金的未来仍有待观察。尽管如此，它的出现进一步强化了撒哈拉以南非洲地区的一种趋势，即通过设立主权财富基金来管理由自然资源获得的意外之财并推动实现经济多元化。这一趋势在其他地区已经非常明显。

尼日利亚是非洲最大的经济体，2011 年成立的尼日利亚主权投资局（Nigerian Sovereign Investment Authority，简写为 NSIA）被国际货币基金组织称赞为致力于遵守《圣地亚哥原则》中关于透明度、良好治理、问责制和审慎投资要求的典范。尼日利亚主权投资局由 3 个独立的封闭基金组成（见图 1.2），代表储蓄、稳定和发展 3 个不同的功能：(1) 财政稳定基金，用于在财政紧张时为经济发展提供救济；(2) 代际基金，致力于资产的长期保值增值；(3) 尼日利亚基础设施基金，负责投资本国基础设施项目。

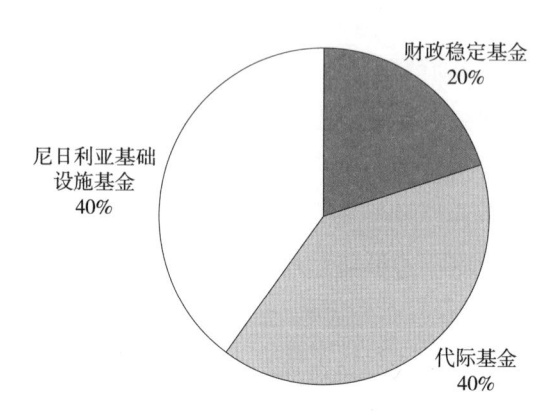

图1.2 尼日利亚主权投资局的基金组成

公共养老基金

正如挪威政府养老基金的名称所示，"养老金"一词可能有多种含义。公共养老基金主要有两种类型。一种是养老储备基金，可以理解为养老基金类型的主权财富基金。这些基金，如澳大利亚未来基金、新西兰超级年金和智利养老金储备基金，通常将预算盈余投资于全球市场，以承担为其出资的政府在未来的养老金支付义务。

与传统的养老基金不同，它们管理的资产仍然是政府财产，任何个人不对其拥有任何权力。负债归于政府，政府代表国民配置资本。因此，这些基金可作为长期投资者发挥作用。政府可以将私有化的收益方便地存入此类基金，为特定的未来需求储备资金，或者仅仅是为了不让这些资金落入政客手中。它们可以跻身于最透明的基金之列。

另一种是主权养老基金,与养老储备基金不同的是负债流。对于主权养老基金,债务直接归于基金的各个部分。加拿大的政府雇员养老基金,例如加拿大退休金计划投资委员会就是一个很好的例子。这些基金努力在资金支出、企业主和员工的储蓄,以及投资回报之间寻求平衡,它们追求的回报率使得它们能够履行对参与成员的养老金支付义务。虽然长期投资者比私募股权或风险投资基金更加长期,但它们必须对其负债进行精打细算,因此其作用往往比代际基金或养老金保证基金(如新西兰超级年金和澳大利亚未来基金)更有限。

在加拿大,一家管理养老金资产的主权基金已经开始了其超级英雄的救援任务。为了应对新冠肺炎疫情对魁北克当地经济的影响,魁北克储蓄投资集团于 2020 年年初设立了 40 亿加元基金,支持受新冠肺炎疫情冲击的魁北克企业,无论该企业是否在其投资组合中。这一方案迅速实施,使受援助的企业在新冠肺炎疫情中幸存下来,并为当地经济复苏提供支持。在此之前,魁北克储蓄投资集团已经深度参与了魁北克的城市开发,其中一个主要项目是耗资 60 亿加元的蒙特利尔高速轻轨网络,该网络与现有的交通系统连成一片。

这种应对新冠肺炎疫情的创新举措并不符合公共养老基金的特点。尽管与全球主权财富基金一样,公共养老基金越来越需要承担治理和监管义务,但它们一直在开拓新领域。在基础设施投资和风险投资等新资产投资领域中,加拿大基金往往被认为是领导者,它们更专注于培育内部能力(而非依赖外部管理人),设立海外办公室,支付有竞争力的薪酬来吸引人才。

公共养老基金通常与主权财富基金积极合作,使得主权投资者的想法得以迅速实施。西班牙 IE 商学院发布的《2019 年主权财富基金报告》提供了近年来发生的交易总额在 10 亿美元(及以上)、具有代表性的公共养老基金/主权财富基金共同投资的案例(见表 1.3)。

表 1.3　具有代表性的公共养老基金/主权财富基金共同投资数量

公共养老基金	与主权财富基金的共同投资数量
加拿大退休金计划投资委员会（CPPIB）	6
安大略省教师退休金计划（OTPP）	3
不列颠哥伦比亚投资管理公司（BCI）	3
加拿大公共部门退休金计划（PSP）	3

注：交易总额在 10 亿美元以上。
资料来源：西班牙 IE 商学院《2019 年主权财富基金报告》。

在作为主权财富基金共同投资者的排行榜上，4 家加拿大公共养老基金领先于摩根士丹利和麦格理等其他机构，排名前列，它们是：加拿大退休金计划投资委员会、安大略省教师退休金计划、不列颠哥伦比亚投资管理公司和加拿大公共部门退休金计划。科威特的主权投资者与安大略省教师退休金计划、阿尔伯塔投资管理公司（Alberta Investment Management Corporation，简写为 AIMCo，也来自加拿大）合作收购了伦敦城市机场；加拿大退休金计划投资委员会与新加坡政府投资公司合资收购并运营学生公寓；加拿大退休金计划投资委员会与淡马锡一起加入了对韩国 Homeplus 的投资。因此，本书将把主权财富基金和公共养老基金统称为"主权投资基金"和"主权投资者"。

大手笔的投资人，ESG 的推动者

几十年来，主权投资基金更愿意躲在幕后。人们对它们知之甚少，不了解它们的特点，而长期以来它们作为被动投资者，也使得它们始终保持这种状态。然而，近年来，主权投资者的性质已开始改变。除了积累庞大且不断增长的资本池（曾经是政府财富的被动持有者），主权投资者还从 3 个关键方面改变了运营模式：吸引更好的人才，增加更多的资产类别，培育积极投资策略。

例如，加拿大的养老基金已经做出了调整，支持对另类资产的直接投资，包括传统上被视为不属于主权投资基金投资范围的科技初创企业。例如，20世纪90年代末，加拿大退休金计划投资委员会几乎所有的投资都在加拿大国内，但是如今，其国内资产的占比仅有15%。该基金目前的目标是全球投资，通过设在印度孟买和多个地区的海外办事处进行科技投资。

同样，总部设在多伦多的安大略省市政雇员退休系统（Ontario Municipal Employees Retirement System，简写为OMERS）成立了一个风险投资部门，直接投资于早期科技公司，并在硅谷和伦敦配置了专门的风险投资团队。值得注意的是，加拿大人一直是华盛顿的精明游说者，已经成功说服美国政府给予他们与美国养老金计划同等的税收待遇。

两家财力雄厚的主权投资基金——新加坡政府投资公司和阿布扎比投资局，将大笔直接投资与促进ESG发展结合起来，共同支持发展中国家的绿色和可持续能源项目建设。2019年，两家公司共同参与了一轮近5亿美元的股权投资，以支持印度格林科集团（Greenko Group）两个总价值20亿美元的绿色能源项目。新加坡政府投资公司是格林科集团的大股东，后者仍保持着亚洲最大的绿色债券发行纪录——10亿美元。该笔投资完成之后，两家公司对发行人格林科集团的投资总额达到了22亿美元。在最新的一轮融资中，格林科集团计划开发两个总计240吉瓦的可再生能源项目，每个项目都包括风力发电、太阳能发电和水力蓄能。

当然，跨境活动并非没有包袱。韩国国民年金的规模已经变得非常大，以至于韩国国内的资本市场根本没有足够的深度和广度来容纳它的投资。然而，在扩大海外投资时，由于与日本的政治紧张局势不断升级，该养老基金面临着艰难的投资选择（见专栏1.4）。在一些极端情况下，主权投资者可能会化身为无赖交易员，就像华尔街的都市传奇中的那些人一样（见专栏1.5）。

专栏1.4　政治、道德和海外投资多元化

韩国股市总市值规模约为1.9万亿美元（2018年），然而，韩国国民年金管理着近6 000亿美元的资产。因此，该基金宣布将对其投资组合结构进行调整，将韩国国内固定收益资产和权益资产的比重分别由45%和18%调整为30%和15%，同时将海外权益资产的占比从20%提高到30%。

该基金的资产管理人向韩国内阁和议会汇报工作，现在必须越来越多地应对一个颇具政治色彩的问题：哪些日本公司在日本占领韩国期间犯下了战争罪行。据英国《金融时报》报道，面对韩国立法禁止韩国养老基金投资"战犯公司"的提议，主权养老基金宣布将对其逾10亿美元的日本公司股票的投资组合进行重新评估。

专栏1.5　一马发展公司

如果你没有关注过目前仍在逃亡的马来西亚金融家刘特佐（Jho Low）和马来西亚前总理纳吉布·拉扎克（Najib Razak）创立的一马发展公司（1 Malaysia Development Berhad，简写为1MDB）的故事，就无法完整地了解主权投资者所面临的处境。该基金设立的目的是为马来西亚的基础设施和其他发展项目提供资金，而实际上恰好相反，这些资金最终"投资"了好莱坞电影（《阿呆与阿瓜》《华尔街之狼》）、巨型游艇、私人飞机、凡·高和毕加索的画，以及豪华房产。

刘特佐涉嫌诈骗一马发展公司高达45亿美元，他因在该案中发挥了核心作用而受到刑事指控，但是目前仍然逍遥法外。他最近同意法院没收其逾7亿美元的资产，以了结涉及该基金的欺诈指控，其中包括价值1.25亿美元的游艇、价值3 500万美元的喷气式飞机、价值5 100万美元的纽约顶层公寓、价值1.39亿美元的纽约Park Lane酒店，以及《华尔街之狼》制片方签署的和解协议——这部电影的部分资金来自"一马发展公司"被挪用的资金。

马来西亚前总理纳吉布因这起丑闻被判入狱。2018年8月，一名高盛的合伙人承认犯有贿赂罪和洗钱罪，随后马来西亚政府就此事件与高盛达成了39亿美元的和解。即便是一只最终失败的主权基金，也对华尔街产生了巨大影响。

马来西亚政府到底输送了多少资金给该基金，以及该基金从投资者那里借来的钱到底用在了什么地方，目前仍然是个谜。但是，显而易见的是，一马发展公司的内部控制和公司治理严重缺失。在众多的主权投资案例中，这一案件涉及的金额也非常巨大。

鉴于主权投资者通常具有的全球使命和长期投资视野，他们越来越多地根据未来大趋势而非短期市场走势构建投资组合。此外，他们不仅是受全球大趋势影响的被动参与者，而且通过其投资积极影响全球大趋势。例如，淡马锡确定了未来的6个结构性趋势（见图1.3），作为其投资的战略方向——"为一个更美好、更智能、更可持续的世界而投资"。

所有大趋势的共同特征本质上是技术革命。在新技术的冲击下，世界经济的可持续性对于寻求长期、可持续回报的主权投资基金来说

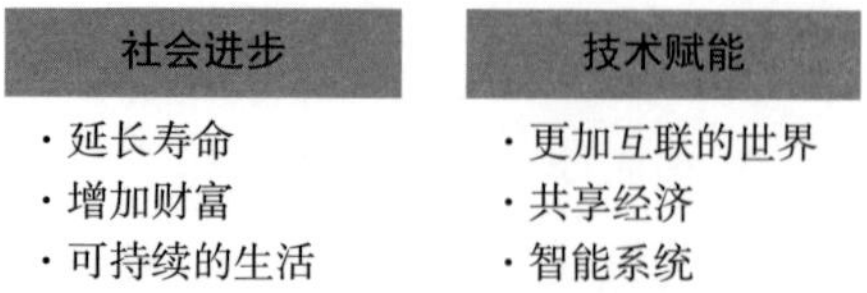

社会进步	技术赋能
·延长寿命	·更加互联的世界
·增加财富	·共享经济
·可持续的生活	·智能系统

图 1.3　淡马锡确定的 6 个结构性趋势

资料来源：淡马锡。

至关重要。因此，大多数主权投资基金通过外部基金或直接投资的方式在全球范围内进行科技投资；同时，它们利用技术手段进行数据分析，将 ESG 因素整合到它们的投资过程中。

荷兰汇盈资产管理公司（APG）管理着荷兰国家公务员养老基金（ABP）和其他荷兰养老金计划。它将负责任投资纳入九大投资理念之中，以此表达对负责任投资的承诺，并充分运用数字技术来实践这一理念。对于前一章讨论的 ESG/SDG 相关的投资，一些资产所有者表示，他们需要更多的标准化数据或更多的学术证据来支持 ESG 战略落地。在此方面，荷兰汇盈资产管理公司利用人工智能技术选择对联合国可持续发展目标做出突出贡献的公司，例如，该公司的数据分析团队 ENTIS 根据公司制定的标准，使用智能算法来评估面向可持续发展目标的投资。

在气候变化方面，最重要的行动是由 5 家油气财富基金（挪威政府养老基金和 4 个中东基金）和新西兰超级年金组成的"一个星球"主权财富基金工作组实施的（见图 1.4）。这 6 家基金管理着数万亿美元资产，于 2017 年 12 月 12 日共同举办了"一个星球"峰会，随后又开展了气候金融日活动（首届气候金融日始于 2015 年，各国成功签署了旨在共同努力应对气候变化影响的《巴黎协定》），并成立了工作组。

对主权投资者来说，气候变化对于其长期投资组合来说既带来了风险，也带来了机遇，因为技术的发展和政府政策的调整为投资创造了新的赛道。在向低碳经济转型的过程中，主权投资基金抓住了发达

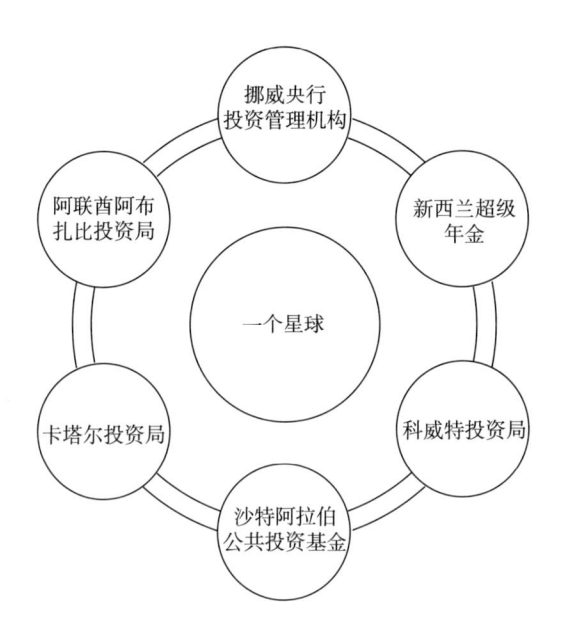

图 1.4 "一个星球"主权财富基金工作组

国家和新兴市场中从太阳能和风能基础设施，到电池和出行领域的各种早期风险投资机会。2018 年 7 月，"一个星球"工作组发布了一份投资框架，旨在将与气候变化相关的财务风险和机会加快整合到长期的大规模资产池（如主权投资）的管理中，包括以下目标：

- 提升对与气候变化相关的关键原则、方法和指标的共同理解。
- 确定投资中与气候相关的风险和机会。
- 改善其投资决策框架，以便更好地了解作为投资者和金融市场参与者的优先事项。

"一个星球"工作组希望更多的主权投资基金以及更为广泛的机构投资者采用该投资框架。但有趣的是，这一点能否成功依赖于数据和技术。这是因为在整个行业中，高质量的公司级环境数据，例如与碳排放和环境影响有关的数据，仍然难以获得。为了做出明智的投资决策，机构投资者需要获取及时、准确、完整和相关性高的与气候有关的数据。因此，该投资框架鼓励主权投资基金采用议定的标准，推动企业披露与气候有关的重要数据。主权投资基金致力于借助大数据技术，共同提高金融数据的数量、质量和一致性，更有效地促进 ESG 投资。

除了作为"一个星球"工作组中的唯一一个非石油的主权财富基金，新西兰超级年金还签署了同期推出的更加广泛且更受养老基金青睐的主权财富基金协议"气候行动 100＋"。该协议由来自数十个国家的 450 多个投资者签署，包括之前提到的多家知名养老基金，如荷兰国家公务员养老基金、不列颠哥伦比亚投资管理公司、魁北克储蓄投资集团、加州公务员退休基金、日本政府养老金投资基金、爱尔兰战略投资基金、安大略省教师退休金计划等，它们共同控制着超过 40 万亿美元的资产。《彭博商业周刊》这样描述这些基金："企业界有史以来所能看到的规模最大、最为富有、可能也是最为仁慈的恶霸。"这些基金承诺将与被投资公司合作，确保它们的气候变化风险最小化（并披露），以及机遇最大化。如今，科技革命为主权投资者带来了同样的机遇和风险。一方面，投资于高增长的科技行业可以使它们的投资组合更加多样化，并获得优异的财务回报。考虑到它们的资本实力和长期投资视野，它们在投资数字基础设施（如智慧城市）方面处于最有利的位置，这对全球经济的可持续发展至关重要。另一方面，重大的技术和颠覆性创新正在颠覆传统行业，使主权投资基金现有投资组合中的公司面临风险。主权投资基金必须采取行动，以使其投资组合和其自身的运营模式适应未来的发展。正如我们将在下一节中看到的，所有的主权投资基金都在涌入数字经济革命。

投身于数字革命

主权投资者世界的总体趋势是投资于数字化的未来——无论是现有的寻求数字化转型的基金，还是从一开始就为这一目标而设立的新基金。有趣的是，这并不是一个全新的现象：各国（一直）在科技投资方面非常活跃。硅谷和特拉维夫在很大程度上是美国和以色列国家的产物。我们今天认为理所当然的许多创新，如互联网、云计算和虚拟现实，都是由国家种子资本培育或由政府机构推动成长起来的。

这种情况从某种程度上来说仍在继续：2014 年，美国国防部与中央情报局联手投资网络安全初创企业。中央情报局自 1999 年以来一直在运营其 Q-Telventure 投资基金，该基金对科技公司进行了大量投资。这种国家与军方的合作对于理解以色列初创企业的崛起及其著名的亚泽马（Yozma）计划尤为重要，该计划使得以色列成为不断爆发技术奇迹的初创国家。太空最初是只属于政府的领地，现在蓝色起源（Blue Origin）、太空探索技术公司（SpaceX）和维珍银河（Virgin Galactic）等私人公司也相继加入进来，这些公司中的一部分也得到了主权投资者的资金支持。

本章接下来的内容将详细介绍主权投资基金的科技投资。这一趋势最突出的例子是沙特阿拉伯及其公共投资基金，它对愿景基金的巨额投资对全球科技初创企业和资本市场产生了深远的影响。沙特阿拉伯公共投资基金是该国石油财富的受益人，值得注意的是，它还是沙特阿美石油公司（Saudi Aramco）上市后收益的受益人，该公司是地球上最值钱的公司（见专栏 1.6）。

专栏 1.6　终结所有 IPO 的 IPO

全球股市的一个显著变化——IPO 数量的急剧下降，可以归因于耐心且现金充裕的主权投资者。据英国《金融时报》报道，2019年上市公司募资额较2018年下降10%，是3年以来最低的一次。渴望投身于数字经济的主权投资者开展了大规模投资，使得这些科技明星企业有机会在比过去更长的时间内保持私有化。

主权投资者不仅使得IPO数量大幅下降，也带来了另一个问题——IPO前估值过高，这对维持科技巨头在公开市场的估值构成了挑战。如果没有主权投资者的耐心和大量资金流入，情况可能完全不同。有些人推测，正是因为主权投资基金进入了为处于后期阶段的成长型企业服务的市场，这些企业才得以摆脱美国证券交易委员会和"好管闲事"的公众股东的审查，导致公开市场发行规模缩小；另一些人则持相反观点，他们认为并非是主权投资基金促成了这一状况，而是不断萎缩的公开市场使得主权投资基金被动拥抱独角兽。

具有讽刺意味的是，2019年最大的IPO是沙特阿拉伯国家石油公司（简称沙特阿美石油公司），该公司在上市后不久市值就超过了2万亿美元，其中近300亿美元的收益为沙特阿拉伯公共投资基金提供了大量资金。沙特阿拉伯公共投资基金设立的目标是实现经济的数字化转型，并（通过愿景基金投资和直接投资）为优步等处于后期阶段的科技明星企业提供大量资金。2020年，与俄罗斯的石油价格战以及新冠肺炎疫情对沙特阿拉伯经济的影响，可能导致沙特阿拉伯公共投资基金将更多收益用于刺激国内经济和填补赤字。但是，"愿景2030"——变革的数字未来——始终是沙特阿拉伯公共投资基金的长期目标。

沙特阿拉伯通过其公共投资基金充分发挥了其石油资源带来的资金的作用，成功地提升了其作为科技行业主要风险投资者的形象。沙特阿拉伯公共投资基金承诺为愿景基金首期募集的1 000亿美元出资450亿美元（见图1.5），这是当时前所未有的风险投资基金规模——几乎是其他所有风险投资基金在好年份募集金额的两倍。据报道，沙特阿拉伯公共投资基金正在考虑对愿景基金二期做出类似的承诺。沙特阿拉伯公共投资基金还承诺向"新未来城"（Neom City）投资5 000亿美元。该城市是沙特阿拉伯在红海沿岸规划建设的面向未来的城市（有飞行出租车、恐龙机器人）。

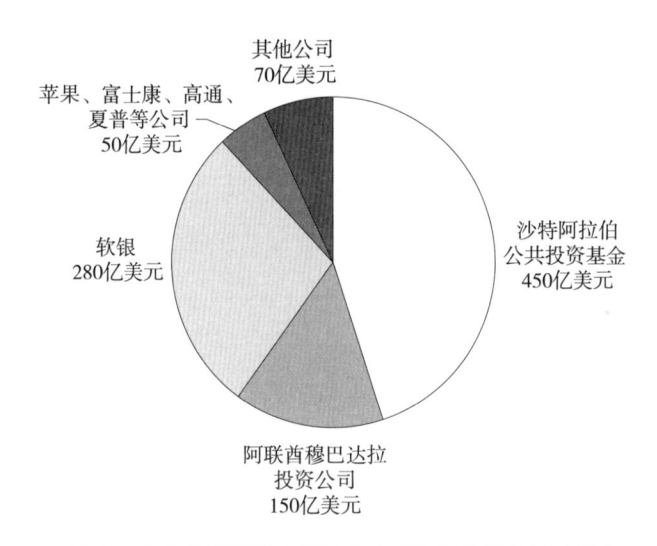

图1.5 由主权投资基金领导的1 000亿美元的愿景基金
资料来源：英国《金融时报研究》（2017）。

尽管有人认为沙特阿拉伯的国内政策与硅谷精神格格不入，但是该国仍然利用其主权基金，成功地将科技思想领袖吸引到了"沙漠中的达沃斯"峰会。"新未来城"在其中发挥的作用也值得关注。愿景基金的发起人日本软银承诺对"新未来城"的互惠投资，可能会增加沙特阿拉伯吸引到科技企业的机会，这样的结果意味着该国的公共投资基金间接推动了本国经济的数字化转型，为其所规划的数字未来找到了一位锚定投资人（参见第五章更详细的讨论）。

第二个例子是欧盟，它是主权投资基金和数字经济投资领域的后来者。随着世界其他地区在国内外大举投资科技企业，欧洲实际上更像是一个净卖家。中国作为买家，已经收购了德国和意大利的大型机器人公司；软银收购了英国的芯片制造商 ARM，ARM 公司的一家子公司将参与英国即将举行的 5G 牌照竞拍；美国互联网巨头谷歌的母公司 Alphabet 收购了英国的人工智能领先企业 DeepMind，DeepMind 曾经开发了 AlphaGo 算法，击败了人类最好的围棋选手。

对于欧洲来说，最受欢迎的手机来自美国的苹果公司和韩国的三星公司。类似地，美国公司也主导着欧洲的数字平台：脸书运营着使用最为广泛的社交网络，谷歌公司主宰着在线搜索和广告，亚马逊公司主宰着电子商务；不仅如此，亚马逊公司和微软公司的云计算基础设施对欧洲企业来说也是不可或缺的。与此同时，欧洲数字经济运行所依赖的实体设备是由来自中国的华为公司生产的。

在新冠肺炎疫情期间，欧盟官员不得不打电话给加州的洛斯加托斯，要求美国科技巨头网飞公司降低其视频流质量，以防止由新冠肺炎疫情导致的互联网流量暴增引发欧洲系统崩溃，这进一步表明了外国企业在欧洲数字经济领域的主导地位。

在 2020 年以后，情况也许将发生变化。2020 年 2 月，欧盟公布了一项计划，旨在恢复欧盟官员所说的"技术主权"，投入更多的公共支出用于支持欧洲的科技行业。随着全球经济越来越依赖数字技术，欧洲领导人担心欧洲经济过度依赖由其他地区开发和控制的技术。正如欧盟执行机构欧盟委员会主席乌苏拉·冯·德·莱恩（Ursula von der Leyen）在新闻发布会上说的："我们希望在数字时代找到欧洲的解决方案。"因此，欧洲出现了新的主权投资基金。

根据2019年8月的媒体报道，欧盟工作人员已经起草了一项计划，启动一个1 000亿欧元（约合1 100亿美元）的主权财富基金，被称为"欧洲未来基金"。这只基金的主要目标是投资未来的"欧洲科技冠军"，它们有可能与中国的"BAT"（百度、阿里巴巴、腾讯）或美国的"GAFA"（谷歌、苹果、脸书、亚马逊）竞争。由于欧盟政治错综复杂，该基金能否成功设立尚不明朗，但在未来的数字经济中，欧洲利用主权基金与美国和中国竞争主导地位的决心是明确的。

第三个例子是中国为减少半导体领域对美国的技术依赖所做的努力。据《华尔街日报》报道，中国在2014年设立了首只专门用于培育国内半导体产业的基金，即使是这样，仅在2018年中国就进口了3 121亿美元的半导体，远远超过了中国当年2 403亿美元的石油进口。中国通过各种手段，包括收购外国科技公司，不断加大支持本国芯片产业的力度，但这一努力遭到了美国外国投资委员会的抵制，该委员会是美国根据国家安全风险筛选外国直接投资的机构。

为了进一步限制外国进入敏感的科技领域，特朗普政府在2018年（从2020年年初开始生效）为美国外国投资委员会制定了新的规则，以便更详细地审查中国和其他外国投资，特别是在高科技领域的投资。新规则强调要对涉及"TID"技术（关键技术、关键基础设施和敏感个人数据）的交易进行国家安全审查（见图1.6）。尽管这些规定适用于任何外国投资，但此举的主要目的在于阻止中国获得敏感的美国技术和其他有价值的资产——中国的主权资本已经在硅谷活跃了很多年。

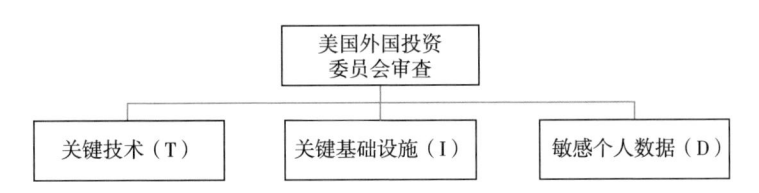

```
                  ┌──────────────┐
                  │ 美国外国投资 │
                  │  委员会审查  │
                  └──────┬───────┘
          ┌──────────────┼──────────────┐
  ┌───────┴──────┐ ┌─────┴──────┐ ┌─────┴────────┐
  │ 关键技术（T）│ │关键基础设施（I）│ │敏感个人数据（D）│
  └──────────────┘ └────────────┘ └──────────────┘
```

图1.6　美国外国投资委员会的TID审查重点

尽管如此，中国仍决心大力发展那些不依赖于美国的技术，并继续追赶全球技术的领先地位。2019年10月，中国成立了新的国家半导体基金（这是不到5年内的第2只），基金规模为2 040亿元（约合289亿美元），该基金的前身规模为200亿美元（2014年）。根据基金注册信息，该基金的注册资本主要来自国家机构，其中包括中国财政部（225亿元）和政策性银行国家开发银行（220亿元），以及中国烟草有限公司等国有企业。新基金有一个雄心勃勃的目标，就是培育中国完整的半导体产业链，从芯片设计到制造，从处理器到存储芯片。

美国的下一个目标是什么？设立自己的主权基金，发展5G网络技术（见图1.7）。目前，这一领域的全球领导者是中国的华为公司。欧洲的爱立信公司和诺基亚公司是华为公司的竞争对手，美国在5G领域没有领军企业。2020年1月，一个由美国参议员组成的两党小组提出了一项法案，联邦通信委员会将为西方国家寻找和研发华为的替代产品设立基金。此外，新成立的拥有600亿美元资金的美国国际发展金融公司（International Development Finance Corporation，简写为DFC）也将投资于移动网络的研发工作。最近，一位美国政府官员表示，美国可能会考虑设立一只基金，收购爱立信公司和诺基亚公司的控股权。

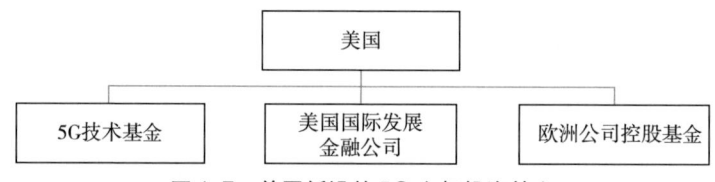

图1.7 美国新设的5G主权投资基金

与此同时，美国国会并没有忽视联邦、州及地方养老基金的投资能力。与主权财富基金一样，跨境科技投资对它们来说既具有吸引力，又充满政治意味。它们不再是被动配置者，它们的形象和投资选择现在也受到了更加严格的审查。

2019年11月，美国的共和党和民主党联合提出了一项法案，该法案将限制总规模约 6 000 亿美元的联邦节俭储蓄计划（Thrift Savings Plan）在其指数投资中纳入中国股票，这反映了美国与中国在引领科技未来方面的持续竞争。有报道称，白宫正在考虑全面禁止美国养老基金（联邦、州和地方）投资中国的科技企业。随着中美关系持续紧张，有关限制美国国内养老基金投资中国科技公司的呼声越来越多。事实上，在 2020 年 8 月，美国国务院曾要求大学捐赠基金从其投资组合中剔除中国股票，并警告称未来将采取更加严厉的措施。

综上所述，主权投资者正将其巨大的体量和影响力运用到国内外市场的数字科技投资中去。随着主权投资基金投资数量的不断增加，全球的紧张局势也在加剧。现在，在所有的国家看来，创新的力量不仅是经济增长的引擎，而且是占据未来地缘政治主导地位的关键。

因此，越来越多的国家将技术秘诀和数据资源视为"国宝"，正在围绕它们构建监管壁垒。接下来的章节我们将看到主权投资基金如何在全球捕获独角兽，希望通过不同国家主权投资基金创造的经济独立，世界可以达到新的平衡，共同实现一个共享的数字未来。

当你从人群熙攘、空调温度舒适的阿布扎比投资局大楼里走出来，走进海湾沙漠的热浪中，你会突然意识到，你实际上远离传统的金融中心，也远离数字经济的科技中心。 但是，当你继续阅读本书的时候，你会发现，你已经触摸到了一股全新的力量，这股力量将决定传统的金融中心和数字经济的科技中心在新冠肺炎疫情之后世界秩序中的地位。 下一站：地球村。

第二章
从被动配置者到主动投资者

我们可以将主权投资基金社区看作一个村庄，这里的村民个体差异很大，他们来自100多个国家，有着不同的背景、年龄和财富。来自北美的村民相当乏味。他们大多依赖养老金，具有高于平均水平的财富和年龄，但对投资风险的承受能力一般。

总的来说，这是一个非常年轻的村庄，大多数居民是 Z 世代和千禧一代（出生于 1980—1999 年）。非洲的村民尤其年轻，他们大多数是 2000 年后出生的。在阅读完第一章之后，对于中东人比其他地区人更为富有这一事实也就不足为奇了。这些人与欧洲人、亚洲人、拉丁美洲人和大洋洲人（大部分来自澳大利亚）一起，构成了一个高度多元化的社区。

没有两家基金是完全相同的。资本来源、宏观经济目标、政府政策、收益目标、目标市场、风险容忍度、治理结构，以及最为重要的问责机制，以上这些也仅是影响最终投资组合的部分因素。主权投资基金表现出非常不同的特点，这将在本书接下来的内容中详细阐述，但它们有一个共同点：它们已经成年了，变得更有经验、更加老练且更加活跃。在全球资本市场上，年轻的基金正在与更为资深且规模更大的基金共享同一个平台。这次地球村之旅将教会我们很多东西。

幕后的资产所有者

近年来，主权投资基金在机构投资者中的重要性日益提升，这得益于其更高的资产管理规模和日益成熟的投资策略。从历史上看，主权投资基金倾向于将其大部分投资组合配置到公开市场的固定收益证券和股票上。由于过去10年的低利率环境，它们开始在私募股权、风险投资、房地产和基础设施等私募市场上寻求更好的收益。这种向私募市场的转移使得主权投资基金的员工队伍在不断壮大且日益成熟，最终使主权投资基金可以为最新的科技投资搭建专注的投资团队。

在成为直接投资者之前，主权投资基金通过私募股权基金进入私募市场。传统上，主权投资者在私募市场投资的主要方式是将资金分配给外部的基金管理公司。一开始，他们会投资于母基金（Fund of Funds，见图2.1），这使得主权投资者在资本市场上处于被动和鲜为人知的状态。这样做可以最大限度地减少内部团队对大量私募股权投资机构进行尽职调查并与之保持关系的需要。母基金管理人担任这些私募股权基金的有限合伙人（LP），作为LP参与的投资组合，可以为主权投资基金的投资人提供多元化的投资收益。

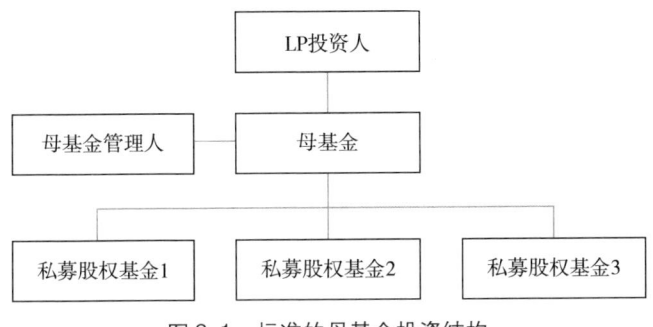

```
         ┌─────────┐
         │ LP投资人 │
         └────┬────┘
              │
┌──────────┐  │
│母基金管理人├──┤
└──────────┘  │
         ┌────┴────┐
         │  母基金  │
         └────┬────┘
     ┌────────┼────────┐
┌────┴───┐ ┌──┴───┐ ┌──┴─────┐
│私募股权 │ │私募股权│ │私募股权 │
│基金1   │ │基金2 │ │基金3   │
└────────┘ └──────┘ └────────┘
```

图 2.1 标准的母基金投资结构

但是，主权投资基金设立的目的并不仅仅是为了开展业务外包。它们管理着大规模且可扩展的资产，并承担着提高专业投资知识和能力的职责。因此，很自然地，它们不会像小型投资机构（例如小型大学捐赠基金）那样继续采用旧有的投资方式。很快，它们就意识到它们并不需要母基金管理人。一方面，它们不愿意支付第二层管理费（除了私募股权投资的管理费，还需要向母基金管理人支付管理费）；另一方面，它们更喜欢直接与私募股权基金的普通合伙人（GP）深入互动，以了解投资策略和获取行业知识。从本质上讲，主权投资基金本身也正在成为母基金管理人（见图2.2），它们作为活跃的有限合伙人直接投资于私募股权基金。

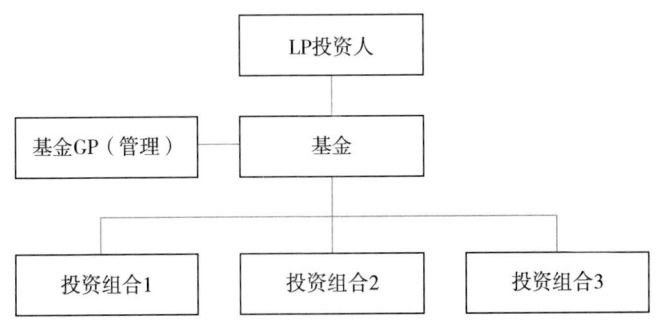

图 2.2 传统的有限合伙投资基金

第二章　从被动配置者到主动投资者

多年来作为外部基金有限合伙人的主权投资基金越来越频繁地质疑高额管理费和基金绩效之间的差距，进而质疑这一投资模式的有效性。这一趋势在一定程度上是由基金管理人和资金来源之间的利益错位（典型的"委托代理"问题）所引发的。但是在某些情况下，仅仅是因为主权投资基金投资了过多的外部基金管理公司。出于分散投资的目的，单一主权投资基金可以与不同的私募基金管理人共同投资许多基金。一个投资组合从另一个投资组合收购资产的情况比以往更多了，对于作为有限合伙人的主权投资基金来说，最终结果就是为拥有同样的资产支付了更高的价格，并为此支付了大量的费用。

主权投资基金作为成熟投资者的地位日益提升，意味着交易也直接流向了它们（而不是通过外部基金管理人），这一进展让人们进一步质疑外部基金管理人在寻找交易方面的价值。主权投资基金认为外部基金较短的投资周期与其自身从事长期投资的本质并不一致（期限错配）。因此，主权投资基金希望减少外部基金管理人的数量，直接进入市场进行交易。它们更加注重培育内部能力，以年薪和运营成本（内部员工）取代（外部基金的）高额费用。

有趣的是，主权投资基金直接参与私募股权投资的最佳出发点始于它们与作为普通合伙人的基金管理人的现有关系。在实现完全的直接投资之前，主权投资基金作为有限合伙人，与基金管理人开展共同投资（见图2.3，共同投资于"投资组合3"），极大地提升了主权投资基金对私募市场交易过程的认知。对于主权投资基金来说，这是它们从私募股权投资组合中获取更多价值的好办法：首先，这为它们提供了交易对象来源；其次，它们可以从普通合伙人的交易审查过程中积累尽职调查的实践经验；再次，它们可以在投资后全周期地参与对被投资企业的直接监督；最后，这种办法通常可以使得主权投资基金通过平均的办法来拉低作为有限合伙人的整体基金管理费用。

主权投资基金可以通过共同投资积累宝贵的交易经验，然后进行

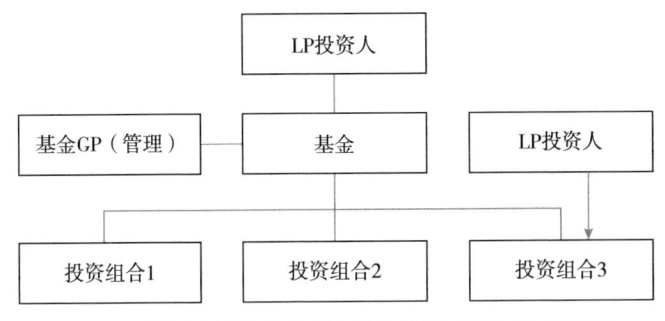

图 2.3 通过有限合伙方式与基金管理人开展共同投资

更为成熟的直接股权投资。然而，共同投资也有缺点。普通合伙人通常邀请共同投资人参与规模较大的交易，但这些交易往往表现不佳（可以认为存在逆向选择问题，基金管理人大概率只会提供并不太好的共同投资机会）。更重要的是，普通合伙人通常只会给有限合伙人相对较短的时间进行尽职调查，因此，有限合伙人作为共同投资人，得到的关于投资的信息非常有限。

此外，向有限合伙人提供共同投资机会可能带来更多的问题，因此普通合伙人有时会认为共同投资是一件麻烦事：

- 减缓/延迟交易过程。
- 对与没能获得共同投资机会的有限合伙人的关系产生负面影响。
- 交易成本普遍增加。
- 管理费收入减少。
- 共同投资人可能对投资有更多的控制权（例如退出与审批）。
- 有限合伙人可能在未来与普通合伙人形成竞争关系。

因此，普通合伙人提供的共同投资机会的投资额度相当有限。为了密切与基金管理人的关系，并得到更多共同投资机会，主权投资基金甚至开始直接投资于私募股权投资公司，并成为它们的股东（但是，这种策略的成功看起来也是有限的，见专栏2.1）。主权投资基金在通过传统上的有限合伙人模式为私募股权和风险投资机构提供资金的实践中，出现了各种各样的利益冲突。自那以后，主权投资基金更倾向于采用有限合伙人/普通合伙人和直接投资两种模式的结合，直接投资是指在不通过任何外部中介的情况下获得目标公司的股权。

专栏2.1 做专业投资者的股东

对于主权投资基金和大型私募基金的管理人来说，这似乎是一个明智的做法。主权投资基金直接投资于基金管理人，为专业投资人士提供流动性，并为拟IPO的公司充当"锚定投资者"。主权投资基金可以从基金管理人通过管理大额投资（包括来自其他有限合伙人）获取的提成和管理费中分一杯羹，或许还能从内部获得共同投资的交易机会，也许还会有一些市场的尊重——拥有一家大型私募股权投资基金的公司股份很可能让你在有限合伙人的排行榜上名列前茅。

2007年，中投公司进行了首笔投资，在黑石集团上市前直接投资了30亿美元，对这家上市的资产管理公司的持股比例超过了9%。黑石集团掌门人苏世民已经是私募股权投资领域的王者。随着黑石集团的上市，他在全球的影响力进一步提升。苏世民随后资助了"苏世民学者"项目，该项目是一个中美合作项目，被视作21世纪的"罗德学者"项目。中投公司在10多年后清仓了黑石集团的股票，这笔投资获得的收益并不那么明显（另一方面，黑石集团曾让中投公司作为其私募股权投资和房地产基金的有限合伙人）。

2007年，这一趋势达到了顶峰，据报道，阿布扎比投资局收购了阿波罗基金管理公司9%的股份——几年后，阿波罗公司进行了IPO。同年，穆巴达拉投资公司以13.5亿美元收购了凯雷集团7.5%的股份。毫无疑问，主权投资基金对大型私募股权基金管理公司非常熟悉，在过去几年中，它们向这些基金管理公司委托了数十亿美元，它们认为这些直接投资不仅有助于提升共同投资交易数量，而且是直接销售一定数量给主权投资基金的投资委员会。

  不管出于什么原因，这种趋势持续了相当长一段时间，尽管没有证据表明，私募基金管理人给予直接投资于它们的有限合伙人的回报，比起那些向它们支付了所有费用但不打算分一杯羹的常规的有限合伙人更多。这一趋势在2009年仍在继续，当时新加坡政府投资公司和澳大利亚未来基金联合收购了安佰深私募股权投资集团（Apax Partners）约10%的股份，中投公司也是股东之一。2011年，新加坡政府投资公司和科威特投资局联合收购了德太投资（TPG）4.5%的股份，延续了这一趋势。最后，据报道，穆巴达拉投资公司还在2010年增持了凯雷集团的股份。

  这是卓有成效的探索，还是注定失败的尝试？由于交易双方都没有公布具体的财务信息，因此很难了解到真实情况。显而易见的是，私募基金管理公司的股票受到了全球金融危机的沉重打击，早期投资者也遭受了损失。中投公司在2018年清仓了黑石。对于观察人士来说，这些战略投资给主权投资基金带来的好处（如果有的话）并不明显，但主权投资基金探索的脚步似乎不曾停止。

直接投资：从房地产到基础设施

主权投资基金进入私募股权投资市场的方式演变的最终阶段是成熟的股权直接投资。在单独的直接投资中，主权投资基金绕过普通合伙人进行交易，不向外部基金管理人支付任何费用或提成（见图2.4）。有时在直接投资中，它会与战略合作伙伴（如科技公司或基础设施运营商），或志同道合的投资人（其他的主权投资基金或风险投资基金），或两者兼而有之，共同发起交易。

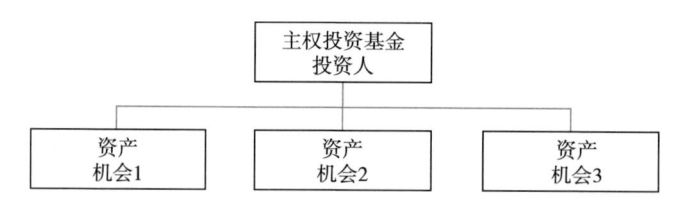

```
              主权投资基金
                投资人
          ┌───────┼───────┐
        资产     资产     资产
       机会1    机会2    机会3
```

图2.4 直接投资（传统的有限合伙人变成普通合伙人）

荷兰汇盈资产管理公司2020年1月在其网站上发布的问答板块中恰当地总结了直接投资的好处。全球不动产资产公司（Global Real Assets）董事总经理帕特里克·坎特斯（Patrick Kanters）解释了直接投资对主权投资基金具有如此吸引力的原因："首先，我们能够显著地节约成本。在投资基金时，基金管理人会收取大量费用。其次，直接投资使我们对投资类型有更好的控制力，它是否能达到我们预期的财务回报和风险水平？投资是否符合我们的投资理念？它还为我们在被投资企业的战略决策中提供了更大的话语权，比如将多少借入的资本分配给基础投资，我们对可持续性有什么要求，等等。"

然而，每个机会都伴随着挑战。在以往的私募股权投资领域，主权投资基金作为有限合伙人的主要任务是选择基金经理。但是在直接投资领域，主权投资基金需要培育新的能力。直接投资覆盖不同的行业，意味着需要拥有不同技能和背景的专业人士。内部员工——不仅仅是投资团队，还包括中后台部门——必须在与交易相关的各个方面接受过专业培训并具有丰富经验，包括尽职调查、风险管理、运营和监控能力，这些能力都不属于传统的有限合伙人的能力范围。

毫无疑问，房地产投资对主权投资基金来说是一个很自然的起点。就连管理风格偏保守的挪威政府养老基金也从政府那里获得了投资另类资产的授权，但是迄今为止仅限于直接投资于房地产资产。卡塔尔投资局已经收购了一些标志性的地产，比如纽约瑞吉酒店。新加坡政府投资公司以前依靠专业团队来运营并管理其庞大的房地产投资组合，其中包括写字楼和豪华酒店，但是现在，类似的运营管理工作已经外包。新加坡政府投资公司与环球学生公寓集团（Global Student Accommodation）设立的合资企业就是一个值得关注的例子，该合资企业仅在2018年就在德国收购了1 900个床位。

加拿大安大略省市政雇员退休系统坚持可控的投资管理方式，收购了牛津物业公司（Oxford Properties），后者现在是安大略省市政雇员退休系统的房地产部门（具体案例分析见第七章）。该公司在全球范围内开发和管理房地产资产，其中最引人注目的是成为美国最大的私人多用途房地产项目哈德逊城市广场的合伙人，该项目位于纽约曼哈顿西边，占地约113平方千米，包括办公室、住宅、购物和公共空间。

继房地产之后，传统上并非主流的资产类别成为主权投资基金的下一个目标：基础设施，包括港口、桥梁、机场、供水系统、管道等。基础设施资产类别包括庞大的、受监管且能产生收益的资产，非常适合主权投资基金长期持有。这意味着主权投资基金过去是——现在也是——政府对机场、收费公路和其他资产进行私有化时的主要竞标者。对于中投公司来说，2017年的一笔房地产交易是其迄今为止最大的一笔直接投资（见专栏2.2）。

专栏2.2　直接投资意味着更大的规模

2017年11月，中投公司以122.5亿欧元（约合138亿美元）从私募股权投资公司黑石集团手中收购了欧洲仓库公司泛欧物流（Logicor）。收购完成后，该笔交易成为欧洲有记录以来最大规模的房地产私募股权交易，也是中投公司最大的一笔直接投资。

在交易时，泛欧物流在欧洲拥有600多家物流设施，横跨英国、德国、法国、南欧、北欧、中东欧、比荷卢等7个主要地区的17个国家。随着电子商务的蓬勃发展，电子商务公司越来越依赖仓库网络来存放商品并确保快速交货。因此，泛欧物流的重要客户中有亚马逊公司这样的电商企业，目前已经成为欧洲最大的物流和分销网络资产所有者。

在中投公司的收购完成之后，泛欧物流进一步在欧洲市场拓展了数字经济业务。在英国，它的两个亚马逊仓库雇用了数千名新员工。在波兰，它在罗兹和戈茹夫的工厂支持了当地的高科技制造业和汽车工业的发展，为美国电子产品制造商伟创力（Flex）等公司提供仓库。

毫不奇怪，竞标这项投资的主要竞争对手也是主权投资基金——由新加坡主权投资者淡马锡和其房地产子公司枫树投资（Mapletree Investments）牵头的另一家财团。据报道，中投公司与黑石集团的密切合作关系（见专栏2.1）是一个优势。

与房地产一样，主权投资基金招募和培育团队来寻找、定位并管理这些资产。随着传统基础设施资产成为受青睐的资产类别，对它们的竞争进一步加剧，回报率也有所下降（基础设施资产的不透明性带来了额外的挑战）。但基础设施资产投资团队得到了保留，授权范围也被扩大到"类基础设施"资产，包括彩票、物流和数据中心。这并不意味着是对科技行业直接投资的重要进展。与此同时，主权投资基金与志同道合的投资者（越来越多的主权投资基金同行）合作，共同评估交易机会，分享交易经验。我们可以从下面的例子和全球战略投资联盟（GSIA）的案例研究中看到这一点。

例如，在 2016 年的一项交易中，澳大利亚未来基金、昆士兰投资公司、安大略省市政雇员退休系统、中投公司和韩国国民年金共同参与了对墨尔本港总额 73 亿美元的私有化投资。同样，阿联酋阿布扎比投资局和加拿大退休金计划投资委员会共同参与了由 Transurban 公司牵头、价值 67 亿美元的收购悉尼收费公路的交易。总部位于旧金山的可再生能源初创企业 Generate Capital 避开了风险投资基金，从阿拉斯加永久基金、昆士兰投资公司和澳大利亚超级基金获得了直接投资，据报道，该公司在 2020 年 2 月的一轮融资中筹集了 10 亿美元。该公司是一家"基础设施即服务"的初创企业，为聚焦可持续发展技术的基础设施项目提供资金并与之合作，这些项目的客户来自公开和私人市场。

值得注意的是，我们应该区分"共同投资"（co-investment）和"联合投资"（joint investment）：共同投资是基金的普通合伙人给予有限合伙人共同投资的选择权（见图 2.3）；联合投资是主权投资基金与志同道合的投资人合作的直接投资。这些志同道合的投资人可能也包括私募股权投资基金（PE）或风险投资基金（VC），但它们通常与主权投资基金没有普通合伙人（GP）/有限合伙人（LP）关系（见图 2.5）。虽然与私募股权投资基金/风险投资基金开展共同投资是主权投资者"直接投资"的正确方向，但本书更侧重于主权投资基金之间合作的创新模式。

沿着加强合作的道路，全球战略投资联盟的案例显示了主权投资

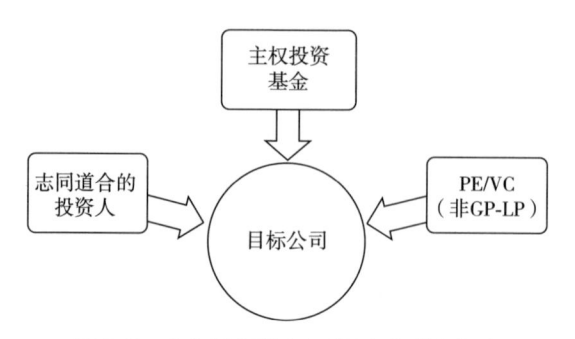

```
          主权投资
            基金
              │
              ▼
  志同道合的  ──▶ 目标公司 ◀──  PE/VC
  投资人                      (非GP-LP)
```

图 2.5　主权投资基金与 PE/VC 联合投资

基金之间的协同作用。该联盟由安大略省市政雇员退休系统旗下的战略投资公司推动设立，安大略省市政雇员退休系统是一家管理着 700 多亿加元权益资产的加拿大养老基金。在这个案例里面，拥有数十年基础设施直接投资经验的安大略省市政雇员退休系统与主权投资基金同行合作，形成了一个以安大略省市政雇员退休系统为普通合伙人的共同投资平台。2014 年，随着日本政府养老金投资基金和更多来自日本、美国的机构投资人加入，最终形成了这种不同寻常的模式（见表 2.1）。

表 2.1　　　　　　　　全球战略投资联盟概览

普通合伙人	安大略省市政雇员退休系统作为牵头投资者，发起并管理投资
规模	125 亿美元，50 亿美元来自安大略省市政雇员退休系统
投资标的	北美和欧洲核心基础设施资产中的"鲸鱼"（20 亿美元以上）
结构	每笔交易可以"选择加入"，期限为 15 年；不收取佣金或提成
有限合伙人	日本开发银行、日本国际合作银行、日本政府养老金投资基金、日本瑞穗银行、日本养老基金协会、美国养老基金

随着基础设施成为大型机构投资者，特别是主权投资基金的一种成熟的投资类别，对资产的竞争进一步加剧了。部分主权投资基金已经适应了这一变化，并专注于更大规模的资产。但是，如果 100% 收

购，这些资产的价值可能会超过主权投资基金对单一资产风险占比的上限。这一问题主要体现在对"鲸鱼"资产（20亿美元以上）的关注上。在全球战略投资联盟的模式下，所有人都是"自愿加入"的，除非参与者就某项具体的交易达成了承诺，否则并没有强制要求。所有企业都可以对低于"鲸鱼"门槛的交易进行自由竞争。

全球战略投资联盟提出了几个主权投资基金合作的新领域。首先，日本政府养老金投资基金此前从未投资过基础设施，无论是直接投资，还是通过普通合伙人管理的基金（这是更为常见的切入点）进行投资。其次，安大略省市政雇员退休系统作为普通合伙人，通常会贡献全球战略投资联盟每笔投资所需资金的一半以上（远高于普通合伙人在私募股权基金中的出资比例，以确保与普通合伙人的利益保持一致）。最后，该联盟的持续时间为15年，比一般的私募股权投资基金更长，更适合主权投资基金。另外一个变化是，普通合伙人在美国承受着越来越大的监管压力（见专栏2.3）。

专栏2.3 管理他人的钱

全球战略投资联盟领导的主权投资基金网络，带来了一个副作用：当一只主权投资基金牵头，其他主权投资基金参与投资，可能会跨越监管红线。

美国证券交易委员会要求投资基金和投资顾问进行注册并接受监管审查。然而，在全球金融危机之前，由于所谓的"私人顾问"豁免，市场化运作的对冲基金，以及大型私募股权投资基金和广受追捧的风险投资基金，都不受1940年出台的《投资顾问法案》的约束。那些限制客户数量且不做广告的公司成功避开了美国证券交易委员会的审查。主权投资基金在美国开设办事处也能享有同样的待遇。

全球金融危机爆发后，美国国会要求私人顾问同样进行注册并接受监管审查。这导致一类新趋势的出现，那些非常成功的对冲基金被迫关闭，主动重组为专门管理创始人财富的家族办公室。对于美国证券交易委员会来说，即使是在其最近扩大的职权范围内，它也不会监管那些管理自己资金的人，而只会监管那些管理他人资金的人。

当美国国会为应对全球金融危机而进行立法改革时，很少有人会关注主权投资者。这一立法改革导致一个意想不到的后果。虽然美国证券交易委员会的工作人员认为，对外国政府投资活动的监管，不符合其保护美国投资者的主要使命，但是主权投资基金却被纳入了监管。结果就是，安大略省市政雇员退休系统向美国证券交易委员会提交了与全球战略投资联盟有关的普通合伙人注册手续（由于安大略省市政雇员退休系统的基础设施投资团队在美国设有分支机构），还向美国证券交易委员会注册了其风险投资子公司——这家位于硅谷的公司显然需要注册。

全球战略投资联盟提供了一个很好的例子，表明了投资者网络是如何促进统一的共同投资平台形成的。如前所述，合作的好处在于，不仅可以更好地协调投资者之间的利益，而且可以实现重要的大额投资，使全球战略投资联盟能够获得以前主要局限于大型基金管理公司的项目。这种联合为其他没有直接投资能力的小型机构投资者也提供了机会，使它们能够以比原有基金管理人更有利的条款和条件获取基础设施资产的投资机会。

虽然全球战略投资联盟以公共养老基金为特色，但在创新新平台和传统私募股权投资中，主权财富基金与其他资产所有者（通常是政府所有的）合作的趋势十分明显，每个合作伙伴都能够贡献出自身的社会网络关系和专业知识，以实现互惠互利（见表2.2，也可见表1.3）。中国和新加坡的主权投资基金与外部合作的共同投资数量最多，其中也包括它们之间的合作：中投公司、新加坡政府投资公司和淡马锡共同对美国天然气出口设施公司切尼埃能源（Cheniere Energy）投资了10亿美元；新加坡政府投资公司、淡马锡与马来西亚国库控股公司共同对阿里巴巴的物流公司投资了15.3亿美元。当然，由沙特阿拉伯公共投资基金和阿联酋穆巴达拉投资公司共同投资1 000亿美元的愿景基金是科技投资领域的一个特例，我们将在后面的章节中讨论。

积极投资者采取行动

许多主权投资基金，例如韩国国民年金，经历了前面所描述的投资模式的演变，从基金投资人，到共同投资的合作伙伴，再到单独的直接投资人，花费数年时间才成为成功的直接投资人。这些主权投资基金对处于不同阶段的目标企业的直接投资（早期或成长阶段投资，以及后期收购），已经具有很高的成熟度。与主要的私募股权投资基金保持密切的有限合伙人－普通合伙人关系，对于持续开展共同投资和积累新兴行业的专业知识至关重要。与此同时，随着基金更加注重培养内部能力，战略也开始逐步演变，投资范围拓展到更为广泛的全球范围。

表2.2　　　　2018年主权财富基金之间的共同投资情况

主权财富基金	共同投资数量	占比（%）
俄罗斯直接投资基金	8	100
科威特投资局	12	75

续表

主权财富基金	共同投资数量	占比（%）
阿布扎比投资委员会	5	60
淡马锡	21	57
中投公司	27	56
穆巴达拉投资公司	6	50
卡塔尔投资局	24	46
新加坡政府投资公司	35	46
阿布扎比投资局	12	42

资料来源：西班牙 IE 商学院《2018 年主权财富基金报告》。

随着直接投资日益活跃，主权投资者也逐步发展出更为积极的投资组合管理方式。例如，韩国国民年金曾经并不热衷于参与被投资企业的管理。事实上，它曾经有一个绰号——"应声虫"，因为在股东大会上，它大部分时间都表示同意（投赞成票）。对于许多韩国公司来说，即使是在管理层有不当行为的情况下，公司治理结构也使得外部人士难以挑战现任管理层。由于韩国国民年金持有韩国所有上市公司股票市值的 7% 左右，它的投票权可以在公司的股东大会上产生重大影响，民调结果显示，大多数受益人都希望韩国国民年金可以在涉及公司议题的投票中发挥更为积极的作用。

韩国国民年金作为长期投资者，应该与被其投资的公司开展积极的对话（股东参与），以提高公司价值并最终增加财务回报。2015 年，韩国国民年金的基金管理委员会制定了《表决权行使指南》。在 2016—2018 年，韩国国民年金在股东大会上面对的公司和议程数量与之前大致相同，但是说"不"的频率却越来越高（见表 2.3）。

表2.3　　　韩国国民年金2016—2018年的投票情况

年份	反对（%）	赞成（%）	弃权（%）
2016	10.07%	89.43%	0.50%
2017	12.87%	86.89%	0.24%
2018	18.52%	80.62%	0.56%

资料来源：2019年韩国国民年金的数据。

2018年，韩国国民年金的投票行动全面升级。当时韩国财阀（家族企业集团）滥用权力的事件引发了韩国社会各界的强烈抗议。韩国财阀为大型综合企业集团，主要由家族企业发展起来，后形成大集团公司与跨国企业。大型财阀的创始家族的第二代和第三代成员通常被视为"皇帝"般的存在（见专栏2.4）。

专栏2.4　"坚果之怒"和"水之怒"姐妹

2014年，韩国大韩航空公司总裁赵亮镐的女儿赵显娥因对飞机上坚果的供应方式不满而大发雷霆，引发韩国社会各界强烈批判。大韩航空公司是韩进集团的子公司。韩进集团是韩国前15大财阀之一，拥有真航空、韩进运输等多家企业。赵亮镐同时也兼任母公司韩进集团的总裁。

作为总裁女儿的赵显娥很生气，因为提供给她的澳洲坚果是装在袋子里而不是放在盘子里的。她强迫滑行中的飞机返回登机口，并把负责该航班乘务工作的座舱长驱赶下机，导致飞机延迟20分钟起飞。超过5.6万名韩国人在向青瓦台提交的请愿书上签名，要求政府禁止大韩航空公司使用国旗标志，民众给出的理由是外国人可能会因为大韩航空公司的名称中带有"韩国"一词而认为"大韩航空公司是韩国国家形象的一部分"。

2018年，赵显娥的妹妹赵显旼（又名艾米丽·赵）也登上了新闻头条。她是大韩航空公司高级副总裁，负责管理航空公司的市场营销和商业广告。在一次与广告公司的会议上，她辱骂了广告公司的员工（这一过程被录了下来并公之于众），据称还向对方扔了一瓶水。她后来在脸书上道歉，称自己的行为"既愚蠢，又鲁莽"。

更糟糕的是，韩进集团另一名家族成员辱骂私人司机的录音同时也被公之于众。随后，韩进集团的家族成员又被指控犯有十多起走私、袭击员工和虐待保姆等罪行。这些事件被视为精英商业家族滥用权力的典型，这些家族对韩国上市公司具有巨大的影响力，尽管这些家族并不是上市公司的大股东。

人们对财阀家族成员的傲慢感到愤怒，质疑这些家族的成员是否真的适合作为首席执行官或董事会成员管理他们的集团和所投资的企业。在2019年股东大会上，赵亮镐会长成为第一个在股东投票中失去所投资企业董事会席位的财阀首脑，其中，韩国国民年金的投票起到了至关重要的作用。赵亮镐虽然最终留任大韩航空公司总裁，但再没有参与过董事会。

为了遏制行业集团所有者滥用权力，韩国民众要求韩国国民年金作为大股东，在公司治理中发挥更积极的作用。因此，韩国国民年金与韩国另一家主要的主权基金韩国投资公司一起，采纳了7项管理原则，以便更积极地参与所投资企业的管理中去。

这些原则使得韩国国民年金和韩国投资公司更积极地投票，曾经的"应声虫"现在开始更频繁地投"反对票"（见表2.4）。最引人注目的例子是2019年年初的大韩航空公司董事会选举，不仅因为这是韩国国民年金实行"7大管理原则"之后,第一家经受考验的财阀,而且因为董事长赵亮镐及其家族已经成为"职场霸凌"(地位较高的人滥用权力虐待下级,给企业经营和股票市值带来风险)的象征。

在 2019 年 3 月举行的大韩航空公司年度股东大会上,股东投票否决了延长赵亮镐的董事任期的提议。投票结果为 64.1% 赞成,35.9% 反对,略低于确保连任所需的 2/3 绝对多数。持有大韩航空公司 12% 股份的第二大股东韩国国民年金在赵亮镐被解职的过程中发挥了关键作用。这家养老金服务机构以"损害企业价值和侵害股东利益"的前科为由,否决了延长赵亮镐任期的提议。

在三星电子、现代汽车、SK 海力士、Naver、浦项制铁等 300 多家企业中,韩国国民年金拥有 5% 以上的股份,具有相当的影响力。为了提高投票的独立性,它成立了一个由外部专家组成的独立委员会,以审查和确定股东行动的方向。未来它将积极投身于更加广泛的公司治理问题,而不仅仅是为负责任的投资投票(见表 2.4)。

表 2.4　　韩国国民年金采用管理原则前后的变化

行动	之前	之后
投票	大部分赞成	更多的反对
股东参与行动的关注度列表	要求合理的股利发放政策	关注的焦点扩展到 • 违反法律 • 高管薪酬 • 在多次投票反对后继续跟进相关事项
诉讼	寻求损害赔偿的诉讼	股东集体诉讼;寻求损害赔偿的诉讼

资料来源:韩国国民年金 2019 年年报。

独角兽的稀缺性:公开市场

在完成了内部能力和积极投资者心态的建设之后,推动主权投资基金进行直接科技投资的第三个因素是公开股票市场的"萎缩",特别是对美国科技行业而言。近年来,全球几乎所有市场的上市公司数量都有所下降。这可能是吸引主要主权投资基金进入风险投资领域的意外原因,其中包括世界上最大的主权财富基金挪威石油基金。挪威石油基金出于透明度的考虑,对投资非上市公司一直持谨慎态度。

上市公司的公开市场正在变得越来越小,美国的上市公司数量从1996年的峰值逐渐减少,原因很复杂,接下来和下一章都将对此进行讨论。即使是准备公开上市的公司也可能不会通过公开发行的方式出售新股。两家著名的科技独角兽公司——瑞典音乐流媒体公司Spotify(背后的支持方包括瑞典国家养老基金AP6和阿布扎比投资局,阿布扎比投资局现已并入穆巴达拉投资公司)和美国企业软件公司Slack(背后的支持方是愿景基金),已选择直接上市。与传统的IPO不同,这些公司没有发行新股,也没有从投资者那里筹集新的资金。在很多方面,"直接上市"是20年前谷歌公司上市时使用的拍卖模式的一种改进模式(见专栏2.5)。

> **专栏2.5　直接上市 vs. IPO**
>
> 　　直接上市是一种创新模式,它为企业提供了一种替代传统IPO的上市方式。基本过程如下:类似于传统IPO,由企业向美国证券交易委员会提交注册申请,流通股直接在证券交易所上市。企业并不像传统IPO那样发行新股,而是现有股票直接在证券交易所开始交易,现有股东,如员工和早期投资人,可以自由地直接向公开市场买家出售股票。
>
> 　　瑞典音乐流媒体公司Spotify于2018年4月在纽约证券交易所直接上市,开启了直接上市的先河。2019年6月,在科

技和媒体圈广受欢迎的工作通信软件 Slack 成为第二家以同样方式上市的大型科技企业。领导这一开创性交易的 Spotify 首席执行官巴里·麦卡锡（Barry McCarthy）表示："这太低效了。"他指出，传统的 IPO 流程几十年来都没有发生变化。

除了不发行新股，传统 IPO 与直接上市的主要区别在于没有华尔街投资银行充当"承销商"（见图 2.6）。在传统的 IPO 中，投资银行扮演"承销商"的角色，与雄心勃勃的企业一道向潜在的机构投资者进行"路演"，建立确定的 IPO 买家"账簿"，并在证券交易所交易启动前确定发行价。

```
          科技独角兽
              |
          上市交易所
          （纽交所）
         /    |    \
    员工股东  创始人  风险投资人
```

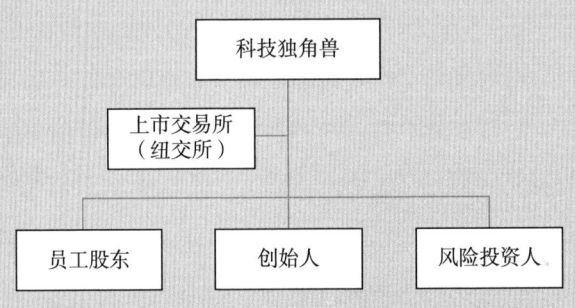

图 2.6　直接上市——没有承销商且不必发行新股

由于没有承销发行，直接上市不需要承销商参与，也不需要传统上被企业拉拢的机构投资者——它们在企业 IPO 上市时进行投资。因此，也没有必要进行路演。本着数字经济的精神，Slack 举办了一个"投资者日"，发布公司信息，并向任何有兴趣购买该公司股票的人进行网络直播。

Spotify 和 Slack 的成功挑战了华尔街的模式：在直接上市中，公司仍有可能聘请投资银行作为财务顾问，协助推动上市过程，这比承销费用（传统上占 IPO 收益的 7%）便宜得多。这引发了一个问题：科技公司上市是否需要传统上的大型投资银行的支持？对此持怀疑态度的华尔街人士回应说，直接上市只对一些非常特殊的公司有意义：那些已实现盈利并且能够在不需要筹集现金的情况下上市的公司，或者那些拥有知名品牌和众多追随者的公司。

只有市场会给出答案。市场情况可能会迅速变化，从而关闭机会的窗口。据报道，直到2020年年初，租房独角兽爱彼迎一直在密切研究直接上市，因为该公司显然是盈利的——这意味着它在上市时不需要筹集资金，而且它拥有全球范围内的知名消费品牌。新冠肺炎疫情严重冲击了它的业务。它很快通过股权和债权融资的方式，从私募股权公司银湖资本（Silverlake）牵头的各方筹集了10亿美元，希望可以安然渡过疫情难关。爱彼迎曾经看起来很可能成为第三家在与华尔街的拉锯战中获胜的硅谷公司，但是目前仍是前途未卜的独角兽。

由于第一章所述的各种原因，科技公司保持私有化的时间更长，获得资金的时间也更长。就在10年前，像爱彼迎这样的房屋共享公司，在其估值达到一个欧洲国家的GDP之前，早就上市了。最有可能的情况是，该公司在成为10亿美元估值的独角兽之前就已经上市了。因为上市成本（以及此后持续的合规要求）会随着监管环境变化而不断增长，尤其是对小公司而言。越来越多的人关注到了这一趋势。

然而，最重要的原因也是最简单的：如今私人资本比以往任何时候都更容易获得。过去，风险投资领域完全由风险投资基金控制，但是最近，风险投资领域已经挤满了能够提供长期风险资本的替代者：不仅有主权基金，还有机构投资者、共同基金和私募股权投资基金（见图2.7）。根据PitchBook的数据，美国风险投资交易总额已升至

2009年的5倍以上。此外，证券法规的监管体系也在不断发展，允许更多私人资本支持初创企业保持更长时间的私有化。例如，2020年8月，美国证券交易委员会更新了"合格投资者"的定义，进一步扩大了有资格参与企业股票私募发行的投资者群体（见专栏2.6）。

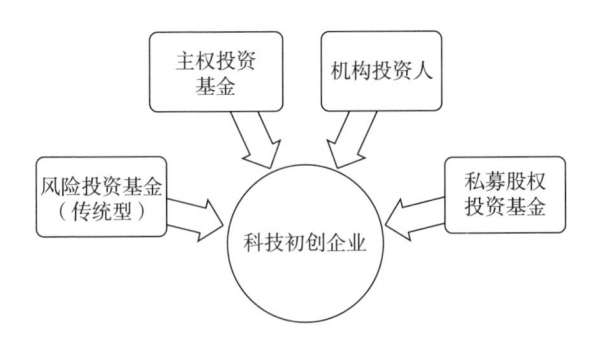

图2.7 非传统风险投资人进入风险投资领域

专栏2.6　更多的合格投资者

1933年美国《证券法》要求，企业每次发行和出售证券必须在美国证券交易委员会登记，除非受到豁免（在这种情况下，企业可以通过"私募发行"出售股权和筹集资金）。注册的目的是为投资者提供充分和公平的重大信息披露，使投资者能够在充分知情的情况下做出自己的投资和投票决定。

美国《证券法》中的D条例允许寻求融资的公司仅对合格投资者采取私募的方式发行证券。合格投资者非常熟悉财务知识，能够避开或承受投资损失的风险，因此注册发行的保护措施并不是必要的。2020年8月，美国证券交易委员会最终确定了修正案，简化了哪些人有资格参与私募发行的认定，该修正案将：

第二章　从被动配置者到主动投资者

- 允许自然人根据特定的专业证书、职称或资格证书，以及由美国证券交易委员会认可的教育机构签发的其他证书作为"合格投资者"的资格，最初获得批准的专业资质证明包括：综合证券注册代理牌照（Series 7）、私募证券发行代理牌照（Series 82），以及注册投资顾问代理牌照（Series 65）。
- 增加了一类符合"合格投资者"定义的自然人类别，即私募基金投资中，投资其受雇基金的"知识渊博的员工"。
- 拥有500万美元资产以上的有限责任公司纳入符合"合格投资者"资格的企业组织形式之一，并新增农村经济投资公司为"合格投资者"。
- 为投资超过500万美元，且并非为投资所发行证券的特定目的而成立的实体增加一个新的"合格投资者"类别。
- 根据《投资顾问法》的定义，增加"家族办公室"（管理资产超过500万美元）及其"家族客户"这一新的"合格投资者"类别。

有趣的是，这些宽泛的修正案是基于美国证券交易委员会的观察，即多年来的技术进步使得发行人和其他私募市场参与者可以获得更为广泛的信息。美国证券交易委员会还指出，2018年，根据D条例在私募市场募集的资金超过了在公开市场注册发行募集的资金。毫无疑问，修订后的"合格投资者"定义将进一步促进处于成长期的科技公司的融资。

换句话说，与10年前相比，如今的初创企业有更多的渠道从更大范围的投资者那里募集资金。如果一家公司可以在保持私有化的状态下继续筹集资金，创始团队可以保持几乎完整的公司控制权，避免公众股东和监管机构的审查，为什么还要费心进行IPO呢？这似乎是独角兽公司创始人头脑中简单的逻辑推理。2020年新冠肺炎疫情危机导致金融市场的调整。然而，美联储推出了一项无限量化宽松的纾困政策，向货币体系注入了数万亿美元。因此，目前尚不清楚这一逻辑何时或是否会很快受到挑战，尤其是在资本市场波动事实上已经使得企业IPO和直接上市变得不再可行的情况下。

来自非传统意义上的风险投资人——同样不只是主权投资基金，还有机构投资者和股票基金——的大量资金涌入，导致一个不同寻常的现象——独角兽不再罕见了。市场数据公司CB Insights统计，2019年有400多家独角兽公司，比2013年增长了约10倍。独角兽公司和投资人的组合可以使得公司免受来自公开市场审查的影响，因为主权基金的眼光更加长远，公司创始人可以专注于用充裕的资金提高企业盈利能力。这种组合会持续多久？这正是本书接下来将要研究和讨论的内容。然而，主权投资基金无疑已成为科技领域新的增长引擎。

成熟主权投资基金的新里程碑

有3个强大的驱动因素促使主权投资基金专注于科技投资（见图2.8）。第一，在过去5年，科技领域已经成为全球主权投资基金获得增长和回报的首选领域。事实上，什么是科技公司？它曾经只涉及"信息技术"概念，包括软件和服务、计算机硬件和电信设备、半导体芯片和设备。然而，随着科技发展颠覆了各类传统行业，并催生出新的业务，要界定一家纯粹的科技公司变得越来越困难。在本书中，科技公司指的是所有主要销售信息技术产品和服务的公司，以及那些在其商业模式中密集使用技术的公司——主权投资基金的投资范围覆盖了这一庞大的领域，本书中有很多这样的例子。

本国经济

投资组合
的前景

成长性
和回报率

主权投资基金
的科技投资

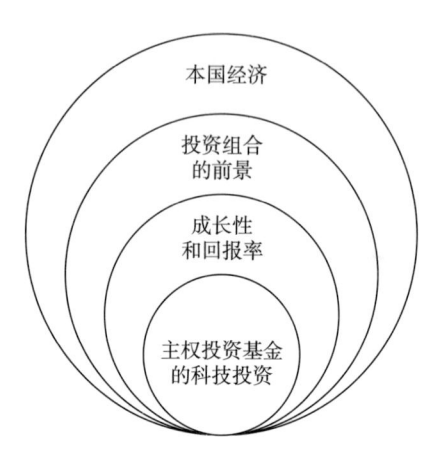

图 2.8　主权投资基金开展科技投资的 3 个主要目标

第二，科技投资使主权投资基金的高管能够洞察并管理技术进步对其投资组合的影响。对主权投资基金来说，技术进步给它们的投资组合带来的既有投资机会，又有颠覆性风险。例如，在未来的无人驾驶领域，对停车场的投资可能无法长期持续。主权投资基金从新的投资中获取知识，帮助它们自己在面临技术颠覆时保护好现有投资组合，它们还可以让被投资公司参与进来，确保这些公司意识到所面临的颠覆性风险并为之做好准备，同时鼓励公司内部的创新文化。

以马来西亚国库控股公司为例，它的投资组合主要聚焦基础设施和传统国有企业，如电力行业，以及银行、医疗健康和电信等面向消费者的企业。该公司的投资团队在开展新领域科技投资的同时，还积极帮助那些传统公司通过自身变革来保持竞争力。随着投资团队在新经济领域变得越来越成熟，他们将与行业合作伙伴（其中一些来自他们最新投资的企业）合作，探索如何将数字支付或移动医疗等新服务引入其投资组合中的传统公司。

第三，主权投资基金还看到了通过海外科技投资加快本国经济发展的巨大机遇。如今，许多主权投资基金都有国内战略目标，它们寻求通过科技投资活跃本国经济活动并创造就业，同时实现商业回报。因此，它们涌向美国、中国和世界其他创新中心。它们加入寻找独角兽行列的目的是将具有全球竞争力的元素引入本国经济。它们鼓励被投资公司向本国扩张，以促进自己国内的经济发展（其中许多主权投资基金也在投资自己国内市场，包括为自己国内建立数字基础设施和培育风险投资生态系统）。

例如，中东地区的主权投资者按照本国政府要求积极推动本国经济多元化，在面临潜在的"石油峰值"时加快数字转型，确保国家未来经济持续繁荣。沙特阿拉伯公共投资基金对特斯拉、云厨房的投资，以及和穆巴达拉投资公司一起投资的航天港项目，就是典型的例子。任何人只要瞥见了沙特阿拉伯规划中的"新未来城"或阿联酋智能城市阿布扎比和迪拜的雄心壮志，就会明白这些石油美元资金的远景目标（见第五章更详细的讨论）。

因此，从数字健康到云软件，从金融科技到人工智能，从半导体到电子商务，主权投资者以多种方式参与数字时代，包括与风险投资基金的有限合伙投资、共同投资，以及俱乐部交易和单独的直接投资。

对于规模较小的主权投资基金来说，俱乐部交易和直接投资的结构对于其投资战略来说并不可行，或者说是不切实际。这些交易所需要的承诺投资规模限制了它们构建多元化投资组合的能力。它们对科技行业的投资往往是通过作为成熟风险投资基金的有限合伙人来实现的。间接参与有助于投资更加多元化（通常意味着更高质量的投资）、在发起交易和尽职调查期间获得更多的专业技术知识，以及通过外部基金管理人接触行业高管的人脉网络。

但间接的方法也有缺点，一部分与传统的基金投资有关，一部分与科技行业有关（见图2.9）。第一，这种做法存在很大的费用敞口

（管理费加上提成——对于母基金的基金结构来说，可能还有额外的费用）。第二，在这个市场上，找到表现最好和"知名"的基金管理人是极度困难的，因为风险投资基金（与早期投资相关）比私募股权投资基金要小得多；但是，与此同时，有限合伙人为这个市场提供的资金规模之大前所未有。第三，对于寻求技术洞见的主权投资基金来说，很难将作为基金有限合伙人所获取的知识具体化和系统化——通过正常合作关系所能学到的知识是有天花板的。

```
         ┌─────────┐
         │ 管理费  │
         └────┬────┘
              │
       ┌──────┴──────┐
       │ 主权投资    │
       │   基金      │
       └──────┬──────┘
         ┌────┴────┐
    ┌────┴───┐ ┌───┴────┐
    │ 寻找基金│ │ 科技知识│
    └────────┘ └────────┘
```

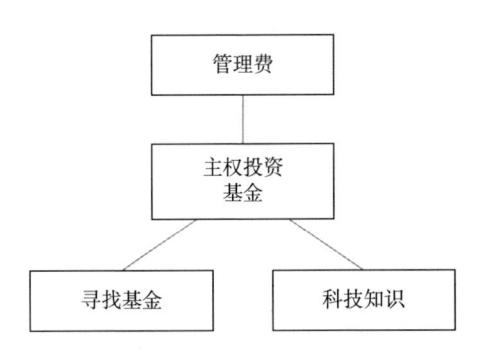

图2.9 主权投资基金与风险投资基金合作面临的问题

因此，规模更大的主权投资基金寻求与其他资产规模类似的投资者合作。许多主权投资基金跳过了从对基金（风险投资基金）的有限合伙投资，到与基金普通合伙人共同投资，再逐步发展到对科技企业直接投资这一传统演变过程，而是直接跨入了直接投资和俱乐部交易阶段（愿景基金显然是个例外，需要另外讨论）。

直接投资的能力带来了相应的责任。除了寻找交易来源、进行尽职调查和吸引其他可能的主权投资基金，在典型的私募股权投资基金或风险投资基金中，由普通合伙人提供的交易结构设计和监管对接等服务，现在都要由直接投资者来承担。同时，拥有董事会席位可能会带来声誉、监管和税收方面的问题，这些问题也可能会影响收益。值得注意的是，安大略省市政雇员退休系统有两家公司在美国证券交易委员会注册为投资顾问，这不仅与前述提到的全球战略投资联盟有关，还与后面章节讨论的安大略省市政雇员退休系统的风险投资子公司有关（见专栏2.7）。

专栏2.7　本地化的监管挑战

将主权投资基金的投资组合转移到直接的科技投资中，往往伴随着将团队转移到技术中心。除了管理他人的资金，主权投资基金在美国组建团队的做法本身也可能使自身落入美国证券交易委员会的管辖范围之内。造成这种情况有多方面的结构性原因。每个主权投资基金都是根据其本国法律和习惯而设立的。主权投资基金的结构使得资产由一个实体持有，而专业投资人士则受雇于另一个实体，这种情况并不少见。因此，主权投资基金的结构在美国证券法律顾问看来，将其定位为管理自身资金的实体可能会对美国证券交易委员会的监管目标构成挑战。

尽管美国证券交易委员会的工作人员并不情愿对外国政府的附属实体管理其母国资产进行监管，但他们同样不愿意公开豁免对此类行为的监管，因为他们担心这种豁免可能会被用于逃避《投资顾问法》监管的目的。

主权投资基金直接参与当地的风险投资生态需要进行本地化布局，从而导致它必然受到美国证券交易委员会关于对投资顾问进行登记和信息披露的监管约束。本书第七章会谈到主权投资基金招募当地团队，并对科技初创企业进行直接投资的话题。

因此，科技领域的直接投资是主权投资基金"成长"的一个新里程碑。除了上面列出的外部障碍，它们还需要培育一种独特的心态来开展这类复杂的投资，并重新调整内部运营模式，以适应捕获独角兽与过往投资经历的细微差别（见图2.10）。下面简要介绍一下主权投资基金面临的挑战。最成熟的主权投资基金，如新加坡的主权财富基金和加拿大的养老金基金，已经明确朝着这一方向前进，并且还有更多的基金紧随其后。

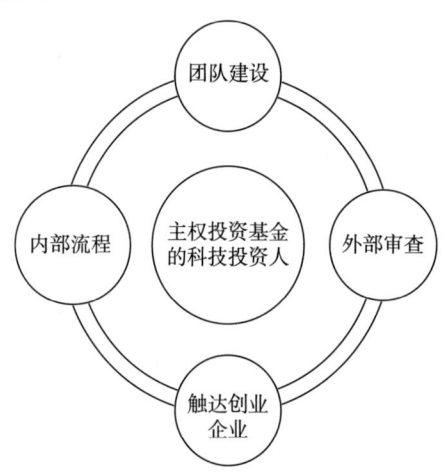

图2.10 主权投资基金需要对自身进行重构

第一，打造新团队。为了争夺投资机会，许多主权投资基金在科技创新蓬勃发展的地区开设了办事处。但是，在正确的地理位置上吸引并留住合适的团队，可能会成为主权投资者面临的主要障碍，因为他们的薪酬体系在行业中并不具有竞争力，特别是在发达市场，专业投资人士有其他更具有吸引力的工作机会（第七章将进行详细讨论）。设立当地办事处带来的办公成本、工资成本（由于团队扩张）和培训成本（帮助现有内部员工获取新技能），都是需要很长时间才能收回的重大投资。

主权投资基金在与目标地区的创业生态和科技行业打交道的过程中，需要持续补充额外的专业知识并不断扩大员工团队来寻找投资机会并执行交易。为了监督投资本身，往往需要对当地员工进行进一步投资。为了避免（或减轻）监管的影响，它需要不断扩大合规人员队伍。在硅谷、纽约和新加坡等地吸引和留住有才华的员工本身就是一项挑战，在上述竞争激烈的市场中往往无法通过内部调岗和本地雇佣来满足主权投资基金对专业人士的需求。

第二，新的组织架构调整。通常情况下，主权投资基金的内部审查机制冗长而死板，这导致它们在竞争交易机会时很难成为风险投资基金或私募股权投资基金的对手。因此，主权投资基金需要简化投资审批流程，从而对投资机会做出及时决策。与此同时，鉴于技术颠覆的不确定性和快速性，主权投资基金必须保持谨慎并有所取舍。为了良好地平衡二者关系，主权投资基金需要专门设计一个新流程。

例如，为了获得风险投资，淡马锡和新加坡政府投资公司都培育出了强大的内部投资能力，并对组织架构进行了调整，成立了专门的团队和专门的子公司（详见第六章）。两家主权投资基金在风险投资领域比其他许多没有经历过类似的组织和发展变革的主权投资基金更加活跃。后者仍在摸索道路，要么过于热衷独角兽的高增长机会而没有严格遵守定价规则，要么对初创企业严格按照传统的风险回报模型评估计算而无法做出投资决策。

第三，监管审查的力度也在加大。主权投资基金不再是本地管理的风险投资基金中的被动有限合伙人，它们也出现在公司的董事会会议和A轮融资中，在提高知名度的同时，也因此受到当地监管机构更为严格的审查。此外，主权投资者将注意力转向未来的关键技术（超越单纯的电子商务和互联网新商业模式）的新趋势，引发了东道国的国家安全担忧（详见第八章和第九章）。因此，主权投资者必须努力维护政府关系。例如，淡马锡在增加对美国直接投资的同时，在华盛顿特区开设了一家办事处。

正如后面几章将要讨论的，国家安全审查已经成为投资评估中一个主要的考虑因素,特别是在直接投资部门。卖方可能会忽略主权投资基金的报价,尽管它的条款更好,但是卖方会对国家安全审查引发的交易风险(失败或延迟)抱有疑虑。类似地,主权投资基金也可能出于不愿意接受国家安全审查和遭受东道国潜在的政治反弹等原因避免参与收购竞标,甚至不再考虑潜在的交易。

第四,参与独角兽公司的公司治理。打造一个对初创企业友好的资金提供者的形象,对于获取足够多的交易机会来维持专门的团队和当地的办事处来说是很重要的。主权投资基金通常更关注声誉风险,在直接投资时,声誉风险将更直接地落在它们头上。作为被动投资者,主权投资基金很容易将自身与初创企业的职场丑闻、对临时员工的剥削,以及因公司治理或安全管理失效而产生的隐私问题撇清关系。当主权投资基金拥有董事会席位和持有相当高的股权比例时,它就有可能被外界视为玩忽职守,甚至与公司管理层沆瀣一气。

作为典型的被动投资者,主权投资者往往不会尝试挑战公司创始人的既定战略。事实上,作为积极投资者,"被动"是一种吸引初创企业创始人的方法。主权投资者默默支持创始人的做法在阿里巴巴创始人马云和脸书创始人马克·扎克伯格身上很管用。阿里巴巴最终在拓展中国和全球市场业务方面取得了巨大成功,并成长为一家成熟公司;而脸书尽管始终伴随着大量负面报道,但在资本市场仍然表现得像一家蓝筹上市公司——主权投资基金基本上是顺其自然安享成功的(见图 2.11)。

但是,在 WeWork 的案例中,采取同样不干涉的政策并没有收获同样丰厚的回报。这家公司甚至未能成功登陆资本市场,最终导致公司价值大幅减记、创始人被迫离职、来自母公司董事会的法律诉讼,以及对其主要投资人——主权投资基金支持的愿景基金的大量负面报道。关于 WeWork 的文章很多。它的失败凸显出在缺乏公开市场监督和相应规范的情况下寻求巨额回报的被动投资支票本将面临越来越多

图2.11 "被动"的积极投资者得到的结果喜忧参半

的风险。即使没有主权投资基金的崛起和它们对独角兽的追逐，同样的故事也会上演。但是，这仍然具有警示意义。

归根结底，主权投资基金作为被动投资者的时间要比作为主动投资者的时间长得多。它们仍在学习如何直接应对混乱的创业圈。当沙特阿拉伯公共投资基金投资总部位于旧金山的打车公司优步时，它可能从未想到自己会与这位富有传奇色彩的创业者陷入争议的旋涡：优步的前员工声称遭受了性骚扰；创始人兼首席执行官特拉维斯·卡兰尼克（Travis Kalanick）在一段疯传的视频中痛骂一名优步司机；在特朗普当选美国总统后，数十万用户抵制卡兰尼克对这位充满争议的总统的支持。给独角兽打钱很容易，但这只是开始。

总之，主权投资基金已经从遥远的被动投资者转变为在当地、直接且积极的投资者。它们培育了独角兽公司并取代公开市场成为这些公司的重要资金来源。它们投资的风险偏好逐步从安全的实物资产转向充满风险的技术创新前沿，这表明主权投资基金是全面"成熟"的投资者。它们将在即将到来的数字经济中发挥主导作用。主权投资基金参与技术革命的愿望必须非常强烈，才能克服上面提到的障碍。正如我们将在下一章中看到的那样，在寻找独角兽的过程中，主权投资基金将瞄准目前为止一直在主导着这个市场的成熟且已成名的风险投资基金和私募股权投资基金，它们已经做好了准备。

比赛开始了。

在参观由全球主权投资基金组成的"地球村"的过程中，你将了解到这种独特环境下的日常生活：村民是如何自我组织、如何开展合作……以及如何进行竞争的。当他们开始寻找独角兽的时候，如果你加入他们，将打破你关于"乡村"生活是墨守成规和落后于时代的错误观念。下面，你将开启与他们共同寻找独角兽的旅程。

第二部分

追寻数字革命

第三章
全球寻找独角兽

从纽约中央车站走到公园大道，你会看到一座座熠熠生辉的摩天大楼，上面曾经刻着金融巨头的名字——贝尔斯登、化学银行、汉华实业银行，如今这些名字早已沦为历史。当你与从大厦出来的穿羊毛背心的交易员擦肩而过时，你可能很想知道是谁取代了这些巨头的位置。其中一部分人流无疑来自主权投资者的交易团队或另类资产团队，主权投资者现在已经在曼哈顿中心区部署了地面部队。不仅如此，在很多情况下，他们还拥有那块土地和土地上的战利品。

你可以在硅谷的道路上继续你的旅程——当然不是步行，而是开着你的特斯拉。主权投资者在硅谷也组建了团队，当然也包括伦敦和新加坡。主权投资者已经在大洋彼岸部署了团队，并配备了丰富的资源。

地理提供了一个有趣的观察视角。一段时间以来，主权投资者一直在扩充内部员工团队，并开始不再选择外部基金管理人开展被动配置。最近，他们专注于在科技中心提升存在感。他们一方面继续在全球金融中心纽约开设办事处，另一方面，越来越多地开始在科技中心和独角兽之家硅谷的所在地北加州设立办事处（见表3.1）。主权投资者正在把他们的团队放到他们的资金希望投向的地区。

表3.1　　　　部分主权投资者设立的美国办事处

纽约		
主权投资者	国家/地区	设立年份
荷兰汇盈资产管理公司	荷兰	1998
魁北克储蓄投资集团	加拿大	2014
中投公司	中国	2017
加拿大退休金计划投资委员会	加拿大	2014
新加坡政府投资公司	新加坡	2010
中国香港金融管理局	中国香港	1996
科威特投资局	科威特	1985
韩国投资公司	韩国	2010

续表

纽约		
主权投资者	国家/地区	设立年份
穆巴达拉投资公司	阿联酋	2019
挪威央行投资管理机构	挪威	2010
韩国国民年金	韩国	2011
安大略省市政雇员退休系统	加拿大	2011
沙特阿拉伯公共投资基金	沙特阿拉伯	2019
加拿大公共部门退休金计划	加拿大	2015
卡塔尔投资局	卡塔尔	2015
中国国家外汇管理局	中国	2013
淡马锡	新加坡	2013

旧金山		
主权投资者	国家/地区	设立年份
加拿大退休金计划投资委员会	加拿大	2019
新加坡政府投资公司	新加坡	1986
马来西亚国库控股公司	马来西亚	2013
穆巴达拉投资公司	阿联酋	2019
安大略省市政雇员退休系统	加拿大	2019
卡塔尔投资局	卡塔尔	2019
淡马锡	新加坡	2013

主权财富基金持续押注于创新和科技，随着时间的推移，这一新趋势变得更加牢固。投资正在成倍增长，投资范围超出了在纳斯达克和其他股票市场上市的主要科技公司。正如前几章描述的那样，越来越多的主权投资基金正在瞄准关键新兴技术开展直接投资，在这方面，它们已经与私募股权投资基金和风险投资基金不相上下（见表3.2）。由于海外投资（全球投资组合）和海外业务（设立全球办事处）的开展，它们在全球范围内变得非常活跃。因此，它们的全球影响力与日俱增。

表 3.2　　2018—2019 年主权财富基金投资的五大行业

行业	交易数量	交易规模占比（%）
科技	81	31.4
生命科学	45	13.4
房地产	43	15.9
服务	36	7.6
基础设施	19	11.2

资料来源：西班牙 IE 商学院变革治理中心，塔夫茨大学弗莱彻学院 SovereigNET（2019 年 1 月至 9 月）。

万亿美元俱乐部：主权投资基金和独角兽

硅谷的创新生态素以颠覆性和不断变化而闻名，长期以来，它拥有经验丰富的风险投资基金、连续创业者、领先的研究型大学，并有一个既定的排名顺序。起初，主权投资者的到来并没能改变这一点，因为这些新生代投资者和其他投资者一样，穿梭在硅谷沙丘路上的大公司之间，寻找令人垂涎的有限合伙投资机会。正如第二章所示，主权投资者不再满足于做基金管理人的被动配置者。他们直接投资于更多的资产类别，包括具有高增长潜力的初创企业。这反过来改变了硅谷风险投资生态的面貌。

数字科技企业过去常常将主权投资基金视为最后的选择，这种观点源于人们认为主权投资基金对这些行业缺乏了解，对于高速增长的业务规模缺乏经验，以及全球影响力有限。但是，现在这种看法已经完全改变了。除了少数例外，年轻的数字科技企业现在认为，与全球领先的风险投资基金和专注于科技的私募股权投资基金相比，主权财富基金也不相上下。硅谷的生态系统的颠覆体现在具体的数字上。

根据主权财富基金国际论坛（International Forum of Sovereign Wealth

Funds，简写为 IFSWF）的年度报告，主权财富基金对非上市公司直接投资的偏好呈现显著上升趋势，从 2015 年的 50.6%（占上市公司的 49.4%）逐渐增长到 2018 年的 65.2%，这一趋势仍在继续。就像之前在房地产和基础设施领域的投资一样，主权投资者已经将风险投资视为一种资产类别而加以关注，并打造了专门的投资团队和投资工具。

西班牙 IE 商学院主权财富基金研究所发布的《2018 年主权财富基金报告》指出："在过去 5 年里，和其他风险资本一起直接参与投资的主权财富基金（主权投资者）数量呈指数级增长。"这一趋势在 2019 年仍在继续。《华尔街日报》报道，截至 2019 年 10 月，在过去 6 年里，风险投资人已经投资了 5 500 亿美元，轻松超过了企业通过登陆资本市场募集的 3 200 亿美元。这个趋势非常明显。从 2009 年到 2013 年，主权投资者只参与了 14 轮风险投资，但从 2014 年到 2018 年，飙升至 220 轮。

鉴于科技企业过去几年在对股票收益和市场募资的贡献中占据主导地位，主权投资者如此重视该行业也就不足为奇了。总的来说，主权财富基金是创业企业的最佳选择，它们是长期、非入侵的投资者，拥有耐心的资本。它们帮助独角兽免受与公开市场透明度要求有关的市值波动和成本压力，同时为期权持有人（通常是核心员工）提供流动性。包括主权投资基金在内的"非传统"的风险资本的涌入，反过来也改变了初创企业的孕育和培育方式。

独角兽公司的设计和出品已经工业化，其核心是提供由移动应用程序支持的在线服务，并通过社交媒体进行营销。私募市场——不只是美国，也包括中国和印度这样的新兴创新中心——都在进行自我调整，通过使用相同的原材料和融入当地特色，打造出类似的产品。当 2013 年首次提出"独角兽"的概念时，市场上只有 38 只得到公认的独角兽，然而在 2019 年，市场数据公司 CB Insights 统计到超过 400 家这样的公司（见专栏 3.1）。

专栏3.1　独角兽、十角兽和百角兽

在中世纪的传说中，独角兽是一种强壮、凶猛的生物。它的前额上有一个巨大的、尖尖的、螺旋形突出的角，只有纯洁的少女才能捕获它。在神话中，独角兽跳到少女的大腿上，由少女给它喂奶。人们不禁会说，科技独角兽和尚未成熟的主权投资者之间正在发生同样的事情。在科技投资领域，独角兽是指估值超过10亿美元的私人初创企业。风险投资家用这种神话中的生物来指代这类企业，以显示这种成功的风险投资从统计数字上来看是相当罕见的。按照同样的逻辑，十角兽用于指代估值超过100亿美元的初创企业，而百角兽用于指代估值超过1 000亿美元的企业。

到2019年，搜索引擎巨头谷歌的母公司Alphabet及其同行苹果、亚马逊和微软等公司，已经成为有史以来仅有的4家在股市盘中交易中市值突破1万亿美元的公司。最大的科技公司的价值已经飙升到了过去不可想象的高度，但是目前还没有为1万亿美元门槛创造"××兽"的称谓。

2013年，牛仔风投（Cowboy Ventures）的创始人艾琳·李（Aileen Lee）创造了"独角兽"这个词，用来指代38家优秀的初创企业。目前全球已有400多家独角兽公司（其中还有很多是"十角兽"和"百角兽"）。独角兽公司数量的快速增长导致许多人质疑科技初创企业的估值是否可持续。如果认真观察马厩里的马，确实会令人担忧：有些马被养来似乎只是为了作秀，而不是为了劳作；有些马身上堆积了太多脂肪，无法赢得比赛；更糟糕的是，有些马因为自己的不当行为而得了疾病。最重要的是，2020年新冠肺炎疫情开始肆虐。最后，"独角兽"这个词代表着一种既罕见又美妙的东西。

这些足够大的私人初创企业正是主权投资基金希望投资的公司类型，特别是即将上市（Pre-IPO）的成熟的独角兽公司。在独角兽成长周期的后面阶段，这些神奇的生物变得非常昂贵，只有少数几家主要参与者才能开出金额足够大的支票来满足它们对更多资本的渴望。尽管许多这样的投资是通过基金进行的——最著名的是愿景基金（有时被视为独角兽投资者的"超大号典型"），但是也有许多是直接投资，通常是共同投资。由于主权投资基金倾向于在初创企业的成长阶段以高于风险投资基金（大多在早期阶段进行投资）的股权比例进行投资，所以它们一般被称为"独角兽制造商"。

如下一节所述，主权投资基金为投资带来了不同程度的复杂性。经验较少的基金通常寻求与成熟的参与者（私募股权投资基金和风险投资基金）共同投资，以获得风险投资的入场机会。根据主权财富基金国际论坛的数据，自2016年以来，主权基金参与的对科技公司的财团投资数量增加了两倍多。2019年，主权基金通过财团进行投资的趋势达到了有史以来的最高水平，特别是在医疗健康和技术领域：有主权基金参与的财团完成了83笔医疗健康和技术领域的投资，而作为单独投资者完成的投资数量仅为16笔。

随着投资的增加，主权投资者也进一步与独角兽公司密切合作。主权投资基金现在可以通过不同程度的参与方式，真正参与并制定被投资科技企业的发展战略（见图3.1），这进一步加快了他们全球扩张和设立海外办事处的步伐。

图3.1 主权投资基金参与独角兽公司治理的3个层次

- 董事会代表：参与被投资企业的发展，但较少直接参与决策。

- 积极顾问：为企业的价值创造规划提供战略指导、管理建议和必要的投入。
- 运营合伙人：利用其国内和全球影响力提升公司绩效，包括制定长期战略、提供市场资源和实施价值创造。

例如，中投公司一直在探索如何充分利用在中国市场的本土知识和合作伙伴优势，积极探索"中国因素"带来的投资机会（见专栏3.2）。这一战略侧重于从商业角度寻找与中国市场具有强大协同效应的海外投资。投资后，中投公司提供中国国内的资源和商业网络，为被投资企业雄心勃勃的发展愿景提供支持，这为中投公司和被投资公司创造了双赢的局面。这种做法获得了回报，中投公司成为寻求在全球最大的移动端市场进行业务扩张的科技公司的首选投资人。中国的移动端市场截至目前已经拥有超过10亿用户，有统一的语言、文化和移动支付标准（这一因素对于中投公司竞争投资机会来说尤为重要）。

专栏3.2　首选投资者——中国因素

正如中投公司首任董事长楼继伟先生在2011年博鳌亚洲论坛上所言，中国经济的快速增长是中投公司的优势——"我们试图从中国角度或中国因素寻找投资机会"。他的意思是，中投公司正在寻找可能由中国市场增长——中国与世界市场之间的协同效应——驱动的投资机会（"全球投资，中国因素"）。对于外商投资，中投公司可以帮助这些外国企业在中国设计和实施创新的价值提升战略。对于寻求全球化的中国企业，中投公司借助其全球布局帮助它们实现海外目标，将它们与外国企业联系起来并促进投资合作。

中投公司的资本进入硅谷之时正值中国经济开启数字化转型：移动经济。中投公司之所以在硅谷受到追捧，是因为它可以为进入中国电子商务市场提供一座桥梁。在中国，10亿多互联网用户整合在一起，使用着相同的语言、文化和移动支付标准。例如，中投公司通过旗下的中美科技成长投资平台华山资本（详见第七章）投资了视频平台公司Twitch，该公司在2014年被亚马逊收购。

Twitch是领先的视频平台和玩家社区之一。它的视频平台为主要的视频游戏广播公司（包括休闲玩家、职业玩家、锦标赛、联盟、开发者和游戏媒体组织）的直播和点播分发业务提供支撑。中国是规模更大、更具创新性的娱乐直播市场之一，Twitch正在中国积极扩大规模，与纳斯达克上市企业YY等中国国内流媒体直播平台开展竞争。正如华山资本高管在接受媒体采访时所言，中投公司之所以参与对Twitch的投资，正是因为这家总部位于美国的初创企业有机会将其游戏直播业务拓展到中国大陆，并进一步扩大其用户规模。

华山资本意识到了Twitch从游戏转向直播社交媒体平台的潜力——效仿YY的模式，围绕一个公共平台聚集和吸引用户。在完成投资之后，中投公司与Twitch共同制定了拓展中国市场的战略，并与潜在的战略合作伙伴进行了高层会谈。这项投资发生于2013年9月Twitch的第三轮融资，很快，在2014年年底，Twitch被亚马逊以9.7亿美元收购。

总的来说，主权投资者进入科技初创企业和风险投资领域，对所有相关方来说都是一个双赢的局面。主权资本和创始人的组合实质上创造了一个万亿美元俱乐部：主权资本可以从更长远的角度看待其投资,而创新企业则可以专注于运用充足的资金发展自身的业务。因此,作为新的风险投资人,主权投资基金已经成为数字科技市场的主要资金来源。

硅谷的新风险投资人

认真思考主权投资基金在硅谷掀起的三次浪潮是有益的。第一次浪潮,从东南亚的先行者开始;第二次浪潮,是中东主权基金以及体量庞大且活跃的愿景基金的到来;第三次浪潮,我们将关注更加精明的科技投资者,比如加拿大和欧洲的养老金投资者,不管是在本地还是在客场,也许它们的知名度并不能以里氏震级来衡量,却通过一笔又一笔的交易引领着转型。

第一次浪潮,东南亚的先行者

第一次浪潮,新加坡政府投资公司和淡马锡是先行者,也包括马来西亚国库控股公司。长期以来,新加坡政府投资公司一直被视为主权国家在直接投资领域的开拓者和典范。据估计,新加坡政府投资公司持有逾3 000亿美元资产。多年来,该基金一直聚焦于所有行业通过技术应用和创新带来的机遇。另一家新加坡主权基金淡马锡也是如此:早在2016年,TMT(电信、媒体和技术)领域的投资在淡马锡的投资组合中的占比就达到了25%,取代金融板块成为投资组合中的最大板块。

根据主权财富中心的数据,2006年至2017年,新加坡政府投资公司和淡马锡这两家机构占据了主权资本对科技领域直接股权投资总规模(257亿美元)的2/3,承诺的投资总额分别为70亿美元和102亿美元。事实上,在2017年愿景基金占据新闻头条之前,这两家新加坡投资机构一直是硅谷最为活跃的主权投资基金(见表3.3)。

表 3.3　2015—2016 年新加坡的主权基金在科技行业的直接投资（部分案例）

年份	投资人	公司	科技行业
2016	淡马锡	Sprinkir	社交科技，纽约
2016	淡马锡	FNIS	支付服务提供商，佛罗里达州
2016	淡马锡	Homology	基因疗法，马萨诸塞州
2016	淡马锡	Illumina	遗传学分析，加利福尼亚州
2016	淡马锡	Regneron	生物制药，纽约
2015	淡马锡	Flux Factory	协作软件，加利福尼亚州
2015	淡马锡	Makesense	软件，加利福尼亚州
2015	淡马锡	EMC	数据存储，马萨诸塞州
2015	淡马锡	Hello	睡眠监测，加利福尼亚州
2015	新加坡政府投资公司	Veritas	数据存储，加利福尼亚州
2015	新加坡政府投资公司	Matterpot	成像技术，加利福尼亚州

资料来源：主权财富中心。

在某种程度上，淡马锡是比新加坡政府投资公司更加自然的科技投资人。淡马锡的科技基因可以追溯到 1974 年，当时新加坡政府成立了淡马锡控股公司，管理包括新加坡电信在内的国有企业。新加坡政府投资公司成立于 1981 年，其使命是保护并提升所管理的国家储蓄的长期价值。在科技投资方面，新加坡政府投资公司最开始投资于在主要股票市场上市的科技公司，然后很快就拓展到风险投资领域。

新加坡政府投资公司在北加州的业务远远领先于其他公司。20 世纪 80 年代，该公司就在北加州设立了办事处（新加坡政府投资公司于 1981 年成立，它的旧金山办事处于 1986 年开业）。当时，该基金尚未开启由被动配置向直接投资的转型。在 20 世纪 80 年代，新加坡政府投资公司获得了新加坡政府的海外投资授权，美国市场在其潜在的可投资范围中占据了较大的份额。新加坡政府投资公司在北加州设立的办事处使得它可以从比纽约更方便的时区关注美国市场动向。

选择北加州还有另一个好处。新加坡政府投资公司首席投资官林昭杰（Lim Chow Kiat）在 2019 年对此发表了看法："在那里，你会更自然地接触到科技投资。人生并非一帆风顺，有起有落，互联网泡沫破灭之后迎来了冬天，但是，即使是在这些时期，我们也学会了如何选择正确的初创企业、正确的企业家和正确的商业模式。"当独角兽公司提供了适合主权投资者投资规模的直接投资机会时，新加坡政府投资公司着力打造的可靠硅谷风险投资人的形象便可以发挥作用。在北加州设立办事处大约 20 年后，新加坡政府投资公司组建了自己的科技投资团队，投资于初创企业并开展更大规模的交易。

新加坡另一家主权投资基金淡马锡 2013 年才进驻硅谷。与新加坡政府投资公司不同的是，它最初是一家控股公司，长期以来一直从事直接投资，先是在新加坡，之后是更加广泛的东南亚市场。在全球经济危机之后，淡马锡的直接投资重点逐渐转向科技公司。淡马锡将其 2014 年成立的企业发展集团描述为"一个发展引擎，从为成长投资转向为成长建设。集团专注于规划未来的业务价值链，与创新和宏观的商业趋势保持同步，以及寻找和培育有潜力成为全球、地区或国内领头羊的新企业"。

这支新加坡投资团队显然一直很忙。第七章列出了他们具有代表性的全球科技投资业绩，以及分布在几乎所有大陆的 10 多个办事处（见表 7.4）。淡马锡最近的投资组合中新增加的美国独角兽公司包括亚马逊、爱彼迎、不可能食品（Impossible Foods）和美国最大的外卖平台 DoorDash。淡马锡副董事周恩赐（Paul Ewing-Chow）在 2017 年对路透社表示："我们一直在加大对科技、生命科学和医疗健康等行业的投资，在旧金山的办事处有助于我们更好地接触到这些行业的公司。"

淡马锡确实也做到了。自 2016 年以来，生物技术成为其业务增长的重要领域（见表 3.3），部分原因是美国食品药品监督管理局（Food and Drug Administration，简写为 FDA）批准的创新基因编辑技术发展带来了新的商业机会。对于淡马锡这样的大型主权财富基金来说，这是一个很好的选择，因为相比其他行业的初创企业，该技术往往需要更多的早期投入来开展高风险的实验。2017年1月，淡马锡通过其位于旧金山的办公室，以8亿美元的价格从谷歌的母公司Alphabet手中收购了总部位于硅谷的医疗技术公司真地生命科学（Verily Life Sciences，前身为谷歌的生命科学部门）的少数股权。

由于2020年年初的全球新冠肺炎疫情，淡马锡持有的一部分投资的估值大幅上升。例如，总部位于硅谷的病毒生物技术公司Vir Biotechnology获得了淡马锡、阿布扎比投资局和阿拉斯加永久基金公司等主权投资者的投资（见图3.2）。该公司致力于将免疫学进展与前沿技术相结合，治疗并预防严重的传染病。2020年春，这家此前鲜为人知的纳斯达克上市初创企业宣布与其他大型制药集团开展研究合作。在药物临床试验取得进展之后，该公司股价飙升。2021年4月，葛兰素史克以10%的溢价收购了该公司6%的股份，总投资额约为2.5亿美元。Vir Biotechnology与葛兰素史克开展战略合作，推动自身股价进一步走高。

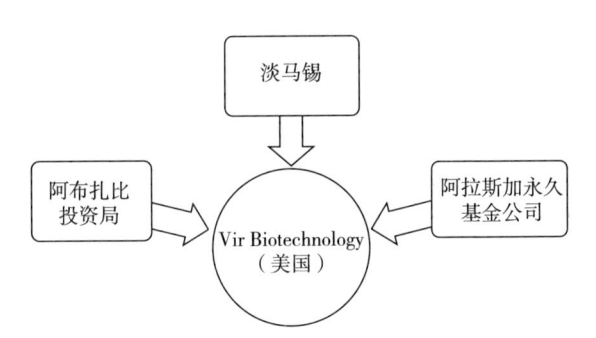

图3.2 由主权投资基金投资的Vir Biotechnology致力于寻找新冠病毒应对方案

以这种方式进入风险投资生态，并非淡马锡或新加坡政府投资公司所独有。同样来自马来半岛的马来西亚国库控股公司（Khazanah，马来语中的意思是"财富"）也加入了它们的行列，成为早期投资潮流的领军者。2012 年和 2013 年，马来西亚国库控股公司首次投资阿里巴巴集团，总额超过 4 亿美元。2014 年阿里巴巴集团上市之后，这笔投资获得了巨大的成功。如今，马来西亚国库控股公司是全球科技投资领域最为活跃的主权投资基金之一，这与 10 年前相比是一个巨大的转变，当时其近 90% 的持股和投资都是马来西亚企业。

在美国，马来西亚国库控股公司继续履行对助推本国经济数字化转型的企业进行投资的使命，与此同时，也采用了许多典型的硅谷风险投资公司的方式，指导投资组合中的公司并领导融资。关于这种变化，有一个典型的例子就是它对 Fractal Analytics 的投资，这是一家全球领先的人工智能数据分析服务初创企业，总部位于美国和印度，为《财富》世界 500 强公司提供基于人工智能的解决方案。马来西亚国库控股公司于 2019 年退出了对该公司的部分投资，当时，它是该公司最大的股东。

此外，马来西亚国库控股公司还采用了另一种风险投资风格，将投资组合的一部分拨出用于所谓的"X 投资组合"——投资于长期的、改变世界的技术。2015 年，马来西亚国库控股公司成为通用核聚变公司（General Fusion）2 700 万美元融资的主要投资者，这是一家总部位于温哥华的初创企业，致力于开发商用核聚变能源，这也是清洁能源生产的"圣杯"。这是一项具有非常高风险的投资，因为获取这种无排放且近乎无穷无尽的能源的努力已经持续了几十年，如果成功将可以颠覆一个万亿美元市场。2019 年，火炬传递给淡马锡，它领投了对通用核聚变公司总额约为 6 500 万美元的新一轮融资，马来西亚国库控股公司、贝佐斯探险公司和其他风险投资公司再度参与其中，但马来西亚国库控股公司不是领投方（见图 3.3）。

第二次浪潮，来自中东的愿景基金

当来自新加坡和马来西亚的主权投资者在争夺领先地位时，中东

```
            ┌──────────────┐
            │马来西亚国库    │
            │控股公司       │
            └──────┬───────┘
                   │
                   ▼
┌────────┐      ╭─────────╮      ┌──────────┐
│淡马锡   │ ───▶│通用核聚变│◀─── │贝佐斯     │
└────────┘      │公司      │     │探险公司   │
                ╰─────────╯      └──────────┘
```

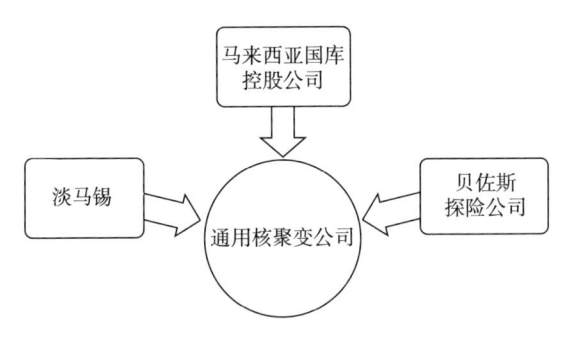

图 3.3 核聚变能源开发的"登月计划"

地区却一直吸引着硅谷所有媒体的关注。该地区拥有科技领域十大主权财富基金中的 3 家——科威特投资局、卡塔尔投资局和沙特阿拉伯公共投资基金，更不用说阿布扎比的穆巴达拉投资公司和它的风险投资子公司也专注于科技投资。在讲完沙特阿拉伯公共投资基金和愿景基金的传奇故事之后，我们将回来讲述它们的故事。

沙特阿拉伯公共投资基金无疑是硅谷知名度最高的主权投资者。2016 年，沙特阿拉伯公共投资基金向优步开出了 35 亿美元的支票，打破了有史以来对一家由风险投资支持的公司的最大单笔投资纪录。这一幕似曾相识。就在沙特阿拉伯公共投资基金对优步投资的两年前，卡塔尔投资局在 2014 年给优步开出了一张九位数的支票，震惊了硅谷（见图 3.4）。2011 年，卡塔尔投资局进军科技行业，先后入股美国电子商务公司 Coupons 和法国芯片制造商 Altis Semiconductor。然而在此之前，它以热衷于收购豪华酒店和奢侈品牌而闻名。

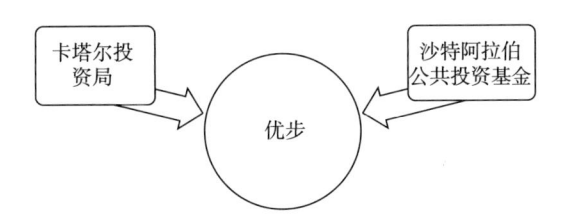

```
┌────────┐                    ┌──────────────┐
│卡塔尔投 │                    │沙特阿拉伯      │
│资局     │                    │公共投资基金    │
└───┬────┘                    └──────┬───────┘
    │          ╭────────╮            │
    └────────▶│  优步   │◀───────────┘
               ╰────────╯
```

图 3.4 中东主权投资基金投资优步

即使是对沙特阿拉伯来说，对优步的投资规模对于当时的投资组合来说也并非是一个小调整：沙特阿拉伯公共投资基金成立于1971年，截至2016年6月，该基金管理着1 570亿美元的资产。在沙特阿拉伯国家石油公司（沙特阿美）2019年上市之后，沙特阿拉伯公共投资基金管理的资产规模大幅增加。在投资优步之前，沙特阿拉伯公共投资基金几乎没有任何国际知名度，因为其大部分资金都投向本国股市以及为本国企业提供贷款。在沙特阿拉伯的科技领域投资中，直接投资发挥着重要但不是唯一的作用。例如，沙特阿拉伯公共投资基金不仅在愿景基金中投入了大量资金，还直接投资于增强现实独角兽Magic Leap（4亿美元）、"幽灵厨房"餐厅外卖初创企业云厨房（4亿美元），以及优步等风险投资项目。

在对优步投入创纪录的资金的同时，沙特阿拉伯公共投资基金还直接投资了电动汽车制造商特斯拉。即使是对于沙特阿拉伯的实际统治者、推动沙特阿拉伯公共投资基金投资转型的背后人物——穆罕默德·本·萨勒曼（Mohammed bin Salman），以及特斯拉创始人、未来的火星殖民者、亿万富翁埃隆·马斯克（Elon Musk）来说，沙特阿拉伯公共投资基金投资特斯拉也是一个非比寻常的故事。

2018年8月初有报道称，沙特阿拉伯公共投资基金持有特斯拉3%~5%的股份，当时特斯拉已经上市，市值在17亿美元至29亿美元之间，但是仍在亏损。据报道，此次收购发生在萨勒曼的美国摇滚歌星之旅之后，之前他也与马斯克沟通过购买新股的意向。为了避免特斯拉股权被进一步稀释，当时马斯克拒绝了他的提议。但是在成立15年之后，特斯拉是美国股市上被做空最严重的公司之一。

更令人惊讶的是接下来的发展。2018年，尽管有沙特阿拉伯公共投资基金的收购计划，特斯拉的股价仍然没有止跌。8月7日，马斯克在推特上表示，他将以每股420美元的价格将公司私有化，这一价格远远高于市场价格，而且他已经获得了这样做的资金。在公众要求马斯克证实其说法的压力下,马斯克在一篇博客文章中暗示,沙特阿拉伯公共投资基金将会为此提供资金。然而,路透社随后报道,来自沙特阿拉伯公共投资基金的不愿透露姓名的消息人士否认了存在这样的承诺。马斯克和特斯拉后来就关于这一误导性推文的指控与美国证券交易委员会达成了和解。作为达成和解的条件之一,马斯克辞去了特斯拉董事长一职。

就沙特阿拉伯公共投资基金而言,在马斯克的推文发布后一个月,它又向 Lucid Motors 投资了 10 亿美元,这是一家与特斯拉在同一市场竞争的美国电动车初创企业。一些人认为,这表明了沙特阿拉伯公共投资基金对马斯克的不满。最重要的是,沙特阿拉伯公共投资基金在 2019 年 1 月完全对冲了它持有的特斯拉头寸,实际上放弃了它在特斯拉的利益。一年后,特斯拉股价攀升至历史高点,较 52 周内的低点上涨了两倍多,主要原因是该公司在 2019 年年底与中国政府签署了合资企业协议和银行融资协议。据报道,沙特阿拉伯公共投资基金在 2019 年完全退出特斯拉,错过了股价的大幅上涨,2020 年年初,特斯拉股价从 2019 年的低点翻了四番,达到 968 美元以上(在新冠肺炎疫情初期涨涨跌跌,然后再次攀升,达到 1 228 美元的历史新高,使其成为市值最高的汽车制造企业)。

然而,真正从根本上改变风险投资格局的是沙特阿拉伯公共投资基金和穆巴达拉投资公司、日本电信业巨头软银集团在 2017 年共同出资设立的总规模达到 1 000 亿美元的愿景基金(见图 3.5)。从数字上来看,2018 年整个风险投资领域共募集了 539 亿美元,略高于愿景基金所募集资金的一半。愿景基金也开创了一种新的基金结构,在这一结构中,主权投资基金作为有限合伙人占据重要的锚定地位,并利用这一地位在投资组合的构建以及投资后的价值创造过程中发挥更为深层次的作用。虽然软银作为普通合伙人仍然是愿景基金整体上的领导者,但主权投资基金作为平等的合伙人可以有效参与其中。

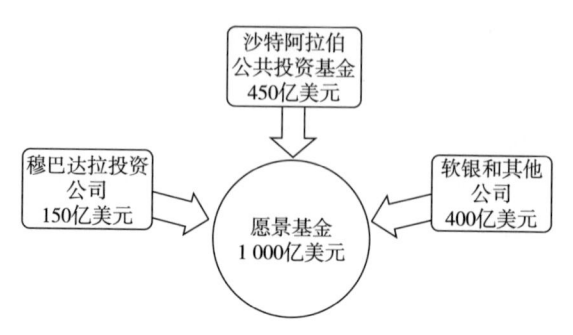

```
         ┌──────────┐
         │沙特阿拉伯│
         │公共投资基金│
         │ 450亿美元│
         └────┬─────┘
              ↓
┌────────┐  ┌──────┐  ┌────────┐
│穆巴达拉投资│→│愿景基金│←│软银和其他│
│  公司   │  │1000亿│  │  公司   │
│150亿美元│  │ 美元 │  │400亿美元│
└────────┘  └──────┘  └────────┘
```

图3.5　1 000亿美元愿景基金

魅力非凡的软银领导人孙正义几乎没有浪费时间，就把主权投资基金提供的资金用于培育日益壮大的独角兽群体。仅在美国，愿景基金在短期内将大量资金投向了多个技术领域（见表3.4），除了WeWork，还有很多企业。上述投资的规模和速度，以及愿景基金在全球范围内众多的其他投资，从根本上改变了风险投资的生态。

表3.4　愿景基金在美国投资的典型案例

共享出行	• 优步的上市进程陷入了困境，公司治理也面临挑战，但它获得了93亿美元的投资 • 通用汽车旗下的合资电动汽车公司 GM Cruise 以20%的股份融资22.5亿美元
金融科技	• Lemonade 是人工智能驱动的保险科技公司，愿景基金领投了对其3亿美元的D轮融资 • 在线借贷平台 Kabbage 在某轮融资中获得了愿景基金2.5亿美元的注资，并在另一轮融资中获得了愿景基金的进一步投资（金额未披露）
企业服务	• 愿景基金按照51亿美元的估值对 Slack 进行了2.5亿美元的投资，Slack 在直接上市时表现良好，市值几乎翻了一番，但此后该公司跌破了发行价 • 愿景基金领导了对云存储二级供应商 Cohesity 的2.5亿美元D轮融资

续表

生活服务	• DoorDash 是一家食品外卖配送公司,愿景基金与新加坡政府投资公司等合作,共同参与了一轮 5.35 亿美元的投资 • 遛狗服务公司 Wag（被称为"狗的优步"）得到了愿景基金 3 亿美元的投资承诺,不过据报道,愿景基金最近以亏损的价格将股权回售给了 Wag
房地产	• Compass 是数字家庭房地产经纪人,愿景基金在 2017 年领投了对其一笔 4 亿美元的投资,随后又投资了 4.5 亿美元;2018 年,卡塔尔投资局和愿景基金又共同牵头了一轮 4 亿美元的投资 • Opendoor 是一家房屋销售平台,愿景基金投资了 4 亿美元

愿景基金倾向于支持同一市场上的两家竞争对手公司,鼓励它们在不考虑利润的情况下,利用基金提供的资金争夺市场份额。愿景基金在各大洲推行这一达尔文主义。例如,它向在亚洲和拉丁美洲开展直接竞争的滴滴出行和优步都进行了投资。同样是在拉丁美洲,它向哥伦比亚的外卖独角兽 Rappi 和另一家竞争企业 Uber Eats 都进行投资,它也支持了美国最大的外卖平台 DoorDash。在主权投资者资金的推动下,愿景基金打造了一个另类世界,在这个世界里,最重要的是不择手段获得增长。

随着 1 000 亿美元投资迅速到位,孙正义开始募集第二只规模类似的基金,并计划在 2019 年关闭募集。风险投资界对这场盛会既有嘲笑,又伴随着敬畏。随着大规模投资失败开始出现,风险投资行业中也出现了幸灾乐祸的情绪。最终,软银被维权的投资者埃利奥特管理公司（Elliott Management）逼得走投无路,被迫抛售了对阿里巴巴的早期巨额投资。沙特阿拉伯公共投资基金和穆巴达拉投资公司也没有排队参与第二只基金的投资。但是,作为颠覆者摇篮的硅谷,已经在很大程度上被颠覆了。

阿联酋的穆巴达拉投资公司与它的中东伙伴沙特阿拉伯公共投资基金相比,尤其是与它和沙特阿拉伯公共投资基金共同出资的愿景基金相比,采取了一条不那么明显的颠覆性路线进入硅谷的风险投资生态(见专栏3.3)。穆巴达拉投资公司的风险投资子公司成立于2017年,并于2019年在硅谷正式开设了办事处。凭借着对愿景基金投资形成的关系以及作为直接投资者的丰富经验,穆巴达拉投资公司作为北美的科技投资者非常具有吸引力,新成立的加州办事处连续开展了直接投资,包括:

- 2018年:对Cologix进行5亿美元投资,这家公司具有网络中立的数据中心,提供互联服务和超大规模边缘数据中心服务。
- 2019年:参与了Collective Health的2.05亿美元融资轮(与愿景基金一起),这是一家为企业健康保险提供数字健康解决方案的公司。
- 2019年:参与Recursion Pharmaceuticals的1.21亿美元融资轮,这是一家致力于发现新药物的生物技术公司。
- 2019年:参与了基于软件运营(SaaS)的混合云平台Platform9的2 500万美元融资轮。

专栏3.3 学会参与,熨平分歧

主权财富基金在任何竞争环境中的运营都不仅仅是建立联系人名单和出席合适的会议。在美国的基金管理行业,政府关系和游说发挥着重要作用。尽管主权财富基金在很大程度上回避与政府的关系,但淡马锡已经认识到在华盛顿设立办事处的好处。

与此同时，公共养老基金也从与美国政府精心维护关系所促成的税法修正中获得了好处。房地产和基础设施长期以来一直是主权投资基金青睐的资产类别，而美国则是外国直接投资最大的目的地。然而，作为应对日本投资美国标志性地产（如20世纪80年代的洛克菲勒中心）的措施之一，美国修订了税法，新的《外国投资房地产税法》提高了非美国投资者的税收负担。因此，与美国机构投资者相比，主权投资基金在竞价中处于劣势，特别是在与享受税收优惠地位的美国养老基金竞争时。

部分非美国的养老基金不为所动，它们成功地将自己与更容易被妖魔化的主权投资基金区分开，并努力促成针对合格的外国养老基金的税收改革获得通过。对符合资格的非美国的养老基金来说，其结果是在房地产和基础设施投资领域可以享受到与美国养老基金相同的竞争环境，免除了外资投资房地产的税收负担。主权投资基金作为一个群体并没有享受到同样优待，尽管许多主权投资基金正在努力审视它们是否可以在其职权范围内找到符合养老基金的要素，从而可以适用同样的优惠待遇。

穆巴达拉投资公司学会了用自己的方式来参与。它模仿金融管理行业常见的企业赞助方式。除了在北加州设立办公室，它还是"穆巴达拉硅谷精英赛"的赞助商，该赛事在加州圣何塞举办，已经成为职业女子网球协会一年一度的顶级锦标赛。毫无疑问，这些比赛的场地"非常平坦"。

第三次浪潮，加拿大的养老金

与那些致力于代际财富传承和推动经济发展的主权基金一样，公共养老基金也出于类似的原因开展科技投资。安大略省市政雇员退休系统一直是该领域的开拓者，它旗下的风险投资公司在加拿大、美国和欧洲开展早期直接风险投资。安大略省市政雇员退休系统很早就在硅谷设立了一个非正式的办事处，多年之后它的风险投资团队又在北加州建立了一处分支机构。第七章介绍了它的风险投资公司在技术领域开展的投资，例如，遛狗服务公司 Rover、电商服务平台 Shopify 和企业服务数据库公司 Crunchbase。加拿大其他大型养老金管理机构也有意加入追逐独角兽的行列。

安大略省教师退休金计划是加拿大最大的单一职业养老金计划，净资产约为 2 000 亿美元。2019 年 4 月，它宣布设立一个新的投资部门——教师创新平台（Teacler' Innovation Platform，简写为 TIP）。安大略省教师退休金计划在新闻稿中称："教师创新平台将专注于后期风险投资和成长型股权投资，目标是那些利用技术颠覆现有行业并创造新行业的公司。"在教师创新平台成立仅几个月后，就启动了第一笔投资，于 2019 年 6 月向埃隆·马斯克的太空发射公司 SpaceX 投资了一笔未披露金额的资金。

加拿大退休金计划投资委员会是加拿大最大的养老金计划，管理资产超过 4 000 亿美元，声称其管理的资产 80% 以上来自加拿大国内（见专栏 3.4）。该公司于 2019 年设立了旧金山办事处，专注于基金投资和共同投资，但也对一些独角兽公司进行后期投资。人工智能是金融科技领域的重要方向，该公司对支付设备公司 Square 的子公司 Square Capital 进行了直接投资。Square Capital 利用人工智能向美国小企业提供贷款。与沙特阿拉伯公共投资基金一样，加拿大退休金计划投资委员会的人工智能投资组合中似乎也非常关注自动驾驶主题，投资了总部位于加州的自动驾驶汽车公司 Zoox，该公司计划开发机器人出租车。

2020 年 3 月，加拿大退休金计划投资委员会与穆巴达拉投资公司的风险投资公司联手，牵头对 Waymo 投资 22.5 亿美元，Waymo 从谷歌母公司 Alphabet 剥离出来，致力于开发基于人工智能的自动驾驶系统（见图 3.6）。Waymo 最初被称为"谷歌自动驾驶汽车项目"，是 Alphabet"登月计划"的部门之一，它将人工智能应用于出行领域，有可能成为一个颠覆性的引擎。2020 年年初，Waymo 透露，它将开始地图绘制工作，然后在得克萨斯州和新墨西哥州的部分地区测试"自动驾驶"长途卡车。毫无疑问，穆巴达拉投资公司在 2017 年对 Alphabet 另一家子公司真地生命科学（淡马锡也是该公司的投资人之一）的投资为它争取到 Waymo 的投资机会奠定了基础。加拿大退休金计划投资委员会在旧金山的业务并不会损害穆巴达拉投资公司的利益——无论它是和 Alphabet 合作，还是和穆巴达拉投资公司合作。

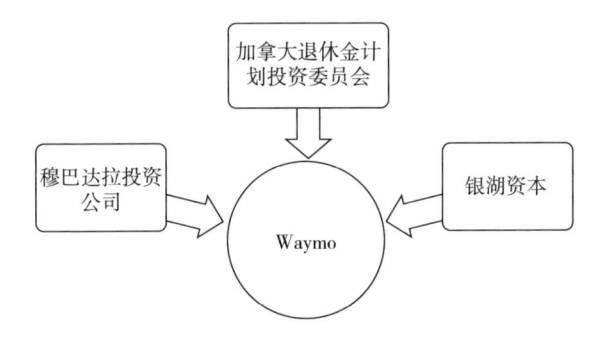

图 3.6 主权投资基金联合对无人驾驶企业的投资

最后，剩下的往往是最好的。IE 商学院发布的《2018 年主权财富基金报告》将澳大利亚未来基金、爱尔兰战略投资基金与新加坡政府投资公司、穆巴达拉投资公司、淡马锡一道，视为主权国家开展风险投资的领导者。澳大利亚未来基金是优步、拼趣（Pinterest）、爱彼迎和色拉布（Snapchat）等知名独角兽的早期基金投资的受益者，其风险投资获得了年均超过 20% 的净回报。澳大利亚未来基金的科技投资战略反映了其承担的代际基金的角色，致力于资产的长期保值增值。

除了早期基金投资带来的良好回报，以及近期多元化投资的预期回报，澳大利亚未来基金的首席投资官在 2017 年表达了下一步的打算："风险投资对我们来说非常重要，因为有助于我们了解当前的创新和颠覆趋势。"在截至 2020 年 1 月的 12 个月时间内，未来基金已经成为 6 家美国科技初创企业的直接投资人，包括：NextNav（地理定位服务）、Everactive（物联网数据端到端解决方案）、Coursera（在线学习初创企业）、Bitglass（云接入网络安全服务）、Eargo（直接面向消费者的医疗健康初创企业）和 Gladly（客户关系数字化解决方案，澳大利亚未来基金领投了融资）。

爱尔兰战略投资基金扮演着不同的角色，它的目标是推动经济发展，主要任务是通过投资支持爱尔兰经济，培育该国作为技术中心的声誉。由于爱尔兰已经成为美国科技公司设立欧洲办事处的首选地，这使得爱尔兰战略投资基金可以在支持爱尔兰经济发展的同时获得财务回报。比如它对独角兽公司 Kabbage 的投资，这是一家金融科技公司，我们之前在愿景基金的投资名册上看到过它，以及对 InsideSales 的投资，这是一家致力于客户关系数字化管理的初创企业。这两家公司都承诺在爱尔兰当地开设办事处。

最后，同样重要的是，由于中投公司的发源地在中国——一个有着不同优势的崛起中的世界创新中心，它现在在市场上也很活跃。中投公司正忙着投资美国硅谷（已经创建了一个创新投资平台以及附属团队，详细讨论见第七章）和中国国内市场。事实上，中美两国在全球科技投资总额中占比超过 80%。我们现在来到中国，主权投资者也在那里寻找着独角兽。

中国：狂野的东方

随着中国移动经济和电子商务的突飞猛进，外国的投资者已成为最大的赢家之一。对这些中国移动电子商务企业的投资主题显而易见：基本上是在定向押注中国消费能力的快速增长，以及移动电子商务击败传统零售的不可逆转的趋势。中国企业的高估值不仅反映出它们在全球最大的移动商务市场的主导地位，也反映出投资者对于它们所开创的特殊商业模式或产品特点的乐观态度。

从一开始，国内外的主权投资者就已经成为中国互联网和科技公司的重要股东。例如，在中国占主导地位的电子商务公司阿里巴巴在IPO时，中国的主权财富基金中投公司、淡马锡、马来西亚国库控股公司、加拿大退休金计划投资委员会就已经成为其股东（见图3.7）。新加坡政府投资公司在2016年两次从软银手中购买了5亿美元的阿里巴巴股份，并成为该公司的主要股东。

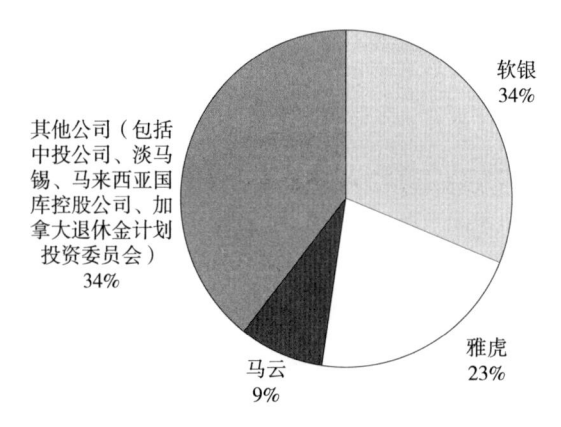

图 3.7 阿里巴巴 IPO 时的股权结构

同样，阿里巴巴的主要竞争对手京东在 IPO 时，淡马锡和安大略省教师退休金计划作为主要投资者（见图3.8）也参与其中。对于移动经济而言，中国市场将成为下一代移动设备和服务的趋势引领者，而不是跟随者。展望未来，随着科技行业从"移动优先"跃入"智能优先"，中国市场正在成为领先者。在中国数字经济繁荣时期，这些投资者获得了数以十亿计的资本收益。

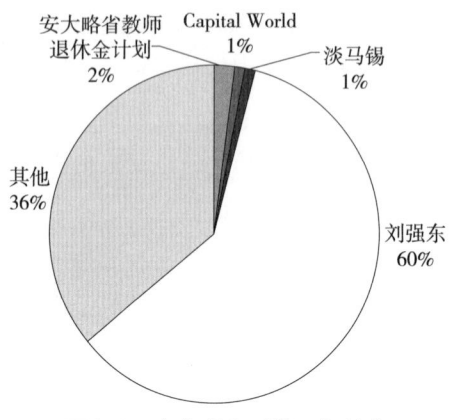

图3.8　京东 IPO 时的股权结构

（饼图数据：刘强东 60%，其他 36%，安大略省教师退休金计划 2%，Capital World 1%，淡马锡 1%）

随着市场从移动电子商务转向科技创新，淡马锡已经完成了转型。它的投资对象包括中国独角兽公司若琪和商汤科技。总部位于杭州的若琪专门从事机器人研究和人工智能开发，淡马锡在 2018 年领投了最新一轮融资。若琪的增强现实眼镜具有面部识别功能，可以扫描并识别目标对象的所有社交媒体账户。在消费智能设备市场，若琪或多或少在与美国公司 Magic Leap 竞争，后者得到了沙特阿拉伯公共投资基金的支持。

商汤科技专注于深度学习和计算机视觉技术。该公司基于人工智能技术可以识别人脸、字符和图像，并为金融、安全、在线娱乐、医疗保健等许多行业提供视频分析服务。商汤科技已经向中国各地的许多火车站和机场提供了自动人脸识别系统，准确率近乎完美（例如，它已经与中国最大的地铁运营商上海申通地铁集团签署协议，使用人工智能监控地铁交通）。

值得注意的是，商汤科技在 2018 年至 2019 年两年时间成功完成了多轮融资（淡马锡与中国电子商务巨头阿里巴巴参与了其中一轮），在软银集团等投资者的最新一轮融资过后，商汤科技的估值从 30 亿美元跃升至 75 亿美元。随着市值达到 75 亿美元（据 2019 年年底的媒体报道），商汤科技成为世界上最大的人工智能初创企业，这说明主权资本在投资创新和推高估值方面具有巨大的实力。

在充足的资金支持下，商汤科技宣布将探索几个新的战略方向，包括智慧城市数据中心、自动驾驶（与本田合作）、人工智能培训芯片开发、增强现实以及全球扩张。事实上，该公司在新加坡设立了一个运营办事处，作为其东南亚扩张的中心。2019年年末，商汤科技一位高管接受采访时表示，计划在3年内将在新加坡的员工扩大3倍，达到300人左右，并与新加坡的大学和教育部门合作开展研究。新加坡正在将自己定位为全球人工智能研发中心，这样的"投资并整合"主题为该国创造了新的价值（就像爱尔兰、沙特阿拉伯、阿联酋和其他许多国家一样）。

同样投资商汤科技的还有穆巴达拉投资公司（见图3.9）。如前所述，它是愿景基金的主要有限合伙人，愿景基金曾投资优步和WeWork等美国科技公司。与淡马锡一样，穆巴达拉投资公司也是中国独角兽公司的积极投资者。有意思的是，它还投资了中国共享出行的初创企业滴滴出行，中投公司也是滴滴出行的长期股东。滴滴出行在经过了一场以争夺司机和乘客为目的且代价高昂的价格战之后，最终收购了优步在中国的独立业务——优步中国。

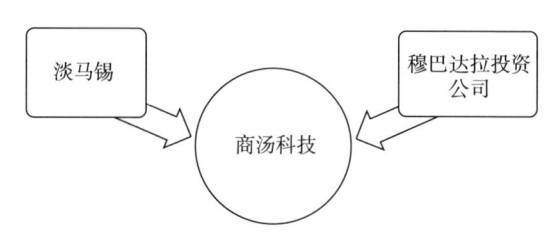

图3.9　淡马锡和穆巴达拉投资公司投资商汤科技

基于穆巴达拉投资公司投资的关系，商汤科技于2019年年底在中国和阿联酋建交35周年之际与阿布扎比结成战略联盟。在阿布扎比，商汤科技正在建立一个 EMEA（欧洲、中东和非洲）人工智能研发中心，支持阿联酋在医疗和教育等多个领域的人工智能开发。与新加坡一样，阿联酋也在寻求投资于科技初创企业，作为在阿联酋建立科技中心和实现经济多样化等更宏伟计划的一部分（穆巴达拉投资公司的国内使命将在后面讨论）。

距离穆巴达拉投资公司位于阿布扎比滨海大道上的办公室不远，另一家主权投资基金阿布扎比投资局也很繁忙。阿布扎比投资局和阿里巴巴一起投资了中国另一家人工智能独角兽公司旷视科技（见图3.10），该公司在许多领域都是商汤科技的竞争对手。阿里巴巴旗下的蚂蚁金服采用了旷视科技的人脸识别技术，实现了"微笑支付"功能，用户可以在智能手机上通过面部扫描付款。旷视科技此次 7.5 亿美元的股权融资由阿布扎比投资局的一家子公司和其他战略投资者牵头，成为 2019 年人工智能领域初创企业的第二大融资。

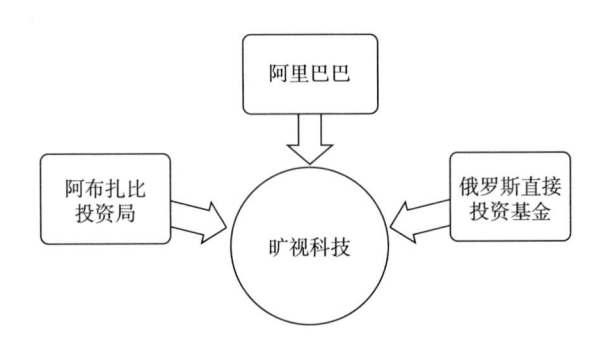

图 3.10　阿布扎比投资局和俄罗斯直接投资基金投资旷视科技

旷视科技的另一个重要战略投资者是俄罗斯直接投资基金，这是俄罗斯的主权财富基金，管理着 100 亿美元的储备资本。俄罗斯直接投资基金在 2018 年题为"投资未来"的年度报告中提到，旷视科技被列入"入选投资对象之一"。该年度报告进一步强调，俄罗斯直接投资基金的科技投资是"吸引外国投资者对俄罗斯创新型企业进行投资的最主要渠道"——旷视科技进军俄罗斯会是意料之中的事情,"俄罗斯直接投资基金的项目奠定了俄罗斯技术突破的基础"。

毫无疑问,主权投资基金投资的中国科技独角兽中最为突出的例子就是金融科技公司蚂蚁金服,该公司在 2014 年从电子商务巨头阿里巴巴剥离出来(见图 3.11)。蚂蚁金服以其旗舰支付平台——支付宝而闻名,该平台在中国消费者的移动支付中占据非常大的市场份额(相比之下,苹果支付的市场份额要小得多),但它越来越关注面向商业的金融科技手段,包括协助金融机构提供大数据解决方案,以及提供反欺诈服务。

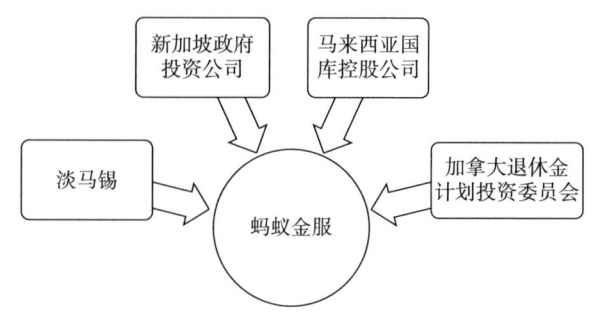

图 3.11 投资于蚂蚁金服的主权基金

2018 年,蚂蚁金服融资约 140 亿美元,市场观察人士称这是全球私人企业有史以来最大的单轮融资(根据市场数据公司 Crunchbase 的数据,140 亿美元是历史上最大单轮融资)。此次融资使得蚂蚁金服估值超过 1 500 亿美元(约合 1 万多亿元人民币),超过了美国著名投资银行高盛的市值,成为中国乃至世界估值最高的独角兽(2020 年,蚂蚁金服因为监管原因上市受挫,使得在最后一轮大手笔投资的主权投资基金不得不面对巨额的"账面浮亏")。

英国、印度和新兴创新中心

在"制造"独角兽方面,欧盟远远落后于中国和美国。在这方面,甚至在欧洲单一市场因英国"脱欧"而被削弱之前,印度就拥有比欧盟更大的潜力,虽然还是落后于中国和美国。尽管如此,在孕育了中世纪传说的欧洲、印度次大陆和其他地方,对独角兽的追逐正在不断上演。

欧洲的电子商务独角兽公司为两家主权投资者提供着稳定而持续的投资回报。在英国,马来西亚国库控股公司在伦敦标志性的摩天大楼碎片大厦设立了办事处,但是该办事处已经于2018年关闭。2016年1月,马来西亚国库控股公司以16亿美元(约合1.28亿英镑)的估值对苏格兰独角兽公司旅游搜索网站天巡(Skyscanner)进行了投资,并在不到12个月的时间里以17.4亿美元的估值出售给了中国最大的在线旅游公司携程。业绩不佳引发了一场"完美风暴",加上马来西亚新政府对马来西亚国库控股公司进军海外早期阶段的科技投资提出的批评,导致该基金整个董事会在2018年集体辞职,并关闭了在伦敦的业务。但是,马来西亚国库控股公司已经做好了继续投资中国和美国市场的准备。

这笔交易就是主权投资者最初青睐的上市前的后期投资的典型代表。但是,随着创始人的赛道越来越长,直接上市开始比IPO更受欢迎,这样的投资模式再难以复制。在瑞典,阿布扎比投资委员会(现为穆巴达拉投资公司的一部分)在2015年以84亿美元的估值对Spotify进行了一轮4亿美元的投资。这是一笔长期投资(最后还是成功了)。面向私募市场的瑞典第六国民养老基金管理公司(AP6)也通过风险基金投资,将Spotify纳入了投资组合。当Spotify在2019年4月以约280亿美元的估值直接上市时,两家公司都获得了很好的收益(瑞典第六国民养老基金管理公司报告获得了相当于其原始投资8.4倍的回报，隐含内部收益率为33%）。

尽管主权财富基金在投资天巡和Spotify（这些交易对象均是以消费者为中心的数字平台）上取得了良好的回报，但其他行业在吸引欧洲的主权投资者方面得分更高。在主权投资基金对英国的3笔投资中，它们青睐人工智能、健康科技和金融科技领域，这3个领域在英国经济数字化转型中扮演了有趣的角色。

根据麦肯锡2019年的一份报告，在人工智能领域，英国培育了一批最前沿的公司，比如成立于2010年并于2014年被谷歌以5亿美元收购的DeepMind，以及成立于2008年并于2016年被微软以2.5亿美元收购的SwiftKey。淡马锡2017年选择英国人工智能独角兽公司英礴（Improbable）进行投资，在投资了A轮之后，又参与了5.02亿美元的B轮融资（金额未披露）。英礴使用基于云的分布式计算来创建虚拟世界，用于游戏和对真实世界的大规模模拟。在获得本轮融资后，英礴将同样的技术应用于对复杂现实世界系统的模拟，潜在的应用包括模拟交通基础设施、电信网络和自动驾驶车流的行为。

健康科技是另一个受益于英国政府在经济方面发挥作用的领域。在2012年伦敦奥运会开幕式上，英国将其庞大的国家卫生系统（National Health System，简写为NHS）作为国家形象代表进行了展示；同时，英国也在大力发展健康科技。2019年，沙特阿拉伯公共投资基金领投了巴比伦健康（Babylon Health）5.5亿美元的C轮融资，该公司将人工智能和健康科技结合在一起。英国国家卫生系统提供了大量的数据集，不仅从人工智能辅助医疗健康中受益，而且为巴比伦健康这样的健康科技初创企业的发展提供了支持。目前巴比伦健康的估值已经超过20亿美元。它提供的App使英国国家卫生系统能够用视频访谈取代上门拜访，并部署了可以用于筛选就诊患者的聊天机器人。

最后，2014年英国金融市场行为监管局设立的金融科技"监管沙盒"，让初创企业得以在不必承受全部监管负担的情况下，在真实世界的经济和金融运行中开展试验。英国金融科技行业因此而受益匪浅。在 1 500 多个"监管沙盒"入盒申请中,有 700 个获得了批准。2017 年,加拿大退休金计划投资委员会投资 7.65 亿英镑收购了 BGL Group 30% 的股份。这家金融科技公司是领先的保险和家庭金融服务数字分销商,也是提供金融服务比价服务的领导者。BGL Group 在获得加拿大退休金计划投资委员会的投资后取消了在资本市场的上市计划,更加倾向从主权投资基金而非公开市场募集资金,来保持企业快速增长的势头。加拿大退休金计划投资委员会获得了一个董事会席位,但 BGL Group 的管理层继续负责日常运营。上述趋势在新冠肺炎疫情中仍在继续,2020 年 6 月,新加坡政府投资公司参加了 Checkout.com 的 B 轮融资。这家英国公司的市值为 55 亿美元,是欧洲最有价值的金融科技初创企业之一。

尽管英国的监管制度为独角兽公司成长创造了有利环境,并吸引了主权投资基金,但其他那些在数字创新领域不被外界所看好的国家,也诞生了数字经济的独角兽公司。这些国家的独角兽公司所在的行业有时可以享受到政府监管的红利,有时却并非如此。但是,主权投资基金并没有忽视这些地方。

银行业巨人瑞士虽是小国,却也诞生了一家金融科技独角兽公司。Numbrs 是瑞士一家以客户为中心的金融科技服务商,它使客户能够管理自己现有的银行账户和个人财务状况,并以最优的价格从提供商那里购买任何金融产品。该公司推出的银行账户管理应用程序已经被推广到具有更广阔市场的德国。迪拜投资公司(Investment Corporation of Dubai,简写为 ICD)管理着迪拜 700 亿美元的主权基金,与阿布扎比的主权基金相比,相形见绌。迪拜投资公司向 Numbrs 投资了 2 700 万美元。德国保险科技公司 WeFox 估值达到 18 亿美元,并通过安大略省市政雇员退休系统设在欧洲的风险投资子公司(详见第七章)获得了股权投资。

人们普遍认为巴西的监管制度对初创企业并不友好，但是这种印象有些过时了。《金融时报》报道，巴西央行在2019年第四季度批准设立了13家新的金融科技公司（其中包括直接贷款、支付、P2P领域的初创企业），报道还称，巴西金融科技公司在2019年募集了180亿美元的资金。首当其冲的是 Nubank，这是一家新兴的虚拟移动银行。根据 CB Insights 的数据，它拥有超过2 000万名客户，估值高达100亿美元，是世界上估值最高的数字银行领域的初创企业。新加坡政府投资公司也注意到了这一点，并在2019年参与了一轮对 Nubank 的4亿美元融资。

在澳大利亚，银行监管的放松有利于数字经济领域的新入场者。以柔道银行（Judo Bank）为例，该公司在很短的时间内就跻身独角兽的行列。在2018年和2019年的连续几轮融资中，它从加拿大退休金信托基金等机构募集了5.4亿澳元（约合3.5亿美元），打破了私募股权基金投资初创企业的纪录。这笔投资有许多与以往不同的方面。虽然澳大利亚是袋鼠和考拉的家园，但并不包括独角兽。来自地球另一端的养老基金出现在澳大利亚，特别是带来了巨额 A 轮投资，表明了主权投资基金对独角兽的追逐是永无止境的。

主权投资基金在充满活力的印度和东南亚的创业生态中所采取的行动或许并不那么令人惊讶。该地区出现独角兽公司集群有以下几个原因。第一，该地区正迅速迈入移动数字经济时代。第二，印度和印度尼西亚分别是世界上人口数量第二大和第四大的国家。而人口数量前四名中的另外两个国家，即中国和美国，目前获得了全球80%的科技投资。第三，该地区是新加坡的后花园，新加坡有两家对数字经济领域进行直接投资最为活跃的主权投资基金。虽然新加坡政府投资公司和淡马锡并不是仅有的两家在该地区寻找数字经济投资机会的主权投资基金，但它们毫无疑问为金融科技、移动和电子商务等领域的投资奠定了基调。

就金融科技而言，仅淡马锡一家就向印度的独角兽公司投入巨额资金，有时还进行多轮投资。

- 价值 16 亿美元的 Pine Labs 是一家基于云技术的 POS 支付解决方案提供商，淡马锡参与了它在 2018 年的 1.25 亿美元融资。
- 价值 15 亿美元的数字保险企业 Policy Bazaar 拥有印度人寿保险市场 20% 的份额，淡马锡参与了它在 2018 年的 6 700 万美元融资。不仅如此，根据报道，淡马锡在 2015 年从早期投资者手中购买了该公司的初始股权。
- 价值 18 亿美元的数字支付公司 Billdesk，淡马锡参与了它 2015 年的 7 亿美元融资轮和 2018 年的 2 亿美元融资轮。

出行是淡马锡在该地区重点关注的另一个独角兽投资主题。东南亚的出行公司也显示出向金融科技转型的趋势，我们将在第十章中通过介绍 Grab Taxi 转型为 Grab Financial 的案例更加详细地讨论这一点。这家公司最初是出行行业的独角兽公司，但是很快就要获得新加坡的银行牌照。

- 淡马锡旗下基金 Vertex Holdings 在 2014 年投资了网约车行业的十角兽公司 Grab 的 A 轮融资，报道的投资金额为 1 000 万美元；Grab 从马来西亚迁至新加坡，正寻求为其估值 140 亿美元的子公司 Grab Financial 申请新加坡银行牌照。
- 据报道，2018 年淡马锡斥资 1.5 亿至 2 亿美元，从现有投资者手中收购了价值 63 亿美元的印度网约车行业独角兽公司 Ola Cabs 5% 的股份。
- 2018 年，淡马锡参与了在印度尼西亚提供叫车、送货和支付服务的十角兽公司 Go-Jek 12 亿美元融资，该公司值 100 亿美元。

在印度和印度尼西亚这两个巨大的潜在市场中，电子商务是新加坡主权投资基金感兴趣的领域，也是其他主权投资基金感兴趣的领域。

- 市值 70 亿美元的印度电子商务巨头 Snapdeal 的投资人包括淡马锡（2014 年 1.15 亿美元的融资轮）和安大略省教师退休金计划（2016 年 2 亿美元的融资轮）。
- 市值 25 亿美元的印度订餐和外卖应用 Zomato 在 2015 年获得淡马锡 6 000 万美元的早期投资。
- 2019 年，新加坡政府投资公司领投了对印度尼西亚旅游网站 Traveloka 的 4.2 亿美元融资，该网站是东南亚最大的在线旅游初创企业，估值约为 20 亿美元。
- 2018 年，愿景基金参与了对当时估值为 70 亿美元的印度尼西亚 C2C 在线商场 Tokopedia 的 11 亿美元融资轮，据报道，淡马锡计划在 2020 年投资 5 亿美元（融资轮总规模 15 亿美元），推动该公司估值提高到 80 亿至 90 亿美元。
- 无处不在的愿景基金仅在印度就有超过 80 亿美元的投资，为它的主权投资基金支持者——沙特阿拉伯公共投资基金和穆巴达拉投资公司，提供了在印度次大陆的资产配置。

最后，在印度，两家外国主权投资者选择了一个完全不同的领域——教育科技。印度为该领域企业提供了理想的腾飞平台。2020 年 3 月，印度独角兽公司 Byju 被《金融时报》评为"世界上最有价值的教育科技公司"，估值约为 80 亿美元。这家移动数字学习平台公司获得了两家主权投资基金的投资，加拿大退休金计划投资委员会在 2018 年对其投资 1.25 亿美元（见专栏 3.4），而卡塔尔投资局在 2019 年的投资额为 1.5 亿美元。

专栏 3.4　加拿大的全球足迹

加拿大退休金计划投资委员会不仅是加拿大管理资产规模最大的退休金管理人，而且拥有最为广泛的国际业务。考虑到它在孟买、旧金山、悉尼和圣保罗都组建了当地团队，它对 Byju 的投资或许并不那么令人惊讶。加拿大退休金计划投资委员会的全球布局还包括伦敦、纽约、香港和卢森堡等城市，覆盖了五大洲。

加拿大退休金计划投资委员会管理的资产 15% 投向自己国内，近 85% 投向国外，对美国的投资以大约 30% 的比例领先于其他国家，对亚洲和欧洲（包括英国）的投资分别以 20% 的比例紧随其后。值得注意的是，直到 2000 年，加拿大退休金计划投资委员会几乎所有的投资组合都还在加拿大国内。在全球金融危机的影响下，其持有的加拿大以外的资产才超过了其国内资产组合。这种变化显然让许多观察人士感到意外，为此，加拿大退休金计划投资委员会在其网站的问答板块中加入了一个问题："你为什么不只在加拿大投资？"

显然，答案是加拿大经济规模相对较小，以及审慎管理对资产组合的多样化要求势在必行。尽管如此，资产组合的地理分布仍然引人注目。事实上，这导致加拿大智库弗雷泽研究所（Fraser Institute）在 2018 年开展了一项研究，呼吁加拿大政府进行财政改革，刺激形成本国资本，以抵消加拿大资本外流的影响。他们可能并没有看到加拿大退休金计划投资委员会在其网站问答板块的回答。

综上所述，2019—2020 年是主权投资基金进入科技投资领域的新里程碑。首先，在风险投资领域，它们是公认的积极且具有影响力的投资者。根据美国国家风险投资协会的数据,"非传统投资者,如主权财富基金和家族办公室,比以往任何时候都更多地参与风险投资领域,在2019年有记录的252宗大型投资案例(交易金额超过1亿美元)中,它们参与了其中的85%"。主权投资基金在全球范围内追逐各种类型的独角兽公司,当然,在科技的大力帮助下,主权投资基金已经摆脱了它们的传统,成功转型为灵活的早期投资者,以及可以对科技企业的未来带来巨大帮助的伙伴。

在这样做的过程中,主权投资者促进了被投资企业所在国(东道国)的创新,扩大了世界范围内的数字基础设施,同时也促进了本国经济的数字化转型。在第四章,我们将关注主权投资者的行动,他们将资金投入为世界大部分地区数字化转型提供支撑的数字基础设施中,包括物联网、智慧城市和智慧物流。在第五章,我们将研究主权投资者在其本国经济的数字化转型中扮演的角色,他们为智慧城市、智慧物流和数字未来的建设提供担保。在第六章,我们将看到主权投资者是如何更加接近于创新的源头的,他们越来越早地投资于数字未来的标准制定者。

其次,主权投资基金越来越成熟,它们的注意力逐渐从"伪科技"转向"硬科技"。正如本章中的许多案例研究所表明的那样,几年前,主权投资基金的大额投资推动了"互联网"公司的快速诞生,但是这些公司几乎没有货真价实的技术优势。这一类独角兽公司的设计和制造已经成为一种产业,其核心要素在于在线服务、应用程序和社交媒体营销。尽快扩大规模(所谓的"闪电式扩张")是这些"伪科技"公司的最佳——可能也是唯一的——商业战略,其结果是许多资本密集型公司没有明显的盈利途径(当然,有些公司确实变成了大公司,比如亚马逊)。

因此,主权投资基金近期的关注点从用户聚集度转向了知识产权。它们仔细挑选拥有知识产权和独特技术的"硬科技"初创企业,这些知识产权和独特技术为竞争对手创造了难以逾越的竞争壁垒。规则很简单：对于一家声称自己是真正的"科技"先锋的独角兽公司来说，必须是可以盈利的（而不是通过烧钱来弥补损失），它实际的产品（最好是发明）必须是技术产品，而不仅仅是利用技术来创建新的商业模式。例如，一家在线销售日常用品的电子商务公司在今天的创业很可能招致失败，即使它使用最新的5G高速网络进行视频广告宣传。而一家向企业提供云服务并帮助其开展数字化运营的数据解决方案公司则符合"硬科技"条件。

最后，主权投资基金必须尽快成熟起来，在全球经济低迷时承担起企业责任并采取行动。新加坡政府投资公司作为一家在科技投资领域有着悠久历史的老牌公司，在经历了互联网时代的繁荣和萧条之后，一直在努力避免顺周期投资。然而，对于许多更为年轻的主权投资基金，尤其是那些在2007—2009年全球金融危机之后才开始积极投资的基金，新冠肺炎疫情导致的市场崩溃可能是它们第一次亲身体验到周期的变化，以及所投资的公司是如何应对困难时期的。

经济低迷将抑制初创企业数量的增长，并对一些独角兽公司的商业模式带来严峻挑战。这意味着经过多年的资本配置，主权投资基金必须更多地关注现有的投资组合。不惜一切代价追求增长的理念应该被抛弃，实现持续盈利才是新的口号。主权投资者已经开始像企业家一样思考，与被投资公司密切合作，控制成本，精简运营计划，评估战略选择。归根结底，他们必须像真正的风险投资人那样采取行动，做一些长期投资者最不熟悉、最不舒服的事情，那就是尽可能减少已经奄奄一息的独角兽公司带来的损失。

WeWork是新冠肺炎疫情时期的一个典型例子，该公司于2020年3月在特拉华州对愿景基金及其背后的管理人软银提起诉讼，指控愿景基金和软银撕毁了此前达成的30亿美元的股权收购协议。WeWork的母公司We Company董事会特别委员会对愿景基金提出的关于交易条件未满足的条款提出质疑，该条款允许软银在不承担违约责任的情况下解除承诺。WeWork 指控愿景基金和软银违反了合同和信托义务。这笔 30 亿美元的股权收购是对 WeWork 规模更大的救助计划的一部分，旨在避免这家共享工作场所的初创企业破产。在一年多以前，公司创始人亚当·诺依曼（Adam Neumann）的净资产预计还有 140 亿美元，现如今如果没有这 30 亿美元投资，他将退出亿万富翁俱乐部。这样的例子比比皆是。

与此同时，全球经济低迷实际上有利于主权基金中的长期资本。当 IPO 和私募市场都被打乱时，这些超级资产所有者是最后的资本。主权投资基金的资本对独角兽公司来说至关重要，既包括那些已经上市但是担心基石股东在公开市场出售股份的企业，也包括大多数仍为私人所有但是正在为资金短缺而苦苦挣扎的企业。

上述事实将加深这个万亿美元俱乐部之间的关系，当初创企业的估值调整开始时，主权投资者可能会适时地把握住有吸引力的投资机会。一部分独角兽将会消失，还有一部分十角兽需要得到支持——但价格仅为独角兽所需价格的一小部分。迄今为止，主权投资基金一直在为制造独角兽提供源源不断的动力。现在，到了清理独角兽"牧场"的时候，它们也将扮演关键角色。

主权投资者的名字虽没有刻在曼哈顿的摩天大楼上，也没有出现在硅谷沙丘路附近低矮的办公园区中的各种招牌上，但是这并不意味着他们没有权力和影响力。事实上，他们拥有现金充裕这一巨大优势。正如我们将在接下来的章节中看到的那样，主权投资者不仅在追逐独角兽，他们还领导着数字化转型趋势。

第四章
投资于数字基础设施的长期资本

在哈萨克斯坦拜科努尔，巨大的"联盟号"火箭从苏联时代建造的拜科努尔航天发射场发射升空，照亮了沙漠大草原2020年2月的夜空。拜科努尔也是加加林开启人类首次载人航天飞行的发射场。油管（YouTube）对此次发射进行了直播。位于莫斯科的飞行任务控制中心全程监控了这艘巨大飞船的飞行轨迹：它在向北飞入哈萨克斯坦大草原上空的黑夜时，放下了4个助推器；在超过340吨升力的推动下，飞船不断上升，很快就以每秒8千米的速度冲出了地球大气层。

这一次，飞船运载的不是苏联宇航员，而是将34颗卫星组成的卫星群送入太空，每颗卫星都像洗碗机一样大小。这些卫星是未来由648颗低地球轨道卫星组成的"星座"的先行者。苏联时代建造的拜科努尔发射场在数字时代的基础设施中拥有了新的角色。

但是，真正的行动不是在大草原上，也不是在冰冷的太空中。主权投资基金投资的OneWeb公司将"星座"送入轨道，希望以更加具有竞争力的价格在宽带尚未普及的地区提供互联网服务。如果这一设想得以实现，数字经济将不仅服务于那些从未乘坐过火箭飞船的人，也将服务于数百万从未乘坐飞机离开过地球表面的人。

现在，我们来谈谈基础设施直接投资是如何转移到太空（网络空间）的，这主要是因为主权投资基金重新聚焦于专业知识，以参与地球和太空对数字基础设施日益增长的需求。

从数据到信息再到知识

在数据海啸的推动下,数字经济正在蓬勃发展。机器可读的数据源于个人、社会和商业活动的数字足迹。数据流量(以全球互联网协议流量衡量)从1992年的每天大约100GB增长到2017年的每秒超过45 000 GB(见图4.1)。但是,这远不是流量的峰值。到2022年,预计数据流量将达到每秒150 700 GB。高速增长的数据流量主要来自大量首次接触互联网(或者更恰当地说是通过卫星上网)的用户,以及不断扩大的物联网领域。

| 1992年 | 2017年 | 2022年 |
| 每天100 GB | 每秒45 000 GB | 每秒150 700 GB |

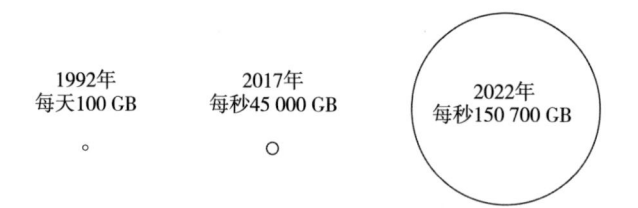

图4.1　全球互联网协议流量增长情况
资料来源:联合国贸易和发展会议《2019年数字经济报告》。

物联网用来描述一个连接无处不在的未来世界。据新闻报道，未来全球任何一家电子产品制造商出售的任何产品都可以联网。对于一部分人来说，这可能已经是数字化的顶峰了。但是，这仅仅是一家制造商而已。物联网将成为驱动所有行业转型的海啸，毫无疑问，数据的爆炸式增长还将继续。

上网设备的快速增长将对数字基础设施的需求产生深远影响。万物互联带来联网设备数量飙升，加之智能手机在印度和非洲等发展中经济体的持续渗透，现今需要发送、接收和分析的数据量已经攀升到了一个难以置信的规模。海量数据正在培育一个数据驱动的世界。要使这个世界正常运转，终端客户、设备制造商和服务提供商都离不开低延迟的网络连接。

但是，这只是冰山一角。通过对数据进行分析，可以有效提高数据使用效率和数据应用带来的收益。借助人工智能和大数据工具，可以将设备和终端生成的原始数据处理成信息。当信息经过分析转化为知识时，数据就变得具有价值，可以为业务部门和客户创造经济价值（见图4.2）。

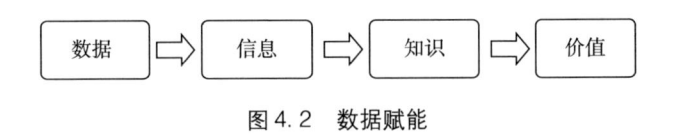

数据 ⇨ 信息 ⇨ 知识 ⇨ 价值

图4.2　数据赋能

对海量数据进行管理和分析需要对数字基础设施进行大规模投资。电信行业是互联网、光纤和其他数字基础设施发展的主要出资人，但是它无法独立筹集未来10年物联网发展所需要的资金。在全球范围内，需要新的资金来支持网络建设，并为5G、物联网、人工智能和其他形式的下一代网络的实施做好准备。

因此，主权财富基金和公共养老基金应运而生。凭借着巨大的资本实力和长期的投资视野，它们在将耐心资本部署到基础设施方面拥有丰富的经验，并且将继续在技术基础设施建设中规划更具挑战性的实施路线。主权投资基金利用它们从传统基础设施投资中获得的经验，已经开始为数字经济的基础设施提供担保，从数据中心到智能物流，从智能城市到物联网。本章将讲述它们是如何助力实现这一飞跃的。

主权投资基金与全球基础设施缺口

正如第二章所提到的，主权投资基金作为有限合伙人，最初尝试的另类资产投资类别之一就是基础设施。这一点在需要具有长期视野的大型基础设施投资领域表现得最为明显。在这方面，主权投资基金利用其雄厚的资金，投资具备一流运营商和强劲现金流的基础设施资产，抓住了城市化和气候变化等大趋势带来的投资机会，新加坡政府投资公司、安大略省教师退休金计划和 Wren House（科威特投资局在伦敦的基础设施投资部门）只是其中一部分。这些主权投资基金直接投资于传统的基础设施资产，并不依赖私募股权投资基金作为发起人，也不需要与它们共同投资。

在数字革命之前，全球基础设施建设方面的融资缺口就已经存在。麦肯锡 2013 年一份被广泛引用的报告估计，全球每年在交通、电力、水和电信等基础设施建设上的投资总额高达 2.5 万亿美元，如果这一数字还不够令人心惊的话，报告还补充道，除此之外，每年还需要额外 3.3 万亿美元。新兴市场的基础设施建设需求和融资缺口的问题最为严重。

然而，不仅是发展中国家难以为基础设施建设募集到足够的资金，美国、欧盟和俄罗斯等 G20 成员的基础设施投资占 GDP 的比重也有所下降。中国政府和美国政府都在寻求通过多边倡议来满足这一普遍的需求，并采用了大相径庭的做法（见专栏 4.1）。

专栏 4.1　"蓝点网络"计划和"一带一路"倡议

2020年2月，印度总理莫迪正式表示有兴趣加入美国、澳大利亚和日本发起的"蓝点网络"计划（Blue Dot Network，简写为BDN）。与更知名、投资更多的中国的"一带一路"倡议一样，"蓝点网络"计划的重点是全球基础设施的发展。

"蓝点网络"计划反映了一种至少有助于确定合适项目的方法。2020年2月，特朗普访印，印度总理莫迪对美国领导的"蓝点网络"计划"表达了兴趣"，希望为该地区寻找符合负责任投资要求的基础设施项目并开展国际合作投资。经过适当审查的项目将获得"蓝点"，表明它们符合可持续发展及类似原则。支持者声称，这样的认证有助于通过公开市场和私募市场为项目融资。

2019年11月，美日澳三国在曼谷举行的印度-太平洋商业论坛上宣布了这一计划，但是具体细节尚不清楚。在印度表达了兴趣之后，印美联合发表的最新声明并没有提到新的进展。官方描述的"蓝点网络"计划的目标是促进全球各方利益相关者参与"印度-太平洋地区和世界各地的可持续基础设施发展"。显然，这个网络倡议的名称来自天文学家卡尔·萨根的观测，按照他的说法，地球从太空上来看的话很像一个"淡蓝色的点"。

可以肯定的是，"蓝点网络"计划反映了中美两国在该地区基础设施建设方面的竞争。该倡议似乎主要是一项关于基础设施项目认证的计划，项目必须符合G20关于优质基础设施投资的原则，并符合与此类项目的可持续性、社会和环境风险管理有关的国际标准。作为回报，发起国将为项目

"审核盖章"（以"蓝点"的形式，类似于《米其林顶级餐厅指南》授予的明星餐厅认证），从而为此类项目获得公开市场和私募市场的支持打开大门。

"蓝点网络"计划由美国国际发展金融公司（前身为海外私募投资公司）、日本国际合作银行和澳大利亚外交部共同领导。尽管有美国和日本政府为项目提供融资工具，但创始三驾马车中没有一家承诺提供任何融资（见图4.3）。

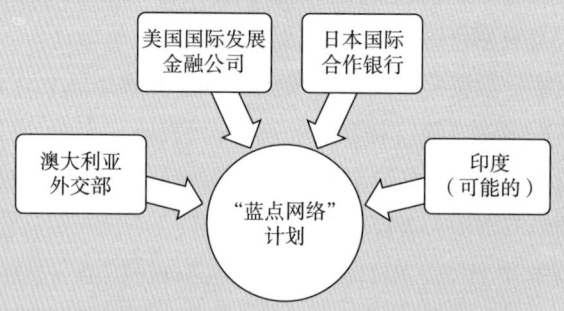

图4.3 "蓝点网络"计划的发起人

评论人士很快将其定性为美国为提升在该地区的形象所做的努力，而中国为签署"一带一路"倡议的众多重大基础设施项目提供了资金、技术、劳动力和原材料。值得注意的是，在该地区大多数国家加入"一带一路"倡议的背景下，印度选择不加入，成了一个特例。

伴随"一带一路"倡议而来的是中国主导的大规模多边投资的资金来源——总部位于北京的亚洲基础设施投资银行（简称亚投行）。亚投行成立于2016年，总资本近1 000亿美元，拥有100多个成员，但是美国不在其中。到2020年年初，亚投行已批准64个项目，承诺投资总额为122.5亿美

> 元，其中包括一些数字基础设施项目：柬埔寨的光纤网络和阿曼的宽带基础设施。另一边，据报道，美国政府已承诺为"蓝点网络"委员会提供 200 万美元的费用。当委员会在东京举行会议时，这笔钱至少应该足以支付东京米其林星级寿司餐厅的账单。

长期以来，主权投资基金一直被认为是填补全球基础设施建设缺口的理想资金来源。那么，为什么预想中迫切需要的大量投资没有发生呢？许多人自然而然地认为，管理着大量资本、拥有长期投资眼光的主权投资基金是最适合填补基础设施融资缺口的机构。然而，情况并非总是如此。许多主权投资基金对基础设施感兴趣，是因为基础设施可以提供低风险、与通胀挂钩的收入来源，能够支撑它们的长期支出义务（对于稳定国家财政预算的主权财富基金和需要给付固定金额年金的公共养老基金来说，尤其如此）。

因此，这些投资者倾向于选择发达市场中拥有稳定现金流的成熟或已建成的基础设施资产。他们不太可能青睐施工和竣工存在风险以及需求没有经过检验的项目。对于本质上属于提供社会福利的基础设施，他们担心，任何获得超额回报的投资者都可能面临政治压力或不利的监管裁决。此外，新兴市场基础设施具有更高的风险，包括国有化风险。总的来说，这些投资者对新项目望而却步，因为他们认为，内在风险没有得到合理回报——这超出了他们信托责任的考虑范围。

规模更大的主权基金可能更有能力应对新兴市场新建基础设施项目的风险——它们成熟且明智的内部团队有能力在了解风险的同时对新地区的新资产进行评估。但即使有能力这么做，国家风险也不能被完全排除，当投资者来自不同的大陆时尤其如此。主权国家之间的良好关系有助于缓解这些问题，这既包括主权国家层面的外交关系，也包括主权基金层面的共同投资关系，印度的新主权基金就是一个很好的例子。

印度政府设立了国家投资和基础设施基金（National Investment and Infrastructure Fund，简写为 NIIF），具体任务是推动印度基础设施建设。印度政府已承诺向其提供种子资金，剩余资金来自主权财富基金、公共养老基金和其他开发机构等长期投资者。印度政府持有国家投资和基础设施基金49%的股份，其余股份由印度国内外知名投资机构持有。

与外国投资者的直接投资相比，印度国家投资和基础设施基金与国际投资者建立的合作机制为外国投资者提供了更好的利益协调和风险缓释机制。它有助于促进海外资本进入印度的基础设施和相关行业（见专栏4.2）。如今，许多主权投资基金在促进本国经济发展方面承担着更为广泛的使命，而不仅仅是基础设施建设。第五章将详细讨论它们对本国数字基础设施和风险投资生态系统持续提升的关注度。

专栏4.2 印度基础设施母基金

印度国家投资和基础设施基金是印度首只主权财富基金。该公司成立于2016年，旨在投资印度国内的关键基础设施。它管理着旗下3只基金：

- 主基金：主要投资基础设施相关项目，如道路、港口、机场和电力。
- 母基金：采取更加被动的投资策略，作为基金的锚定投资者进行投资，这使得基金管理人能够从资本市场积累更多资金。
- 战略基金：主要投资于股票和与股票挂钩的工具。

印度国家投资和基础设施基金的主要工具是主基金，外部投资者通过对主基金提供创始投资获得权益份额。主基金随后投资于不同基础设施（如公路、铁路、机场和水路）的特定平台公司，构建起多元化的投资组合。印度国家投资和基础设施基金的主基金不仅吸引投资者直接投资于自身，还与主基金投资的平台公司开展共同投资（见图4.4）。到2020年，印度国家投资和基础设施基金的投资者中已经包含了许多著名的主权投资基金和主要的金融机构。

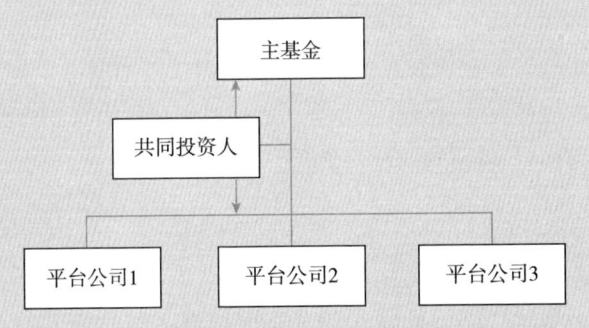

图4.4 印度国家投资和基础设施基金的主基金架构

主基金的第一个国际投资者是阿布扎比投资局，在2017年投入了10亿美元。这是一笔相当可观的投资，但与它8 000亿美元的资产相比，只是微不足道的1%。阿布扎比投资局成立于1976年，是阿联酋的标志性基金，它的办公地点位于阿布扎比的摩天大楼。在阿布扎比投资局的投资组合中，上市股票和债券的比重已经达到或超过一半，房地产、私募股权和基础设施等另类资产的比重较小。它的被动配置方式与其姊妹主权投资基金穆巴达拉投资公司形成了鲜明的对比，后者在直接投资和私募股权投资方面要活跃得多，而且是愿景基金的有限合伙人。

2019年8月,澳大利亚最大的养老基金澳大利亚超级年金和加拿大最大的单一职业养老金计划安大略省教师退休金计划共同宣布,它们将分别向印度国家投资和基础设施基金的主基金投资10亿美元。每项协议包括了2.5亿美元的投资承诺,以及在未来的投资机会中与该基金共同投资至多7.5亿美元的权利。这些主权投资基金与淡马锡一起,加入了由印度政府以及印度HDFC银行、印度工业信贷投资银行(ICICI Bank)、科塔克－马辛德拉一般保险公司(Kotak Mahindra General Insurance)、同心银行(Axis Bank)等众多印度国内机构组成的基金投资人团队,这使国家投资和基础设施基金成为印度最大的基础设施基金,管理资产超过18亿美元,共同投资的资金池达到25亿美元。

因此,近些年来,主权投资者的兴趣主要集中在西方国家成熟的基础设施资产上。受到强劲的基本面因素(包括强劲的股票回报和公认的低风险)的吸引,许多投资者——除了主权投资基金本身——包括日本的贸易公司、英国大学的养老基金和德国的保险公司,都投资了著名的基础设施资产。结果,无论是直接投资还是以有限合伙人身份投资,由于对优质资产的竞争不断加剧以及由此导致的资产价格上涨,使得传统的基础设施资产的回报率越来越低,主权投资基金在将资本配置到这种具有高匹配度的资产类别方面面临重重挑战。

例如,伦敦希思罗机场(Heathrou Airport)现在有7家机构投资者,包括来自中国、卡塔尔和新加坡的主权基金。与此同时,希思罗机场在伦敦最大的竞争对手盖特威克机场(Gatwick Airpart)的机构投资者包括阿布扎比和韩国的主权基金、澳大利亚和加拿大的公共养老基金等 5 家公司。这种对稳定收益的追求导致的后果就是，投资者准备买入的资产价格大幅上涨。

这就是直接投资于新的数字基础设施的切入点。这种新领域投资的挑战包括建设、运营和特有的技术风险（创新意味着新技术本身可能在不久的将来被更为先进的创新所颠覆），与投资于稳定的现有基础设施截然不同。然而，数字基础设施具有有吸引力的回报、可持续发展目标元素以及最重要的增长潜力，为主权投资基金提供了极具吸引力的投资机会。

首先，现有基础设施资产的价格上涨，迫使主权投资者将目光投向了风险回报更好的基础设施项目，比如竞争不像棕地项目那么激烈的绿地项目。同样，当主权投资基金获得核心基础设施资产的机会不断减少时，它们会将触角扩大到 OECD 成员国之外的地区，在那些地区，额外承担的风险可以获得相应的风险补偿。

其次，从可持续发展目标的角度来看，源自数字经济和智慧城市的创新有可能降低城市里每个基础设施的单位成本和环境影响。因此，新兴市场预估的基础设施缺口的一部分可以通过提高生产率来弥补，从而降低每个基础设施的单位成本（尽管从全世界角度来看，不能仅仅依赖生产率来弥补基础设施、可持续发展目标和提升气候韧性方面的严重资金缺口）。

最后，对数字经济基础设施的投资可以成为对技术的投资的替代路径。在意识到数字经济的大趋势之后，许多主权投资者大幅减少了对已被电子商务颠覆的行业领域的投资，如零售商场，而是越来越多地将资金配置到数据中心、数字仓库和智能物流平台，来获得电子商务、人工智能应用和其他技术创新的机会。对于主权投资者来说，数字经济基础设施已经成为一种将数据转化为价值的新资产类别。

网络基础设施和数据中心

主权投资基金在传统基础设施投资方面有着丰富的经验,并肩负着实现可持续发展目标的重任,它们已经转向了下一个增长领域:数字基础设施。数字经济持续增长的基础是管理日益增长的数据流量的能力,关键要素包括存储和提供数据服务的数据中心、传输数据的网络、数据应用的平台以及能够将大量数据集成到实际应用中的大规模系统,如智能城市。数据中心是重要模块之一,因此世界各地正在以前所未有的速度建设数据中心。

例如,据报道,澳大利亚未来基金正在减少对传统基础设施的投资,并增加对数字经济的投资,就像其他着眼于数字未来的基金一样。2020年年初,该公司投资超过2.5亿澳元,收购了澳大利亚首都堪培拉数据中心24%的股权,这是该公司在基础设施资产类别中最大的一笔直接投资(见图4.5)。

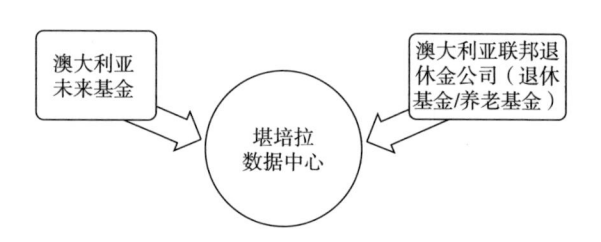

图4.5 澳大利亚主权投资基金投资堪培拉数据中心

堪培拉数据中心的另一个共同所有者是澳大利亚联邦退休金公司(Commonwealth Superannuation Corporation,简写为CSC),这是一个公务员退休基金。联邦退休金公司成立于2011年,作为澳大利亚政府决定合并政府雇员和军队人员退休金计划的一部分。该公司为澳大利亚政府雇员和国防军成员管理着超过400亿澳元的资产。它长期投资于传统基础设施,现在开始投资于数字基础设施资产。

澳大利亚的主权基金和养老基金是世界上经验最丰富的基础设施投资者之一（见专栏4.3），因此它们进军带有数字时代特点的基础设施资产并不令人意外。另一个主要的参与者，昆士兰投资公司经营着一个活跃的基础设施直接投资项目，为各类国有机构管理资金，其850亿澳元（约合600亿美元）的投资组合中包括了港口（墨尔本、布里斯班）、公用事业（阿德莱德、布里斯班、泰晤士水务）、交通（俄亥俄州立大学和Maspark停车场、布里斯班和布鲁塞尔机场、悉尼收费公路）以及其他资产类别。

专栏4.3　基础设施的超级投资者

据世界自然基金会报道，澳大利亚拥有大约100万种本土物种，其中80%的物种是澳大利所独有的。澳大利亚的主权投资基金在不少方面也是独一无二的。尽管澳大利亚是一个以资源为基础的经济体（澳大利亚向世界出口铁矿石、天然气、煤炭和其他矿产），但其主权财富基金澳大利亚未来基金的资金并非来自石油、天然气或矿产财富的经常性盈余，而是来自私有化过程的一次性收益。

澳大利亚制度的另一个独特之处是其养老金基金。澳大利亚联邦退休金公司和昆士兰投资公司是"超级养老金"的典型例子。这些规模庞大且快速增长的资本池的资金来自许多经济部门（包括私人部门和公共部门）被强制缴纳的高额养老金。2019年年底，这些"超级养老金"的可投资产规模已经达到近3万亿澳元（根据澳大利亚养老金协会的数据），远远大于澳大利亚国内的资本市场规模，加上这些养老金追求更高的回报，这些特性促使澳大利亚的主权投资基金转向另类资产，尤其是基础设施资产。

正如我们将在第八章中看到的那样，澳大利亚各州在推动私有化的同时，积累了大量可用的现金。超级养老金引领市场投资于基础设施这一另类资产类别的准备已经就绪。如前所述，主权投资基金的长期视野与基础设施资产的特点高度匹配——对受监管的垄断行业进行大规模初始投资，从而获得剔除通胀影响的稳定收益。澳大利亚的基金在许多方面引领了这一资产类别的发展，加拿大、新加坡和其他国家的主权投资基金的基础设施投资团队中有许多来自澳大利亚的专业人士，这无疑是这一点的最好证明。

正如堪培拉数据中心的例子所显示的，澳大利亚未来基金正在高度关注数字经济的发展，而且，从澳大利亚的角度来看，下一步投资于数字基础设施是非常自然的。未来基金成立于2006年，最初的资金主要来自电信运营商澳大利亚电信的私有化，但是与许多同行不同的是，未来基金没有后续资金补充，增长完全依赖于投资业绩。未来基金仅在墨尔本设有办公室，内部团队规模相对于其管理的资产来说也是非常小的。

澳大利亚前财政部长彼得·科斯特洛（Peter Costello）在设计澳大利亚未来基金时认为，该基金是解决未来政府养老金债务的一种方式。科斯特洛目前担任该基金的理事会主席，见证了其管理的资产从最初的600亿澳元增长到2019年年底的1600多亿澳元。历史告诉我们，关注澳大利亚独特的主权投资基金就像关注澳大利亚独特的动植物生态一样，是非常有价值的。

昆士兰政府在1991年设立了昆士兰投资公司，旨在为其机构管理长期资产。在成立伊始，昆士兰投资公司就专注于另类资产。从2016年开始，它发布了一系列"红皮书"，主要关注基础设施领域的11项颠覆性技术，其中最特别的是基于数字的技术。它不仅强调数据中心和云计算的重要性，还强调了智能电网、网约车、自动驾驶汽车和人工智能等的重要性。作为一家领先的基础设施投资者，它显然更加专注于数字基础设施的颠覆性影响（有趣的是，它的美国办事处设在洛杉矶，而不是硅谷）。

另一个经验丰富的直接投资者——新加坡政府投资公司，积极构建了一个横跨各大洲数据中心的投资组合。在亚太地区，新加坡政府投资公司与Polymer Connected成立了一家合资公司，在印度尼西亚建立了超大规模数据中心。在欧洲，新加坡政府投资公司于2018年6月投资了Equinix，这是一家"批发"型数据中心服务商，为谷歌、微软、甲骨文、亚马逊和阿里巴巴等大型全球云技术公司建立数据中心。2020年4月，新加坡政府投资公司与Equinix宣布了一项10亿美元的投资计划，将在日本建设新的数据中心。

主要的云服务提供商通常都是信用良好且稳定的数据中心客户，有着明确的业务扩张计划。云计算一度被视为数据中心扩张的潜在威胁，但是随着全球对高品质云网络连接的需求激增，云计算已经成为驱动数据中心增长的重要动力。新加坡政府投资公司的投资使得Equinix有能力为法兰克福、伦敦、阿姆斯特丹和巴黎构成的"FLAP"市场提供数据中心建设服务（见图4.6），这些城市与爱尔兰首都都柏林一起成为欧洲数据中心部署的重要节点，正如日本之于亚太市场。

新加坡政府投资公司将西半球也纳入了它的全球数据中心投资战略，它与位于丹佛的投资公司Mount Elbert和加拿大退休金信托基金合作，成立了EdgeCore互联网房地产有限责任公司，负责在北美开发、收购和运营数据中心。EdgeCore的初始资本超过8亿美元，预计将推

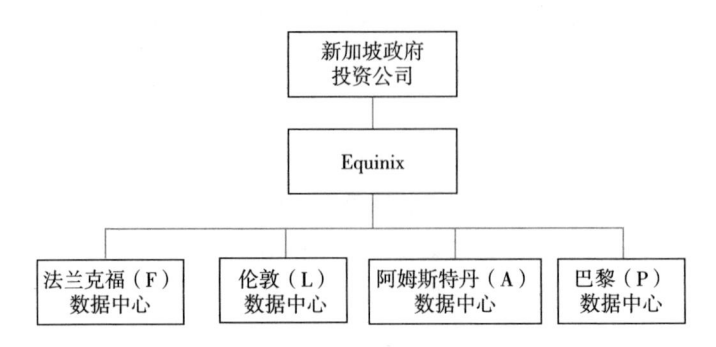

```
           ┌─────────────┐
           │ 新加坡政府   │
           │ 投资公司     │
           └──────┬──────┘
                  │
           ┌──────┴──────┐
           │  Equinix    │
           └──────┬──────┘
    ┌────────┬───┴────┬────────┐
┌───┴───┐┌───┴───┐┌───┴───┐┌───┴───┐
│法兰克福││伦敦(L)││阿姆斯特││巴黎(P)│
│(F)数据││数据中 ││丹(A)数││数据中 │
│中心   ││心     ││据中心 ││心     │
└───────┘└───────┘└───────┘└───────┘
```

图 4.6　新加坡政府投资公司对 FLAP 市场数据中心的投资

动约 20 亿美元的开发和投资。EdgeCore 首先将在美国建立 6 个超大规模园区，并计划在 3 个优势互补的头部市场寻找更多的土地。

新加坡政府投资公司的北美合作伙伴加拿大退休金信托基金负责管理由安大略省政府和安大略省公共服务雇员工会共同发起的养老基金。该基金净资产约为 200 亿加元。新加坡政府投资公司和它的北美合作伙伴有一个共同的愿景，即创建一个可扩展的北美数据中心。新加坡政府投资公司产业投资首席投资官李国绅（Lee Kok Sun）在谈到对 EdgeCore 的投资时表示："作为一名长期价值投资者，我们相信数据消费和公有云的使用将长期增长，并将使数据中心业务产生极具吸引力的回报。"新加坡政府投资公司遍布全球的数据中心投资组合（见表 4.1）清晰地表明了这一信念。

表 4.1　　　新加坡政府投资公司的全球数据中心投资

合作伙伴	地区	开始地点
Mount Elbert，加拿大退休金信托基金	北美地区	美国
Equinix	欧洲、亚太地区	"FLAP" 市场和日本
Polymer Connected	泛亚地区	印度尼西亚

在地球上的数据中心、智能电网、家庭和企业互联网之上，另一类数字基础设施正在启动，以支持物联网所需的互联互通。2020年2月，油管直播了"联盟号"火箭在哈萨克斯坦拜科努尔发射场的发射实况，为实现全球互联互通，OneWeb为其位于低地球轨道的"星座"系统新增了34颗卫星。该系统目前有2018年发射的6颗卫星在轨。OneWeb当时的目标是在2020年将大约650颗卫星投入使用，同时启动互联网服务的Beta测试，并在2021年开展商业服务测试。

"星座"系统将为地面用户提供互联网服务——对于许多发展中国家来说，这将帮助它们跨越光纤和其他地面系统的发展阶段。卫星系统还可以用于监测土地使用、偷猎和海水入侵等情况，作为可持续发展环境行动中独特的一部分。当然，这需要大量的资金支持。2019年3月，OneWeb在愿景基金领导的融资中获得了12.5亿美元，同时也吸引了卢旺达政府的投资。据报道，由沙特阿拉伯公共投资基金和穆巴达拉投资公司支持的愿景基金参与了OneWeb的早期融资，并拥有近一半的股权（OneWeb一共募集了34亿美元）。

OneWeb只是激烈的太空互联网竞赛中的主要竞争者之一。在2019年3月的投资之后，OneWeb估值受到严重冲击并不断下跌，愿景基金已经损失了4.65亿美元的初始投资。在OneWeb的现场直播发布时，埃隆·马斯克的SpaceX公司已经部署了240颗卫星。当OneWeb在2020年3月耗尽了前期融资并申请破产时，利雅得、阿布扎比和基加利的目光仍然在扫视着天空，OneWeb和它的数十颗卫星的未来命运仍悬而未决。英国政府在2020年7月宣布注资5亿美元，为OneWeb化解危机提供支持，"星座"系统暂时得以维持。

全球智能物流

很多主权投资基金都对电子商务公司进行了大额投资，包括阿里巴巴、京东以及其他数字零售市场的同类企业（详见前三章）。在网络市场的幕后，支撑网上订购商品配送的物流系统是电子商务运营的核心。随着电子商务渗透到越来越多的市场和地区，全球物流的压力呈指数级增长，而主权投资基金目前正在寻求对该领域进行投资，以促进智能化的跨大洲的物流生态系统的快速发展。

物流问题在中国的"双十一"购物节表现得最为明显。每年11月11日，数以亿计的中国人，无论是在国内还是国外，都会投身到这场24小时的线上购物狂欢中来。这一天也越来越成为一个全球性的节日，来自230多个国家和地区的国际买家和卖家都会参与其中。按交易额计算，这是世界上最大的网上购物日，超越了美国"黑色星期五"和"网络星期一"的总和（见专栏4.4）。

专栏4.4　"双十一"——从光棍节到全球性节日

11月11日在20世纪90年代被称为"光棍节"（或"单身节"）。中国的年轻人庆祝这个节日，因为11月11日这个日期的数字看起来像4根孤独的棍子。多年来，这个定义宽泛的节日已经成为所有单身人士的节日。这一天也变得越来越具有性别包容性，成为我们今天看到的"光棍节"。

随着中国经济的持续繁荣，购物逐渐成为庆祝活动的一个固有部分。当这一天与阿里巴巴的电商服务联系起来，"光棍节"成了一个所有人都可以参与其中的虚拟节日，无论是单身还是已婚，无论是国内还是海外。

阿里巴巴在2009年发起了"双十一"购物节，试图通过促销活动提升人们对网上购物的参与。最初的"双十一"只有27个商家参与，但是在短短几年之后，"双十一"迅速发展成为世界上最大的购物节。由于参与人数众多，每年的销售额都打破了上一年的纪录，超过了美国"网络星期一"销售额的数倍。

此外，"双十一"越来越成为一个全球性节日。据阿里巴巴称，包括苹果、巴宝莉和优衣库在内的约 20 万个国际品牌和商家参与了近年来的"双十一"销售。在节日前夕，阿里巴巴会举办一场名为"双十一狂欢节"的年度庆典。在午夜购物狂欢节开始前长达 4 个小时的电视节目中，哥伦比亚、李维斯、百威和科罗娜等品牌会激烈地争夺广告时段，因为这是这些公司瞄准年轻且热爱科技的消费者开展营销活动的最重要的一天。

这一场购物狂欢背后的故事是，在每年的"双十一"，电商业的巨头都面临着棘手的物流问题——在短时间内完成大量订单的库存、配送和发货。这些巨头通常会通过增加临时工来解决问题。2019 年，互联网速度使得"双十一"开启的前两分钟的交易额就达到 15 亿美元（约合 100 亿元人民币），全天总交易额超过 380 亿美元。当然，人工智能拯救了数字基础设施，为繁忙的购物场景提供了新的解决方案。

阿里巴巴在主权投资基金的支持下对供应链管理系统进行了升级，阿里智能供应链通过运用人工智能技术帮助线上线下商家预测产品需求。该模型可以对历史和实时数据进行分析，包括季节和区域变化，以及消费者偏好和行为，这对于规划当天或次日的配送服务至关重要，此外，它使商家能够根据从交易数据中挖掘出的趋势快速响应消费者口味的变化，从而使商家能够更高效地管理库存周转，降低因缺货而造成的成本和销售损失。

在物流配送方面，阿里巴巴的物流子公司菜鸟自 2018 年以来就一直在使用人工智能技术和地理信息系统，在拥挤的城市和农村地区各类复杂的道路网中，计算最快、最经济的配送路线。新的数字技术，如低成本的手持的智能卫星接入设备，可以为商家提供可视化的供应链实时动态，帮助他们了解货物何时到达，并提前规划生产（见图4.7）。

全球卖家 → 网上商城（阿里巴巴）→ 智能物流（菜鸟）→ 全球买家

图 4.7 "双十一"背后的智能物流

菜鸟还使用人工智能技术来分析诸如"不同大小和重量的物品应该使用哪种尺寸的包装盒"等问题。在 2018 年"双十一"期间，菜鸟处理的快递订单总数首次超过 10 亿，但它通过技术手段有效地加快了交货速度，前 1 亿个包裹快递仅用了 2.6 天，比 2017 年的 2.8 天更快。

随着新的数据技术重塑"双十一"，全球物流系统和相应的基础设施需求也在走向数字化，同样的趋势在美国市场也越来越明显。根据万事达卡公司旗下的数据服务公司 Mastercard SpendingPulse 的数据，在 2019 年 11 月 1 日至 12 月 24 日平安夜期间，在线电子商务（同比增长 18.8%）比线下零售商店（同比增长 1.2%）更大程度上推动了商品零售总额的增长。电子商务占商品零售总额的比重达到了 14.6%，创历史新高，同时也给物流系统带来了巨大的压力。

展望未来，在全球范围内，每个公司都将建设数字化的仓库和库存管理系统，以节省运输成本和资源。在整个供应链中，供应商对于技术手段带来的新方法有着很高的期望，这些方法将可以用于分析和规划信息、产品、原材料和货物跨国和跨大洲的流动，同时提高整个过程的可视化程度。因此，对于长期投资于仓库、港口、道路等传统物流体系的主权投资基金来说，智能物流已经成为一个强劲增长的行业。

2016年，新加坡政府投资公司加大了对数字经济基础设施的投资，以24亿美元收购了P3 Logistics Parks，该公司是一家泛欧地区专业的物流地产所有者、开发商和管理人，交易的对手方是德太资本（TPG）和同为主权投资基金的亿万豪剑桥（Ivanhoe Cambridge）——也就是加拿大第二大养老金魁北克储蓄投资集团（CPDQ）的房地产投资公司。伴随着电子商务的蓬勃发展，P3 Logistics Parks在被收购时已经在9个国家的62个地区拥有并运营了163个仓库。新加坡政府投资公司的投资策略取得了成功。随着欧洲的电子商务规模迅速扩大，它在2019年年底又投资了10亿美元，收购了包括28个物流资产在内的投资组合，这些资产主要位于德国、波兰、斯洛伐克、荷兰、比利时和奥地利等欧洲核心物流中心。

马来西亚国库控股公司也正在从侧重于传统国内基础设施投资，例如马来西亚国家能源公司、马来西亚航空公司、马来西亚机场和马来西亚电信等公共设施企业，转向以数字为重点的"后碳时代"的投资组合。马来西亚国库控股公司很早就投资了智能物流领导者阿里巴巴，并从中获利。最近，它又邀请商汤科技创始人汤晓鸥加入董事会，使其成为首位被任命为董事会成员的非马来西亚人。在一个更加"数字化"的董事会治理下，马来西亚国库控股公司可能会继续增加对智能物流基础设施的投资。

在传统基础设施变得越来越智能的同时，世界各地涌现出越来越多针对行业交易频繁和数据量大等特点提供相应服务的数字物流初创企业。以优衣库为例，近期，该公司宣布在机器人技术应用的难点领域取得了重大进展，工业机器人初创企业Mujin成功研发了一款可以自动折叠T恤的机器人，解决了优衣库东京旗舰仓库的最后一个自动化难题——目前已经实现90%的自动化。Mujin也为京东在上海部署了首个无人操作、全自动化的电子商务仓库。

这些年轻而充满活力的创业者正在颠覆整个物流价值链，致力于实现从货运代理到经纪商和长途运输,再到仓储、合同物流和最后一公里配送等环节的全流程数字化。因此,主权基金也纷纷涌向那些致力于为物流链条提供便利服务的科技公司。例如,穆巴达拉投资公司的风险投资团队领投了对 Turvo 的 6 000 万美元的 B 轮投资,Turvo 是一个实时物流协同平台,为物流和供应链行业提供端到端的可视化和协作解决方案。

愿景基金也促成了一些该领域独角兽的诞生。2019 年,愿景基金领投了对印度物流公司 Delhivery 的 4.13 亿美元的 F 轮投资,几个月后,加拿大退休金计划投资委员会投资 1.15 亿美元收购了该公司 8% 的股份。这家物流公司以 15 亿美元的估值跻身独角兽俱乐部。对于加拿大退休金计划投资委员会和愿景基金来说,印度蓬勃发展的电子商务行业在快递物流领域为长期投资者创造了巨大的高增长机会(见图 4.8)。

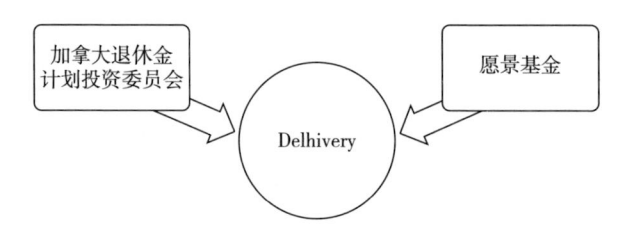

图 4.8　愿景基金对印度物流独角兽公司的长期投资

Delhivery 是印度领先的第三方物流提供商之一,在 2 000 多个城市(17 500 多个节点)开展业务,提供全方位的供应链服务,包括快递包裹运输、货运、企业对企业(B2B)和企业对消费者(B2C)的仓储和技术服务。2019 年,该公司计划利用从主权投资基金获得的融资,扩大产能并开展科技投资,以满足客户对物流服务的可靠性和及时性的要求,同时提高物流服务的可视化水平和灵活性。

同样是在 2019 年,愿景基金领投了对基于软件平台的航运和物流公司飞协博（Flexport）的 10 亿美元融资。飞协博自称是一家"现代货运代理公司"。货运代理——将货物运输到销售点的企业——是全球贸易的循环系统，据飞协博公司创始人说，货运代理"和人类一样古老"。但是，货运代理业务在很大程度上仍依赖于纸质凭证。在飞协博公司看来，它是唯一一家通过统一安全的云平台将全球贸易各方——进口商、出口商、卡车运输公司、海运公司、航空公司、海关机构、港口码头——联系起来的公司。

飞协博公司运用数字技术，通过空运、海运、铁路和卡车将货物运送到全球各地，处理包裹以及进出口所需的所有海关信息。它能够更好地覆盖中小商户，可以使得货运系统更加高效。飞协博公司关注到了中小商户的需求，提供的服务包括支持小规模拼箱（少于整箱）运输，而大型企业通常将其视为低优先级的业务。愿景基金的投资团队对飞协博公司的商业模式进行了最好的总结，其独特之处在于"发现并利用了一个基本上很少被人关注到的空间，并以一种难以置信的方式进行了创新"。

谈到全球物流升级，世界上最大的项目是本章前面提到的中国"一带一路"倡议。为了克服马六甲海峡和苏伊士运河的物流瓶颈，2013 年启动的"一带一路"倡议设想了一条新的丝绸之路，让人联想到连接唐朝、罗马和拜占庭帝国的贸易路线。"带"指的是丝绸之路经济带，是一条贯穿中亚到欧洲的陆路通道；"路"指的是 21 世纪海上丝绸之路，一条贯穿东南亚、非洲和欧洲的海上航线。最近，"一带一路"倡议又增加了一个新的数字化维度，即"数字丝绸之路"（见图 4.9，我们将在下一节讨论更多的细节）。

哈萨克斯坦横跨古丝绸之路（毗邻中国，是丝绸之路经济带横贯大陆的第一个节点和最大的国家），在"一带一路"倡议中处于中心地位。这条现代贸易路线的物流规划与哈萨克斯坦的主权财富基金萨姆鲁克-卡泽纳基金（Samruk-Kazyna，简写为 SK）的目标不谋而合。

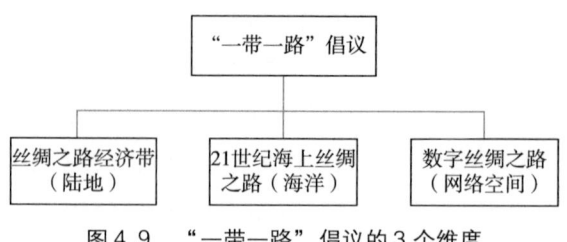

```
                    "一带一路"倡议
                          │
        ┌─────────────────┼─────────────────┐
   丝绸之路经济带      21世纪海上丝绸      数字丝绸之路
     （陆地）           之路（海洋）       （网络空间）
```

图 4.9 "一带一路"倡议的 3 个维度

该基金管理的资产主要是哈萨克斯坦国内的大型企业，涵盖哈萨克斯坦经济几乎所有的关键部门。对于大多数投资组合中的公司而言，SK 基金是唯一股东或大股东。哈萨克斯坦政府赋予 SK 基金多重使命，包括提高其所持有股份的长期价值、实现哈萨克斯坦国家经济现代化、实现可持续发展。

拥有 700 多亿美元资产的 SK 基金宣布，计划将其产业资产（国家航空公司、铀矿等）私有化，并将重点转向数字经济投资，这是哈萨克斯坦政府在 2017 年通过的国家级计划"数字哈萨克斯坦"的一部分。该计划旨在通过发展和应用数字技术提高哈萨克斯坦人民的生活质量和国家经济竞争力。SK 基金认为，通过数字化解决方案解决业务问题，是转型的"引擎"。

SK 基金的铁路公司作为"数字哈萨克斯坦"的一部分，正在推进以自动多式联运为目的的智能物流项目，以及利用大数据搜索和选择最佳物流路径的运输管理系统。SK 基金及其子公司的数字化项目正在世界上最大的陆地港如火如荼地展开，该港口距离最近的海洋约 2 575 千米，几乎是地球上距离海洋最远的地方。位于新丝绸之路的霍尔果斯是一座横跨中哈边境的大规模陆地自由港，正在为物流领域的数字化解决方案提供大规模试验场。

中国和哈萨克斯坦使用不同轨距的铁路，这意味着每节列车都必须在陆港装卸。巨型起重机将火车车厢大小的集装箱从一节车厢上吊起，并将其放到另一节不同轨距的车厢上。尽管如此，这些货物到达欧洲的速度仍是海运的两倍。预计陆港的年吞吐量将达到 3 000 万吨，为新的数字物流系统的压力测试提供了充足的机会。SK 基金首席执行官阿赫梅特江·叶西莫夫（Akhmetzhan Yessimov）在 2019 年的一次采访中表示，当前中国和欧盟之间 70% 以上的陆路运输都要经过哈萨克斯坦，新系统将显著提升全球物流供应链的效率。

正如本章前面所提到的，距离霍尔果斯不远的拜科努尔发射场承担了 OneWeb"星座"系统的发射任务。与此同时，卫星已经在物流和运输领域发挥了重要作用，阿里巴巴的物流公司菜鸟使用的可以连接地球轨道卫星的手持设备证明了这一点。在亚洲商品到达欧洲的电子商务客户之前，它们可能会在 Logicor 位于匈牙利、波兰或斯洛伐克的某处数字化仓库短暂停留。2017 年中投公司以 138 亿美元收购了 Logicor 公司，它是欧洲最大的物流地产机构，同时，这也是中投公司最大的直接投资之一。

智慧城市：城市可持续发展目标

从智能物流扩大到更大的领域，你会看到智能基础设施的下一个发展阶段——智慧城市。城市地区居住着世界 50% 的人口，创造了全球约 80% 的经济产出，但也排放了约 70% 的温室气体，同时基础设施建设的资金缺口尤为严重。由于缺乏足够的基础设施投资资金——尤其是在第四次工业革命时期的"智能"层面——城市人口无法充分发挥其生产力潜能，阻碍了经济进步，增加了城市管理者的总成本。

在"智慧城市"一词勾勒出的未来社会场景下，数字技术监控并连接包括建筑、街灯、自动驾驶汽车等在内的一切事物。一方面，它使政府能够高效地提供更好的城市服务，并在此过程中创造一个更加方便、安全、整洁的生存环境；另一方面，城市居民可以充分利用他们的智能设备带来的全部便利。但是，如果"智慧城市"是长期投资，投资者就会担心基础技术在收回回报之前可能被取代的风险（换句话说，在不久的将来，技术可能会让之前的投资过时）。由于"智慧城市"的特点，传统的基础设施融资模式可能效果不佳。

2018年11月，荷兰养老基金管理人汇盈资产管理公司与澳大利亚私募基金Whitehelm Capital共同成立了全球首只智慧城市基础设施基金。先来介绍一下荷兰最大的养老基金管理公司汇盈资产管理公司的背景。荷兰的养老金制度覆盖面之广在发达国家中尤为突出，大约90%的劳动人口参加了养老金计划，它的目标是为劳动者提供相当于人均全部收入70%的养老金。荷兰劳动者将可支配收入的16%用于养老储蓄（根据欧盟统计局2015年的数据），这一比例在欧元区仅次于德国。

总部位于阿姆斯特丹的汇盈资产管理公司是荷兰最大的养老金管理公司，成立于2008年，是从为荷兰公务员设立的养老基金荷兰政府雇员退休金基金分拆出来的子公司。此前，荷兰政府于2007年通过了一项法律，要求荷兰政府雇员退休金基金将其资产管理职能移交给独立的公司（在此之前，荷兰政府雇员退休金基金自己进行资产管理）。到2020年，汇盈资产管理公司为众多部门（教育、政府、建筑、住房协会、能源和公用事业公司、医疗专业人士等）管理着6 000多亿美元的养老金资产，为荷兰1/5的家庭（约450万参与者）提供养老金。

荷兰汇盈资产管理公司及其合作伙伴准备推出智慧城市基础设施基金，初始投资3亿美元，后续投资预计超过10亿美元。该基金的设立是为了满足全球城市和社区日益增长的数字基础设施融资需求，如智慧照明、停车场、垃圾收集和污染控制，这些设施目前还无法获得来自机构的长期投资。汇盈资产管理公司及其合作伙伴表示，新的基金将成为现有融资渠道的有力补充，实现从小规模试点到主流应用的可持续过渡。换句话说，将传统基础设施投资模式转变为"新的商业模式和应用案例"。

智慧城市基础设施基金投资的第一个"智慧城市"是加州的富勒

顿市。2019 年，该基金与美国光纤网络开发商 SiFi Networks 合作，投资超过 7 500 万美元，在富勒顿市部署智慧城市数字基础设施。它将成为美国最大的由国际光纤网络开发商 SiFi Networks 私人投资的网络开放接入的城市。光纤网络在富勒顿市的推出，不仅将大幅提升该市的互联网速度，满足家庭和企业日益增长的数据需求，还将促进智慧城市解决方案在重要城市服务项目中的普及应用，如交通控制、道路照明和应急服务（见图 4.10）。

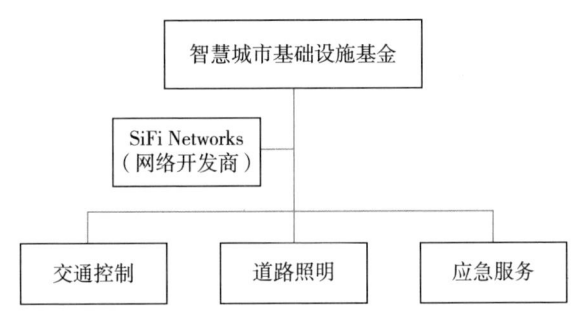

图 4.10 富勒顿市——首个光纤网络城市

富勒顿市大约有 13.5 万人口、5 万户家庭和 5 000 家企业。随着时间的推移，预计 33% 到 50% 的宽带用户（住宅和商业）将迁移到新的网络。市政当局还将使用该网络为全市范围提供服务，如 WiFi 网络、公用传感器、交通控制、闭路电视监控系统和街灯控制系统等。此外，当个人和企业采用下一代智能设备时，光纤网络将为未来该地区发展移动 5G 和物联网提供基础平台。为了获取更多的社会效益，促进城市向低碳、资源使用高效和有竞争力的经济体快速转型，智慧城市基础设施基金在其投资主题中纳入了明确的可持续发展目标。

另一个智慧城市的例子是杭州，这是获得了主权投资基金支持的阿里巴巴集团的总部所在地。杭州市使用阿里巴巴开发的人工智能交通管理系统"城市大脑"，通过视频和 GPS 数据收集交通信息。然后，运用人工智能分析数据，协调 1 000 多个关键的交通信号灯和道路信号,引导实时交通流。

在地球的另一边,富勒顿市的智慧城市解决方案获得了巴林首都麦纳麦的关注。巴林王国的主权投资基金玛姆塔拉卡特控股公司(Mumtalakat)已经为 Al Waha 母基金拨款 1 亿美元,其中包括对智慧城市的科技投资。此举与巴林政府推出的麦纳麦 3D 数字图像工程相互衔接,将麦纳麦地上和地下的一切数字化。该项目将城市电网、水网和下水道结构转化为电脑可以处理的数据格式并集成在一起,以实现建筑信息管理。

其他海湾国家并不仅仅局限于对现有城市进行数字化改造。科威特和沙特阿拉伯有更为雄心勃勃的计划,两国准备在沙漠中建立全新的海滨城市——"丝绸之城"和"新未来城"。这两项计划都将在该地区获得主权投资基金的支持,中国的主权投资者通过中国政府的"数字丝绸之路"倡议(见专栏 4.5)发挥作用,这是"一带一路"倡议的数字分支(阿联酋和沙特阿拉伯已经是该倡议的签署国)。

专栏4.5　网络空间的丝绸之路

中国"一带一路"倡议于 2013 年 9 月提出,有两个主要方向:一条是丝绸之路经济带,即从中亚到欧洲的陆上丝绸之路;另一条是 21 世纪海上丝绸之路,贯穿东南亚、非洲和欧洲。

"一带一路"倡议旨在构建贸易和基础设施网络,从而为世界经济增长开辟新的空间,实现"高标准、改善民生、可持续发展"等目标。支持者认为这次新兴资本的及时注入,将为此前长期被西方主导的机构所阻碍的全球发展进程提供催化剂。

2016年11月,"一带一路"倡议写入联合国决议,成为全球共识。2017年,中国成功举办"一带一路"峰会,来自近30个国家的领导人和近110个国家的代表出席了峰会,充分体现了全球对"一带一路"倡议的认可。倡议的影响力也不断扩大,来自150多个国家和90个国际组织的5 000名代表出席了2019年4月在北京举行的第二届"一带一路"峰会。

通过对重要基础设施的联合投资,"一带一路"倡议有望成为21世纪最为广泛、最具变革性的经济一体化项目。"一带一路"新的数字维度的工作正在加速推动,正如习近平主席在2017年"一带一路"峰会上所倡议的:"我们要坚持创新驱动发展,加强在数字经济、人工智能、纳米技术、量子计算机等前沿领域合作,推动大数据、云计算、智慧城市建设,连接成21世纪的数字丝绸之路。"

中国是世界上最大的数字一体化市场,这一事实推动了数字丝绸之路计划。数字丝绸之路将以宽带网络、电子商务枢纽、智慧城市等先进信息基础设施为基础,在"一带一路"基础设施的基础上进一步完善全球互联互通。有鉴于此,"一带一路"倡议的数字部分将为全球数字经济发展指明道路。

在科威特的沙漠中,中国和科威特联合成立了总规模100亿美元的中国-科威特丝绸之路基金,通过杠杆撬动了总额300亿美元的资金。该基金的目标是投资于未来的丝绸之城,该城将从科威特一片贫瘠的土地上崛起,预计将在未来25年内拉动超过1 000亿美元的投资。到目前为止,连接这一遥远偏僻地区和科威特首都的交通设施已经竣工——新开通的总长36千米、造价36亿美元的谢赫·贾比尔·艾哈迈德·萨巴赫堤道(Sheikh Jaber Al Ahmed Al Sabah Causeway),将这片未被开发的北部领土与科威特首都连接在一起,将以前 3 小时的车程缩短到 30 分钟。

在如今仍然荒芜的堤道终点站,一座占地面积 250 平方千米的城市即将拔地而起,其中包括千米高塔、国际机场、奥林匹克体育场和免税贸易区,该贸易区将为 75 万居民提供住房、办公场所、零售和娱乐设施。该项目在阿拉伯语中被称为 Madinat al-Harir(意为"丝绸之都"),包括几个港口,每个港口都将采用数字技术加快物流速度,减少纸面工作。

截至目前,最为雄心勃勃的智能城市计划无疑是沙特阿拉伯的"新未来城"。主权投资基金沙特阿拉伯公共投资基金已经承诺投入 5 000 亿美元来建设这座未来大都市——面积超过 2.5 万平方千米,是纽约市的 33 倍。它横跨约旦、埃及和沙特阿拉伯的部分地区,城市特点包括飞行出租车、人造月亮、机器人女佣和全息教师,更不用说还有以机器恐龙为特色的主题公园了。智能城市技术将纳入犯罪监控、人脸识别,以及包括医疗卫生和机器人护理在内的公共服务。该计划预见到了数字技术将在健康、安全和交通等方面发挥的重要作用,除此之外,无人机编队将用于城市的人工降雨,并在夜晚模拟月亮的升起和落下。

该项目是沙特阿拉伯推动自身转型的"愿景 2030"计划的一部分,旨在通过减少石油依赖和增加私人企业就业,确保国家在后碳时代实现更加繁荣的未来。人们希望这个半自治的区域能够吸引外国直接投资,尤其是科技领域的投资,并给这个禁酒国家的旅游业带来繁荣。

物联网:为超级互联的世界融资

数字基础设施在全球范围内的快速发展最终形成了物联网的世界。因此,主权投资基金也在积极地对所有行业新出现的数字基础设施进行投资，包括新兴行业和传统行业。下文简要介绍数字支付系统和数字医疗系统，在被数字革命所改变的许多其他行业中，甚至出现了更多这样的例子。首先，网络连接、智慧物流、智慧城市承载着大量人口并促进商品贸易，但是，要实现电子商务的全部要素，还需要数字基础设施的另一个基石——数字金融基础设施。

现金支付正在逐渐消亡，而同时数字基础设施正在快速发展。随着2020年新冠肺炎疫情的肆虐，穆巴达拉投资公司、阿布扎比投资局、沙特阿拉伯公共投资基金分别向印度的 Jio 系统投资12亿美元、5亿美元和15亿美元，此前脸书向 Jio 投资了57亿美元，希望通过该平台将 WhatsApp 打造成为印度的支付宝。就连世界上最大的数字支付平台维萨也认为在2020年年初斥资53亿美元收购 Plaid 是必要的，这是一家帮助用户整合金融账户的初创企业。随着无现金时代的来临，数字技术占据了舞台的中心。

埃森哲咨询的报告称，到2023年，每年通过移动生物识别技术验证的线下和远程交易预计将达到2万亿美元。毫不奇怪，主权投资基金已经对在移动支付和实时信贷领域的数字基础设施开展创新的独角兽公司进行了大笔投资，这些基础设施支撑着数字经济，如今正在重塑整个商业世界：

- 在印度，蓬勃发展的电子商务行业吸引了淡马锡和贝宝在2018年对 Pine Labs 投资1.25亿美元。Pine Labs 是一家总部位于新德里的 POS 机和实时信贷领域的初创企业，为电子商务交易提供技术框架和资金融通的基础设施。
- 在中国，阿里巴巴旗下的支付宝和在线资产管理巨头蚂蚁金服在2016年获得了中投公司的融资，然后在2019年年初又获得了多只主权投资基金的投资，当时估值为1 500亿美元，远远超过了高盛的市值。

- 在欧洲，新加坡政府投资公司很早就投资了总部位于伦敦的支付平台 Checkout.com，有新闻报道，该公司在 2019 年募集了 2.3 亿美元，这是有史以来欧洲金融科技公司最大的一笔 A 轮融资。该公司的技术可以处理全球范围内多种支付方式的交易，包括信用卡和借记卡、在线银行、苹果支付、贝宝和其他数字钱包。
- 在 2014 年，新加坡政府投资公司领投了对 Square 的 1.5 亿美元的 E 轮投资，该公司生产的信用卡移动支付设备使其成功在纽约交易所上市，市值超过 250 亿美元。

数字医疗是另一类受益于主权投资基金直接投资的重要的数字基础设施。数字医疗是一个快速发展的行业，包括设备管理、诊断、健康监测、患者记录和治疗等。美国医学协会将大数据应用确定为数字医疗的关键趋势之一。风险投资已经关注到了这一点，并将数字医疗视为重要的风险投资领域，该领域在 2018 年和 2019 年每年吸引了超过 70 亿美元的投资。其中主权投资基金参与的交易包括：

- 科威特在 2014 年为 Nanthealth 投资了 3.5 亿美元（总共两轮），这是一个供医院使用的基于云计算的临床诊断支持平台。
- 2019 年，加拿大退休金计划投资委员会与 EQT VIII 基金以 27 亿美元的估值收购了为医疗行业提供云计算服务的 Waystar 公司的控制权。该公司为医院提供基于云计算的收入周期预测和管理技术，已经有超过 4.5 万家医疗服务商使用。
- 2019 年，沙特阿拉伯公共投资基金向总部位于英国的巴比伦公司（Babylon）的 C 轮融资中投资了 5.5 亿美元，该公司使用基于人工智能技术的聊天机器人为患者预约虚拟医生就诊。沙特阿拉伯公共投资基金参与的这轮融资旨在为巴比伦公司在中国、北美和中东等英国以外地区的全球扩张提供资金。

- 加拿大公共部门退休金计划和穆巴达拉投资公司在 2019 年都参与了愿景基金牵头的对 Collective Health 的 2.05 亿美元的 E 轮融资。该公司是美国一家企业医疗解决方案平台，使用预测分析来管理和规划医疗计划。
- 2019 年，淡马锡领投了对 Pear Therapeutics 的 6 400 万美元的 C 轮投资。该公司是一家总部位于波士顿的初创企业，开发了针对药物滥用（首个获得美国食品药品监督管理局临床批准的软件应用）、精神分裂症、阿片类药物滥用障碍和多发性硬化等疾病的数字疗法。

总之，技术已经从根本上改变了主权投资者在基础设施各个方面的投资方式。在世界各地，所有市场都迫切需要新的和现代化的基础设施。据估计，全球每年基础设施投资缺口达数万亿美元，考虑到数字革命对基础设施的最新需求，这个数字可能还会成倍增加。主权投资基金是满足这一需求的重要资金来源，尽管新项目的风险回报与成熟基础设施有着很大的不同。

以下是一个建设性想法：数字革命将有助于为未开发的数字基础设施提供更好的尽职调查和项目审查的视角。新建的智慧城市越多，连接的数据中心和网络越多，基础设施越智能，数字基础设施的建设参数、政企合作合同、采购实践等的标准化程度就越高。最重要的是，随着数字基础设施不断采集所有的数据，很快就会积累起呈现指数级增长的数字基础设施性能数据，使数字基础设施投资变得更加容易监控和分析（更多的新投资也是如此）。

然而，就像所有强大的事物一样，物联网也有可能被滥用，如果不加以适当控制，可能会导致严重的国家网络安全和个人数据隐私问题。近年来，这一趋势日趋明显。人们对数字基础设施及其处理的数据（特别是个人数据）的脆弱性的担忧日益增长，导致主权投资基金在外国直接投资审查中面临着越来越严格的审查。

  我们可以在本书第八章和第九章更详细地看到，根据美国外国投资委员会的新规则和其他国家类似规则的要求，本章中描述的几个行业都被要求进行特别国家安全审查，其中包括"关键基础设施"，如管理敏感个人数据的数据中心和数字平台。在这方面，主权投资基金已经有了相关的应对经验，因为它们之前对传统基础设施的投资就已经引起了主权国家的警惕，并引发了对主权投资基金带来的国家安全问题的担忧。

  总体而言，主权基金的数字基础设施投资对全球经济产生了巨大的积极影响。对于新兴市场来说尤其如此，它们正面临前所未有的城市化水平和相应的基础设施瓶颈。关键在于是利用现有的主权基金，还是建立一个新的主权基金。随着主权投资基金在科技繁荣时代横扫全球，它们积累了投资经验，并对伴随而来的风险和机遇更为敏感。所有这些都使得它们成为在本国创新生态中发挥重要作用的最佳选择，我们将在下一章讨论这一点。

  盛极必衰是永恒的真理。当你抬头环视夜空，你还看不到OneWeb的"星座"系统，也许永远也不会看到。本章早些时候提到了该公司2019年3月进行的"流血融资"，这只是这只"独角兽号"火箭返回地球的开始。

  2020年3月，OneWeb因为无法获得发射其低地球轨道卫星所需的额外融资，申请破产保护。"星座"系统原本计划最早在2020年年底开始提供基于卫星的宽带服务，该公司将未能如期提供服务归咎于新冠肺炎疫情对资本市场的冲击。但是，从其估值在2019年股权融资中已经遭受打击来看，数字卫星行业的竞争也起到了一定作用。看起来，就连独角兽也受制于万有引力。

第五章
推动本国数字化转型

1.5 万亿美元是一个巨大的数字,超过了德国 DAX 指数企业在 2020 年 1 月的总市值,该指数包括德国 30 家领先企业。

随着 2020 年的到来,这仅仅是一家科技公司——iPhone 的制造商苹果的市值。与苹果相比,戴姆勒 – 奔驰、宝马、西门子、拜耳以及 DAX 指数中其他几家代表德国技术实力的领先企业,它们的规模都相当于花园中的侏儒。从这个角度来看,德国工业界的领导者担心,他们的国家正在被由数据和软件引发的数字革命甩在后面,这次革命与他们锻造金属和精密加工的能力无关。

这一渐趋明朗的共识引起了德国国内对其资金雄厚却仍坚持刻板投资方式的养老金计划的严厉批评。德国企业管理者抱怨,在美国,大型养老基金长期以来一直通过风险资本投资于科技初创企业;相比之下,德国养老金则极端保守,将大部分投资投向了回报率较低的主权债务,使得数字革命绕开了德国工业。在他们的焦虑中,批评人士显然还没有意识到本书前几章中提到的一个更加惊人的对比:加拿大养老基金和新兴经济体主权财富基金在未来科技投资方面的步伐甚至比美国同行更为激进。德国的行业领导者要求养老金管理者纠正荒谬的投资配置逻辑:去德国投资更多的风险资本——这将比持有意大利政府债券的风险更小。

纵观全球，并非所有的主权投资基金都仅有一个目标。一些主权投资基金主要负责本国战略发展，一些则承担了两种或两种以上的职能，包括财政稳定、代际储蓄和经济发展等。除了海外投资，它们还关注到了加速本国发展进程的巨大机遇。例如，自全球金融危机以来，爱尔兰战略投资基金为拯救爱尔兰银行做出了重要贡献，现在则专注于本国经济发展。

这些基金将科技投资视为支持本国经济活动和创造就业机会的一种方式，同时也从新的企业获得投资回报。在本书的前几章，我们可以看到全球主权基金纷纷涌向美国、中国和世界其他的创新中心，加入寻找独角兽的行列。本章将探讨促进自家后院科技行业发展的主权基金。例如，土耳其主权基金的目标之一就是培育本国创业经济，成为"土耳其的投资门户"。

具有多重任务的主权投资基金遍布世界各地，例如东南亚的马来西亚国库控股公司、加拿大的魁北克储蓄投资集团、中东地区巴林的玛姆塔拉卡特控股公司、拉丁美洲的特立尼达和多巴哥的遗产和稳定基金，以及中亚的阿塞拜疆国家石油基金，尤其是来自非洲前沿经济体的主权投资基金。例如，博茨瓦纳的普拉基金（Pula Fund）是撒哈拉以南非洲地区的一只主权投资基金，承担了储蓄、稳定和发展等多重使命。类似地，安哥拉索贝亚诺基金（Fundo Soberano de Angola，简写为FSDA）将资金分别配置到一个国际投资组合以及一个安哥拉和撒哈拉以南非洲地区的地方投资组合中，以支持当地的"社会经济发展"。

在全球科技革命的背景下，新兴国家的主权投资基金积极参与了科技竞赛。它们投资海外、国内，或两者兼顾，以支持和促进本国的数字化转型。本章的案例将说明主权投资基金实现科技投资战略目标的两种主要方式：一是促进跨国技术转移；二是建设本国创新生态和基础设施。后者可以为新兴市场提供更为持久、更加强大的催化剂，因此本章将着重讨论这一点。

促进跨国技术转移

这包括投资于国外的创新公司，并鼓励这些公司在主权投资基金的母国开展业务。例如，主权投资基金收购了一家拥有独特技术、独特工艺或稀有材料的科技公司的股权或控制权后，它们会通过董事会席位和对公司运营的监督，与被投资公司的管理层开展持续沟通，说服被投资公司在主权投资基金的母国开设工厂、开展业务，以及设立子公司、合资企业或研究机构，通过战略知识转移为母国创造新的就业机会。

这样的技术转移对双方来说都是多赢的。第一，对于主权投资基金来说，它们可以接触最新的数字技术发展成果——例如硅谷，然后为自己国家的数字化转型做出贡献；对于那些雄心勃勃想把业务拓展到海外市场的科技公司来说，主权投资基金可以成为帮助初创企业更好地了解潜在市场的理想的本地合作伙伴——主权投资基金可以在母国为初创企业打开大门。第二，主权投资基金也会发现它们所投资的海外科技公司和国内公司之间存在潜在的协同效应。第三，主权投资基金可以帮助初创企业更好地理解它们的新产品试验涉及的监管政策和法规，如数据隐私和网络安全问题，并避免潜在的声誉风险。

例如，阿曼国家总储备基金（State General Reserve Funds，简写为SGRF）在2016年购买了Mecanizados Escribano公司32%的股份，该公司是西班牙一个家族所有的精密机械零部件制造商，生产的产品应用于航空航天、国防和其他工业部门。在投资之后，这家西班牙公司在阿曼当地设立了一家制造工厂，阿曼国家总储备基金希望通过这笔交易将这家西班牙公司的加工能力和技术拓展到阿曼乃至整个海湾地区（见图5.1）。另一个例子是马来西亚国库控股公司，它是马来西亚电信的大股东，持有的电信和媒体资产占其投资组合的25%。对于获得其投资的硅谷公司来说，它显然是这些公司向马来西亚和东南亚地区拓展业务的最佳合作伙伴。

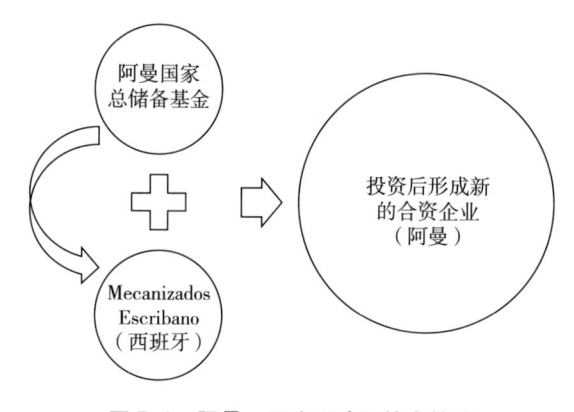

图5.1　阿曼－西班牙跨国技术转移

建设本国创新生态和基础设施

近年来，越来越多的主权投资基金正在自发或受政府引导投资于母国的国内市场，并在母国培育创新生态。创新生态需要整合3个关键要素：数字基础设施、风险资本和创业人才。以下各节将说明，随着主权投资基金有效地参与母国政府制定的国家数字化转型政策，它们将有可能找到自己亲自孕育的独角兽。

寻求"溢出效应"：从爱尔兰全国养老金储备基金到爱尔兰战略投资基金

爱尔兰战略投资基金是专注于爱尔兰国内经济发展的主权发展基金的一个很好的例子，该基金由爱尔兰国家财政管理局管理并实际控制。基金业绩的评估标准有两个：财务和经济回报。这个爱尔兰传奇已经持续了大约20年，基金的使命愿景和组织架构随着时间的推移而不断发生着变化。

该基金成立于世纪之交的2001年，当时被称为爱尔兰全国养老金储备基金（National Pensions Reserve Fund，简写为NPRF）。这是一个典型的国家"储蓄"主权财富基金，在全球进行投资，旨在建立一个资产池，用以支持爱尔兰公共部门和社会福利养老金在2025年至2055年间的支出（换句话说，这是一只"代际基金"）。与新西兰超级年金和澳大利亚未来基金类似，爱尔兰全国养老金储备基金的作用是从海外投资组合中获得财务回报，以减少本国未来的养老金支出。

2009—2010年金融危机袭击爱尔兰时，全国养老金储备基金的使命有所调整。当时，该基金规模已增至230亿～240亿欧元（约合350亿美元），约占爱尔兰GDP的10%。爱尔兰与国际货币基金组织、欧盟委员会和欧洲央行共同签署了一项850亿欧元的金融支持计划。在爱尔兰财政部的指示下，该基金拿出80%或更多的资产用于救助2009—2011年陷入严重困境的爱尔兰两家主要的银行（当时资本市场已经停摆，没有任何资本流动）。

2014年，在全球金融危机之后，爱尔兰政府决定将全国养老金储备基金转变为战略投资基金，并对其使命和投资范围都进行了调整。2014年，爱尔兰《国家财政管理局法案》启动了立法程序，将爱尔兰全国养老金储备基金改为爱尔兰战略投资基金（见图5.2）。从全球投资者到拯救银行，爱尔兰基金进入了第三个发展阶段，作为一只战略投资基金，其使命是"在商业基础上进行投资，以支持爱尔兰的经济活动和就业"。

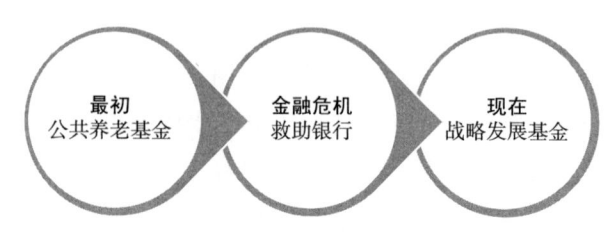

```
最初              金融危机            现在
公共养老基金       救助银行           战略发展基金
```

图5.2　爱尔兰战略投资基金的演进过程

自2014年起，爱尔兰战略投资基金根据新的授权全面开始运作。一方面，在商业基础上投资的理念对主权基金来说是熟悉的，它们的投资追求"风险调整后收益最大化"。另一方面，支持经济活动和就业代表着基金投资团队拥有了新角色。对于这样的多重授权，爱尔兰战略投资基金对其投资组合设立了"双重底线"的要求，要求所有投资都必须能让爱尔兰获取投资回报并产生积极的经济影响。

近年来，爱尔兰经济快速复苏，基于爱尔兰经济强劲增长和大量资本流入的现状，该国财政部部长对爱尔兰战略投资基金的授权进行了微调。2018年7月，爱尔兰财政、公共支出和改革部部长宣布，爱尔兰战略投资基金将在其总体政策任务范围内重新聚焦于5个关键的优先经济事项：（1）本土工业；（2）区域发展；（3）受英国"脱欧"不利影响的行业；（4）应对气候变化的项目；（5）住宅供应。该基金在商业投资和经济影响方面仍担负着广泛的"双重底线"的使命，但是它被要求专注于当前与爱尔兰经济关系最密切的5个特别优先主题。

经济影响究竟如何衡量？爱尔兰战略投资基金应用的最重要理念是"溢出效应"，即围绕爱尔兰投资将带来的额外增量经济活动。作为长期投资者，爱尔兰战略投资基金寻求实现可持续的"溢出效应"，因为这将"对经济活动产生更加长远的影响,并将产生比一次性的短期收益更大的影响"。爱尔兰战略投资基金所寻求的"溢出效应"主要体现在3个方面:经济效益、共同投资资本和国外市场网络(见图5.3)。

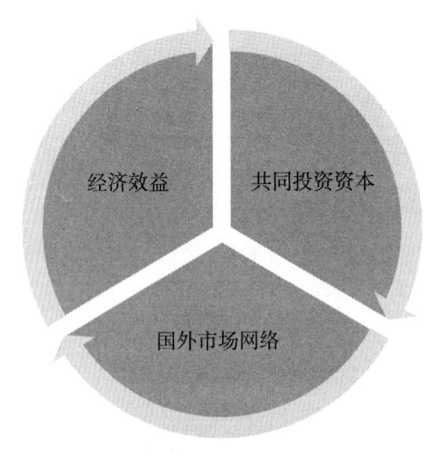

图5.3 爱尔兰战略投资基金的"溢出效应"的经济概念

第一,经济效益。这里指的是投资所可能产生的总增加值(或国内生产总值)之外的经济效益,也就是超出常规收益之外的部分。这一点通常是通过典型的基础设施或房地产类型的投资实现的,这类投资为未来的经济活动奠定了基础。近年来,科技投资占据了主导地位,后文展示的案例将对科技投资带来的经济效益进行说明。

第二,共同投资资本。爱尔兰战略投资基金在本国经济的各个领域广泛开展投资,包括基础设施和能源、商业房地产和居民住房、食品和农业技术,以及医疗卫生和中小企业,并获得了企业和其他投资者的认可和关注,成为极具吸引力的"首选投资者"。因此,对于国内外的潜在共同投资者来说,爱尔兰战略投资基金是一张巨大的"舒适毯",而且性价比很高。根据最近的一份报告,爱尔兰战略投资基金在爱尔兰项目上每投资1欧元,就能吸引超过1.5欧元的资金,从而使其投资影响增加一倍以上。

第三，国外市场网络。根据共同投资概念，在国外市场建立网络和进行合作是爱尔兰战略投资基金的一个重要的基本原则，如后文介绍的爱尔兰生命科学公司的案例所示。此外，主权投资基金同行是这个网络的重要组成部分，不仅因为它们本身与爱尔兰战略投资基金一样，是长期投资资本，还因为它们带来了各自国内市场的联系和网络。下面介绍的另一个案例，是爱尔兰战略投资基金与中国主权基金中投公司共同发起的合资项目。

2018年，爱尔兰战略投资基金与中国生物科技巨头无锡药明明码公司共同牵头，向爱尔兰基因医学公司（Genemics Medicine Ireland，简写为GMI）投资4亿美元。这项投资旨在帮助爱尔兰成为重要的基因研究和新疾病治疗中心。无锡药明明码公司也看到了在爱尔兰开展业务的战略利益，爱尔兰可以作为进入更为广阔的欧洲市场的门户。爱尔兰战略投资基金作为牵头投资者向该项目投入了7 000万美元，并成功吸引了同样作为主权投资基金的淡马锡和主要的硅谷投资人作为共同投资者（见图5.4），例如ARCH风险合伙人和红杉资本等。

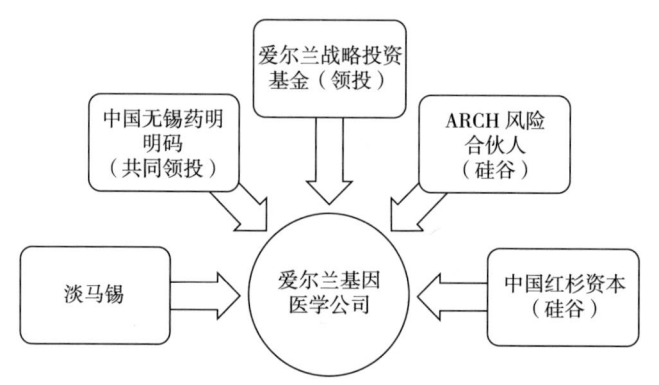

图5.4　爱尔兰战略投资基金对本国生物技术的
投资吸引的共同投资者

爱尔兰战略投资基金与中投公司共同成立了一家合资企业，将爱尔兰和中国市场连接起来，特别专注于快速增长的科技公司。2018

年,爱尔兰战略投资基金和中投公司宣布成立1.5亿欧元的中国－爱尔兰基金,该基金是爱尔兰全国养老金储备基金(爱尔兰战略投资基金的前身)和中投公司于2014年全资成立的中国－爱尔兰科技成长基金的后续基金。这只新基金将继续瞄准互联网、计算机软件、半导体、清洁技术等核心技术领域企业,以及农业和金融服务等其他技术领域的企业。

和中国－爱尔兰科技成长基金一样,中国－爱尔兰基金的目标是投资于两类公司:一是希望进入中国市场的高增长的爱尔兰科技公司;二是希望将爱尔兰作为欧洲业务基地的中国公司。总规模1亿美元的中国－爱尔兰科技成长基金支持6家爱尔兰科技公司在中国扩展业务,并帮助这些公司培育与中国客户的关系。例如,在爱尔兰战略投资基金和中投公司的合资公司的帮助下,爱尔兰的 Movidius 公司与来自中国的新客户建立了良好的合作关系,成为机器视觉领域的全球领导者(该公司已于2016年被英特尔收购)。

合资企业结构的独特之处在于,在有限合伙人层面,爱尔兰战略投资基金和中投公司各投资50%,在普通合伙人层面,也有一家双方对半持股的合资企业,来自爱尔兰和中国的普通合伙人都参与其中(见图5.5)。爱尔兰方面的普通合伙人是总部位于都柏林的 Atlantic Bridge,而中方的普通合伙人是总部位于北京的华山资本,这是中投公司在2014年基金成立前不久投资的一个新团队(详见第七章)。这种合资的普通合伙人模式为被投资企业在中国和爱尔兰提供跨境专业知识和本地网络服务,以支持被投资企业的国际扩张。

对于想要在中国扩张的爱尔兰企业,以及想要在爱尔兰经营的中国企业来说,这两只主权基金的合作发挥了很大的作用。爱尔兰战略投资基金使用了一句话,"深思熟虑,做出改变",这实际上体现出它的长期视野和对"溢出效应"的追求。高科技行业是实践这一理念的最佳场景。

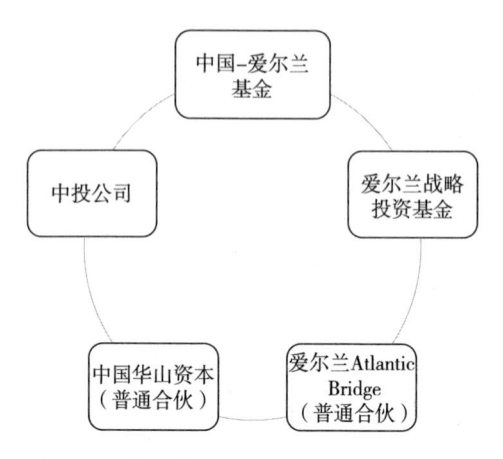

图 5.5　中国–爱尔兰基金（联合有限合伙人和普通合伙人）

沙漠里的科技中心

像阿布扎比和迪拜所在的阿联酋，以及中东其他国家，正在越来越多地向本国科技生态系统投入资金。一方面，海湾国家拥有世界上最多的网民，巴林、沙特阿拉伯、科威特和卡塔尔的互联网普及率都超过了70%，远远超过了全球50%的平均水平。另一方面，科技有助于降低它们对石油业的依赖。海湾国家已经不再仅仅扮演全球科技投资者的角色，而是专注于本国投资，目标是成为新兴的数字创新中心。

然而，尽管中东地区有很多精通科技的专业人士，但是直到2016年，中东才拥有自己的独角兽公司。当时，网约车服务公司Careem突破了10亿美元的门槛，成为独角兽。它在与优步的竞争中表现出色，以至于在2019年3月，优步以31亿美元的价格收购了该公司，成为该地区最大的科技企业并购案例。在Careem的投资者中，只有一只主权投资基金——科威特投资局，参与了它2015年的6 000万美元的C轮融资。

另一个在中东地区崛起的行业是金融科技，该地区有大量没有银行账户的外籍劳工。根据世界银行的数据，该地区2017年境外汇款总金额达到1 200亿美元。迪拜的Money公司推出了一款智能手机应用程序，目标是提升外汇流动效率，但是，故步自封的监管者、森严的监管壁垒以及担忧触犯反洗钱规定的银行导致该应用程序从启动到最终发布花了4年时间。

穆巴达拉投资公司很少对本国初创企业给予关注，却在远离海湾国家的地方寻找推动当地科技发展的方法——有时甚至是非常遥远的国家。早在2009年，阿巴投资公司（Aabar Investments，现已合并到穆巴达拉投资公司）就投资2.8亿美元收购了理查德·布兰森（Richard Branson）的太空旅游初创企业维珍银河31.8%的股份。2011年，它又追加了1.1亿美元的后续投资，持股比例增长到了37.8%。在最初的一笔投资中，其中1亿美元被用于在阿布扎比建造一个太空港，作为维珍银河飞船的发射场。

开发本地空间科技领域的倡议不断瞄准更高的目标。2019年，哈扎·阿尔·曼苏里（Hazzaa Al Mansoori）成为首位阿联酋宇航员，对国际空间站进行了为期一周的访问。火星是阿联酋的下一站。2020年7月15日，阿联酋火星探测器"希望号"成功发射，目的是研究火星大气和了解火星的气候变化。虽然火星之旅是一项任务，但目标却更为脚踏实地。该任务的负责人奥姆兰·沙拉夫（Omran Sharaf）对欧洲新闻电视台表示："阿联酋政府希望推动现有的生态系统发生重大转变，以建设具备更高创造力、竞争力和创新力的知识型经济。阿联酋政府将太空探索视为实现这一目标的一类手段，而阿联酋的火星探索任务是这一重大转型和变革的催化剂。"

沙特阿拉伯公共投资基金和其支持的愿景基金经常登上新闻头条，它们正在规划的"新未来城"无疑将成为世界智慧城市的典范（见专栏5.1）。穆巴达拉投资公司也有同样的战略。事实上，穆巴达拉投资公司也是愿景基金的基石投资者，两家主权投资基金都投资了维珍银河。这家来自阿布扎比的国有投资公司，最近与国际石油投资公司

第五章 推动本国数字化转型

(International Petroleum Investment Company，简写为 IPIC）合并，成立了新的穆巴达拉投资公司，力争成为全球投资的开拓者。穆巴达拉投资公司数以千亿计的美元投资组合中最为主要的投资主题是：面向新产业部门的多元化经济。它的重点最终也转向培育本国的企业家。

专栏 5.1 "新未来城"

"新未来城"是沙特阿拉伯经济数字化转型的先锋，它源自下一代王储穆罕默德·本·萨尔曼（Mohammed bin Salman）的创意。王储正致力于改变沙特阿拉伯王国，并且已经推动了该国社会发生巨大变革，包括允许女性开车、放松公共场合着装规定、几十年来首次开放电影院、举办世界重量级拳击锦标赛。但是，"新未来城"在改变沙特阿拉伯国家经济和社会方面的潜力超过了以上所有。

沙特阿拉伯以石油为基础的经济培育了年轻且不断增长的受过良好教育的人口。该国超过 1/3 的国民年龄在 30 岁以下。但是，沙特阿拉伯缺少的是就业机会，随着女性加入劳动力大军，这个问题只会变得更加尖锐。与此同时，政府正在努力确保赢得后碳时代的未来。

"新未来城"将数字未来作为当前和即将到来的后碳时代的经济社会问题的解决方案。"新未来城"从零开始，建设在一片贫瘠的沙漠之上，沿着红海海岸绵延 450 多千米。"新未来城"依靠丰富的太阳能作为能量来源，将以其极具吸引力的生活方式（机器人比人多）、独立的法律法规（允许饮酒）和税收制度（低税率），吸引来自世界各地的数字创业者。

这个超大城市的目标是通过引入一系列自由化改革政策和拥抱数字技术和服务，实现经济和社会转型。虽然最初的目标是发展旅游业，但是海边的生活方式旨在吸引计划在兼具低税率和高质量生活环境中创业的新经济创业者。据报道，沙特阿拉伯政府还吸引了一部分已经在为沙特阿拉伯服务的大型科技公司。

根据"新未来城"的官网，城市产业将专注于16个方面：能源的未来，水的未来，自动驾驶的未来，生物技术的未来，食品的未来，制造业的未来，媒体的未来，娱乐、文化和时尚的未来，技术和数字的未来，旅游业的未来，体育的未来，设计和建筑的未来，服务的未来，健康和幸福的未来，教育的未来，以及宜居性的未来。

在此背景下，穆巴达拉投资公司于2019年年初推出了Hub71，这是阿联酋政府所做出的更为广泛的努力的一部分，也是总金额达到500亿迪拉姆（阿联酋货币单位，约合150亿美元）的经济加速项目Ghadan21（在阿拉伯语中意为"明天"）的旗舰规划。规划中的科技中心位于阿布扎比金融区，未来亚马逊和软银也将在这里设立办事处。对于在其中运营的初创企业，Hub71将提供全额补贴的住房、办公场所和医疗保险，微软还将提供技术和云服务。

为了解决设在该科技中心的初创企业的融资需求，穆巴达拉投资公司推出了两种科技投资工具——1.5亿美元的母基金和1亿美元的直接投资基金（聚焦早期公司）。1.5亿美元的母基金的子基金必须投资于那些利用Hub71实现区域扩张和业绩增长的公司，从而更好地支持阿布扎比的Hub71生态系统。

直接投资基金的第一笔投资是Bayzat公司，这是一家位于迪拜的初创公司,它使用基于云技术的免费平台来帮助企业自动管理人力资源、薪资和健康保险。在 B 轮融资中,除了来自穆巴达拉投资公司的投资,Bayzat 还获得了 Point72 Ventures 等全球投资者的总额 1 600 万美元的投资。正如穆巴达拉投资公司副首席执行官瓦利德·艾穆海里(Waleed Al Muhairi)在一份声明中所指出的那样:"Hub71 将汇集对阿布扎比科技生态系统成功至关重要的 3 个关键因素——资本提供者、商业使能者和战略合作者。"

非洲创新的主权财富基金结构

与其他国家相比,非洲主权基金在最近几年取得了举世瞩目的快速增长。在 21 世纪头 10 年的大宗商品超级周期之后,许多非洲国家创建了自己的主权财富基金。本轮大宗商品超级周期导致非洲国家资源收入激增,更多国家宣布有意创建主权财富基金。与沙特阿拉伯和阿联酋等中东国家一样,非洲主权财富基金的资金主要来自石油出口收入,如尼日利亚主权投资局(NSIA)、阿尔及利亚主权财富基金(FRR)和利比亚投资局(LIA)。

为子孙后代储蓄资金对这些资源丰富的国家非常重要,而这些国家的高度贫困和紧迫的基础设施发展需求,也急需投资来刺激经济发展。为了平衡发展和储蓄,非洲国家成功地将主权投资基金变成灵活的工具,实现了多种政策目标的平衡。它们设计了创新的主权财富基金结构,这些结构通常整合了多个子投资组合,分别被指定用于不同目的。

非洲最大的经济体尼日利亚的主权投资局就是最好的例子之一。尽管拥有丰富的资源,尼日利亚的人均 GDP(购买力平价)仍然排在全球的后 1/3。与此同时,与其他许多发展中国家一样,尼日利亚面临的基础设施资金缺口达数十亿美元。此外,在就业机会面临数字自动化和人工智能的威胁之际，该国人口正在爆炸式增长。简而言之，在全球正在进行的第四次工业革命中，尼日利亚急需教育、医疗和基础设施投资，以转变成为一个具有竞争力和创新性的经济体。

尼日利亚主权投资局在尼日利亚有效地实施了国内市场技术和创新投资战略，下文将通过其投资案例来说明这一点。同时，它打造了卓越的治理体系和较高的信息透明度，在非洲主权财富基金排行榜上名列前茅。从领导力、运营、绩效以及股东参与等指标来看，它是非洲最好的公共机构之一。由于这两个原因，尼日利亚主权投资局能够在全球范围内吸引到高质量的共同投资者，这对尼日利亚来说至关重要，因为尼日利亚主权投资局的资本规模远不及本章前面提到的例子——欧洲的爱尔兰战略投资基金和中东的穆巴达拉投资公司。

尼日利亚主权投资局成立于2013年，由尼日利亚联邦政府提供15亿美元的种子资金。根据政府的要求，尼日利亚主权投资局为不同目的设立并管理3只基金：（1）财政稳定基金，在财政压力期（如2020年3月石油市场价格暴跌）为经济提供救济；（2）代际基金，承担增长投资职责，以便在原油枯竭时为尼日利亚子孙后代提供资金；（3）尼日利亚基础设施基金，负责本国基础设施项目的投资（这是本章讨论的重点）。一些资源丰富的国家通过设立不同目的的子基金来实现不同的投资目标。智利是另一个采用双基金结构的例子：一只是短期稳定基金——经济和社会稳定基金（ESSF）；另一只是长期储蓄/收入基金——养老储蓄基金（PRF）。为了满足本国基础设施需求，尼日利亚设立了第3只子基金，重点关注国内基础设施和经济发展。同样，加纳也设立了3只主权财富基金，它们彼此之间保持严格独立，各自有明确的用途：加纳稳定基金，用于财政应急；加纳传承基金，用于代际传承；加纳基础设施投资基金，用于实现发展。

这3只独立的、彼此隔离的基金分别占了尼日利亚主权投资局投资组合的20%、40%和40%（见图5.6）。

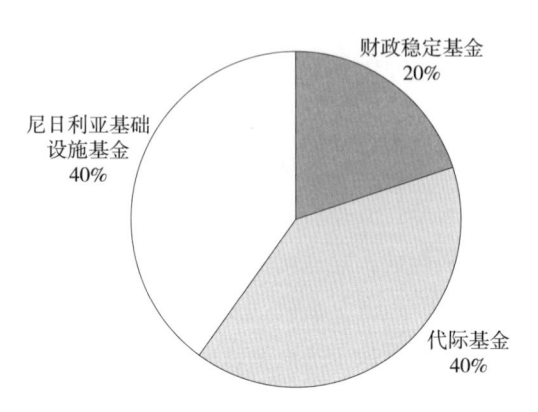

图5.6 尼日利亚主权投资局的3只子基金

它们投资于不同的证券和资产，流动性、投资期限和风险回报各不相同：

- 财政稳定基金：投资于流动资产，减轻因大宗商品短期价格波动引发的财政动荡（投资期限1~2年）。
- 代际基金：为子孙后代投资全球资产和证券，实现资产的长期增值。
- 尼日利亚基础设施基金：投资能够对尼日利亚社会和经济产生积极影响的新企业和发展项目。

近年来，尼日利亚主权投资局通过基础设施基金对医疗技术进行了大量投资。尼日利亚主权投资局对贯穿整个医疗价值链的"高影响、高价值"战略机遇很感兴趣，这将有助于向尼日利亚国民提供高质量、可负担且可获得的医疗服务。尽管在尼日利亚建设和运营高质量的医疗设施是一件十分具有挑战性的任务，不仅需要专业的人员和知识，还需要满足严格的行业和监管要求，但尼日利亚主权投资局始终坚信改善尼日利亚的医疗环境对于国家的未来发展至关重要，坚定地继续扩大对该行业的投资。

尼日利亚主权投资局与尼日利亚联邦卫生部和全球领先的专业医疗机构签订了战略合作协议，以确认并投资医疗基础设施项目。2018—2019年，尼日利亚主权投资局为卫生部门3个里程碑式的项目投资了2 000万美元。其中一个主要项目是位于尼日利亚拉各斯市伊迪-阿拉巴的拉各斯大学教学医院的NSIA-LUTH癌症中心，这是尼日利亚发展三级医疗服务的首笔投资，由总统穆罕默德·布哈里于2019年年初启动。

NSIA-LUTH癌症中心与拉各斯大学教学医院合作，耗资1 100万美元，将重建该癌症中心，添置新的医疗设备，以提供先进的放化疗治疗服务。为了装备癌症中心，尼日利亚主权投资局还与全球领先的肿瘤治疗设备制造商建立了战略合作伙伴关系，包括瓦里安医疗系统公司（Varian Medical Systems）和GE医疗。另外两个项目是位于卡诺州阿米努·卡诺教学医院的医疗诊断中心和位于阿比亚州乌穆阿希亚的联邦医疗中心。

尼日利亚主权投资局的高管表示，这些医疗投资显然满足了尼日利亚国民对先进医疗技术的需求，而且对于尼日利亚主权投资局来说也是"非常有利可图"。他们认为，随着下一阶段诊疗中心的运营，医疗仍然是一个重点投资领域。尼日利亚主权投资局投资团队有一个雄心勃勃的规划，计划在未来几年大力增加投资。那么尼日利亚的长期目标是什么？尼日利亚主权投资局预计，随着时间的推移，该国有希望成为全球医疗旅游的净受益者。

与爱尔兰战略投资基金一样，尼日利亚主权投资局通过投资形成的联盟和伙伴关系（如上述的医疗技术交易所示）也是实现尼日利亚经济增长目标的战略重点。目前，该基金管理的总资产约为25亿至30亿美元（包括由尼日利亚主权投资局管理的政府拨款，以及上述3只基金）。额外的政府资金有助于尼日利亚主权投资局扩大投资，但这在很大程度上取决于油价走势。2020年，油价受到严峻挑战，ESG投资理念在全球范围内的流行趋势正在对化石燃料的长期价格持续施加压力。

因此，尼日利亚主权投资局目前的重点仍然是通过联合投资实现增长。作为一家在治理和透明度方面在国际享有盛誉的专业投资机构，尼日利亚主权投资局在吸引非洲、中东和其他地区的主权基金来尼日利亚开展共同投资方面具有独特的优势。例如，尼日利亚主权投资局正在与摩洛哥主权基金 Ithmar Capital 共同投资一条横贯非洲的海上/陆上天然气管道，该管道将为西非国家和欧洲输送能源（见图5.7）。在农业领域，尼日利亚主权投资局与南非 Old Mutual 公司建立了2亿美元的合作伙伴关系（50/50），并与摩洛哥磷酸盐公司（OCP，摩洛哥国有控股95%）合资建设了一家合成氨厂。

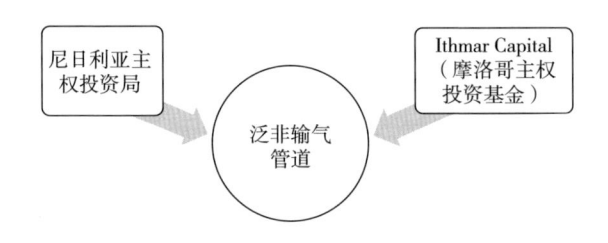

图5.7 尼日利亚和摩洛哥的主权投资基金合作投资泛非输气管道

除了共同投资资本，尼日利亚主权投资局还利用金融创新降低了外国投资者感受的"风险溢价"，这可能是尼日利亚乃至整个非洲基础设施建设面临的瓶颈问题的解决方案。国际资本对非洲投资的风险有着深刻的认识，许多资本会对项目的预期回报要求更高的溢价——有时比发达国家高20%~30%，这完全是因为它们对风险的担心。

因此，尼日利亚主权投资局作为一家成功的主权基金，设立了专门的金融担保机构基础设施信用担保有限公司（InfraCredit），以降低风险溢价（见图5.8）。尼日利亚主权投资局与私营基础设施发展集团

（Private Infrastructure Development Group，简写为 PIDG）及其子公司 GuarantCo，以及德国复兴信贷银行（KfW Development Bank）和非洲金融公司（Africa Finance Corporation）等开展合作，向基础设施信用担保有限公司注资 1 亿美元，由基础设施信用担保有限公司为尼日利亚符合融资条件的基础设施项目发行的债务工具提供本币担保，使得这些项目能够从更为广泛的资本渠道高效筹集资金。

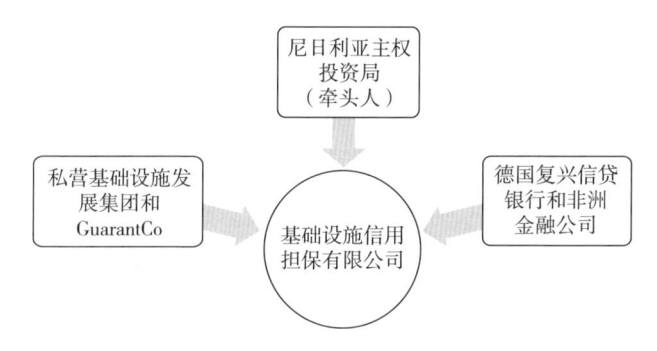

图 5.8 主权财富基金通过金融创新降低"非洲风险"

基础设施信用担保有限公司是尼日利亚主权投资局推动投资进入尼日利尼的最好的例子。通过提高基础设施项目本币债务工具的信贷质量，尼日利亚主权投资局和基础设施信用担保有限公司撬动了更多的资金参与尼日利亚基础设施建设的投资。现在，符合条件的项目可以从国际上的主权基金和养老基金获得长期资本，它们成本更低，贷款期限更长。总而言之，尼日利亚主权投资局是通过与技术有关的投资带动社会影响力项目融资的创新框架，产生的经济影响将使尼日利亚成为世界上增长最快的经济体之一。

数字非洲——更宏大的故事

尼日利亚主权投资局的基础设施和医疗投资表明，非洲的主权投资基金正在进行影响力投资,以促进本地的经济发展。大多数非洲主权投资基金的资金来源于自然资源出口,例如博茨瓦纳的普拉基金源自钻石出口,肯尼亚和南非在2019年宣布计划设立基于采矿特许权使用费(以及其他来源)的主权财富基金,与此类似的还有纳米比亚的矿产开发基金,而更多国家是通过石油收入来筹集资金(见图5.9)。

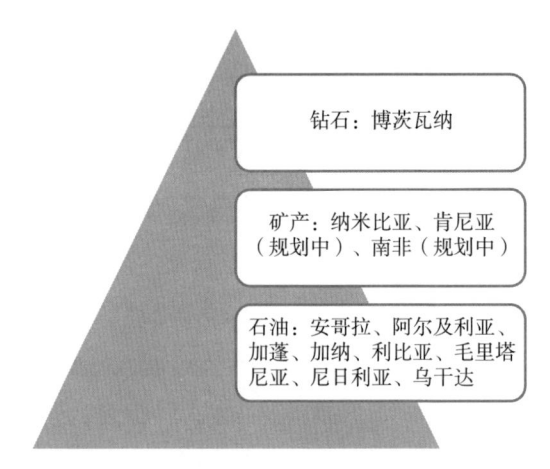

钻石:博茨瓦纳

矿产:纳米比亚、肯尼亚(规划中)、南非(规划中)

石油:安哥拉、阿尔及利亚、加蓬、加纳、利比亚、毛里塔尼亚、尼日利亚、乌干达

图5.9 非洲主权财富基金的资金主要来源于大宗商品出口

由于自然资源是不断消耗且不可持续的,大多数非洲主权财富基金都具有发展和多元化使命,包括投资于本国的创新和技术部门,以及支持中小企业。展望未来,数字化转型是非洲下一阶段发展的最大故事。拥有12亿人口和快速部署数字技术,非洲有可能跨越当前的发展挑战,利用年轻人口优势实现科技驱动的可持续经济增长,非洲的主权投资基金将会在其中发挥重要作用。

2015年,非洲联盟国家元首和政府首脑通过了《2063年议程:我们想要的非洲》(以下简称《2063年议程》)。《2063年议程》阐明了非洲最迫切的发展愿望,包括数字化转型,并力争到2063年将非洲转变为"以科学、技术和创新为基础"的全球范围内强大的经济体之一。该议程宣布非洲将致力于发展数字经济,提供信息通信技术基础设施，以促进非洲大陆的制造业、技能培训、技术研发，以及非洲内部的贸易和投资。

为了推进《2063年议程》中提出的数字愿景，非洲各国的通信和技术部部长于2019年共同通过了《沙姆沙伊赫宣言》，重点关注非洲的数字化转型战略，计划打造非洲的数字基础设施，使其能够高效地为所有部门提供商品和服务，包括政府服务、制造业、创造就业、金融服务、农业、医疗健康、教育和贸易，争取到2030年创建非洲的"单一数字市场"。

尽管有许多不同的资金来源实现非洲的数字愿景，但是主权投资基金完全有能力通过长期投资促进非洲的数字化转型，以弥合数字基础设施的融资缺口，以及整个非洲大陆的风险资本融资缺口。

数字基础设施

非洲的数字化转型战略强调，非洲的数字化转型缺乏可靠、可负担和高效的数字基础设施，这些基础设施包括"宽带和高速网络、地面光纤网络、电力光纤线、海底电缆、卫星通信、移动通信、互联网交换中心、邮政基础设施、数字地面广播、数据中心等"。目前，陈旧的基础设施、较低的宽带普及率以及糟糕的互联网和电信服务是制约非洲数字经济增长的主要瓶颈。

在发展非洲大陆的基础设施方面，特别是新的通信和数字基础设施方面，非洲的主权投资基金有很大的发展空间。除了直接投资于项目，非洲的主权投资基金还可以引入共同投资者，并为基础设施项目的债务提供担保，以引入更多国际上的长期资本。正如前文提到的尼日利亚主权投资局和基础设施信用担保有限公司的案例所示，非洲当地的主权投资基金提供的信用担保可以吸引养老金、保险公司和其他机构投资者的债务融资，以推动基础设施投资。

风险资本融资

与数字基础设施投资相比，通过风险投资和培育创业生态系统，非洲的主权投资基金可以成为能产生深远影响的催化剂。风险资本融资通常为初创企业提供无息、无抵押的长期股权融资，比需要计息的、要求抵押且期限更短的银行贷款更有利于企业发展。主权投资基金处于有利地位，完全有能力填补风险投资的空白，惠及非洲的创业者。

过去10年以来，由于互联网接入的迅速普及、智能手机用户的大量增加以及数字社交网络的发展，非洲经历了一场创业热潮。在非洲，特别是农村地区，互联网用户"只使用移动设备"或"优先使用移动设备"——他们第一次和唯一的互联网体验往往就是使用移动设备，而非个人电脑。尽管以硅谷的标准来看，非洲的数字生态系统仍然很小，但是从整个非洲大陆的科技中心、风险投资和初创企业的数量以及逐年增长的趋势来看，非洲被公认为全球增长最快的技术市场之一。

目前，非洲有400多个活跃的科技中心、加速器和孵化器，尼日利亚、肯尼亚和南非都在这一方面处于领先地位，拥有CcHub（尼日利亚）和iHub（肯尼亚）等知名科技中心。非洲正在涌现大批年轻的数字科技企业家，吸引了全球的目光。以尼日利亚的安德拉公司（Andela）为例，这是一家培训非洲软件开发人员与《财富》世界500强公司开展远程合作的软件公司。2016年，脸书创始人马克·扎克伯格的基金会向该公司投资了2 400万美元，随后美国前副总统阿尔·戈尔的投资公司也向该公司投资了1亿美元。

一些现有的科技中心已经与世界银行等开发性金融机构建立了资金和运营伙伴关系，可以在非洲的主权投资基金的支持下发展和壮大（见专栏5.2）。2019年以来，尼日利亚主权投资局与两家开发性金融机构——工业银行（Bank of Industry）和非洲复兴银行（Afreximbank）合作，共同开发尼日利亚的经济特区，该经济特区的重点是以新技术和新工艺为主题的出口导向型制造业。可以想象，尼日利亚主权投资局将成为未来几年创新中心的主要资助者。

> **专栏 5.2　BongoHive 与科技创业公司合作**
>
> 联合国贸易和发展会议发布的《2019 年数字经济报告》介绍了一个技术中心的例子。该中心以非正式的方式起步，逐步发展成为"赞比亚农业企业训练营"，并获得了世界银行的资助。这就是位于赞比亚首都卢萨卡的 BongoHive。该中心从 2011 年开始作为软件开发者的非正式会议场所，已经发展出了整套创业支持体系，为创业者提供想法的压力测试、创业、加速成长和争取投资支持等服务。
>
> 该中心一开始只是为了让爱好者聚集在一起交流想法，帮助他们弥合学术研究与现实世界的软件和技术解决方案之间的鸿沟。后来，这一过程催生了黑客马拉松、研讨会、与知名企业家的"炉边谈话"，以及其他促进知识分享和互动交流的活动。
>
> 从 2016 年开始，BongoHive 增加了旨在支持初创企业的计划。几家公司已经取得了成功，其中包括 ZPOS，这是一款安卓应用程序，允许中小企业通过销售点系统跟踪销售数据，并管理库存和运营利润表；另一家名为 Musanga 的公司已经从食品配送转向物流领域。一个名为"茁壮成长"的孵化器项目正在酝酿之中，旨在为初创企业提供共享的业务支持系统，包括人力资源和会计。
>
> 数字技术催生了各种各样的初创企业。如前所述，2018 年，世界银行启动了针对农业企业的项目，但这只是让 BongoHive 备受关注的其中一个行业，其他相关行业还包括物流、教育科技事项管理、时尚、金融科技、专业服务等。

事实上，尼日利亚主权投资局在成立后不久的时间里，已经对尼日利亚国内的机构投资者，包括风险投资基金和私募股权投资基金，进行了大规模投资。它希望成为尼日利亚创新生态系统的领导者，类似于阿联酋的穆巴达拉投资公司及其创新加速器 Hub71，培育和支持更多像吉米亚（Jumia）这样的独角兽（见专栏5.3）。

专栏5.3　第一只短命的独角兽："非洲的亚马逊"

电子商务平台吉米亚的崛起，见证了尼日利亚移动互联网经济的繁荣。根据2019年对尼日利亚副总统的媒体采访所披露的数据，尼日利亚拥有约2亿GSM手机用户，用户数量位列世界前十。尼日利亚是一个用户"只使用移动设备"的互联网经济体，也就是说，它有很高比例（超过95%）的人通过手机使用互联网。因此，该国的移动互联网银行规模位居世界前列。紧随其后的是该国越来越多的科技初创企业。

2012年，吉米亚在尼日利亚的拉各斯成立，引领了非洲在线购物的早期发展阶段，随后它将业务扩展到10多个非洲国家。吉米亚提供同步支付服务，支持电子商品、时尚商品和其他零售商品的线上销售，为买家和卖家之间的交易提供便利。与美国的亚马逊一样，吉米亚也提供物流服务，包括包裹的装运和交付。

经过7年的快速增长，吉米亚于2019年4月在纽约交易所成功上市，IPO融资2亿美元。这对非洲风险投资行业来说是一个巨大的里程碑：首先，吉米亚是非洲第一家由风险投资支持并在全球主要交易所上市的初创企业；其次，这是有史以来第一次，一家尼日利亚公司的估值超过了10亿美元,这让吉米亚进入了全球独角兽的世界。

一时间,吉米亚被认为会成为"非洲的亚马逊"。为此,该公司甚至直接从亚马逊网站上复制了字体、配色方案和产品布局。但由于运营上出现问题,它作为非洲第一只独角兽的桂冠并没有维持多久。吉米亚的股价从49.99美元的峰值跌至谷底,很快跌破14.50美元的发行价格。2020年3月,该公司的每股价格约为2美元。

吉米亚能否在整个非洲建立起稳固的电子商务业务版图,以及像阿里巴巴在中国那样开展金融科技业务,目前尚不确定。最重要的是,对于这家非洲的初创企业来说,仅仅是在纽约交易所上市本身就是一项伟大的成就。为了让更多的非洲企业家把他们的初创企业培育成独角兽并留在那里,非洲的主权基金可以做出很多贡献。

与尼日利亚主权投资局一样,许多非洲国家修改了对主权财富基金的授权,将促进创新和发展本国数字经济纳入其中。例如,安哥拉的主权投资基金——安哥拉索贝亚诺基金,成立了"夹层投资基金",该基金专注于投资新兴行业,包括初创企业,并提供风险投资,以满足安哥拉经济中主要由创业者推动的行业的融资需求。此外,安哥拉索贝亚诺基金将7.5%的资本分配给"社会宪章",该宪章致力于投资那些可以通过创业发展创造可持续财富的项目。2019年,安哥拉的主权财富基金发生了一起企图挪用资金的腐败事件。幸运的是,对于创业者来说,安哥拉索贝亚诺基金已收回了这些资金,可以继续用于资助这些创业者以及其他项目(见专栏5.4)。

专栏5.4　当好的治理失效时

　　安哥拉前总统（在位近40年后离任）的女儿伊莎贝尔·多斯桑托斯（Isabel dos Santos）近年来频频出现在媒体上，被誉为"非洲最富有的女人"。但是目前，她的财产已经被冻结，并受到了腐败和贪污国家财产的指控。她故事的精彩度盖过了他的兄弟——安哥拉索贝亚诺基金前总裁何塞·菲洛梅纳·多斯桑托斯（Jose Filomena dos Santos）。真遗憾，其实何塞的故事要更加丰富多彩。

　　正如《华尔街日报》所说的，关于老多斯桑托斯离任前几天基金是如何被洗劫的故事，涉及了电影《十一罗汉》中的一众角色，确实带有好莱坞的色彩。

　　据报道，何塞在葡萄牙海滨城市卡斯凯斯策划了一起涉及空壳公司的阴谋，他安排将安哥拉索贝亚诺基金的5亿美元资金汇入Perfectbit Ltd公司在伦敦的账户，Perfectbit Ltd公司的注册地是伦敦北部某位会计师的办公室。这名会计师来到一家位于伦敦郊区的汇丰银行分行，要求从一个新开立的银行账户向东京转账200万美元，一名警觉的银行出纳发现这个新账户突然之间出现了5亿美元，于是报告了她的上级。最终，在汇丰银行冻结了Perfectbit Ltd公司的银行账户后，这5亿美元又回到了安哥拉。随后，该名会计师和其他涉案人员在英国被抓获，何塞被解除基金会主席职务，并在安哥拉被拘捕和起诉。

　　但这仅仅是冰山一角。2019年12月，安哥拉宣布又追回了主权财富基金中被窃取的30亿美元，据称是何塞的一个商业伙伴归还了这笔巨额资金，但安哥拉官方没有给出更多的

> 细节。据报道，这些资金存在英国和毛里求斯的银行。
> 　　大约在同一时期，尽管何塞没有洗清他在5亿美元欺诈案中的嫌疑，却仍被释放出狱。安哥拉主权财富基金明显缺乏良好的治理，但是政府显然还可以使用其他方法——并不是能在"最佳实践"手册中找到的方法——来弥补它的缺失。无论如何，它最后还是会以好莱坞式的结局收场。

　　其他一些非洲主权投资基金也开始设立风险投资基金，以满足当地初创企业的资金需求。由加蓬战略投资基金支持的风险投资基金Okoume Capital，为本国的创业者提供资金；卢旺达研究和创新基金为本国创业者提供风险投资，该基金正在基加利创新城建设一个总投资4.2亿美元的数字创新园区。随着非洲主权投资基金管理资产和风险投资的经验不断增加，以及通过风险投资基金向全球同行学习经验，市场将看到这些基金越来越喜欢向科技初创企业进行风险投资。

　　总之，越来越多的非洲主权投资基金正在调整战略，加大对技术和创新投资的关注。它们将在填补非洲大陆数字基础设施建设的资金缺口和风险资本缺口方面发挥关键作用。然而，与更为成熟的主权投资基金相比，非洲的主权投资基金规模很小，也很年轻（大多成立于过去20年，管理规模约为数十亿美元）。因此，当非洲的主权投资基金加入寻找创新经济独角兽的行列时，它们的首要选择是与全球其他的主权投资基金同行开展共同投资。

　　多年以前，"主权财富基金"指的是那些主要为管理全球投资组合和提供代际储蓄而设立的基金，而"主权发展基金"则是面向国内、完全着眼于本国利益的基金。在数字革命时代，越来越多的主权基金开始在国内外开展科技投资，"主权财富基金"和"主权发展基金"的界限越来越模糊。越来越多的国家正在按照同样的轨迹设立并规划它们的主权基金。本书提到的"主权投资基金",涵盖了以上两个方面的内容。

爱尔兰战略投资基金、阿联酋的穆巴达拉投资公司和尼日利亚主权投资局的案例分析表明,这些主权基金可以发挥多重作用,包括促进本国数字经济发展、吸引外资以及获得财务回报。此外,"双重底线"的投资考虑并不仅仅是主权财富基金关注的话题,尤其是在国际养老基金越来越重视ESG投资和影响力投资的大背景下,公共养老金投资于新兴市场的创新生态系统,与联合国可持续发展目标一致。

新兴市场作为资金的需求方,它们的主权投资基金也是资金解决方案的一部分,因为它们是外国共同投资必要的本地伙伴。在欠发达国家,它们的主权投资基金可以向外国投资者表明当地经济的可信程度和成熟程度。由主权投资基金构建协作平台共同投资于长期项目的合作模式正在逐渐形成,全球经济也将见证主权投资基金群体对欠发达国家市场的影响力在不断提升。例如,如上所述,印度尼西亚政府正在以淡马锡为蓝本设立自己的主权财富基金,并与穆巴达拉投资公司建立了合作伙伴关系。

另一个主权投资基金的邻里组合出现在马来半岛,高收入的新加坡与中等收入的马来西亚毗邻。马来西亚国库控股公司负有双重使命,其中包括本国经济开发。马来西亚对伊斯干达经济特区的开发是一笔引人注目的投资,该特区有时也被称为"马来西亚的深圳",因为它与新加坡仅隔着一条海峡,正如深圳与中国香港隔江相望。

据报道,特区大规模的开发项目吸引了250亿美元的外国投资进入马来西亚。项目计划开发4个人工岛,每个岛都有不同的主题。第一个岛屿是面向高科技企业的数字智慧城市,希望吸引科技公司从新加坡搬迁到成本更低的伊斯干达。第二个岛屿——美迪尼,是该项目的中央商业区和旅游区。另外两个岛屿,是淡马锡和马来西亚国库控股公司成立的一家合资企业开发的以健康为主题的度假村。

在中东地区，埃及和沙特阿拉伯宣布于 2016 年启动 160 亿美元的联合开发基金，该基金由沙特阿拉伯提供资金，用于资助埃及发展。埃及当然需要这笔钱。埃及于 2018 年成立了自己的主权基金——埃及主权基金，该基金正在寻找外国投资者参与军队控股资产的私有化，其中包括基础设施资产。该基金授权资本为 130 亿美元，按主权投资基金的标准计算，规模并不大，资金甚至也没有完全到位——截至 2020 年年初仅实收了 6 300 万美元，余额部分将以国有资产注入的方式实现。2020 年，该基金与私募股权基金发起人英联投资（Actis）达成了交易，希望通过这笔交易实现私有化目标。

加拿大的魁北克储蓄投资集团提供了一个发达经济体公共养老金的例子，它承担了长期管理养老金资产并发展魁北克当地经济的双重角色。魁北克储蓄投资集团与加拿大政府合作，直接投资于魁北克的基础设施，促进当地经济发展。2017 年，在谈到魁北克储蓄投资集团对蒙特利尔轻轨的投资时，魁北克储蓄投资集团时任首席执行官迈克尔·萨比亚（Michael Sabia）的讲话指出了双重角色之间的联系："我们希望将在欧洲、美国和澳大利亚获得的基础设施管理的专业知识应用于魁北克。"

正如本章开头所提到的那样，欧洲国家担心自己落后于技术革命的曲线。事实上，美国和中国拥有世界上最大的 20 家科技公司，它们也是世界上绝大多数独角兽初创企业的大本营。为了追赶与中美的技术差距，欧盟目前正在考虑设立一个泛欧主权投资基金，培育"欧洲的科技冠军"（见第一章的相关讨论）。从国家层面来看，一些国家已经建立了自己的主权投资基金，其使命是吸引外国资本并投资于新技术行业。爱尔兰战略投资基金就是一个很好的例子，意大利和法国等也在积极推进相关工作。

意大利经济的特点是小企业众多、生产技术水平偏低（尽管它以卓越著称），这受到了技术革命和全球化趋势的挑战。尽管就 GDP 而言，意大利是世界第八大经济体和欧洲第四大经济体，但其科技生态系统并不发达。技术发展的短板给企业带来了沉重的负担，不少企业甚至还没能实现宽带全覆盖，即使是已覆盖的企业，在管理供应链和商业活动方面也存在延迟。

意大利的主权基金——意大利战略基金（Fondo Strategico Italiano，简写为 FSI），成立于 2011 年，隶属于意大利国有银行——意大利存款和贷款机构股份有限公司（Cassa Depositi e Prestiti Group SpA，简写为 CDP）。在成立初期，基金的主要任务是收购并管理具有"重大国家利益"公司的股份，并帮助这些公司在全球开展竞争，主要投资对象包括制造业、生物制药、航空航天以及高速互联网（例如，2012 年对光纤公司 Metroweb Italy 的投资）。值得注意的是，该基金 2014 年与上海电气的交易很好地体现了"跨境扩张"的投资主题（见图 5.10）。

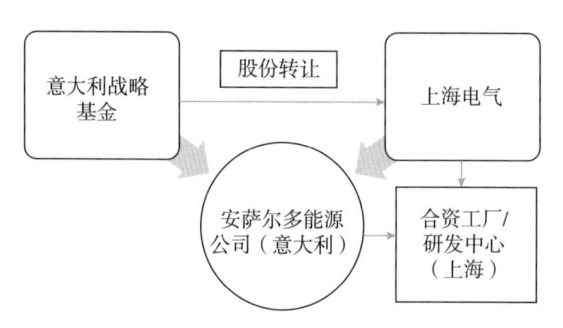

图 5.10　意大利战略基金/上海电气——中意技术转让

2014 年，意大利战略基金以 4 亿欧元的价格将电力工程公司安萨尔多能源公司（Ansaldo Energia，简写为 AEN）40% 的股份出售给上海电气。上海电气是中国领先的多元重工业装备制造集团。在这笔投资之后，安萨尔多能源公司和上海电气在中国成立了两家合资企业——一家为亚洲市场生产燃气轮机，另一家则在上海成立了研发中心。这笔交易使安萨尔多能源公司有机会进入亚洲和中国市场，进而提升销售额，也使中国能够获得这家意大利公司的燃气轮机技术，用于其清洁能源设备。

2016 年 3 月 31 日，意大利战略基金更名为 CDP Equity，仍由意大利存款和贷款机构股份有限公司全资拥有。近年来，该基金更加专注于"支持意大利工业体系的创新和竞争力"，并与哈萨克斯坦 SK 基金、科威特投资局、卡塔尔投资局、韩国投资公司、俄罗斯直接投资基金和中投公司等顶级主权投资基金签订了共同投资协议。

在意大利初创企业造就新一代企业家之际，CDP Equity 为了将更多全球资本和资源网络引入意大利所做出的努力是无价的。2018 年，中投公司提议成立一只双边基金——中意产业合作基金，共同投资于意大利企业，CDP Equity 正在就相关细节与中投公司进行磋商。2019 年年中，新的 10 亿欧元基金——意大利创新基金（Fondo Italiano Innovazione，简写为 FII）成立（母公司仍为意大利存款和贷款机构股份有限公司），该基金将致力于科技初创企业投资，以及吸引更多海外资本。

法国也在探索建立类似的合作投资平台，以吸引外国投资。法国存托银行（Caisse des Dépôts，简写为 CDC）的目标是"吸引外资投资于法国不同类型的资产，以便为法国经济提供长期的资金来源并提高经济的竞争力"。法国存托银行与俄罗斯直接投资基金、俄罗斯对外经济事务银行在 2013 年共同签署了一份谅解备忘录，以推动法俄两国的直接投资合作。

2016 年，法国存托银行也与中投公司签署了一份谅解备忘录，共同设立了一只联合投资基金，投资于大巴黎地铁地区的基础设施项目开发。值得注意的是，这一点与 2008 年成立的法国战略投资基金（51% 由法国存托银行持有，49% 由法国政府持有）相比，是一个重大转变，时任总统萨科齐明确表示，鉴于主权投资基金的投资在法国经济中不断拉响警报，法国战略投资基金将是带有防御性的。如今，时代已经完全不同了。

俄罗斯直接投资基金在发展与同行的共同投资关系方面非常积极，它的目的是吸引更多资本进入俄罗斯。该基金与各国建立了多个合作平台，其中包括与中国的密切关系。2012 年，中投公司与俄罗斯直接投资基金共同成立了中俄投资基金（Russia-China Investment Fund，简写为 RCIF），以加强中俄两国之间的经济合作和投资（见图 5.11）。中俄投资基金从俄罗斯直接投资基金和中投公司处共获得了 20 亿美元投资，两家公司分别出资了 10 亿美元。2019 年，俄罗斯直接投资基金再次与中投公司合作，这次合作的重点是技术创新，双方共同成立了一只 10 亿美元的中俄科技投资基金；同年，俄罗斯直接投资基金与中国互联网巨头阿里巴巴合作，建立了一个社交商务平台。

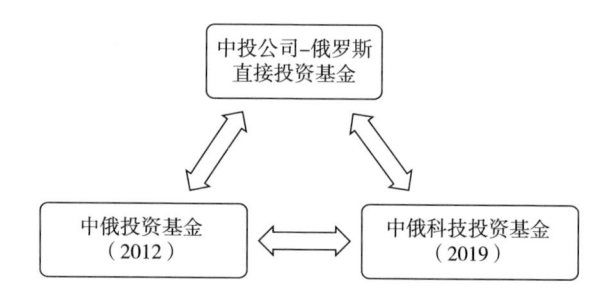

图 5.11　中投公司 – 俄罗斯直接投资基金对科技的新关注

总体而言，对于非洲等前沿市场的主权基金来说，由基金提供的共同投资平台机制可能是最重要的。大多数非洲主权基金的规模都在 50 亿美元以下（阿尔及利亚和利比亚是罕见的例外，各自管理着 500 多亿美元），但是通过与主权投资基金同行开展共同投资，可以大幅增加对投资项目的资本注入。例如，摩洛哥主权投资基金 Ithmar Capital 投资设立了 Wessal Capital（见图 5.12），这是摩洛哥基础设施投资的共同投资平台，摩洛哥通过该平台从中东地区的主要主权投资基金那里募集了 25 亿美元，其中包括沙特阿拉伯公共投资基金、科威特投资局、卡塔尔投资局和阿联酋的穆巴达拉投资公司。

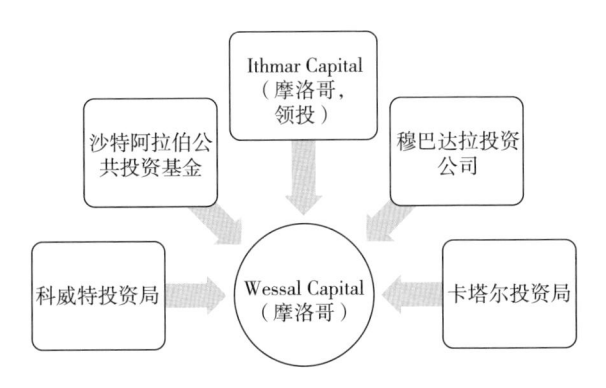

图 5.12　摩洛哥与中东地区主权投资基金的合作

另一个明显的好处是，与成熟和具有广泛声誉的机构投资者一起投资，有助于提高非洲主权投资基金在全球金融界的可接受程度，从而提升其在履行使命过程中的声誉和合法性。不仅如此，非洲的主权投资基金还可以向外国投资者表明当地经济的信誉和成熟度，从而使其母国对海外资本更具吸引力。

开展共同投资给非洲的主权投资基金带来的更为深远的好处是改善基金的治理和透明度。为了增加有效激励非洲数字转型的机会，非洲的主权投资基金必须克服它们面临的主要问题，其中包括糟糕的治理和信息披露，这些问题影响了它们的国际信誉。虽然也有包括尼日利亚主权投资局在内的部分非洲主权投资基金在治理和透明度方面得到了广泛赞誉，但是，对于大多数非洲主权投资基金的运作方式来说，公众仍然知之甚少或根本一无所知。例如，毛里塔尼亚、利比亚、赤道几内亚和阿尔及利亚的主权投资基金在信息披露方面排名最后，它们几乎没有披露任何财务数据。

因此，非洲主权投资基金与成熟主权投资基金的共同投资将带来宝贵的学习机会，如同行评审、能力建设，以及分享机构知识和最佳实践经验。与此同时，全球主权投资基金的参与也有助于非洲主权投资基金妥善应对政治干预，因为国内投资往往在运营过程中招致政客的过度参与(见专栏5.5)。

专栏5.5 你说谁是"政治动物"?

2020年2月18日,英国《金融时报》援引了总规模330亿美元的土耳其财富基金(Turkey Wealth Fund,简写为TWF)首席执行官扎弗·桑梅兹(Zafer Sonmez)的话——"每只主权财富基金都是政治动物"。他的这番表态是在回应外界关于土耳其总统埃尔多安将土耳其主权财富基金用于政治目的的指责。这位马来西亚国库控股公司土耳其办公室的前负责人接着说:"有没有人可以告诉我,由新加坡总理担任主席的新加坡政府间投资委员会与政治没有关系?或者由沙特阿拉伯王储穆罕默德·本·萨尔曼主导的公共投资基金也与政治无关?"

没过多久,他就收到了回应。第二天,也就是2月19日,英国《金融时报》刊登了一封新加坡财政部的来信,署名为新加坡财政部储备与投资司司长林志坚(Lim Zhi Jian,音译)。他在信中简明扼要回复了5段话,最后总结道:"主权财富基金的治理模式各不相同,没有哪一种方式是绝对正确的。新加坡主权财富基金的治理模式将国家所有权与自主经营相结合,可以不受政治压力影响。这一模式在实践中被证明是有效的。"如果沙特阿拉伯公共投资基金也写一封信作为回应,《金融时报》估计是不会刊登的。

这种罕见的公开交流方式凸显了主权投资基金对政治影响的敏感性。当接受主权投资基金投资的东道国的政治家和公众找到其中明显的冲突或不公平时,这一问题往往会引起民众的广泛共鸣。我们将在第七章中看到得克萨斯州立法者对该州教师公共养老基金新的豪华办公室的愤怒。在第八章和第九章中，我们重点关注了主权投资基金投资背后的政治或政策动机，导致东道国政府有理由对具有政府背景的投资者采取越来越严格的国家安全审查措施。

由于桑梅兹管理的基金主要投向土耳其国内，国家安全审查的担忧可能并不重要。对于新加坡政府投资公司来说，它根据授权只能投资于新加坡以外地区，同为新加坡主权投资基金的淡马锡也已经从新加坡国内投资者发展为地区和全球投资者，因此出于商业动机的投资是它们战略成功的关键。

更糟糕的是，政治干预也会导致更高的政治寻租风险（见专栏5.4），特别是对于缺少具有丰富经验的专业人员、缺乏监管和问责机制，以及投资机会更差的国家来说。政府官员可能会使用相对宽泛的"经济发展"的概念，迫使主权资本投入效率低下或由政治主导的国内投资。有经验的国外主权投资基金可以起到一定的平衡作用（如果机构投资者、养老金管理人和开发银行能够参与其中的话，情况会更好），有助于防范被投资项目偏离经济目标或可持续发展目标。

总的来看，本书的前几章主要关注主权投资者在全球范围内寻找科技独角兽的足迹，尤其是在中国和美国等全球领先的科技创新中心；与此同时，本章探讨了一类新的全球趋势，即利用主权投资基金发展本国的科技产业，并带动本国经济多元化。因此，数量惊人的主权投资基金既是本国的开发性金融机构，也是世界各地经济发展的主要参与者。随着主权投资基金越来越向数字创新的源头聚集，它们已经成为发展的强大原动力。其结果是，它们在解决全球经济失衡方面取得了令人振奋的重大进展。

几乎没有证据表明,德国养老基金要在德国国内培育风险投资资本,而不是投资于意大利政府债券。以下介绍的一家德国上市公司Rocket Internet,它已经在投资初创企业方面取得了成功,或许它听从了投资于德国国内初创企业的建议。

作为一家以家族办公室为资金来源的基金,Rocket Internet 对欧洲的初创企业进行了多轮风险投资并成功退出。然而,在2020年4月2日,该公司宣布,在注意到非洲的电子商务公司吉米亚的股票价格在一年内从49.99美元的高点暴跌至2美元(如本章所述)后,它已经抛售了在这家星光暗淡的"非洲的亚马逊"11%的股份。Rocket Internet 在退出吉米亚之后仍持有超过23亿美元的现金。因此,无须为 Rocket Internet 惋惜,它多样化的风险投资策略挣到的钱足以弥补因投资吉米亚这样的企业而蒙受的损失。

事实告诉我们,我们不会看到德国养老基金在短期内转变为德国国内的早期和灵活的风险投资者,更不用说投资于世界其他地方了。但是,正如我们将在下一章所介绍的那样,领先的主权投资基金早已做到了这一点。

第六章
更早期， 更灵活

WeWork 及其取消 IPO 的故事，看起来并不像是一幅织有独角兽图案的挂毯，而更像是一则格林童话——对它的投资者来说，尽管主权投资基金在很大程度上成功摆脱了愿景基金带来的声誉打击，但这仍然是一个没有幸福结局的童话故事。在《白雪公主》的故事中，有一天，七个小矮人从他们共同工作的地方回来，发现一个英俊王子用一个吻将他们心爱的白雪公主从沉睡的魔咒中唤醒。然而遗憾的是，对 WeWork 的投资者来说，CEO 并不是英俊的王子，公司在申请上市之后也没有摆脱邪恶的魔咒。

在不计其数的资本的魔力助推下，WeWork 改变了很多城市的工作场所，并在此过程中成为纽约市最大的单一租户。它的主要支持者愿景基金向这一变革性现象注入了数十亿资金。尽管 WeWork 并不是一家真正意义上的"科技"公司，但是它和它的创始人亚当·诺伊曼从科技独角兽童话般的崛起中受益匪浅。

2019 年 8 月，当 WeWork 提交 IPO 申请时，所有人都清醒了，童话故事结束了——原来亚当·诺伊曼不是英俊的王子。据《华尔街日报》报道，在 IPO 过程中，诺伊曼和朋友租了一架私人飞机飞往以色列，他在途中吸食大麻，并在回程航班上留下了一个装满大麻的麦片盒。那些有关他在公司会议上喝龙舌兰酒，以及这家亏损公司斥资 6 000 万美元购买公务机的报道，让人们对他的管理风格和判断力产生了质疑。

2019年10月，诺伊曼被罢免了首席执行官一职（并获得了约17亿美元的补偿金）。孙正义和愿景基金以80亿美元的估值收购了WeWork，避免了一场财务灾难，但是公司的IPO被"无限期推迟"。截至2019年11月底，WeWork已经解雇了2 400多名员工，他们再也没能回到他们的共享工作空间。

WeWork的故事不仅仅是一家大型风险投资基金（拥有前所未有的1 000亿美元规模）首次投资于一位另类的初创企业创始人。在当前科技热潮之前的几十年里，一个反复出现的场景是，在没有公开市场监督和约束机制的情况下，由追求超额回报的被动投资者开出的空白支票簿越来越容易获取。主权基金的崛起加剧了这种趋势，它们寻找独角兽公司，在大额风险投资之后继续推升初创企业估值。事实上，WeWork的危机在新冠肺炎疫情暴发之前就已经初露端倪。

WeWork 溃败之年

对于 WeWork 来说，2019 年 1 月是一个好的开始。当时，这家颠覆传统的独角兽公司估值达到 470 亿美元。WeWork 是纽约最大的商业写字楼租户，为初创企业和部分全球知名大企业提供家具齐全的共享办公空间，同时正在推动办公场地发生变革。传统的房地产开发商和业主纷纷效仿该公司，打造迎合千禧一代的办公场地。同时，WeWork 也在运营办公场地这一核心业务之外向住宅和其他项目拓展。

自 2009 年成立以来，WeWork 在私募市场募集了大量资金，估值不断上升。Benchmark 以 1 750 万美元的首轮投资开启了这一进程；在随后的一轮融资中，DAG Ventures 以 4.4 亿美元的估值购买了 WeWork 股权；摩根大通投资时，WeWork 的估值已经达到了 15 亿美元；2014 年年底，T. Rowe Price 投资时 WeWork 估值上升到了 50 亿美元；仅仅 6 个月后，富达投资以 100 亿美元的估值对 WeWork 进行了投资。

2016 年，主权投资者支持的愿景基金和由孙正义领导的软银向这家初创企业投资了 44 亿美元，此时故事才真正开始。到 2019 年年初，孙正义累计投资超过 100 亿美元，WeWork 估值达到 470 亿美元，而这一切都没有经过公开市场的验证。当它准备 IPO 的时候，投资银行家纷纷向公众热情推荐该公司，超过 600 亿美元的估值甚至比之前已经是极高的估值还要高近 30%（见图 6.1）。

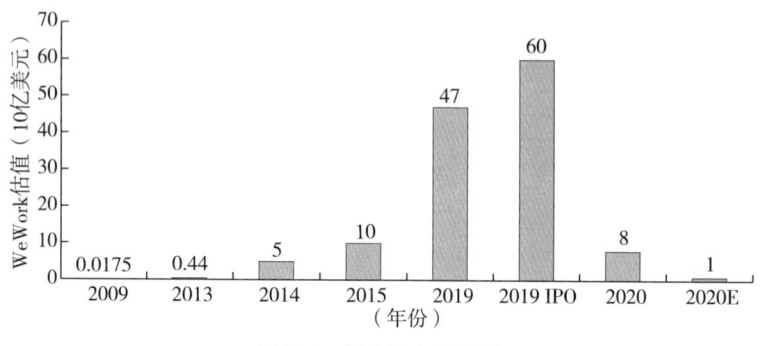

图 6.1 WeWork 的兴衰

作为一家领先的共享经济独角兽公司，WeWork 完美契合"不惜任何代价获取增长"模式的所有特征，并得到了软银孙正义和作为有限合伙人的主权投资基金的支持。但是，它吸引公众关注还有其他原因。该公司的业务模式是，长期贷款负债，然后从短期出租中获得收入。对此持怀疑态度的人很多。《金融时报》认为 WeWork 的早期估值是"建立在子虚乌有之上的"。在 WeWork 的 IPO 文件"我们的故事"部分有 3 句话，其中一句就是："我们的使命是提升世界意识。"但是，当华尔街着手准备 IPO 材料并审查 WeWork 账目时，审查——和怀疑——进一步加剧了。

2019 年夏天，WeWork 的童话破灭并回归现实。不断增加的亏损、盈利能力的匮乏、错综复杂的裙带关系和可比的市场乘数，所有这些都使得 WeWork 的估值迅速下降到不到 10 月底的一半，接踵而来的是 IPO 被取消和 CEO 被更换，随后愿景基金收购了 WeWork 80% 的股权，此时公司估值已大幅降至 80 亿美元。到 2020 年 4 月，软银决定放弃计划中的收购，这引发了两家公司之间的法律诉讼。

WeWork 并不是一个特例。"创新"市场——新研究和新技术的商业化——是复杂且不透明的，就其本质而言，对机构投资者来说（就每笔交易而言）是充满风险且低效的。早期的技术参与者会面临技术风险、市场风险、商业模式验证和执行风险。总部位于旧金山的共享出行独角兽公司优步则是另一个例子。

在愿景基金成立之前，沙特阿拉伯公共投资基金首次高调进军科技行业就是在 2016 年向优步投资 35 亿美元，使这家初创企业的估值达到 620 亿美元。2017 年年底，软银对优步进行了 12 亿美元的直接投资，但到 2020 年，优步的估值跌到 450 亿美元以下（见图 6.2）。与 WeWork 一样，优步在运营上也出现了重大亏损，这也意味着愿景基金蒙受了巨额损失，对参与投资的公众来说更是雪上加霜，因为优步 2018 年 IPO 时的估值超过 820 亿美元。正如我们前面介绍的，沙特阿拉伯公共投资基金还投资了特斯拉，这显然也意味着损失重大。

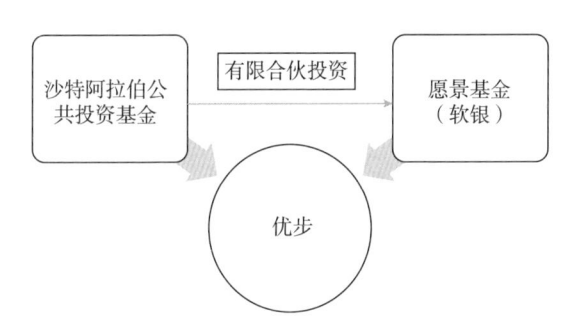

图 6.2 沙特阿拉伯公共投资基金和愿景基金对优步的投资

淡马锡：资深投资人的坎坷之路

科技投资面临的挑战不仅仅是首只千亿美元风险投资基金和非传统初创企业的创始人。即使是像淡马锡这样经验丰富的主权投资基金，在其投资过程中也多次遭遇失败。

其中最突出的例子可能要数蔚来汽车了。蔚来汽车是一家成立时间不长的初创企业,以生产高端电动汽车而著称。该公司培养了一批忠实的粉丝,并成功实现了上一年的交付目标,这一切都是在它不拥有自己的生产工厂的情况下实现的。蔚来汽车成立于2014年,将自己定位为特斯拉的中国竞争对手,并在2018年IPO之前向机构投资者进行了大范围的推销。据媒体报道,软银在蔚来汽车的IPO路演期间关注了该公司股票,但最终孙正义决定放弃这笔投资。

2016年6月,蔚来汽车宣布将由淡马锡牵头公司的C轮融资,募集资金规模约为数亿美元。投资者包括德太资本、厚朴资本和联想创投等领先的私募股权投资基金。这些成熟的私募股权投资基金追随淡马锡的脚步,也表明了淡马锡作为风险投资界资深投资者的地位(见图6.3)。

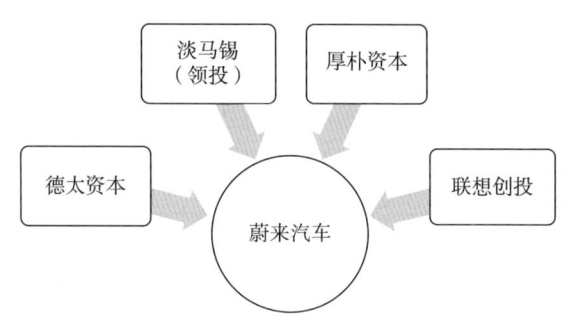

图6.3 淡马锡领投蔚来汽车2016年6月融资

蔚来汽车在短短5年中,总亏损额度超过了50亿美元。2019年年底,该公司披露,本季度又出现重大亏损,并报告了"持续经营"风险预警。它的坏运气并没有到此结束。蔚来汽车在2019年又召回了5 000辆汽车,销售毛利率为负。该公司连续两个季度推迟了财报会议,首席财务官也辞职了。尽管蔚来汽车在2019年新年前夕召开了年度股东大会,但是会上可能并没有打开香槟酒助兴。

蔚来汽车的股价在2020年年初跌至谷底，较IPO时的估值下跌逾70%。蔚来汽车上市之后，淡马锡在2019年2月提交给美国证券交易委员会的文件显示，淡马锡持有蔚来汽车5.4%的股份。一年之后，根据更新后数据，到2020年年初，淡马锡对蔚来汽车的持股已降至1.8%。

在进军中国市场的另一次尝试中，淡马锡在中国的共享经济热潮中也进行了投资，例如它曾经投资了优步的中国竞争对手——滴滴出行。淡马锡也是优步在东南亚的竞争对手Grab的投资者。有趣的是，中国的共享经济已经偏离了共享经济的原意——为未被充分利用的商品和服务提供点对点的交换服务。爱彼迎和优步两家公司提供的平台，将用户与闲置的房间和私家车等未被充分利用的资源连接起来；但是，中国的共享经济与此不同，它已经演变成为一种类似于互联网租赁的业务。中国的共享经济公司拥有各种类型的资产，并通过互联网将这些资产出租给用户。

当然，并非所有的新想法都能在实践中奏效。大多数共享服务都需要在前期投入大量投资，在"共享"（或"租赁"）之前获取该商品，既包括汽车等大型设备，也包括雨伞和充电宝等小型设备，为了尽可能多地吸引用户，这些设备单次使用费用都很低。最终的结果是，年轻的企业不断通过资本市场筹集资金，但是它们盈利前景却远未明朗。对一部分企业来说，一个根本性问题是用户是否真的需要这些共享产品，或者底层产品是否真的适合共享（见专栏6.1）。

专栏6.1　有史以来最糟糕的想法

共享雨伞初创企业E umbrella因其令人质疑的商业模式和盈利前景而备受嘲笑。首先，与汽车甚至自行车相比，雨伞要便宜得多，这就引出了一个问题：人们是更愿意购买雨伞，还是更愿意租借雨伞？

E Umbrella公司以1 000万元作为启动资金，用户首次使用雨伞需支付20元，其中每把伞的押金为19元，每使用1小时额外收取1元。中国网友立即对其商业逻辑提出了质疑。一些人评论道："公司要收20元押金，可是我有个更好的主意——用这20元去买把新伞。"

而且，E Umbrella似乎忽略了一个事实，那就是，与自行车不同，雨伞必须放在固定位置。因此，自行车可以"免费停靠"在任何地方，但是雨伞必须归还到指定位置。实际上，E Umbrella的雨伞租借柜主要设在各个城市的火车站和汽车站附近，这限制了它对广大民众的便利价值。

出于同样的原因，对于该公司来说，确保用户使用完雨伞后将它们归还至租借柜也是一项挑战。大多数用户最终还是留下了他们租来的雨伞，或者像对待自己的雨伞那样——最后一次使用后不知道扔到哪里去了。据新闻报道，E Umbrella推出不到3个月，在中国11个城市的30万把雨伞几乎全部丢失。

事实上，共享雨伞的想法并非中国所独有，同样的创业想法也出现在美国。一家名为BrrellaBox的初创企业在《创智赢家》(*Shark Tank*)节目上提出了类似的想法，其中一位点评嘉宾在节目中称该风险投资为"有史以来最糟糕的想法"。公平地说，在《创智赢家》的许多期节目中，都充斥着可以争夺"有史以来最糟糕想法"头衔的共享经济创业理念。

例如，在北京公交车站和火车站附近的街道上，人们把折叠凳放在一起共享使用。与自行车和雨伞类似，这些凳子

> 上也有二维码，使用前需要扫码。然而，它们与自行车和雨伞有着本质不同，共享的物品甚至都不是"移动的"：人们在使用它们的时候不需要移动凳子。因此，许多人在社交网络上嘲笑说："如果我只是坐在凳子上不扫码，公司会知道吗？"

在共享单车蓬勃发展阶段，淡马锡收购了摩拜单车，摩拜单车是竞争激烈的共享单车市场的重量级玩家之一。共享单车的业务模式不涉及知识产权，初创企业抄袭成风，在价格和可用性上开展了激烈的竞争。自2016年以来，中国主要城市的人行道上到处都是五颜六色的共享单车，橙色（摩拜）、黄色（摩拜的主要竞争对手OfO，投资人中包括滴滴出行）、蓝色（Bluegogo，小蓝单车），以及其他颜色的组合。

2017年2月，淡马锡和私募股权投资基金高瓴资本领投了对摩拜的新一轮巨额投资，同时跟进的投资者包括腾讯控股、华平投资和携程国际（见图6.4）。然而，由于业务模式高度同质化的初创企业争夺市场份额的竞争不断加剧，即使是这些资金雄厚的投资者也不足以支持摩拜继续烧钱。根据中国交通运输部的数据，到2017年秋季，共有多达70余个共享单车品牌，拥有约1 600万辆自行车，用户数约为1.3亿。

摩拜成功地将其共享单车业务拓展到全球170个城市，拥有700万辆自行车，用户数超过1亿。但是，与此同时，摩拜的亏损也在不断加剧，主要原因如下：

- 巨额资本投入：在通常情况下，共享经济平台并不需要拥有它所运营的资产，就像爱彼迎不拥有酒店、优步不拥有汽车一样。但是共享单车公司必须花费重金购买所有它们运营的自行车。
- 运营成本高：共享单车公司需要日常维护自行车，及时将损坏

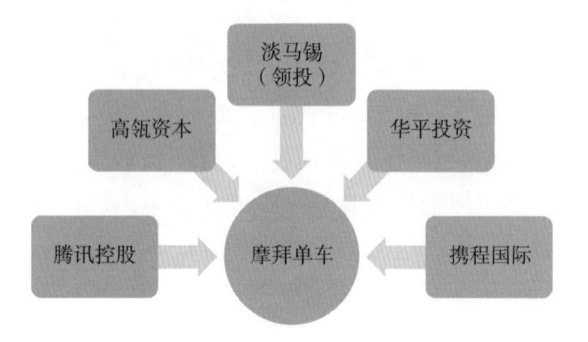

图6.4　2017年2月淡马锡领投对摩拜单车的投资

的自行车换下来，对它们进行修理、重新喷漆或安装车锁，并重新放入库房以备使用。

- 收入低：所有的共享单车公司提供的服务基本上是相同的，这导致市场供过于求。每辆单车最初的租赁价格就很低，后来为了争夺更多的市场份额和活跃用户，公司不得不为用户提供各种各样的折扣和奖励。

自2018年以来，许多共享单车企业都宣告破产。它们过去运营的各种颜色的自行车被丢弃在遍布城市和郊区的"自行车墓地"，成为一座座见证投资热潮兴衰的纪念碑。摩拜幸存了下来（某种程度上），2018年4月，它被最大的移动生活服务平台美团以近30亿美元收购。美团以团购和餐厅评论起家，目的是构建一个"超级应用"，为消费者提供包括在线零售、食品配送、酒店预订和打出租车等在内的一切生活服务，收购摩拜后又增加了共享单车服务。

摩拜单车现在更名为"美团单车"。对于美团这样的移动平台企业来说，共享单车公司拥有的庞大用户数据库会提供一些潜在的价值。然而，摩拜仍在亏损。根据证券公司的研究报告，摩拜将继续亏损到2021年，并拖累整个美团的盈利能力。当然，摩拜的投资者已经比那些破产的竞争对手要好得多,摩拜的收购方美团已于 2018 年 9 月成功上市。

本章开篇详细介绍了 WeWork 在全球的溃败,该公司在中国也有过一段故事,淡马锡在其中发挥了一定作用。2018 年,WeWork 的中国子公司 WeWork China 成立仅一年后,就获得了 5 亿美元 B 轮融资,该轮融资由软银、愿景基金、淡马锡、挚信资本、弘毅投资领投,WeWork China 的估值在该轮融资后达到了 50 亿美元。WeWork China 约 59% 的股份由 WeWork 持有,其余由软银、弘毅投资和挚信资本等其他投资方持有。鉴于 2019 年年底软银/愿景基金对 WeWork 纾困时 WeWork 的估值仅为 80 亿美元,到时候,WeWork China 的估值可能也远低于淡马锡投资时的 50 亿美元了。

2020 年年初,有媒体报道,淡马锡正在与另一家投资人挚信资本开启关于共同增加对 WeWork China 投资的谈判,目的是获得 WeWork China 的控股权。在就该笔交易进行谈判时,WeWork China 估值约为 10 亿美元,仅相当于双方在 2018 年投资估值的 20%。迄今为止,淡马锡和挚信资本在进军中国的共享经济时都蒙受了损失。

总而言之,"不惜任何代价获取增长"的独角兽商业模式为主权投资者创造了一个机会,让它们可以将大量资金直接投资于此前必须依赖于风险投资基金才能进入的行业。因此,投资环境有利于独角兽的成长,但也会放大投资者的风险(尤其是 IPO 市场并没有提供那些高估值投资时预想的退出渠道)。新进入的投资者开始重新审视它们的战略——不是质疑创业公司的商业模式,而是扪心自问:在创业公司的融资周期中,我们的投资是否太晚了?

新策略,新配置

本章的案例说明,对主权投资者来说,执行雄心勃勃的科技投资计划在实践中是一项艰巨的挑战。根本原因在于，科技行业的直接风险投资涉及的资产类别与主权基金所擅长的传统领域相去甚远。

对于主要的主权基金而言，每笔权益投资的最佳规模在1亿美元以上（相比之下，大多数风险投资基金的总规模在5 000万至5亿美元之间），因为它们的组织架构通常只配备少量员工，由这些员工将大量资产分散配置到全球股票市场和固定收益市场。即使是主权基金内部拥有开展此类投资的专业人员和资源（通常情况并非如此，第七章将更加详细地讨论人员配置和招聘问题），它们也会经常发现投资初创企业非常困难或根本不切实际，因为它们所需要的交易规模对于初创企业来说太大了。

正因为如此，来自中东、中国、加拿大、新加坡的主权基金，一直在积极参与独角兽公司的后期融资，这些融资通常被称为"成长资本"或"扩张资本"。从时间上看，这是处于风险轮（A、B轮）和IPO之间的融资阶段，投资已经不用考虑企业成长初期的技术风险，而是满足企业上市之前所需要的资金（见图6.5）。在这一阶段，许多私募市场投资者，如风险投资基金、私募股权投资基金（甚至主权投资基金同行），已经对初创企业进行了投资，这为后期的主权投资者提供了有益的参考。

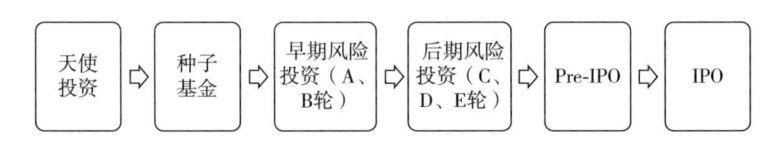

天使投资 ⇨ 种子基金 ⇨ 早期风险投资（A、B轮）⇨ 后期风险投资（C、D、E轮）⇨ Pre-IPO ⇨ IPO

图6.5　独角兽的生命（融资）周期

这些投资对于风险投资基金来说规模太大，且处于后期阶段，但并不适合被收购或上市。许多新经济业态都是资本密集型的（例如优步的"共享经济"），这对有能力提供这种资金支持的长期投资者非常具有吸引力。当初创企业的估值达到10亿美元时，对于主权基金来说，投资规模就比较合适了。实际上，这对于管理5 000亿美元投资组合的人来说仍会构成挑战。对于初创企业来说，早期融资规模要小得多，最多只有5 000万美元，大型机构投资者很难进行一定规模的直接投资。

然而，私募股权市场的机会往往来自对具有高增长潜力的小公司的早期投资。触达、能力和择时是在这个领域取得成功的最重要因素。由于许多主权基金认为自己是长期投资者，它们的投资策略与风险投资基金相比，更加关注规模更大但是数量上更少的投资，因此它们喜欢参与独角兽公司的后期融资——通常是所谓的"Pre-IPO"，从名称可以看出，这是独角兽上市前的最后一轮私募融资。

这样的后期投资为主权投资者提供了机会，它们可以向一家经营多年的老牌独角兽公司开出巨额投资支票（一般金额达到数亿美元）。在它们投资之前，该公司已经拥有了知名投资者，其中可能包括著名的风险投资基金、蓝筹共同基金、大型资产管理公司，以及活跃在该领域的其他主权投资基金。但是，所有的这些并不一定意味着后期投资的风险更低。现实可能恰恰相反。

首先，初创企业，甚至是相当成熟的初创企业，内部控制和管理流程往往远不如大多数上市公司。正如愿景基金和WeWork的案例中清晰地表明的那样，仅仅因为一家公司可以以很高的价格从主要股东那里募集到资金，并不能确保这家公司会一帆风顺。直到WeWork提交IPO招股说明书，其他风险投资公司才意识到WeWork是多么缺乏有效的公司治理。例如，该公司对涉及CEO/创始人及其利益相关方的关联交易漫不经心，比如WeWork租赁的部分办公楼的股权由CEO诺伊曼持有；如果诺伊曼丧失行为能力，他的妻子将参与继任者的选举；诺伊曼的家人在该公司的"创造者大赛"项目中工作，而公司最大的外部股东承诺为该赛事提供1.8亿美元的奖金。

其次，初创企业上一轮融资的估值价格并非永恒不变。在1999年至2000年的科技泡沫期间，互联网初创企业创纪录的估值与创纪录的IPO同时存在，股东借此获得了透明的定价和资金的流动性。但是近些年来，情况正好相反，私募独角兽融资创下纪录，而IPO越来越少。大多数投资者在账面上看起来很成功，它们根据独角兽的私募股权融资估值来提升自己所持有的股票价值，但就真正的公开市场交易和现金回报率而言，成功的故事要少得多。

实际上，一个令人震惊的现实是，独角兽企业披露的财务信息往往非常有限。即使是它公开的财务信息，可能也不符合公认会计原则（Generally Accepted Accounting Principles，简写为GAAP，见图6.6）。

公认会计原则（GAAP）	创始人会计
·净营收 ·毛利率 ·收益 ·现金流	·活跃用户 ·商品总价值 ·运转率 ·预订量

图6.6　公认会计原则与创始人会计

由于许多公司距离盈利还很遥远，所以它们的财务报告往往不主动披露诸如收益和利润之类的指标，也不关注公认会计原则中的净营收或毛利率指标。相反，它们会强调大量的"活跃用户"、高水平的"商品总价值"和"运转率"，甚至是"预订量"。它们喜欢使用这些指标来表明业务的快速增长，这与20多年前".com"的创始人喜欢使用的"眼球"和"网站访问量"指标并没有太大的区别。

即使经过审计，财务报表中也可能有大量的"限制条款"，即审计师列出了某项审计可能不符合公认会计原则的所有原因，并强调如果深入分析，情况可能会发生重大变化。即使是在Pre-IPO阶段的独角兽公司，也往往缺乏足够的财务信息，它们并不会提供类似于IPO招股说明书那样正式披露的信息。事实上，一些独角兽公司在完成了Pre-IPO融资之后推迟了上市计划，并继续在私募市场寻求进一步的融资。

再次，即使是知名投资者参与了前几轮融资，也并不意味着可以替代尽职调查。当知名风险投资基金、蓝筹共同基金、大型资产管理公司、活跃在科技投资领域的主权基金等具有知名品牌的投资人已经投资了初创企业，很多主权基金就会安心地参与到后期投资中去。这是一条危险的捷径，因为早期投资者，尤其是风险投资基金、私募基金和共同基金，比后期投资者更容易与初创企业创始人结成联盟（见图6.7）。就像创始人一样，它们可能已经坐拥被视为成功的巨额账面收益。更重要的是，它们可能把这样的"成功"呈现给了自己的投资人——它们的有限合伙人。

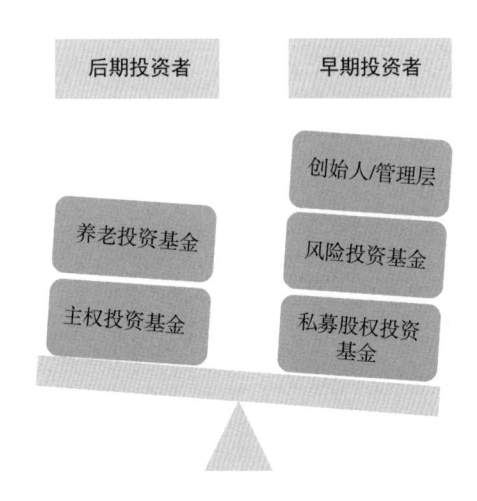

图6.7　早期投资者比后期投资者更容易与初创企业创始人结成联盟

如果一家初创企业当前处境艰难，焦虑的私募基金管理人会有多种动机来阻止公司进入"流血融资"（以低于上一轮融资的估值向新股东出售公司股份）。估值减记意味着它们"登记在册"的早期收益会迅速缩水，而且，这样的资产减值很可能会影响它们从潜在的有限合伙人（包括许多主权基金）那里募集下一笔资金。因此，确保新的主权投资者以更高的估值进入，符合它们的利益，否则它们的投资将

"面临风险"。

最后，尽管主权基金被视为最后贷款人，但它们得到的未必是最佳条款。尽管处于后期所段的主权投资者在对独角兽的投资中投入了大量资金，但是由于它们面临着竞争一家已经被证明是非常成功的企业的股权份额的压力，往往不得不接受相较于前几轮投资者来说非常不平等的条款。例如，早期投资者在其投资条款中能够享受到更好的免受估值下行风险影响的保护条款（如"棘轮"条款，如果股票在 IPO 时的价格低于它投资时的价格，则它可获得更多的股票，以及优先清算权），这意味着这些主权投资基金不得不面对更多的风险。不仅如此，它们的股东权利也可能受到限制，对公司的重大事务，如补偿、债务、重大资本收购和重大商业协议，几乎没有发言权。而且，与早期投资者不同，它们不太可能获得董事会席位，也没有机会近距离监督管理层。

总而言之，主权投资基金必须重新考虑近些年来直接投资科技初创企业时对成长阶段（而非早期阶段）的偏好。它们在早期阶段的小额投资大多是通过外部基金管理人进行的。本节第二章和第三章介绍了主权投资基金从被动的资本配置者到关键领域的新兴科技独角兽的直接投资者的转变过程。这一转变推动了主权投资基金自身的变化，包括它们如何做出决策、如何配置人员，以及明确员工在做出这些决策后需要承担的责任。

例如，在全球金融危机最严重的时候，魁北克储蓄投资集团意识到了推动自身转型的紧迫性，全球金融危机这个时点有助于转型获得认同并取得成功（见专栏 6.2）。魁北克储蓄投资集团目前使用内部团队管理其高达 90% 的资产，很少将资产分配给外部管理人。在其擅长的领域，内部团队更为庞大，例如仅仅是专注于投资、建设、运营购物中心和办公大楼的房地产部门——艾芬豪剑桥分部，就有 1 000 多名员工。

魁北克储蓄投资集团前总裁兼首席执行官迈克尔·萨比亚表示："转型的'内容'是基于我们所谓的'企业家心态'的一种新投资战略。"为了实现转型，魁北克储蓄投资集团必须从以下方面改变其文化：(1) 重新考虑人事招聘和现有员工；(2) 重构决策流程，引入更为严格的管理和协作机制，包括更换 IT 平台以打破部门藩篱；(3) 改革薪酬结构。

现在，主权基金要想成为更好的科技投资人，就必须进一步改变其组织架构，就像几年前它们转向"直接投资"领域一样，魁北克储蓄投资集团的例子也印证了这一点。

专栏 6.2　铁路投资

作为一家承担着双重使命的主权投资基金，魁北克储蓄投资集团既要促进魁北克地区的经济发展，又要为养老金领取者和其他受益人提供底线保障，因此在转型的过程中可能会遇到特殊的困难。庞巴迪公司（Bombardier）即将出售的列车部门，讲述了魁北克储蓄投资集团成功转型的故事。魁北克储蓄投资集团在转型前一直被视作魁北克省政府的一个分支机构，批评人士认为，它屈从于政府压力，被迫为当地陷入困境的企业纾困，同时阻止外部投资人的收购。

2016 年，在推进转型的过程中，魁北克储蓄投资集团又一次被魁北克省政府要求向本地最大的企业之一庞巴迪公司注资。庞巴迪公司迫切需要现金来支付因产能问题而延误的飞机和列车订单。魁北克储蓄投资集团是少数愿意为该公司提供资金的机构之一。经过谈判，魁北克储蓄投资集团的投资团队接受了向庞巴迪列车部门投资 15 亿美元的投资条款。

后来，阿尔斯通公司（Alstom）收购了庞巴迪的列车部门，魁北克储蓄投资集团在 2016 年的 15 亿美元投资中最终收获了 25 亿美元，回报率超过 70%。

2016 年双方达成的投资条款包括，如果庞巴迪列车部门被出售，魁北克储蓄投资集团将获得 15% 的年复合收益率。在全球金融危机中遭受了 400 亿美元的巨额损失后，魁北克储蓄投资集团的首席执行官迈克尔·萨比亚（在阿尔斯通公司公布收购之际，他已卸任该职位）呼吁加快推动魁北克储蓄投资集团转型，并且取得了出人意料的成功。后来，他担任了多伦多大学蒙克全球事务与公共政策学院的院长。你也许会关心萨比亚在加入魁北克储蓄投资集团之前从事什么工作？这是一个好问题。他曾经担任加拿大国家铁路公司的首席财务官。

成为风险投资基金：早期、灵活和投资组合方式

为了在科技投资中找到不那么过热的赛道，主权投资基金必须向风险投资基金学习，对科技初创企业进行早期投资。此举将对这些主权基金的运营模式产生深远影响。除了"直接投资"，这些大型主权基金还必须进一步改革其组织架构，包括治理、绩效基准、薪酬等，以打造创新投资所需的独特推动力。

第一，问责问题。问责制是主权投资者运作的一个基本特色。如此多的国家财富由一个实体管理，不可避免地会引发强烈关注。这种关注不仅来自资本市场的每一位基金经理，也来自该国的政府机构、财经媒体和普通公众。投资业绩通常是公开的，奖励（或者惩罚）和

业绩必须相称。每一个利益相关者对于如何最好地运用这笔资金都有自己的想法,尤其是当一些交易蒙受损失时,他们会有很多话要说——责任感。

随着主权基金越来越关注直接投资,其责任也相应增加。主权投资基金不能再把业绩不佳的责任推给(随后被解雇的)外部基金管理人,因此它们的员工变得越来越具有责任感——对报告链中的政府部门、立法者和公众负责。中国的主权财富基金中投公司因投资美国著名的资产管理公司黑石集团而受到了公众的广泛批评,就是一个很好的例子(见专栏6.3)。

专栏6.3 中投公司遭遇黑石打击

2007年,中国主权财富基金中投公司宣布斥资30亿美元收购黑石集团股份,这笔具有里程碑意义的投资标志着中国首次通过对一家公司直接且集中的股权投资来推动其庞大的外汇储备投资更加多元化。在此之前,中国的外汇储备主要投资于美国国债和固定收益证券。

在黑石集团2007年6月的IPO中,中投公司出资30亿美元购买了该公司约10%的股份。短短几个月之后,随着美国信贷市场引发金融动荡,黑石集团股价开始下滑。很快,金融危机蔓延至全球,黑石集团股价暴跌,到2008年,中投公司所持股份的价值已缩水逾2/3。黑石集团IPO时的股价为31美元,然而在金融危机最严重的时候,股价不足5美元。

这笔投资的巨大损失——仅仅是账面上的,因为中投公司按股票市值计价——立即引发了广泛的批评。中投公司甚至在正式成立之前就抓住机会参与黑石集团IPO(中投公司于 2007 年 9 月 29 日成立），这一事实加剧了这种压力。公众质疑中投公司是否履行了谨慎勤勉义务，认为它缺乏足够的专业人士对投资美国最大的金融机构之一进行彻底的尽职调查。公众甚至会问，为什么中国的国家基金会用外汇储备来拯救华尔街，而不是支持中国自身的发展。

科技行业的风险投资尤其复杂，因为它本质上将很快面对很多失败。媒体总是把科技创业的故事描述得非常简单：一位拥有神奇技术并很快获得风险投资的企业家在 20 多岁时就成了亿万富翁。这与行业文化有很大关系，风险投资家强调成功，根本不谈论失败，因此他们在埋葬逝者时总是非常安静。

风险投资的本质是，现实中大多数初创企业都会失败。失败的定义很广，从关闭业务和清算所有资产，投资者损失所有的资金（巨额损失）；到被迫退出，即以低于企业募集资金总额出售资产或被其他企业收购（中度损失）；再到无法达到预期的投资回报（小额损失）。即使是资金最为雄厚的初创企业最终也可能失败。主权基金如果将投资集中于几家企业，投资组合的多样化会严重不足。

相比之下，风险投资人玩的是"大数游戏"。他们开展很多高风险投资，但是每项投资的金额都很小，他们预估到其中很多会遭遇失败，仅有少数会取得成功。但是主权基金也能这样做吗？如果对早期风险投资项目逐个进行评估，主权财富基金的员工会担心，太多的"失败交易"将归咎于他们。事实是，如果风险投资人没有经历过多次失败，那他们实际做得并不好，因为这意味着他们没有投资于有风险的企业。简而言之，要像风险投资基金一样行事，主权投资基金需要从投资组合的角度（而不是逐笔）来看待问题，并对"失败"和"责任"有更高的容忍度。

第二，绩效基准。主权投资基金倾向于孤立地看待每笔交易的价值，但是恰好相反，它们应该整体看待直接风险投资，就像问责问题应该放在投资组合的背景下审视一样。由于主权投资者拥有庞大的科技投资组合，他们应该认识到，更加广泛的投资组合收益比从单独一家创业公司中获得纯粹的财务收益更为重要。企业风险投资基金的投资目标一般是与该企业存在一定战略关系的业务，这一点可以作为主权投资基金的有益参考。

例如，当苹果公司首次推出 iPhone 时，它的风险投资部门对软件开发商进行了大量投资，采用的主要方式是收购公司的少量股权，这样的做法有助于围绕智能手机平台构建一个生态系统（见图 6.8）。早在个人电脑时代，英特尔公司推出 x86 系列微处理器的时候，它的风险投资基金就使用同样的方法来支持为英特尔芯片编写软件的公司，这缩短了新的计算机技术从可用到真正应用之间的时间差。归根结底，iPhone 生态系统的成功远比苹果公司从某个智能手机应用程序中获得的财务收益更有价值。英特尔公司打造的芯片垄断帝国与其风险投资组合中某个软件开发商带来的财务回报相比，情况也是一样。

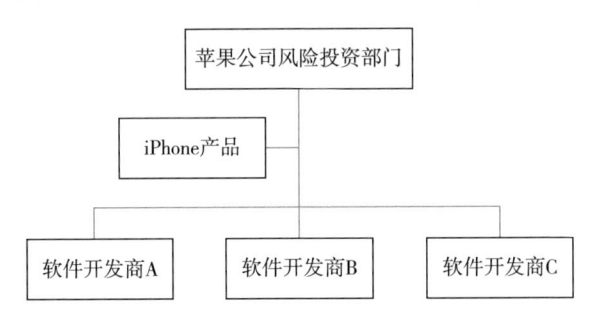

图 6.8　苹果的 iPhone 产品和相关风险投资

换句话说，主权基金还应该考虑不同的投资在同一个生态系统中是如何相互作用并共同受益的。在数字经济领域表现活跃的被投资企业可以帮助主权基金在早期就洞见新兴趋势，从而惠及主权基金所持有的更为广泛的投资组合。一方面，透过一扇窗，了解行业变革技术，可以使得属于主权基金的不同类别的资产从行业的颠覆性趋势中获益，比如上市公司股票、基础设施、房地产等；另一方面，科技领域的投资组合有助于主权基金对相对传统的投资领域做出判断，例如新能源存储技术和电力行业投资。

第三，投资新兴的数字和技术企业，需要对目前的基金尽职调查做法做出根本性改变。从历史上看，主权基金开展早期投资存在较大困难，因为仅仅是小规模的投资依然需要投入大量的人工。与后期投资（更像是传统行业的私募股权投资）相比，早期投资手段包括不同的核心业绩指标，例如收入标准、商业模式、增长预期等。数字革命正在加速。投资人必须在履行受托人注意义务的同时，开发一种能够对最新技术——例如区块链应用和数据隐私等非传统问题——进行快速审查的内部机制。

正因为如此，投资人必须配置一支非常特殊的团队，这个团队中要有具备不同技能和背景的多元化的专业投资人士，以应对投资中不可避免的规模小但复杂度高的挑战。这些专业知识是否可以从组织内部培育出来？或者需要更多经验丰富的风险投资专家来促进这个过程？近年来，投资越来越转向更为基础的研究工作，这更加需要在硬科技和知识产权方面具备深刻洞见的专业人才，而不仅仅是理解互联网的商业模式。就像迈克尔·萨比亚和魁北克储蓄投资集团的情况一样，萨比亚在加拿大最大的铁路公司——加拿大国家铁路公司担任首席财务官的经历，在重组庞巴迪列车部门的过程中起到了重要作用。

从早期创新开始

事实上，科技投资越来越走向早期研究的趋势，基本上符合魁北克储蓄投资集团前首席执行官迈克尔·萨比亚在魁北克储蓄投资集团开展直接投资时的观点,那就是投资者要将自身放在企业所有者的位置上。在很大程度上,独角兽企业的早期投资人本质上与企业的创始人和员工具有共同的利益。这是因为当这些初创企业成为独角兽时,它们已经筹集了大量资本,以至于早期投资人在企业股权结构、投票权或优先清算权中不再占据主要部分。事实上,早期投资人的大部分利益都和普通股股东一致,做出的关于回报和流动性的关键决策对于创始人来说是一样的。

2017年之前,主权基金的直接投资主要集中在成长期企业,而早期投资中的大部分都是通过外部的风险投资基金管理人开展的。近年来,几家主权投资基金已经在早期投资领域迈出了重要一步。随着收购和中型市场的竞争不断加剧,经验丰富的主权投资基金正在内部培育对早期阶段的企业开展直接投资的能力。这不是为胆小的人准备的,而是为那些拥有足够资源和长期视野来承受创业风险的人准备的,与此相应的巨大机会也将随之而来。

例如,淡马锡最近成立了一个新的战略规划部门,寻求对稍纵即逝且需要高层评估的机会性交易采取更加灵活的处理方式。为了保持决策的灵活性,该部门可以随时从其他部门获得支持。淡马锡将人工智能和区块链视为影响多个行业和地区的长期趋势,并创建了"实验舱"来探索这些新技术的机遇。

与此类似,加拿大退休金信托基金设立了一个约3亿加元的"孵化组合",占其管理资产总额的1.5%(约200亿加元),新的投资组合旨在为新兴市场的经济增长进行每笔约2 000万至4 000万加元的小额投资。这个阶段的公司可能刚刚起步,有一个产品样品和最初的少数消费者。

当然,并非所有投资于初创企业的养老金都获得了良好的业绩回报。专注于私募资产投资的瑞典国家养老基金AP6基金已经公开宣布退出这一战略。瑞典AP6基金成立的初衷是对瑞典国内的早期企业进行投资。但是，该基金发现这样的做法很难赚钱，因此于2009年正式请求瑞典监管机构放松投资限制。作为回应，瑞典财政部部长马茨·奥德尔（Mats Odell）表示，该基金的首要目标应当是业绩回报，并同意了放宽监管规定的请求，允许AP6基金向已经充分证明了自身价值的公司投入更多的资金。正如之前描述的那样，几年后，AP6基金又通过投资风险投资基金Creandum IV重新回到了早期投资领域，后者是Spotify的早期投资人。通过这一举措，AP6基金恢复了风险投资业务，但与更为领先的同行所不同的是，它只以有限合伙人的身份开展投资。

总的来说，上述趋势正在不断加速。2018年，主权财富基金继续对处于颠覆性行业的初创企业的成长加大资本投入。根据主权财富基金国际论坛的数据，2018年，主权财富基金完成了29笔成长阶段的投资（C轮、D轮），高于前一年的19笔，同时完成了20笔早期阶段的投资（A轮、B轮、B+轮），比2017年的9笔增加了一倍（见图6.9）。

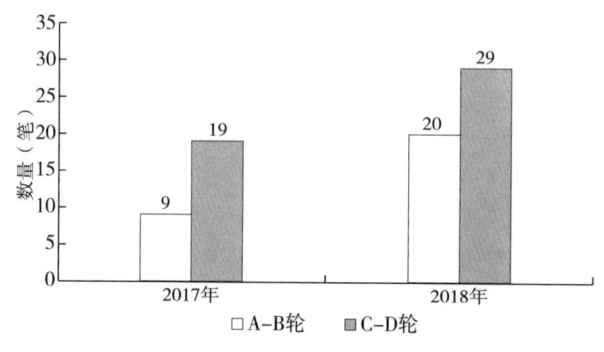

图6.9 主权投资基金增加早期投资

此外，养老基金和捐赠基金中也出现了新的模式：荷兰保健退休基金（PGGM）、丹麦劳动力市场补充养老基金（ATP）和加州大学董事会都将它们在该领域取得的进展推广到更加广泛的范围。部分公司还采取了其他手段，比如成立一个独立于主权基金的专门的子公司，该子公司可以独立于主权基金的惯例，更好地从事高风险投资。有时，主权投资基金甚至会通过与外部公司合作（如新的沙特阿拉伯公共投资基金/软银案例所示），或者像安大略省市政雇员退休系统的风险投资子公司那样，以全资子公司的形式创立并培育自身的风险投资实体。

2011年，在全球金融危机爆发后不久，安大略省市政雇员退休系统对加拿大的风险投资环境进行了调查，得出的结论是，可以直接将资金投资于初创企业。基于风险投资的规模和劳动密集型的特点，加拿大其他的养老金管理人都回避了这一策略。一支专注于风险投资的团队，在一段时间内对初创企业投入的资金，不可能像同等规模团队在同样时间内对基础设施、房地产或其他私募资产投入的资金那么多。因此，风险投资并不适合传统的养老金投资模式。

如今，安大略省市政雇员退休系统的风险投资子公司（OMERS Ventures）在硅谷和欧洲管理和运营的资产规模超过10亿加元，该公司还与荷兰养老基金合作设立了一个孵化器，并准备设立一只欧洲风险投资基金。作为安大略省市政雇员退休系统内部的独立实体，OMERS Ventures已经开辟了属于自身的道路。

OMERS Ventures投资于初创企业的全生命周期，它早期在对Shopify的投资上获得了成功。Shopify是一家电子商务公司，2004年在加拿大首都渥太华成立。2011年，OMERS Ventures领投了一笔对Shopify的2亿加元的C轮投资。Shopify 2015年在纽约交易所成功上市，发行价为每股17美元，此后一路上涨，2020年股价接近600美元，市值超过600亿美元。OMERS Ventures证明了其商业模式的正确性。

到2015年，OMERS Ventures从其母公司安大略省市政雇员退休系统管理的养老基金中获得了2.1亿加元作为初始资金，推出了2.6亿加元的二期基金，并吸引了企业风险投资人思科投资（CISCO Investments）和蒙特利尔银行资本（BMO Capital）担任有限合伙人。这是当时第一只由养老基金担任普通合伙人来管理第三方资金的基金（见图6.10），安大略省市政雇员退休系统认为这对于所有的资产所有者来说是一个巨大的进步。2017 年，OMERS Ventures 又推出了三期基金（3 亿加元），并吸引了包括科威特主权财富基金 Wafra 在内的新外部投资者。在成功引入新投资者之后，OMERS Ventures 进一步扩大了自身在全球的业务足迹。

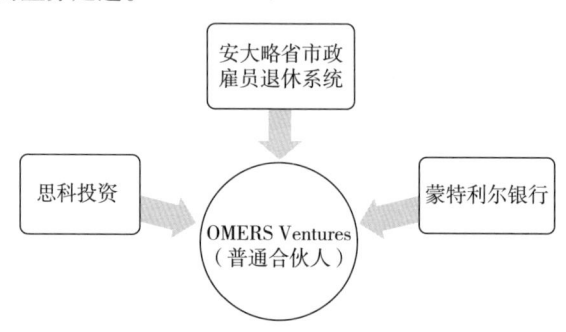

图6.10　OMERS Ventures 作为普通合伙人

2019 年，OMERS Ventures 在硅谷新设了一个办公室，以便更加密切地参与创业生态系统。同年，该公司宣布在欧洲设立一只 3 亿欧元的风险投资基金，由优步前高管贾姆布·帕拉尼亚潘（Jambu Palaniappan）担任董事总经理（详见第七章）。在欧洲，该公司向内容管理系统开发商 Contentful、保险科技初创企业 Wefox 和数字兽医企业 FirstVet 等投资 7 600 万欧元。安大略省市政雇员退休系统的全球私募股权投资负责人马克·雷德曼（Mark Redman）称该基金为"令人想拥抱的资本"，该基金也为这一称谓感到自豪——加拿大养老基金一直在资本市场上享有"好人"的声誉。

OMERS Ventures 的故事正在被其他主权投资基金复制，包括阿联酋的穆巴达拉投资公司。与 OMERS Ventures 一样，穆巴达拉投资公司的风险投资是通过其运营的风投基金 Mubadala Ventures 进行的。事实上，这两家公司都参与了 Wefox 的 B 轮融资，Mubadala Ventures 领导了 2019 年 3 月对 Wefox 的 1.25 亿美元投资，OMERS Ventures 领导了 2019 年 12 月对 Wefox 额外的 1.1 亿美元 B 轮投资（总计 2.35 亿美元）。Wefox 是 Mubadala Ventures 新成立的 4 亿美元欧洲直接投资基金的首笔交易。

除了新推出的欧洲直接投资基金，Mubadala Ventures 在 2017 年还推出了一只聚焦美国的 4 亿美元基金，并对初创企业 Recursion Pharmaceuticals（生物技术）、Color Genomics（基因检测）和 Turvo（智能物流）等进行了早期投资。最近，Mubadala Ventures 与银湖投资和加拿大退休金计划投资委员会共同牵头开展了一轮 22.5 亿美元的投资，为 Alphabet 旗下的 Waymo 提供外部投资。虽然这并非传统意义上的早期投资（该轮投资未披露估值，但华尔街分析师此前对 Waymo 的估值超过 1 000 亿美元，远高于 A 轮和 B 轮水平），但该交易是 Waymo 的首笔外部融资，更像是主权投资基金规模的 B 轮融资。

穆巴达拉投资公司于近期宣布将设立两只新的风险投资基金。一只将致力于为阿布扎比政府支持的 Hub71 技术中心构建风险投资生态体系——穆巴达拉投资公司宣布将设立 1.5 亿美元的母基金支持该计划（详见第五章）。影响力更大的是一只 1 亿美元的新引导基金，该基金聚焦于另一个地区——中东和北非地区。穆巴达拉投资公司吸取了全球科技投资的经验，将注意力转向对自家后院颠覆性技术的早期投资。如前所述，该基金的第一笔投资是对迪拜一家人力资源解决方案提供商 Bayzat 的 1 600 万美元 B 轮投资。

更为有趣的例子是，一些具有前瞻性的主权投资基金已经接近了研究和创新的起点——大学和研究机构，甚至在商业模式存在之前。与此同时，这些基金足够创新——或许足够大胆——希望打造出一款长盛不衰的工具。它们面临的任务是识别出能够改变游戏规则的新技术，而不是评估商业计划的可行性。一个值得关注的例子是牛津大学科技创新公司（Oxford Sciences Innovation，简写为 OSI），它的股东包括淡马锡和阿曼投资基金。2020年6月,阿曼政府宣布成立阿曼投资机构,该机构由阿曼投资基金与另一家主权投资基金阿曼国家总储备基金合并而来。

  在过去,机构尝试了创造新的风险投资结构来推动大学研究的商业化进程。然而,从主权投资基金的角度来看,这些尝试的规模太小,不值得关注。相反,牛津大学科技创新公司展示了一个非常有趣的新模式。它与牛津大学合作,为牛津大学的研究提供投资评估和全周期融资,以换取一定比例的免费股权,即使牛津大学科技创新公司并不实际投资。

  牛津大学科技创新公司用一种创新的方式解决了非常早期的投资问题,它在最初的融资中筹集了6亿英镑,将主权财富基金与追求价值增长的科技投资者——谷歌风险投资和红杉资本,联合在一起(见图6.11)。作为一家公司,牛津大学持有公司股权,它摆脱了许多传统的风险投资基金面临的时间限制,有望成为一只常青基金。

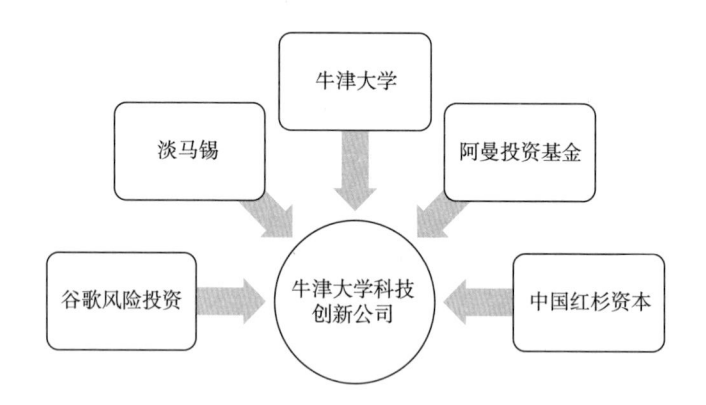

图6.11 牛津大学科技创新公司的股东结构

  与传统的风险投资基金一样,牛津大学科技创新公司为初创企业带来的不仅仅是现金,它努力将成功企业的丰富经验与从硅谷到上海的投资人、企业家、实业家和专家网络相结合,为初创企业提供建议、经验、人脉和实际的支持。牛津大学科技创新公司承诺向牛津大学的研究人员提供各种形式的帮助,包括帮助他们撰写商业计划书、制作宣传材料、招募董事会成员和创办企业。

从这个意义上说,投资者不再是有限合伙人,而是直接持有合资企业的股权,并以股东分红的形式获得回报,最终可能还会获得资本增值收益。虽然这是2015年创建的全新模式,但是越来越多的人正在认真考虑这种创新的投资模式。这些创新的投资实验的成果值得密切跟踪并关注(见专栏6.4)。

专栏6.4 从马斯喀特到牛津再回到马斯喀特

阿曼投资基金所做的不仅仅是密切关注牛津大学科技创新公司这一案例。阿曼的主权投资基金非常认同牛津大学科技创新公司对科技创新早期阶段进行投资的做法。对于阿曼的主权投资基金来说,这是一个有意思的举动。阿曼投资基金成立于2006年,但其起源可以追溯到1980年成立的阿曼国家总储备基金,该基金旨在将阿曼国的石油盈余投资海外(阿曼是石油输出国组织以外最大的阿拉伯石油生产国),2014年油价暴跌时,该基金与阿曼投资基金合并。随后,阿联酋同样将其国际石油投资公司、穆巴达拉开发公司和阿布扎比投资委员会合并,成立了穆巴达拉投资公司。

阿曼投资基金的规模比穆巴达拉投资公司小得多(根据主权财富基金研究所的数据,阿曼投资基金的资产管理规模为340亿美元),而且在其存在的大部分时间里,它都专注于与其他国家开展联合投资,例如它与印度、越南和卡塔尔的主权基金都设立了合资基金。据报道,埃及主权基金也与阿曼投资基金讨论了设立合资基金的可行性。这一方针符合阿曼与其他海湾国家的关系。阿曼没有加入石油输出国组织,也没有与阿联酋和沙特阿拉伯联合抵制卡塔尔,并为中国的"一带一路"倡议开放了关键的港口。

  但是,正如投资牛津大学科技创新公司所表明的,阿曼是一个人口不断增长且本地产业几乎无法提供就业机会的小国,阿曼投资基金近年来转向了风险投资和创新技术。在学习牛津大学科技创新公司模式的同时,它也试图在马斯喀特(阿曼首都)复制相同的模式。2016 年,阿曼投资基金将自己定位为早期投资者,与 3 家风险投资基金(爱尔兰的 Atlantic Bridge Capital、硅谷的 500 Startups 和科罗拉多州博尔德的 Techstars Ventures)合作成立了总额 2 亿美元的阿曼科技基金。

  阿曼投资基金拥有阿曼科技基金的多数股权,阿曼科技基金的使命是投资和培育初创企业,以便更广泛地惠及阿曼经济,并提供可持续的经济红利。阿曼投资基金可以从与风险投资基金的合作中获益,就像它通过牛津大学科技创新公司所做的,获得更多直接投资于阿曼和该地区潜在的高增长技术企业的机会。该基金毫无疑问掌握了早期投资的基本理念——分散投资。

  总而言之,对主权基金中的科技投资者来说,向早期投资进军是一种新的趋势。成功等同于在早期阶段直接投资——精准投资于某个生态系统的核心技术或想法——然后认真观察围绕它的生态系统的一切发展。通过这种方式，投资者希望能够避免错过那些足以颠覆游戏规则的突破性成果。但是，要做到这一点，需要的不仅仅是灵活的投资模式。这些基金需要顶尖的内部人才和专有的行业网络，便于在企业有融资需求之前就培育起与它们的早期关系，这一点将在下一章中讨论。

在新冠肺炎疫情对共享工作空间模式的冲击出现之前，WeWork的市值就已经急剧下降。但是，困局并未就此停止。即使强大如愿景基金，也不仅仅是声誉受损，还因为放弃30亿美元的收购而遭到这家独角兽公司的董事会起诉。法庭会慢慢解决这个问题，但是市场做出判断的速度更快。软银投资的资产价值已经连续遭受重创，即使如此，它目前的交易价格也仅为其投资的资产价值的一小部分。对于愿景基金来说，它已经宣布减记170亿美元。可以肯定的是，下次股东会议不会喝龙舌兰酒。不过，孙正义并不担心，他表示："从战术上讲，我也会有遗憾。但是，在战略上，我没有改变。远见？没有改变。"

第七章
寻找人才，组建捕猎队伍

作为欧洲最高的办公大楼，碎片大厦，正如它的名字所标榜的那样，刺破了伦敦的天际线，以至于从 60 千米开外就能看到。它 310 米高的反光玻璃几乎是伦敦金融区历史性地标建筑圣保罗大教堂高度的 3 倍，也是伦敦眼的 2 倍。毫不奇怪，卡塔尔投资局是这座地标建筑的主要投资人之一。碎片大厦启用后不久，当参观者从 22 楼的高速电梯走下，可以看到不同的入驻企业，一边是全球数字营销机构 Jellyfish 的总部，另一边则是马来西亚的主权基金——马来西亚国库控股公司。

马来西亚国库控股公司办公室的风景完全不亚于人们想象中的 Jellyfish 的办公室——可以俯瞰玩具般大小的伦敦塔桥。除了提供可以供 10 余名专业人员使用的工作空间，开放的共享式办公环境也受到了孵化器入驻企业的欢迎。维基百科创始人吉米·威尔斯（Jimmy Wales）曾在此创办过一家初创企业。伦敦市市长萨迪克·汗（Sadiq Khan）和其他数百位嘉宾一道出席了马来西亚国库控股公司伦敦办公室充满喜庆气氛的揭幕仪式。

与之前和之后的其他主权投资基金一样，马来西亚国库控股公司在数字化转型中努力寻找着自身的位置。作为曾经成功投资过阿里巴巴和苏格兰数字旅游服务公司天巡的投资人，马来西亚国库控股公司有着充分的理由签订一份为期 10 年的租约，从而可以和独角兽离得更近。卡塔尔则扮演了更为传统的房东的角色。这是关于主权投资基金变革的下一个部分，它既影响着主权投资基金捕获独角兽的方式，同时又受其影响。本章讲述的是在远离猎人大本营的多个猎场，寻找人才组建捕猎队伍的挑战。

楠塔基特岛雪橇之旅

马来西亚国库控股公司的伦敦办事处并不是它唯一的海外办事处，它在纽约、硅谷、孟买和伊斯坦布尔都有布局。事实上，为了追逐独角兽，主权投资基金在伦敦、纽约和硅谷都设有大量的办事处，以便更好地寻找独角兽（纽约和硅谷办事处见表 3.1，伦敦办事处见表 7.1）。

关于这一趋势的解释可以将其与 19 世纪新英格兰捕鲸业的兴起相类比，只不过目标变成了鲸鱼，而非独角兽。虽然探险队筹集了大量资金进行装备，但是大多数都未能带回具有可观收益的猎物，或者干脆就没有回来。然而，正如楠塔基特岛上那些捕鲸船船长所拥有的豪宅所表明的那样，成功捕获鲸鱼的人大大弥补了大多数人的损失，就像寻获一只独角兽可以弥补投资组合中的一连串损失那样。

表 7.1　　　　　　主权投资基金设在伦敦的办事处

主权基金	全名	国家
AIMCo	阿尔伯塔投资管理公司	加拿大
BIA	文莱投资局	文莱
BCI	不列颠哥伦比亚投资管理公司	加拿大

续表

主权基金	全名	国家
CDPQ	魁北克储蓄投资集团	加拿大
CPPIB	加拿大退休金计划投资委员会	加拿大
GIC	新加坡政府投资公司	新加坡
KIA	科威特投资局	科威特
Khazanah	马来西亚国库控股公司	马来西亚
KIC	韩国投资公司	韩国
Mubadala	穆巴达拉投资公司	阿联酋
NBIM	挪威央行投资管理机构	挪威
NPS	韩国国民年金	韩国
OMERS	安大略省市政雇员退休系统	加拿大
OTPP	安大略省教师退休金计划	加拿大
PIF	沙特阿拉伯公共投资基金	沙特阿拉伯
PSP	加拿大公共部门退休金计划	加拿大
QIA	卡塔尔投资局	卡塔尔
SAFE	国家外汇管理局	中国
SOFAZ	阿塞拜疆国家石油基金	阿塞拜疆
Temasek	淡马锡控股公司	新加坡

注：正如本章所提到的那样，马来西亚国库控股公司已经关闭了它的伦敦办公室。

说服投资者押注他们的资金是一回事，招募有能力找到并捕获鲸鱼的船长则是另一回事，更不用说装备那些捕鲸船了。另外，还有一个关键问题，就是如何找到并激励那些愿意在充满挑战的情况下驶向人迹罕至水域的水手。在21世纪，随着前沿技术领域的竞争加剧，寻找独角兽企业的主权基金面临着性质不同但都足以令人气馁的挑战。

事实上，主权基金直到最近仍是喜欢待在安静的总部里面，扮演着被动投资者的角色。这一点意味着它们是一类特殊的机构投资者，在远离被投资企业的地方管理着大部分投资组合。对于许多主权投资基金来说，它们的总部远离全球金融中心（更不用说科技创新中心了），在大多数金融活动活跃的地方甚至连一个办事处都没有。从历史上看，这些投资者的资金来源和资金使用之间存在地域上的不匹配（与之相应的是，资本以前所未有的速度从新兴经济体流向发达市场）。事实上，历史上第一家主权投资者的海外办事处出现在半个多世纪以前（见专栏7.1）。

专栏7.1　科威特主权财富基金的首个海外办事处

众所周知，科威特投资局不仅是第一只主权财富基金（起源可以追溯到1953年——在科威特脱离英国独立之前），而且设立了第一家主权投资者的海外办事处，1953年，科威特投资委员会（今天的科威特投资办公室的前身）在伦敦成立。科威特的做法与大多数主权财富基金相反：它先在伦敦设立了一个四人董事会，其中两名董事来自英格兰银行，负责监督开立在英格兰银行的石油收入账户的投资。

直到1965年获得独立后，科威特投资委员会才正式改组为科威特投资办公室，并成为新成立的科威特投资局的一部分。科威特投资局直到1985年才在伦敦以外地区拥有了办公地点，这一年，它在科威特城（科威特首都）的办事处开业。尽管科威特投资办公室现在已经正式成为科威特投资局的一部分，但是它仍然坚持半独立化运作。

1976年，科威特以法令的形式正式授权科威特投资办公室管理新成立的未来代际基金（Future Generations Fund，简写为FGF）。该法令将科威特国家收入的至少10%投资于未来代际基金，为其提供持续的投资现金流。科威特投资办公室还管理着其他国家的资金。截至 2019 年 12 月,该基金秘密管理的资产估计接近 6 000 亿美元。

1990 年爆发的海湾战争凸显了这只拥有人员充足、运作良好的伦敦办事处(拥有 100 多名专业人员)的基金的价值。伊拉克总统萨达姆·侯赛因入侵并占领了科威特,据报道,他的部队甚至将被占领的科威特医院产科病房中的婴儿保温箱洗劫一空。在被占领期间,科威特投资办公室发挥了财政部的作用,向科威特难民提供汇款。伊拉克军队经历了一场惨烈的溃败后被赶出了科威特的领土,但是科威特境内的油田起火,整个国家毁于一旦。科威特国家的恢复和重建花费了 850 多亿美元(以今天的美元购买力计算,几乎是这一数字的两倍),这笔费用最终由科威特的未来代际基金承担。

2013 年,科威特投资办公室成立了一家子公司——Wren House,该公司以位于伦敦圣保罗大教堂附近的建筑物命名,拥有 21 名专业投资人士,投资领域涉及机场、港口、水务、能源发电(传统和可再生能源)、输配电,在英国、澳大利亚、欧洲、中美洲和南美洲等全球 12 个国家拥有超过 1 万名员工。Wren House 还活跃在数字基础设施的核心领域,包括通信铁塔、光纤和云计算、医疗健康和教育基础设施等。

作为首只主权财富基金,科威特主权基金在许多方面成为样板。英国政府批准了一项特殊的免税政策,如今这一政策已成为在伦敦运营的主权投资基金的财务模式。科威特主权基金对保密性的要求似乎也为许多主权投资者确定了基调。有报道称,一名冒失的花旗银行交易员向媒体提及了科威特投资办公室,该基金随即从花旗银行撤出了全部业务。

当主权基金的投资组合主要由对外部资产管理机构的投资组成时，可能没有问题。然而，当它们开展更多的直接投资时，尤其是在对成功的独角兽公司的激烈竞争中，它们面临着在总部培育内部能力的挑战。海外市场对于寻找独角兽公司至关重要，但是一方面，这个复杂的博弈过程需要对当地市场有更为深入的理解，主权基金需要在当地设立分支机构，以便更加接近它们的猎物；另一方面，它们的内部团队需要吸引更多的国际化人才，培育多样化的能力。

为了获得更为理想的交易（投资目标），主权基金需要置身于它们所关注的科技中心。总的来说，在硅谷、伦敦和北京等创新中心，有许多伟大的初创企业。但是与此同时，由于国内风险投资基金和本地互联网巨头（例如，美国的谷歌和英特尔，以及中国的阿里巴巴和腾讯，也都在专注于投资初创企业）的蓬勃发展，这些创新中心已经拥有非常多的资本——在主权基金和它们的资本进入之前，这个市场就已经非常拥挤了。

与此同时，随着主权投资者将资产管理引向内部（将更少的资金投向外部资产管理公司），它们实际上放弃了许多由资产管理公司和私募风险投资基金享有的集聚效应带来的好处。困扰这些大型金融机构的是，无论它们在国内市场多么成功，都不可能轻易融入硅谷和其他创新中心的初创企业。例如，初创企业可能不会将大型金融机构视为首选商业合作伙伴，因为它们认为这些大型机构往往会要求更多的纸面工作。关于主权资本的刻板印象，可能还包括决策迟缓和额外的监管负担（详见第八章）。

对于投资团队来说，他们也有着类似的想法。一般来说，作为享有盛誉的机构，主权投资者能够吸引国内外雄心勃勃的年轻人才。对于交易撮合者来说，拥有现成的资金来源是一个巨大的优势：他们可以专注于完成交易，而不必经常奔波拜访潜在的有限合伙人进行反复募资。此外，他们获得的资金规模也很吸引人，这意味着投资团队可以参与那些规模最大的交易——不仅仅是独角兽,也可能是十角兽。

但是,主权财富基金总部通常所处的位置,加大了它们吸引人才的难度。吉隆坡、奥斯陆和多哈可能不是顶尖 MBA 毕业生或专业投资人士的首选工作地点。尽管经常鼓吹工作生活平衡的理念,但这似乎并不是数字经济时代成功人士所追求的(见专栏 7.2)。当然,主权财富基金也可以在总部附近打造具有都市风格的生活环境,让总部变得更有吸引力。尽管如此,遥远的总部和它们所投资的市场之间的漫长旅程仍然是一个无法克服的困难。

从历史上看,那些在海外有投资,但是没有海外办事处的公司不得不让它的员工飞来飞去。2014 年,阿尔伯塔投资管理公司(位于加拿大阿尔伯塔省省会埃德蒙顿)在伦敦设立办事处时,首席执行官利奥·德·比弗(Leo de Bever)评论道:"总部与办事处之间的距离的解决方式很简单——交通。我们有人每年在伦敦和埃德蒙顿之间飞行 40 多次。"这些频繁的长途旅行给投资团队带来了巨大的时间和精力消耗。作为参考,中投公司的董事总经理参加乌拉圭公司的董事会会议时,从北京到蒙得维的亚(乌拉圭首都)的单程航班包括在巴黎和布宜诺斯艾利斯转机两次,并且在不同的飞机上坐 24 小时以上。回程也一样,另外还要加上 12 小时的时差。

专栏 7.2　工作城市的环境很重要

阿拉斯加永久基金公司在招聘员工方面可能面临着特殊的挑战,甚至在其位于阿拉斯加州首府朱诺的总部也是如此。那里平均每年有 230 天下雨;10 月份到来年 4 月份下雪;只能乘船或乘飞机前往,就像美国夏威夷州首府檀香山一样。

然而,该基金公司网站上的"职业"栏目,仍将朱诺的环境作为其主要卖点："朱诺居民将生活质量列为他们在这里生活的首要原因。从你走下飞机那一刻起，就很容易发现朱诺是这个国家保守得最为完好的秘密之一，到处都是美丽的森林、山脉、冰川、河流和通向海洋的河道，这里人烟稀少，没有污染，拥有最为干净的水源。朱诺足够幽静，既拥有小镇独有的魅力，同时又拥有强大的政治经济影响力。"

"在这里生活和工作是什么感受？对许多人来说，这是一生中难得的机会，可以摆脱城市生活的烦扰与压力，享受更为简单的生活，参与更多冒险活动。与一般的大城市相比，朱诺的交通拥堵可以忽略不计，平均通勤时间只有7~12分钟，这一点可以为你每年节省130个小时（几乎相当于17个工作日）的通勤时间。在一家充满活力、不断进步的公司工作，同时又能保持工作和生活的平衡，这是多么难得的机会。"

位于加拿大阿尔伯塔省埃德蒙顿市的阿尔伯塔投资管理公司在宣传中有意避开了当地的气候条件，这是个明智做法。作为参考，阿尔伯塔大学在面向国际学生的网站上提示，学生遇到的最冷的日子将是零下35摄氏度的冬季，并提供了关于防范冻伤和体温过低的指导。为了更好地在英国和欧洲开展基础设施投资，阿尔伯塔投资管理公司于2014年在伦敦设立了办事处。

总而言之，科技投资团队及其所在地不仅与主权投资者自身有关，还与独角兽和捕猎者所处的地域有关。主权财富基金在面对吸引国际人才到总部工作的挑战时可能会发现，最好的解决办法是设立海外办事处，并在当地聘用根据自身需求量身定制的外籍专业人士和专家团队。那么,为海外办事处配置团队的最佳方式是什么呢?接下来介绍的主权基金对一家私募股权投资公司和一家基础设施/房地产资产公司早期阶段的直接投资,可以为数字时代提供一些参考。

AlpInvest:更具吸引力的雇主?

AlpInvest 是凯雷集团的全资子公司,在纽约、阿姆斯特丹、香港、印第安纳波利斯和旧金山设有办事处,管理着超过 400 亿美元的资产,它也在伦敦和东京办事处设有专业团队,如今它已经跻身全球最大的私募股权基金管理公司之一。令人印象深刻的是,它的出身出乎外部观察人士的意料。线索远在天边,近在眼前,那就是在公司宣传语中提到的阿姆斯特丹办事处。

AlpInvest 源自两家全球最大的养老金管理公司——荷兰汇盈资产管理公司和荷兰保健退休基金公司(见图 7.1)。2019 年,荷兰汇盈资产管理公司管理的资产总规模为 5.29 亿欧元,荷兰保健退休基金管理着医护工作者和社会福利工作者 2.52 亿欧元储蓄。随着 21 世纪的到来,两家公司都寻求增加另类资产投资,主要是私募股权投资,包括收购和风险投资。但是,作为养老金资产管理公司,它们的基因更适合对上市公司股票和债券进行投资。此外,它们不太可能吸引到它们所希望吸纳的人才,帮助它们迅速打入私募股权和风险投资市场,并获取在欧洲和美国开展大规模共同投资的机会。

这两家养老金管理公司还有一个额外的动机,希望通过涉足私募股权投资领域,让公司在日益紧张的荷兰劳动力市场成为一家"更具吸引力的雇主"。根据《华尔街日报》当时的报道,荷兰汇盈资产管理公司的高管表示,过去,那些投资经理和分析师通常会对一家保守的养老金管理公司的工作机会置若罔闻,而宁可入职一家业务蒸蒸日上的投资银行,而现在,他们更愿意重新考虑汇盈资产管理公司。

```
     荷兰保健退              荷兰汇盈资
     休基金公司              产管理公司
      （股东）               （股东）
                AlpInvest
```

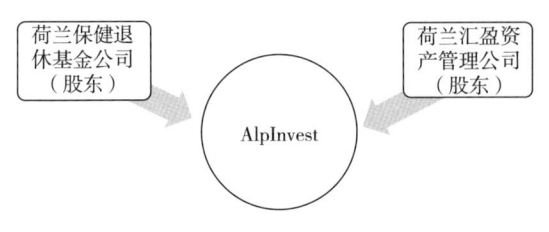

图 7.1　AlpInvest 独特的结构

事情的进展比预计的更好，或许可以说是太好了。10 年时间，AlpInvest 已经成为欧洲最大的私募股权基金管理公司，而且它的魅力显然足以吸引到高薪人才。2009 年，AlpInvest 从管理费和提成（投资利润的一部分）中获得了 6 000 万欧元的收入，并向 118 名员工支付了 3 260 万欧元的工资，其中包括 71 名专业投资人士。在听到荷兰民众对 AlpInvest 给予部分高管高额薪水的批评之后，两家公司决定出售 AlpInvest。

尽管两家养老金管理公司吸引人才的策略取得了明显的成功，但是它们仍然决定，最好的方式是去安抚批评者，而不是为获得高薪的管理团队辩护，因为这两家公司管理的养老金储蓄主要来自低薪的荷兰工人阶层。随后，这两家公司启动了股权拍卖程序，并以未披露的价格（估计在数亿美元范围内）将 AlpInvest 出售给了该公司管理层和凯雷集团的合资企业（见图 7.2）。对凯雷集团来说，这笔交易巩固了它作为世界上管理资产规模最大的私募股权投资集团的地位（最终凯雷集团收购了 AlpInvest 的全部股权）。

对这两家荷兰养老金管理公司来说，有利的一面是，在内部设立专门的资产管理部门可以推动它们所期望的私募股权资产配置加速增长，这样做的成本肯定不会超过它们本应支付给外部基金管理人的费用，而且两家公司还通过出售 AlpInvest 获得了增值收益；但是，另一方面，虽然"独特的结构"看起来运转良好，但是它对外披露的高额薪酬带来的声誉打击和公众压力毫无疑问是非常巨大的。

第七章　寻找人才，组建捕猎队伍

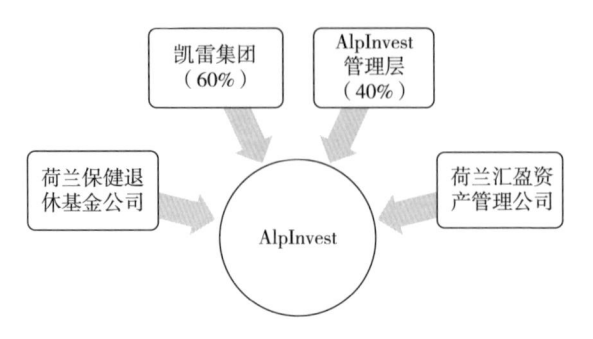

图 7.2　AlpInvest 管理层/凯雷集团的私有化结构

对这两家荷兰养老金管理公司来说，出售 AlpInvest 获得的增值收益抵消了其声誉受到的负面影响，因此总体而言仍是有利的。从中可以得出什么教训？也许这正意味着挑战具有魔方的特质——是否可以实现以下三者的完美结合：一是养老金管理公司稳重和谨慎的行为；二是吸引另类资产管理人才所必需的在社交媒体上更具吸引力的企业形象；三是对于满足养老金领取者的期望来说至关重要的超额回报。上述案例表明，这种安排似乎是不可持续的。

安大略省市政雇员退休系统和牛津物业公司

与荷兰养老金一样，加拿大养老基金安大略省市政雇员退休系统也在积极寻求提升它的另类资产投资比例，以提高收益率并覆盖其未来的养老金支出现金流。在这种情况下，目标资产自然是房地产。安大略省市政雇员退休系统通过收购（而非自建）来促进这一转型，收购了一家来自加拿大西部的上市公司牛津物业公司。这是主权投资基金推动转型和争夺人才的另一个案例。安大略省市政雇员退休系统发现可以通过私有化来实现目的，就像荷兰的案例一样。但是与荷兰不同的是，加拿大并没有因为公众对薪酬方案的反对而被迫退出。

1998 年 8 月，安大略省市政雇员退休系统收购了房地产投资、管理和开发企业牛津物业公司的股份，持股比例达到12%，成为该公司最大股东之一。安大略省市政雇员退休系统将该笔交易描述为通过公开股票市场进入房地产投资领域（除了直接投资于房地产和债务工具）。到了2001年，安大略省市政雇员退休系统的持股比例已增至17%（见图7.3）。

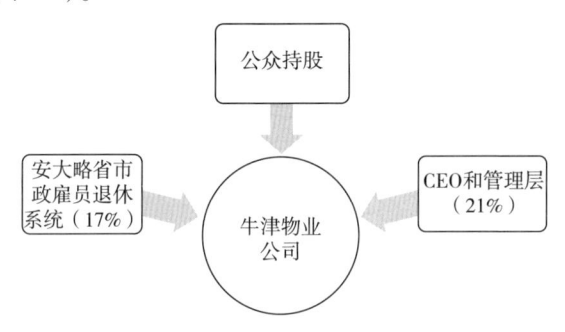

图7.3 私有化前牛津物业公司的股权结构

此后不久，牛津物业公司和安大略省市政雇员退休系统在2001年8月共同宣布了一项协议。根据该协议，安大略省市政雇员退休系统的关联公司BPC物业公司将以每股23.75美元的价格以现金方式收购牛津物业公司100%的普通股股权，总价值15亿美元。随着牛津物业公司投资团队的加入，安大略省市政雇员退休系统准备进一步扩大它在房地产领域的另类资产投资组合。与此同时，牛津物业公司的投资团队也得以从募资工作中解脱出来，可以直接运用安大略省市政雇员退休系统的资金开展投资。

荷兰汇盈资产管理公司和荷兰保健退休基金公司充分发挥了一支专注且经验丰富的团队的优势，重新调整基金的投资组合，增加通过基金投资和共同投资方式参与私募股权和风险投资获得高额回报的机会。安大略省市政雇员退休系统获得了转型为房地产行业重要参与者所需的人才。两家公司都涉及了私有化交易，交易撮合者也从中获得了丰厚的回报。这一战略不仅使它们可以迅速推动转型，而且能够在比阿姆斯特丹和多伦多竞争更为激烈的劳动力市场上吸引人才。

然而,并非所有的主权投资者都能通过这种方式组建国际人才团队。如前所述,当安大略省市政雇员退休系统收购牛津物业公司时,后者是安大略省市政雇员退休系统在加拿大填补这一领域空白的唯一目标。在舆论压力下,AlpInvest致力于打造具有吸引力的另类资产管理公司的尝试很难坚持下去。在实践中,许多主权基金,比如安大略省教师退休金计划和加拿大退休金计划投资委员会等养老基金,以及安大略省市政雇员退休系统的私募股权投资团队,都在内部组建了直接投资团队(但速度较慢),这些团队已经成为组织的有机组成部分。

同样,对于数字经济和科技投资,不同的基金采取不同的方式。如下面的案例所示,投资历史悠久的公司,如新加坡政府投资公司和淡马锡,从组织内部培育了直接投资能力。而较为年轻的主权基金,如中投公司和沙特阿拉伯公共投资基金,由于它们对风险资本和新地区的关注度不断上升,它们对内部能力的需求迫在眉睫。因此,它们试图跨越自己培育团队的过程,通过"播种"外部团队来培育"半内部"的基金管理人才来实现快速启动。

新加坡基金和加拿大养老金:走出去

对于长期以来一直致力于私募股权直接投资的主权投资基金来说,有一种方式可以用于构建自身的科技投资团队。科技投资可能需要几个月或几年时间才能成熟,但一旦走入正轨,就会以惊人的速度快速发展。因此在主权基金向科技中心投入大量资金和时间之后,很快就需要在当地设立一家办事处。通常情况下,它们会先在总部启动新的项目,然后将人派往海外办事处,并根据需要从当地市场招聘专业投资人士,以补充海外团队。

团队结构通常会凸显出不同文化之间的紧张关系。一方面，总部可能会对组建一支全新的当地团队来管理其海外资产感到不安（科技投资在当地推进的速度，加上时区差异，意味着这支团队需要有相当大的自主权来运作）；另一方面，外国主权基金可能需要数年时间，才能从零开始建立起在当地的管理团队和资源网络。海外办事处的员工通常包括来自主权投资基金母国、当地以及从其他国家招聘的人才。

为了使这一团队组合发挥作用，海外办事处必须与总部自然融为一体，因为仅靠总部高管每年几次的出差，是不足以完成在当地的整合工作的。毫无疑问，这种情况下人力资源的主要工作在总部之外，在海外市场捕猎独角兽必须与主权基金投资组合整体结构相匹配。成功的整合需要来自最高层的全球团队，既包括对总部文化和战略非常清楚的母国成员，同时也要招聘和激励海外的当地人才，推动日常运营实现深度本地化（见图7.4）。

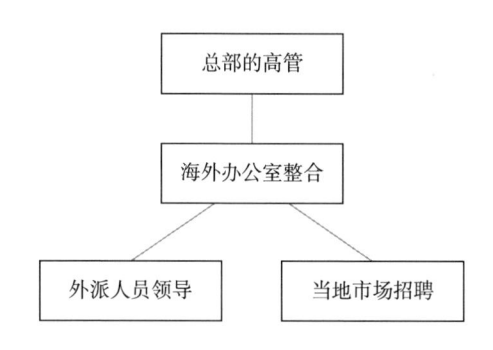

图7.4 海外办事处的整合

新加坡的淡马锡成功实现了全球扩张，该国另一家大型主权投资基金新加坡政府投资公司也经历了同样的发展历程。2002年，淡马锡根据新加坡政府政策，决定"走出去"，从面向新加坡国内的投资人转型成为面向亚洲地区的直接投资人。这可能与新兴市场的繁荣有关——回想一下金砖四国（巴西、俄罗斯、印度和中国）的时代——淡马锡于2002年进军亚洲，在包括中国和印度在内的新加坡海外市场进行投资（2004年，北京和孟买成为它的第一批海外投资对象）。很快，它又在巴西和墨西哥捕捉到了拉丁美洲的投资机会，并随后在圣保罗和墨西哥城设立了办事处（见表7.2）。

表7.2　　　　　淡马锡2010年前的全球办事处

国家	所在城市
印度	孟买
中国	北京和上海
越南	河内
巴西	圣保罗
墨西哥	墨西哥城

为了适应科技繁荣的新时代，淡马锡于2014年在伦敦和纽约开设了办事处。不久，它又在旧金山设立了办事处，更加接近硅谷。有趣的是，它又于2018年在华盛顿特区设立了办事处（见表7.3）。它的出发点正如以下章节中将要讨论的那样，主权基金在当地设立办事处并组建团队，便于直接投资于当地的科技初创企业，引起了东道国的国家安全监管机构的高度警惕。

如今，淡马锡在全球拥有11个办事处，并成功招募了来自全球各地的员工。新加坡以外的办事处加在一起与新加坡本地的办事处具有同样的规模。目前，淡马锡有400名专业投资人士，其中大约200人在新加坡，其余200人分布在10个海外办事处。为了进一步完善团队结构，淡马锡还聘请了专业的外部顾问。杰米·瓦尚（Jamie Vachon）曾在多家基金公司担任全球技术主管，2019年成为淡马锡数据解决方案领域的高级外部顾问。

表7.3　　　　　淡马锡在科技繁荣时代设立的新办公室

城市/国家	设立年份
伦敦（英国）	2014
纽约（美国）	2014
旧金山（美国）	2017
华盛顿特区（美国）	2018

淡马锡全球团队的内部组织架构反映了它在全球数字经济发展过程中对数字机遇的渴求。淡马锡的运营团队按市场（如美洲）和行业（如电信、媒体和科技）进行划分。要进行投资，必须得到行业和市场主管的支持，然后得到公司投资委员会的批准。淡马锡的投资委员会由来自世界各地的成员组成，其中大多数人会出席在新加坡举行的会议。

为了平衡行业/市场团队的划分，淡马锡还设立了一个战略规划部门，该部门可以协同淡马锡不同部门的资源，确保有更大的灵活性来支撑需要快速决策和高层评估的机会性交易。这项努力的成效正在逐步显现。作为淡马锡投资集团的联合负责人，淡马锡负责初创企业投资的罗希特·西帕喜玛拉尼（Rohit Sipahimalani）在媒体上发表评论称，淡马锡在中国、美国、印度和其他地区拥有密集的信息网络，可以抢在同行之前发现有发展前景的企业，并迅速调整投资组合，这一点帮助淡马锡在中国、东南亚、美国和其他地区投资了大量独角兽公司（见表7.4）。

表7.4　　　　　淡马锡在主要市场的代表性科技投资

中国	东南亚	美国
蚂蚁金服	Go-Jek	爱彼迎
滴滴出行	Grab	亚马逊
美团点评	Pine Labs	Doordash
蔚来	Snapdeal	Impossible Foods
商汤科技	Zilango	真地生命科学

加拿大的养老金与新加坡同行一样，在"直接走出去"方面有着悠久的历史，也采取了同样的增长路径，但是在外部招聘方面表现得更为激进。总部位于多伦多的加拿大退休金计划投资委员会在 2019 年 9 月设立旧金山办事处之前，已经拥有了 8 家开展私募直接投资的办事处（详见第三章）。旧金山办事处第一批团队中的部分成员来自公司内部的私募直接投资、主题投资、私募股权基金和其他部门，他们通过内部调动的方式加入了团队。

旧金山办事处的风险投资领导团队有着多元化背景：私募直接投资部门主管瑞安·塞尔伍德（Ryan Selwood）是新成立的旧金山办事处的临时负责人；从脸书招聘来的莫妮卡·阿德拉克塔斯（Monica Adractas）担任风险投资基金部门主管，负责风险投资基金项目开发和实施。阿德拉克塔斯曾在脸书、Box、星巴克和麦肯锡都工作过，在加入旧金山办事处之前，她担任 Workplace 的全球总监，该项目是她在 2016 年为脸书培育的新业务领域。

另一家加拿大养老基金安大略省市政雇员退休系统为风险投资部门启动了更多的外部招聘。甚至在进入风险投资领域之前，它就已经是加拿大私募直接投资领域最为活跃的养老基金之一，并且在 2009 年成为首家在伦敦开设办事处的加拿大基金公司。正如第六章所述，OMERS Ventures 是安大略省市政雇员退休系统私募股权投资体系的一部分，但 OMERS Ventures 也设立了一家由它自己担任普通合伙人的基金管理公司，并从其他机构投资者那里募集风险投资基金。

正因为如此，OMERS Ventures 的基金运作与母公司的私募股权投资公司保持相对独立，类似于牛津物业公司。OMERS Ventures 于 2001 年从母公司获得了 2 亿美元资金，管理团队由来自加拿大的专业投资人士组成，并与母公司在同一办公楼办公。经过几年的成功发展，2019 年 1 月，OMERS Ventures 在硅谷设立了办事处，并聘请了一名来自美国的资深风险投资专家加入北美团队，领导硅谷办事处。

2019年3月，OMERS Ventures迈出了更大的一步：它在位于伦敦的新办事处设立了一只3亿欧元的独家基金，将业务扩展到欧洲，由其在欧洲招募的团队来运作基金（见图7.5）。考虑到欧洲和北美市场的差异，以及两地的时差，赋予伦敦办事处自主决策权是明智之举。这一最新的举措类似于年轻的主权投资基金在其所关注的远离总部的海外市场，打造敢于冒险的直接投资的"种子平台"，本章稍后将详细介绍这一点。

```
        ┌─────────────────┐
        │ 安大略省市政     │
        │ 雇员退休系统     │
        │   （母公司）    │
        └────────┬────────┘
                 │
        ┌────────┴────────┐
        │ OMERS Ventures  │
        │   （多伦多）    │
        └────────┬────────┘
          ┌──────┴──────┐
    ┌─────┴─────┐ ┌─────┴─────┐
    │ 硅谷办公室 │ │ 伦敦办公室 │
    │（部分北美 │ │（欧洲市场， │
    │   市场）  │ │独立的基金）│
    └───────────┘ └───────────┘
```

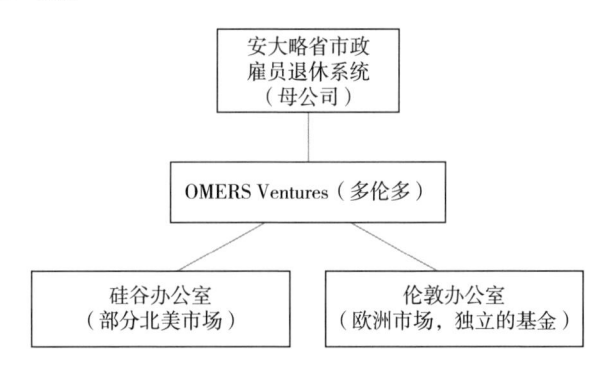

图7.5　OMERS Ventures：内部培育和种子平台的结合

日本投资公司：不要在母国尝试

主权基金寻找交易标的和执行交易的市场是竞争最为激烈的市场之一，不仅在争夺交易方面，在招聘员工方面也是如此。在硅谷和其他科技中心，主权基金的海外办事处必须在炙手可热的人才市场上提供有竞争力的报酬，才能吸引和留住核心员工。然而，与总部不同的薪酬方案往往很难得到总部的认同。包括新加坡在内的部分国家，制定了给予公职人员与私人企业员工同等待遇的政策。因此，新加坡的主权基金不仅在国内，而且在海外也享有招聘优势。就像前面提到的淡马锡一样，新加坡政府投资公司也在稳步向海外市场扩张，在海外组建了规模可观的团队。

值得注意的是，新加坡的主权基金和其他主权基金利用了它们的主权基金地位，可以为美国办事处的员工提供额外的补贴。美国税法提供了一些潜在的优惠条款，对于那些符合美国《国内收入法典》第893节标准的主权投资基金（包括一些养老金储蓄计划）来说，它们雇用的非美国籍员工可以享受美国所得税豁免。当然，这是私募股权投资基金或风险投资基金无法为其美国员工提供的一项重大利好，因此，税收优惠有助于缩小华尔街员工和政府基金员工之间通常存在的巨大的薪酬差距。目前尚不清楚主权投资基金在多大程度上利用了这一招聘优势，但是它也带来了新的问题：美国公民没有资格享受税收减免，为了维持外籍员工和本地员工之间的和谐关系，有必要解决这一收入差异。

正如荷兰养老基金（荷兰汇盈资产管理公司和荷兰保健退休基金公司在AlpInvest的薪酬问题上遭遇了公众抵制）和得州教师退休系统（Teacher Retirement System of Texas，简写为TRS）的例子所表明的那样，养老基金在提供与私人企业竞争对手相当的薪酬方面往往面临着更大的挑战。加拿大养老基金似乎马上要打破这一规则，它们已经成功地设计出了一种新的公共资产管理模式，即专业人员的薪酬与市场挂钩。如前文所述，通过私有化而成立的另类资产管理团队——牛津物业公司，就是一个典型案例。

现如今，许多加拿大养老基金都培育了世界级的投资团队，它们在全球范围内寻找机会。这些基金毗邻美国东西海岸的风险投资中心，这使它们有机会成为多伦多或蒙特利尔等地极具竞争力的雇主，同时可以根据需要，随时为美国办事处增派人手，甚至在接到通知后很短的时间之内就可以飞抵。尽管如此，它们仍在纽约和旧金山的办事处组建了本地团队，以便更好地抓住投资机会，加深与全球创新技术生态的联系。

美国和欧洲的养老金管理公司有着不同的治理结构，受托人还没有准备好同意以百万美元工资留住顶尖人才。值得注意的是，加拿大媒体最近密切关注着加拿大退休金计划投资委员会每年30亿美元的运营预算，这也意味着"加拿大模式"并非不可能像在其他地区那样遭遇利益相关方的批评。尤其是在美国，公务员退休基金实际上并不能弥合中等收入的公务员和表现出色的另类资产管理人之间的分野。对一部分人来说，就连公司总部办公室的租金都是一个棘手的话题，更不用说海外办公室和外派员工了（见专栏7.3）。

专栏7.3 引起公愤的得州办公室

得州首府奥斯汀因其生活品质和活跃的科技场景而享有"科技磁石"的美誉。尽管如此，资产总额1 600亿美元的得州教师退休系统在组建直接投资团队的过程中仍然见识到了人才竞争的激烈程度，同时相信令人愉悦的工作场所可以成为它的竞争优势。因此，这个得州最大的公共养老金计划迁入了奥斯汀最高的办公大楼——这很自然，是吗？绝对不是。

组建内部的直接投资团队可以节约可观的成本，根据得州教师退休系统估计，通过组建内部的私募资产管理团队（相较于投资私募基金），它可以节约14亿美元的管理费和提成支出。该公司首席投资官简·奥比（Jane Auby）告诉董事会，为了组建内部团队，该基金将与其他大型养老基金以及私人企业争夺人才，努力吸引来自纽约、旧金山和芝加哥的人才；而且，现有办公区已经无法容纳团队了，新的办公区设施更加便利，有助于吸引所需要的人才。

按照规划，新办公区位于市中心一座气派的摩天大楼内，设施齐全，包括健身中心、户外露台，以及市中心最大的楼内餐厅和商店。这只1 600亿美元的养老基金以每年390万美元的租金租用了三层楼，这一举措出乎意料地受到了各方关注，养老金领取者在网上评论道："我们的钱花在那些我们雇来管理我们未来的人的身上，而退休教师却得不到自己应得的东西。这是可耻的。不用说，我们都很愤怒。做点什么吧。"

这件事很快就引发了一场轩然大波，所有的利益相关者都争先恐后地参与其中：

- 脸书上的3 506条评论。
- 立法委员的12次直接沟通，以及其他人的若干条推文。
- 得州参议院和众议院都安排了听证会。
- 全美和得州媒体的21条新闻报道。

在一片哗然之后，得州教师退休系统董事会不出意料地做出了让步，打消了这一想法。他们将继续待在这栋紧邻高速公路且已经使用了11年的建筑里，努力挤出新的办公空间，并在自家后院的科技中心招募人才。奥斯汀不像埃德蒙顿或朱诺那样，被视为寒冷且边远的居住地。尽管如此，即使是在一个不断发展中的科技中心，为公共养老金管理公司招募人才仍然是充满潜在风险的。

具有市场竞争力的薪酬和运营预算紧张之间的矛盾，可能会严重制约主权投资者在科技投资和直接投资方面的努力。当一家机构没有可观的运营预算时，它会减少对私募股权资产的配置，因为它无法吸引到足够的外部人才来管理这项经营活动。同时，内部团队也需要达到一定的规模体量。因此，对于私募股权投资占比较小的基金来说，组建内部团队并不值得。正如下面提到的备受瞩目的日本投资公司（Japan Investment Corporation，简写为JIC）的案例所表明的那样，这家主权基金设立的最初目标是在全球范围内开展创新投资，但是，薪酬问题可以让一家主要的主权基金彻底失控，甚至是在它正式启动投资业务之前。

2018年，日本政府得出结论，日本已经在推动经济向数字未来转型和培育国内独角兽公司的竞争中落后。2017年，日本经济产业省在一份研究报告中指出，日本的风险投资规模（种子阶段和成长阶段）与其他发达国家相比处于劣势。从2015年风险投资占GDP的比重来看，日本（约0.025%）远低于美国（超过0.3%），与以色列（接近0.4%）相比更是相形见绌，并落后于加拿大、英国、法国和德国。

经济产业省提出的解决方案是什么？设立一只旨在促进日本国内创新并培育日本独角兽公司的主权基金。2018年9月，日本政府在经济产业省和财务省的监督下成立了新的日本投资公司。"我们的使命是按照受托责任原则，提高工业部门的竞争力，创造未来工业，并从投资中获得长期最大回报"，官方同时提到，新基金的明确目标是创造新的"独角兽公司"。为此，日本政府招募"世界顶尖人才"来运营这只180亿美元的基金，它主要投资于初创企业，并努力为日本引入新技术。

不久，三菱UFJ金融集团前副总裁田中正明被任命为日本投资公司总裁兼首席执行官。三菱UFJ金融集团是日本最大的金融公司，总资产超过2.8万亿美元。2018年10月，日本投资公司的首只基金——"JIC-US"宣布在硅谷启动。这只总部位于美国加州的基金准备向在生物技术和药物研发领域拥有顶尖技术的全球初创企业投资20亿美元。

该基金本质上是日本投资公司在美国的一个投资平台，获得在风险投资和公募基金领域开展直接投资和有限合伙投资的广泛授权（见图7.6）。该基金还将努力促进初创企业和日本制药企业的深度合作，因此，它的团队还需要具备跨境专业知识，将硅谷的投资与日本国内的制药行业联系在一起。

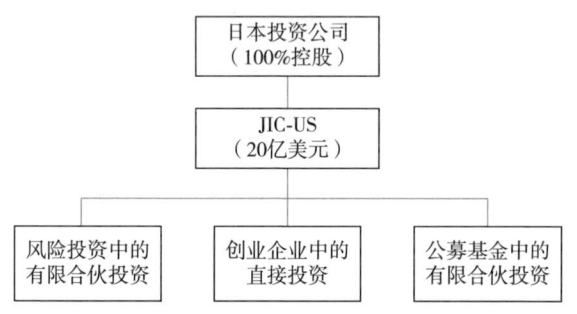

```
         日本投资公司
        （100%控股）
              │
          JIC-US
        （20亿美元）
      ┌───────┼───────┐
  风险投资中的  创业企业中的  公募基金中的
  有限合伙投资   直接投资    有限合伙投资
```

图 7.6　日本投资公司首只基金的宏伟使命

对于一只成立仅一个月的基金来说，它拥有一支优秀的团队。就像之前的主权投资基金的例子一样，日本投资公司计划由内部高管（日本投资公司副总裁、硅谷医疗基金 Skyline Ventures 的前董事总经理金子恭规）和外部招聘高管（目标是生物制药领域的连续创业者，但未透露姓名）组成 JIC-US 的领导团队。在 2018 年 10 月一次关于 JIC-US 的公开演讲中，田中正明强调日本投资公司将"吸引和培养一流的专业投资人士"。

但是，在短短几周之内，问题就开始不断出现。2018 年 12 月，私募部门的董事会成员，除了两名来自经济产业省和财务省的董事，其余全部辞职，以抗议经济产业省决定收回此前关于薪酬安排的承诺。高管们抱怨道，经济产业省违背了此前的承诺，压低了最初商定的条件。最初商定的管理团队的固定年薪为 1 550 万日元（约合 13.7 万美元），短期绩效薪酬最高可达 4 000 万日元，如果考虑到进一步的激励，年度总薪酬可以达到 1 亿日元（约合 90 万美元）以上。

显然，这些条款是在 2018 年 10 月达成的，但在 11 月，经济产业省改变了主意，要求管理团队降低薪酬要求。日本政府认为，这样的一揽子薪酬方案永远不可能获得公众的认可，因此政府撤回了此前承诺的激励性薪酬计划。经济产业省大臣世耕弘成为他此前的说法道歉，并表示将放弃一个月的薪水来承担责任。与此同时，财务省敦促田中正明主动辞去日本投资公司首席执行官一职。

世耕弘成在 2018 年 12 月初的新闻发布会上说："我们需要承诺一定水平的薪酬，以确保招募到世界一流人才。但是，这是在日本，管理公众资金的机构薪酬需要与公众可以接受的水平相匹配。"随后，首席执行官田中正明和其他 8 名董事辞职。之后，再也没有人提到 JIC-US。2020 年年初，日本投资公司终于有了新的董事会和管理团队，但对外投资仍未启动。

华山资本和愿景基金：播种

内部资源培育需要时间，同时也有其自身的挑战，如果不能通过私有化交易引入团队，那么渴望数字化的主权投资基金在人才争夺战中又能做些什么呢？对于一家希望跨越自然发展阶段并努力避免内部争议的年轻的主权基金来说，组建团队的最快方式是"播种"一支新团队：主权基金或一群志同道合的投资人设计出一种新的结构，为一家由经验丰富的投资团队组成的全新类型的资产管理公司提供资金。

例如，中投公司 2007 年年底在北京成立，2009 年金融危机爆发后，它意识到科技投资将成为未来几十年的重要投资主题。但是，中投公司当时具有技术背景的员工寥寥无几（而且中投公司北美办事处直到 2011 年年底才成立），那么问题来了，中投公司应该如何在硅谷起步？

中投公司为一支具有中美背景且经验丰富的企业家组成的投资团

队提供资金，组建了华山资本。华山资本 4 位创始合伙人都是土生土长的中国人，他们都毕业于清华大学，相距不到 3 年，之后赴美学习和工作。他们都有作为创业者（和投资者）的经历，这为中投公司提供了不同于专业投资人的视角。中投公司作为华山资本首只基金的唯一出资人，提供了全部 3 亿美元的初始资金，与华山资本形成了战略合作关系。

自 2009 年以来，华山资本作为少数几家完全由中投公司提供资金的基金之一，拥有非常独特的地位。这一点主要得益于科技行业投资的特殊性。正如"独角兽"这个词本身所暗示的那样，在当时，独角兽公司是非常罕见的，因此，并没有太多科技初创企业能够接受中投公司为早期投资开出的数亿美元的支票。中投公司向华山资本做出了重要承诺，允许其以笔均 1 000 万至 2 000 万美元的金额投资处于成长期的科技企业。

华山资本为中投公司提供了丰厚的回报。华山资本对中投公司的战略价值也从它的投资中获得了体现，在华山资本完成早期投资后，初创企业最终成长为适合中投公司进行更大规模投资的独角兽公司。Unity Technologies 就是一个很好的例子，这是一家总部位于旧金山的软件公司，为电子游戏开发人员提供开发工具。自 2008 年全面进军手机领域以来，它已成长为游戏引擎领域的巨头之一，在苹果应用商店刚推出不久就成为首批支持 iPhone 的平台之一。

华山资本首先投资了 Unity Technologies 的 B 轮融资（仅 2 550 万美元）。很快，在该公司 2016 年 1.81 亿美元的 C 轮融资中，华山资本将这笔交易交给了中投公司，华山资本和中投公司都参与了这轮融资（见图 7.7）。不到一年后，当 Unity Technologies 从私募股权投资公司银湖资本融资 4 亿美元的时候，估值据称已经达到了 26 亿美元。

对于高度专业化的行业，即使是淡马锡这样长期从事科技投资的主权投资者也在寻求与业内人士合作，共同培育投资平台。以物流行

```
        ┌─────────────┐
        │  中投公司    │
        │(唯一有限合伙人)│
        └─────────────┘
         ╱           ╲
┌─────────────┐    ┌──────────────────┐
│  清华团队    │    │ Unity Technologies│
│(普通合伙人)  │    └──────────────────┘
└─────────────┘         ╱
         ╲            ╱
        ┌─────────────┐
        │   华山资本    │
        └─────────────┘
```

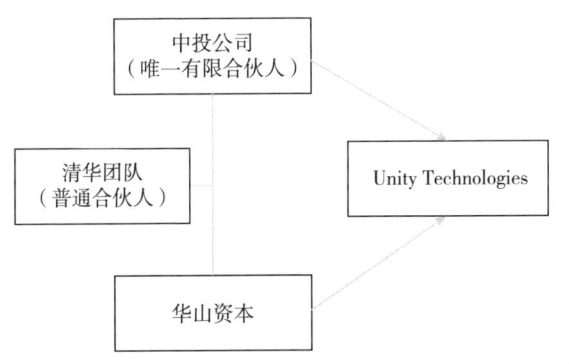

图 7.7　中投公司与种子平台华山资本共同投资 Unity Technologies

业为例，这是历史悠久的传统行业，因此很少被风险投资关注。然而，在爆炸性的技术发展的推动下，全球价值链上的公司正越来越多地重新评估物流行业的商业模式并开展科技投资，以便更精准地捕获市场需求并提高运营效率。例如，亚马逊和阿里巴巴正在投资物流行业的初创企业，以创新"最后一公里"的交付方式；宝马和梅赛德斯等汽车制造商也在与初创企业合作，推进它们在货运平台和自动驾驶解决方案方面的工作。

淡马锡关注到了物流行业迎来的新发展机遇，初创企业已经具备了足以颠覆供应链和物流仓储空间的产品和能力。它们将引入足以改变行业的分析和规划方法，提升整个供应链在信息、原材料和货物流动方面的可视化程度。例如，许多公司正在使用人工智能、深度学习、数字物流和物联网等技术，来解决供应链数据分析、物流追踪以及系统风险预测与管理等问题。

与此同时，淡马锡也认识到，与物流企业合作共同投资于行业的数字颠覆者，可以形成协同效应。对淡马锡而言，一家成熟的供应链企业可以带来行业知识和经验丰富的运营人员，而这些是很难在淡马锡现有投资组合中找到的。对初创企业来说，它们可以与现有企业建立有价值的合作关系，因为现有企业希望获得最新的技术来提升现有业务的竞争力。

正因为如此，淡马锡与总部位于瑞士的运输和物流巨头德迅（Kuehne + Nagel）建立了合作伙伴关系。2019年年底，淡马锡与德迅合作，成立了Reefknot Investments，这是一家投资物流和供应链行业初创企业的合资基金，总规模约5 000万美元（见图7.8）。对于快速成长的科技企业来说，它们可以从淡马锡获得商业洞察力，以及德迅在供应链和物流领域的专业知识。这种合资模式弥补了传统商业、技术和初创企业之间的鸿沟。

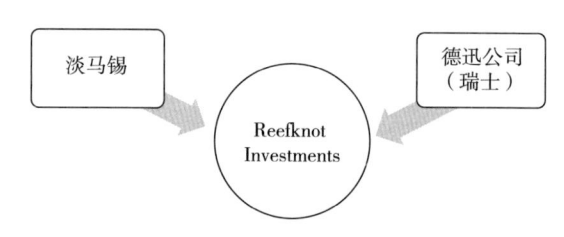

图7.8　淡马锡与德迅合资构建的供应链和物流行业投资平台

与规模较小的华山资本和Reefknot Investments相比，由日本软银和两家主要的主权基金——沙特阿拉伯公共投资基金和穆巴达拉投资公司组成的愿景基金采取了更为激进的方式。正如日本投资公司背后的故事所揭示的（参见本章前面的案例），作为发明了随身听的国家，日本在20世纪80年代领跑全球的科技发展，但是，在发展数字经济领域，日本早已落后，但是有一个例外，那就是软银及其明星CEO孙正义。

随着软银对阿里巴巴的投资回报从2 000万美元变成1 300亿美元，孙正义理所当然地赢得了梦想家的声誉。他利用这一点成功筹集了1 000亿美元，打造了世界上最大的风险投资基金——愿景基金，并成功吸引沙特阿拉伯公共投资基金和穆巴达拉投资公司为基金提供了绝大部分资金。愿景基金1 000亿美元的规模大致相当于美国所有的风险投资公司在2018—2019这两年（风险投资的繁荣期）募集的资金总和。为了满足快速发展的风险资本向全球和不同时区拓展的需求,愿景基金在软银的东京总部之外,在伦敦、硅谷和新加坡都设有办事处。与此同时,孙正义招募并组建了一支非常规的世界级团队来领导日本软银。

一般来说,顶级的私募股权和风险投资公司由一支四五名管理合伙人组成的团队来领导公司。在多数(或所有)情况下,合伙人彼此之间已经具备长期合作关系(也就是说,在多轮次投资中并肩作战)。然而,愿景基金的管理合伙人团队人数多达12人。其中包括1名从硅谷招募来的前谷歌高管,以及至少5名前德意志银行的交易员,他们来自与风险投资基金截然不同的世界。这个人数众多的团队首度合作,就改变了风险投资的格局,投资了许多独角兽公司。然而,正如第六章中的投资案例所显示的那样,总会有出人意料的事情发生。

愿景基金启动之后,领导团队内部几乎立刻就充斥着紧张的气氛。从2017年开始,《华尔街日报》详细报道了愿景基金高管向私人侦探的离岸账户支付报酬,设置"桃色陷阱"引诱同事,以及"一次性手机"和意大利特工的故事。所有这些都是愿景基金某位高管针对作为其竞争对手的另一位高管发起的,而这一切在这些顶尖人才入职愿景基金之后不久就开始了。2019年,像WeWork这样的独角兽公司的估值开始崩溃之后,情况进一步恶化。到2020年年初,一部分资深合伙人离开了愿景基金,随后离开的是一些资深投资专员,他们对"过度竞争的团队、缺乏经验的主管和糟糕的沟通"等这些极度令人不愉快的企业文化感到不满(见专栏7.4)。

> **专栏7.4 跟踪独角兽捕手**
>
> 愿景基金的团队是一个有趣的组合。首先,软银给大家

的普遍印象是一家日本顶尖的科技企业。但是，事实上，软银植根于日本的传统工业部门。软银在2004年收购了日本电信（Japan Telecom），日本电信是日本铁路私有化的产物，也为软银带来了大量来自铁路行业的高管。除了铁路和电信行业，软银的高管团队还包括在2017年收购堡垒投资集团（Fortress Investment Group）时获得的银行和私募股权投资专家。

为了管理世界上最大的风险投资基金，孙正义需要在重要地区迅速搭建起经验丰富的本地团队，为此，愿景基金在东京总部之外的伦敦、硅谷和新加坡设立了办事处（见图7.9）。负责伦敦办事处的管理合伙人是前德意志银行固定收益部高管拉吉夫·米斯拉（Rajeev Misra）；硅谷办事处的负责人是前谷歌高管尼克什·阿罗拉（Nikesh Arora）。创始人孙正义坐镇东京总部。

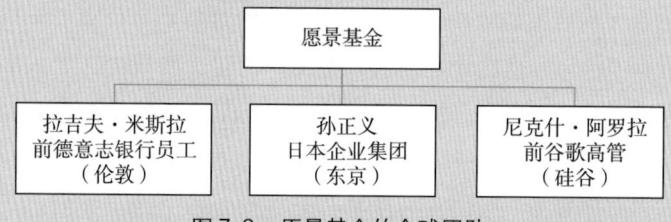

愿景基金		
拉吉夫·米斯拉 前德意志银行员工 （伦敦）	孙正义 日本企业集团 （东京）	尼克什·阿罗拉 前谷歌高管 （硅谷）

图7.9 愿景基金的全球团队

但是，事情很快就开始恶化。媒体报道称，米斯拉实施了一项"抹黑行动"，以诋毁愿景基金和软银的其他高管，其中引人注意的是时任软银总裁的阿罗拉。据称，米斯拉安排了一次"美人计"，将阿罗拉引诱到东京一家酒店的房间里。房间里提前布置了隐蔽摄像头，将拍到阿罗拉和等候在那里的女人的不雅照。不过，阿罗拉很幸运，他并没有去。

该事件在经过了内部调查之后,没有出现任何关于后续行动的报道。

当投资 WeWork 和其他独角兽公司的失败让愿景基金的主要投资人沙特阿拉伯公共投资基金和穆巴达拉投资公司产生疑虑时,形势变得更加紧张。孙正义找到沙特阿拉伯公共投资基金、穆巴达拉投资公司和其他投资人,希望它们继续为愿景基金二期提供资金。随着 WeWork 在 2019 年夏天的市值崩溃,投资人对孙正义避而远之。然后,他又试图通过愿景基金和软银员工来填补这一缺口。英国《金融时报》报道称,高管们被迫借入高达其年薪 10 倍的资金投入愿景基金二期。该基金分配给员工的承诺投资额是早期目标的 3 倍,达到 150 亿美元。尽管愿景基金发言人表示,他们的目的是使员工利益和投资者利益保持一致,但相当一部分员工却选择了用脚投票。

高级管理人员陆续离职,或有传言称正在考虑离职。其中,2020 年 2 月,愿景基金在美国的五大高管之一、前高盛和以色列空军情报分析师迈克尔·罗内(Michael Ronen)离职;美国高级人力资源执行官米歇尔·霍恩(Michelle Horn)任职不到一年,就于 2020 年 2 月离职;另外两名合伙人戴维·泰维农(David Thevenon)和普拉文·阿基拉朱(Praveen Akkiraju)甚至更早,他们在 2019 年 10 月就离职了。越来越多的专业投资人因不满意由过度竞争的团队、缺乏经验的主管、糟糕的沟通方式以及高风险的员工激励等构成的令人极不愉快的企业文化,陆陆续续自行离职。

随后不久,投资和运营部门的大约 10 名中层员工也离职了。阿里巴巴首席执行官马云于 2020 年 6 月离开软银董事

> 会,此举可能与此有关,也可能与此无关。虽然孙正义长期以来一直认为,从长远来看,他的公司在迎接即将到来的人工智能革命方面拥有最有利地位,但是,他的团队面临的短期问题显然要大得多。

愿景基金为培育新平台、组建新团队提供了重要的参考案例。公众很难将这些不体面的事件与该基金联系起来。顶尖的投资人应该去跟踪独角兽,而非跟踪彼此的绯闻。从2019年夏天(距离愿景基金设立还不到3年)起,软银和孙正义开始与潜在投资者就愿景基金二期进行协商,二期基金与一期规模差不多,大约1 000亿美元。但是,据媒体报道,主要的主权投资者仍犹豫不决,这个年轻基金的未来充满着挑战。孙正义在2020年5月表示,考虑到愿景基金迄今为止的业绩,他"暂时"不会为二期基金寻找外部投资者。

多元化和参与:建立生态系统

愿景基金的传奇故事说明了"播种"平台面临着许多挑战。拥有超凡魅力的孙正义组建了团队,但是基金表现和地域差异带来的压力导致团队很难维持。当形势变得更加艰难的时候,这支横跨各大洲的世界顶级团队崩溃了。与此同时,科技行业的资产管理公司成本高昂,业绩参差不齐。鉴于投资周期跨度相对较长,过去业绩并不能成为未来业绩的最佳指标。另外,能够接触那些拥有优秀投资业绩的管理人的机会也是有限的。所有的这些,都是主权基金在大举押注新投资团队之前需要考虑的重要因素。

当然,降低风险的最有效方法就是分散投资。相比起给一支新团队开一张数百亿美元的支票,主权投资基金可能更倾向于向几个不同的平台各投入一笔少得多的资金。此外，主权投资基金甚至可以发起设立一个新的平台，承担起培育多支新管理团队的任务。代表这一趋势的典型案例是 Capital Constellation，这是一家 7 亿美元的合资企业，由阿拉斯加永久基金公司、英国铁路养老金计划、科威特社会保障公共机构和 Wafra 公司（属于科威特社会保障公共机构）等机构于 2018 年共同设立（见图 7.10）。

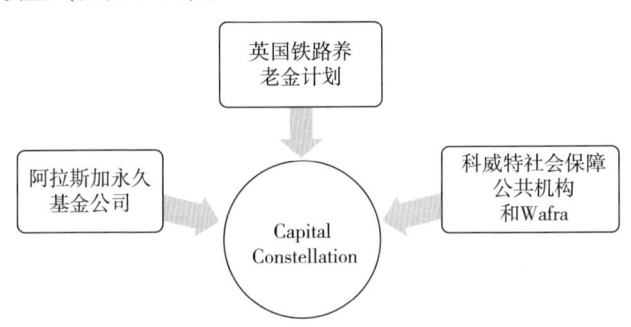

图 7.10　Capital Constellation——新兴的合资基金管理公司

在创始成员中，阿拉斯加永久基金公司由阿拉斯加立法机构于 1980 年设立，用于投资和管理阿拉斯加永久基金，管理的资产总额约为 640 亿美元。英国铁路养老金计划是英国最大的养老基金之一，管理着大约 280 亿英镑的资产。科威特社会保障公共机构为科威特所有国民管理社会保障系统，包括在科威特国内外工作的公共和私人部门专业人士，管理的资产总额约为 600 亿美元。作为科威特社会保障公共机构的一部分，Wafra 公司总部设在纽约，在科威特设有办事处，管理着大约 200 亿美元的私募股权和另类投资。

2018 年，Capital Constellation 的 4 个创始合伙人在初期承诺向该公司投资 7 亿美元，预计未来 5 年投资总额超过 15 亿美元。Capital Constellation 的目标是为全球范围内具有发展前景的新一代私募股权和风险投资管理公司提供长期资本和运营支持。它承诺对由经验丰富的投资人设立的新公司推出的首只基金进行锚定投资，帮助优秀的投资团队突破首次融资的挑战；此外，它还提供后台服务等运营支持，这对于投资团队设立首只基金也非常有帮助。

通过为新的基金管理公司提供机制上的稳定性，Capital Constellation 获得了它投资的普通合伙人管理团队的少数股权，这些股权使它可以从管理费用和提成收入中获得类似于年金的现金流。主权投资基金作为 Capital Constellation 的投资人，也持有普通合伙人管理团队的部分股权，一旦团队管理的新基金取得成功并设立后续基金，主权投资基金将因此受到激励并追加投资。这种结构发挥了主权投资基金作为长期资本供给方的优势，同时也使得那些对内部来说充满挑战的募资和管理工作变得更为便捷。

到目前为止，这种模式在中等规模的私募股权市场（交易金额介于5 000万美元到5亿美元之间）受到了越来越多的欢迎，基金管理人对于在多只基金的全生命周期内保持与有限合伙人长期合作关系的前景反应积极。4家另类资产管理公司分别获得了至少1亿美元的投资承诺。这4家公司都专注于中等规模的私募股权投资，每家公司都在不同领域开展专业化投资。在这4家公司中，有两家专注于数字领域：通信和技术服务领域的 Astra Capital Management，以及金融科技领域的 Motive Partners。

从内部能力培育的角度来看，Capital Constellation 在两个方面值得特别关注。一方面，它同时担任有限合伙人和普通合伙人，因此能够通过普通合伙人的角色，为自身和它的投资人（主权投资基金）的员工提升专业知识水平，一般来说，有限合伙人很少能从知名的大型投资基金获取这样的服务。另一方面，通过投资新基金的投资组合，Capital Constellation 可以获取广泛的市场信息，并进一步分散来自未经市场验证的投资团队的风险。

实际上，考虑到许多主权基金正在开启对风险投资领域的探索，这种长期的投资组合方式应该在更为广泛的场景获得应用。对于风险投资这个高度专业化的小圈子来说，主权投资基金获得行业经验的最佳方式是，建立一个多元化的科技领域风险投资组合——从风险投资基金的有限合伙投资、共同投资、直接投资，一直到对新成立或知名的基金管理公司的股权投资——积极地参与其中，培育基金管理人的生态系统，并引导经验丰富的主权投资基金同行、创业者、大学的研究人员和科技公司的首席执行官参与其中（见图7.11）。

主权投资基金的学习生态系统	
多元化投资	多元化社区
·风险投资基金的有限合伙投资 ·与普通合伙人开展共同投资 ·直接投资 ·对普通合伙人的投资	·风险投资/私募股权投资基金经理 ·经济丰富的主权投资基金同行 ·创业者 ·大学的研究人员 ·科技公司的首席执行官

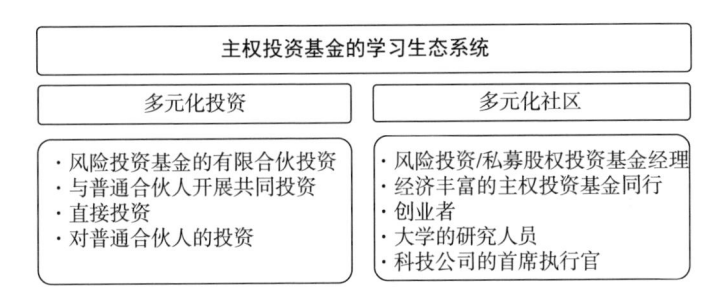

图7.11 主权投资基金的学习生态系统：多元化和深度参与

主权基金可以通过以下投资策略收获最大的学习效果，例如：

- 投资于每个起始年份。尽管投资的起始年份对最终业绩来说至关重要，但是找到最佳投资时机是很困难的。如果把每一年都作为投资的起始年份，主权基金可以更加深入地了解经济周期的实际影响，以及基金管理人和被投资企业在困难时期是如何应对的。
- 对基金管理人做出长期承诺。主权投资者的长期承诺，以及他们在经济周期中相对低迷的时间点的投资意愿，有助于他们接触想要与之共事的基金管理人。对于首次发行基金的新团队，主权投资基金需要在基金管理人当前所募集的资金之外，考虑他们未来募集资金的潜力。
- 与主权投资基金同行开展共同投资。向更加成熟而且在科技投资领域拥有更为悠久历史的主权投资基金学习将非常有帮助，因为这一点与风险投资和私募股权投资基金中的有限合伙人和普通合伙人关系截然不同，是一种更为友好的同行关系。考虑到许多主权投资基金正在削减风险投资和私募股权投资，它们需要更加积极地与同行建立联系，以代替之前由设在纽约和伦敦的基金提供的生态系统。

- 从风险投资人那里积极地汲取知识。风险投资人往往不会投入太多的时间或资源来培养有限合伙人，有限合伙人可以参与的活动通常仅限于常规的有限合伙人会议。为了获得更多对行业的洞察，主权投资基金团队应该在这些会议上做好充分准备，对深入研究细节抱有浓厚的兴趣。更进一步来说，主权投资基金可以考虑有选择性地收购部分基金管理公司的股权，以便与普通合伙人一起掌控基金管理的主动权。
- 为通过风险投资基金投资和自身直接投资的初创企业创造价值。对于那些致力于实现全球增长的科技公司来说，主权投资基金可以提供很多帮助，比如母国市场的信息、政治和政策影响力，以及主权基金所投资企业的价值链网络的上下游资源。例如，中投公司是阿里巴巴及其金融科技子公司蚂蚁金服（估值超过1 000亿美元，是全球估值最高的独角兽）的投资人。与此同时，中投公司全资子公司中央汇金是中国最大的商业银行工商银行的政府股东。2019年，蚂蚁金服和工商银行在移动支付、在线资产管理和其他领域建立了战略合作伙伴关系，为所有利益相关方创造了双赢的局面（见图7.12）。

总而言之，科技投资需要拥有不同技能和背景的多元化人才，对许多主权基金来说，在全球科技中心建立一支高绩效的团队仍然是一项充满挑战的工作。然而，对主权投资基金来说，利用它们的资本、

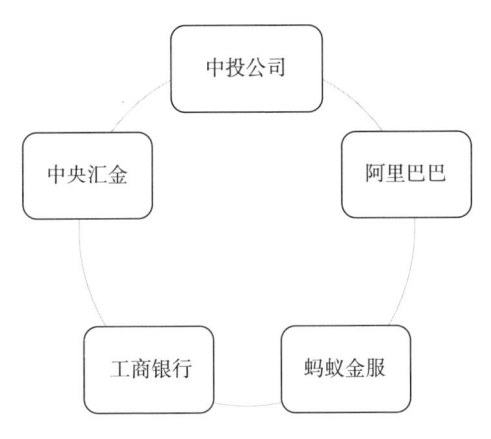

图 7.12　中投公司扩大其金融科技生态系统

投资组合和影响力在科技世界中更好地寻找自身定位并培育内部能力，不仅是非常重要的，也是完全可行的。

除了财务实力，主权投资基金像企业合伙人一样思考问题，不仅有助于与初创企业管理层建立直接关系，从而获取科技行业知识，还可以为未来的直接投资培育宝贵的尽职调查和运营能力。结合长期投资的视野、与时间为友的战略以及持续不断的学习，主权基金将有能力进一步完善投资战略，建立起世界一流的投资团队。

在建筑大师伦佐·皮亚诺（Renzo Piano）设计的碎片大厦封顶将近 10 年之后，卡塔尔政府仍是大厦的主要所有者，Jellyfish 仍占据该大厦 22 层的一半。但是，新来的租客正从马来西亚国库控股公司之前的办公室俯瞰伦敦塔桥。诚然，英国"脱欧"是重要影响因素之一，尽管这不是理由。随着政府和政策的改变，这家马来西亚主权基金将战略重点重新放在本国的优先事项上，并将其豪华的马来西亚国

家石油大厦总部迁往其国内不太知名的地区。

虽然在伦敦这样竞争激烈的科技中心维护一支团队绝非易事，但是这一事实并没有阻止主权投资基金在硅谷等地的探索脚步。在那里，它们的数量仍在持续增长。马来西亚国库控股公司虽然离开了碎片大厦，但是它在中国和美国的办事处"仍然很重要"，因为它"对技术非常感兴趣"。金门海峡和长城的景色是任何人都难以抗拒的。

第三部分

全球扩张、监管应对和国际政策

第八章
海外扩张与国家安全冲突

当你进入酒店餐厅的时候，可能会因为时差和早起的电话会议而有点昏昏欲睡，也可能会因为在拥挤的街道上晨跑而活力焕发。不管怎样，你都可以在商务酒店的餐厅里享用自助早餐。这里有地道的英式食品，比如煮熟的西红柿、烤豆子、培根和鸡蛋，或者是欧陆风味的羊角面包、果酱和咖啡。

但这只是选择的开始。点心、皮蛋、粥、熏三文鱼、热气腾腾的汤、腊肉、牛油果吐司、红茶、绿茶、美式咖啡、拿铁、糕点、15 种面包、熟悉的水果、马麦酱、玉米片、果汁、素食……可供选择的种类很多。

主权投资者可以尽情享用从传统到潮流的全球各类资产的投资大餐。但是，有时候你需要提供身份证明和房间号码，以确认你有资格在纽约、吉隆坡、北京或全球其他地方的投资圈子里享用大餐。天下没有免费的午餐。主权投资基金在利用全球资产为自己服务的同时，也必须遵循当地的规则。

在前面的章节中，我们回顾了主权投资基金的崛起，它们从被动的资本配置者转变为对全球资产有着巨大胃口且人员充足的科技投资人。当主权投资基金举起叉子或筷子，寻找它们的下一顿独角兽大餐时，东道国（独角兽公司所在国家）也开始关注到这一点。冲突在所难免。

从寻求资本的初创企业，到企业的竞争对手，再到东道国的资本市场，最终，政府和政治家逐渐被主权投资者实际展示出来的或可以感受到的影响力唤醒。主权财富基金有时扮演"白衣骑士"的角色——就像在2007年的全球金融危机期间，当时，它们尤其被视为发达国家金融机构的救星，而随着危机的全面爆发，它们也被视为发达经济体的救星。

白衣骑士，危难少女，从此不再幸福

随着主权投资者从被动投资人转变为主动投资人，他们拥有与政府的密切关系和巨额的现金储备，因此受到特别的关注也就不足为奇了。主权投资者已经成为市场上举足轻重的玩家，并且吸引了媒体和政策制定者的关注。鉴于主权投资基金通常保持着低调的公众形象（而且很多都是不透明的），东道国对于主权投资基金的评价通常仅限于一些固定的内容。"主权财富基金"一词最早出现在2005年的出版物中，尽管这个概念在此之前已经存在了几十年。为这一类别创造一个特定的称谓意味着公众对它的认识和关注度在不断提升。

2007—2009年的全球金融危机进一步加深了公众对主权财富基金的认知。发达经济体的金融机构面临着流动性危机，除了依靠本国央行的注资，它们还不顾一切地想继续维持自己的资产负债表。银行家纷纷飞往中国、海湾地区、新加坡和其他地区，寻求主权投资基金的大笔资金注入，并且为此提出了非常具有吸引力的条款。很快，交易便接踵而至（见表8.1）。

表8.1　　华尔街的"白衣骑士"——主权投资基金

主权投资基金	陷入困境的华尔街金融机构	投资金额
中投公司（中国）	摩根士丹利	56亿美元+12亿美元
阿布扎比投资局（阿布扎比）	花旗	75亿美元
科威特投资局（科威特）	花旗	30亿美元
新加坡政府投资公司（新加坡）	瑞银	110亿美元
新加坡政府投资公司（新加坡）	花旗	68.8亿美元
淡马锡（新加坡）	美林	59亿美元

2007年12月，新成立的中投公司购买了56亿美元摩根士丹利发行的一种到期后须转为普通股的可转换股权单位，折合9.86%的股权。在2008年10月三菱UFJ金融集团入股摩根士丹利之后，中投公司的股权被稀释到7.86%。2009年6月，中投公司又追加投资了12亿美元，购买了摩根士丹利4 470万股普通股，以保持9.9%的持股比例。

阿布扎比投资局也活跃在救助华尔街的一线。2007年11月，它承诺斥资75亿美元购买花旗银行的可转换债券，转换后占总股本的4.9%。该项投资的年化利率为11%。最终这些证券被强制转换，而转股价格是当时股票市场交易价格的10倍，导致阿布扎比投资局遭受了数十亿美元的损失。阿布扎比投资局提出了仲裁申请（后来败诉），这对于主权投资基金来说是一个相当罕见的举动。另一家来自海湾地区的主权投资基金——科威特投资局，在花旗银行股票已经跌去了大部分市值之后，在 2008 年向花旗银行投资 30 亿美元。无疑，科威特投资局选择的投资时机更好。它在 2009 年退出时收获了 11 亿美元的利润，持有花旗银行股票仅 1 年就实现了 36.7% 的回报率。

新加坡的主权投资基金也开展了类似的投资。2009 年，瑞银宣布亏损 100 亿美元之后，新加坡政府投资公司向瑞银注资 110 亿美元。随着金融危机的持续，新加坡政府投资公司还将它持有的花旗银行 68.8 亿美元的优先股转换为逾 9% 的股份。新加坡政府投资公司在退出花旗银行时实现了盈利，但是对瑞银的投资却遭受了亏损。新加坡政府投资公司的姊妹公司淡马锡在全球金融危机初期投资美林，后来，美国银行在美国政府的支持下收购了美林。之后不久，淡马锡也退出了美林，遭受了 48 亿美元的损失。

在金融危机期间，主权投资基金的举动成为头条新闻，有时它们被视为"白衣骑士"，有时却被视为鲁莽的勇士。尽管如此，外国直接投资通常被认为对双方都有巨大的好处，包括受益于投资的东道国。外国直接投资被认为是促进国家经济发展的关键，对于中国和美国来说也是一样。

自 2007 年全球金融危机以来，主权基金已被公认为国际货币金融体系的重要参与者。今天，它们的活动已经很难避免成为头条新闻。正如前几章所提到的那样，在科技繁荣时期，它们作为公认的投资人的角色尤其受到关注。主权投资基金对独角兽公司的投资不仅形成了跨境业务关系，还在母国与东道国（接受国）之间的国际关系中发挥了重要作用（见图 8.1）。

当主权投资基金作为直接投资者崛起，并与另一股强大的力量发生正面冲突时，这种荣耀感和良好的自我感觉很快就消失了。政治家和公众日益将外国直接投资视为一种威胁。与在欧洲、美国和其他地区出现的反对移民的民粹主义反弹不同，外国直接投资被贴上了含有潜在威胁的标签，并在国境线上受到了越来越多的审查。

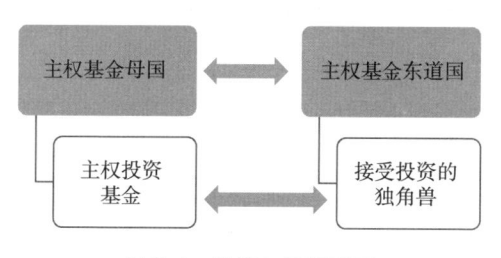

```
主权基金母国  ⟷  主权基金东道国
    │                │
主权投资          接受投资的
  基金             独角兽
    └──────⟷──────┘
```

图 8.1　投资与国际关系

当前围绕人工智能竞赛和科技竞争的全球紧张局势加剧了这种误解。这种冲突在对外国直接投资进行的"国家安全审查"上得到了淋漓尽致的体现。如果说曾经有人感谢这些"白衣骑士"在全球金融危机中所做的贡献，这终究是短暂的，东道国的监管规则重新开始调整，将识别新参与者的身份并辨别它们所承担的角色纳入考虑，其做法是不断扩大国家安全审查的边界。主权投资基金在全球寻找独角兽的过程中，现在受到了特殊的监管约束。

并非所有的国家安全问题都是一致的

东道国在审查外国直接投资方面采取了不同的策略。一些国家在跟踪外国直接投资时，总体上仍对其持开放态度；另一些国家则加强了审查，增加了强制披露规定或要求事先审批。美国是接受外国投资最多的国家，其评估完全基于"国家安全"（具有弹性）的概念。与此同时，加拿大基于"净收益"进行筛选，澳大利亚则特别关注"关键基础设施"（详见本章后面的案例讨论），在筛选外国直接投资时，无论是"净收益"还是"关键基础设施"，两者都包含了"国家安全"的因素。

"国家安全"是一个难以捉摸的概念，会随着公众变化莫测的反应而不断变化。起初，"国家安全"通常被视为"军事安全"的同义词，包括军事供应商、技术和设施。自那以后，它的概念不断扩大并纳入了更多内容，美国率先将"国家安全"概念令人惊讶地扩大到了经济领域。

美国外国投资委员会对大多数外国投资进行审查并做出决定，下文将对此进行详细讨论。有时，根据美国外国投资委员会的建议，也可能会涉及总统令。自美国外国投资委员会成立以来，总统已经根据其建议以总统令的方式叫停了7笔交易。最近10年以来，这一速度自奥巴马时代开始明显加速。巧合的是，这7笔被叫停的交易都涉及中国买家（或是涉及中国因素，例如博通/高通交易）。

为了更好地理解"国家安全"审查的来龙去脉，我们以美国为例，深入分析它对外国直接投资的"国家安全"审查的产生和演变过程（表8.2列出的总统令提供了这一演变过程的概貌），以及同一时期"国家安全"审查在澳大利亚和加拿大的演变过程。"国家安全"审查的频率和幕后的理由不断增加，一般来说主要针对某些特定交易，其中部分交易构成了我们案例研究的基础。

表8.2　　　　　　　　美国总统令叫停的7笔交易

年份	总统	投资人	目标
1990	布什	中国航空技术进出口总公司	MAMCO（飞机组件制造商）
2012	奥巴马	Ralls Corporation（一家由中国人控制的企业）	俄勒冈州风力发电场项目
2016	奥巴马	福建宏芯投资基金	爱思强公司（总部在德国但拥有美国资产的半导体公司）
2017	特朗普	峡谷桥资本合伙公司（一家中国投资公司）	莱迪思半导体公司（位于俄勒冈州波特兰）
2018	特朗普	新加坡博通	高通（美国半导体芯片制造商）
2020	特朗普	北京中长石基信息技术股份有限公司	美国酒店业软件供应商StayNTouch
2020	特朗普	字节跳动	美国社交媒体应用程序TikTok

我们将见证"国家安全"审查从旨在促进外国直接投资的工具转变为推动数字经济产业政策的工具——所有的这些都导致东道国一旦对主权投资基金背后的母国政府的动机产生怀疑，那么它与曾经的"白衣骑士"将不可避免地发生冲突。因此，外国主权基金在其主要投资对象国所面临的监管环境存在很大的不确定性。

美国外国投资委员会起源：先日本，后中国

美国外国投资委员会的成立可以追溯到1975年杰拉尔德·福特总统的一项行政命令。具有讽刺意味的是，设立美国外国投资委员会的目的是"阻止国会对外国直接投资设置新的限制"。福特的前任理查德·尼克松总统在石油输出国组织引发的对美元疲软担忧的压力下，被迫暂停美元与黄金的兑换。与此同时，石油输出国组织成员国将大量石油美元投资到美国，引起了美国国内的巨大恐慌和排外情绪。来自石油资源丰富的海湾国家不断增长的投资被认为是出于政治动机，而非商业动机。由9名内阁成员和联邦政府的其他行政官员组成了美国外国投资委员会（扩大后），它的成立似乎平息了公众的担忧（见图8.2）。

美国外国投资委员会采取由财政部部长领导的跨部门委员会形式，包括商务部部长、国防部部长、能源部部长、国土安全部部长、国务卿，以及司法部部长、美国贸易代表和白宫科技政策办公室负责人。此外，劳工部部长和国家情报总监作为没有投票权的列席成员参与其中，另外有5名白宫官员担任观察员。财政部工作人员负责处理日常事务，以及与美国外国投资委员会审查各方之间的所有沟通。美国外国投资委员会的审查过程无须对公众披露，最终的决定以协商一致的方式做出。几十年以来，美国外国投资委员会的运作一直保持着不为公众所知的状态。

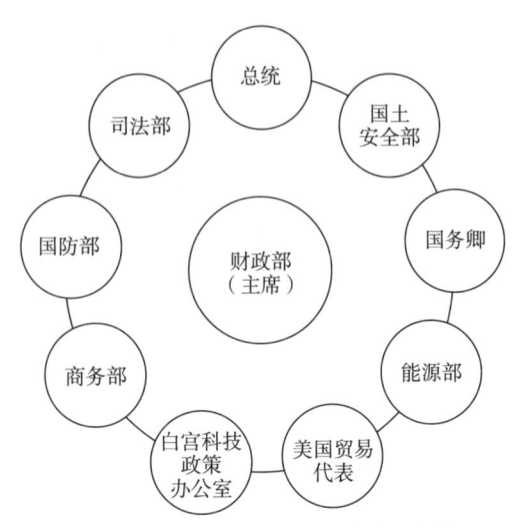

图8.2 美国外国投资委员会成员机构

（图中标注：总统、国土安全部、国务卿、能源部、美国贸易代表、白宫科技政策办公室、商务部、国防部、司法部，中心为财政部（主席））

近几十年来，美国外国投资委员会不断发展壮大（见表8.3），"国家安全"的概念也随之不断扩大。自2017年特朗普政府执政以来，美国外国投资委员会出于"国家安全"的原因，"加强"了对外国的投资限制。随着美国的技术霸权受到中国这个崛起中的超级创新大国的威胁，美国外国投资委员会的职权范围明显扩大了，涵盖了新兴数字经济中的所有投资。

表8.3　美国外国投资委员会的立法历史

1975年的行政命令	福特政府设立这一机构，是为了防止外国投资被政治化，当时美国国会对石油资源丰富国家对美国公司的投资感到担忧
1988年《国防生产法》——《埃克森-佛罗里奥修正案》	将美国外国投资委员会审查外国投资交易的程序编纂成法案，并正式赋予总统以国家安全为由叫停交易的权力
1992年《国防生产法》——《伯德修正案》	明确在外国收购者由外国政府控制或代表外国政府行事的情况下需要进行审查

续表

2007年《外商投资和国家安全法案》	取代了此前的行政命令并将美国外国投资委员会纳入法案
2018年《外国投资风险评估现代化法案》	对美国外国投资委员会的审查程序进行了全面改革

在早期，日本资本受到了美国外国投资委员会的重点关注，这类外国直接投资被认为是对国家文化认同的威胁，甚至是对国家安全的威胁。1988年，在里根政府执政期间，美国国会颁布了《埃克森－佛罗里奥修正案》（Exon-Florio Amendment），明确了总统有权叫停外国收购的立法依据，并提供了具有更高法律效力的法律框架，以取代福特总统最初设立美国外国投资委员会时的临时行政命令。

国家安全审查最初的关注重点是军事技术，目的是确保美国有能力在美国领土和美国控制下的地区制造关键的军事部件。1987年日本富士通公司竞购仙童半导体（Fairchild Semiconductor）的交易，是《埃克森－佛罗里奥修正案》诞生的主要诱因（见专栏8.1）。当时华盛顿正处于与日本贸易战的阵痛当中，一家重要的军事供应商有可能被收购并被转移到日本（电子和汽车行业就是如此），这足以引起华盛顿的担忧。在当时，这笔交易撮合者认为，美国外国投资委员会只会关注涉及军事安全的交易。

专栏8.1　日本公司和美国的反应

今天很难想象，里根时代的货币政策调整（被称为"广场协议"，它是在纽约广场饭店里签署的）引发了日本对美国资产直接投资的爆发性增长。尽管主权投资者不是罪魁祸首——日本企业才是——但美国人仍将日本不断增加的投资视为外国势力的行为。

包括洛克菲勒中心、卵石滩高尔夫球场和哥伦比亚电影公司等在内的标志性美国资产被日本人抢购一空。这引发了美国公众广泛的警觉。一位著名的报纸专栏作家保罗·哈维（Paul Harvey）直言不讳地说："我们又胖又软，他们正在活生生地吃掉我们。"在大量现金流入的同时，日本汽车制造商也占据了美国汽车市场的主导地位（克莱斯勒在此期间首次接受了美国政府的援助）。日本消费类电子产品也无所不在。在2019年来看，索尼随身听诞生40周年也许并不值得关注，但是，在20世纪80年代，索尼随身听的地位就等同于现在的iPhone。类似的事情在同一时间发生，让美国人联想到了珍珠港事件。当时的纽约市市长艾德·科赫（Ed Koch）公开呼吁纽约民众不要对出售洛克菲勒中心感到恐慌。

在这种文化动荡中，1987年，日本电子公司富士通试图从斯伦贝谢公司（Schlumberger）手中收购美国半导体制造商仙童半导体80%的股份。斯伦贝谢公司是一家在纽约交易所上市的美法合资公司，此前斯伦贝谢公司收购了仙童半导体的母公司。仙童半导体一直是美国军方设备供应商，里根政府的高级官员曾向斯伦贝谢公司施加了巨大的压力，要求其不要将公司出售给富士通。

美国国防部、商务部以及中央情报局共同呼吁白宫叫停这笔交易。在总统动用总统令之前，各方取消了协议。虽然各方宣称是因为国家安全问题而解除协议，但是一个重要原因是美国和日本之间正在进行的贸易战。

交易撮合者学会了认真审查美国军事技术被外资所掌握的潜在风

险，并仔细阅读美国政府的出口管制清单，以便从"国家安全"角度判断收购目标公司的敏感程度。因此，1990年布什总统要求中国航空技术进出口总公司（简称中航技）放弃对MAMCO的收购也就在意料之中了。MAMCO是一家向美国军方提供飞机零部件的供应商，它的部分产品被视为敏感军用产品而受到出口管制。MAMCO启动了美国外国投资委员会的自愿审查机制，但在最初的30天审查期（当时适用）结束之前，与中航技的交易就宣告结束了（见专栏8.2）。

出人意料的是，这是总统首次行使总统权力，以"国家安全"为由，叫停或撤销外国收购。这一行动表明，军事供应商是充满风险的猎物。美国国会在1992年采取了进一步行动，要求每当有外国政府参与收购时，就应当扩大美国外国投资委员会的审查范围。

20年后，2012年，时任美国总统奥巴马第二次行使总统权力，下令撤销了交易。2012年，中国公司控股的Ralls Corporation被勒令退出俄勒冈州的一个风力发电场项目。这一决定听起来很令人惊讶，但是它完全符合美国理解的"军事"的范畴。该风力发电场项目离美国空军基地很近，从风力涡轮机塔可以很方便地监控该基地。正是在这两项总统发布的行政撤销命令之间的时间点，"国家安全"的概念随着2001年9月11日的恐怖袭击而发生了深刻变化。

能源安全，国家安全

到2005年，"国家安全"不再局限于军事供应商或军事设施的范畴，这一点已经非常清楚。那一年，中国国有石油巨头中国海洋石油总公司（简称中海油）拟出价185亿美元收购优尼科（Unocal），优尼科是一家总部位于加州的石油和天然气生产商，在亚洲和美国均有生产业务。此前，雪佛龙已表示愿意以低于中海油的报价收购优尼科，中海油需要与这家在华盛顿具有相当影响力的美国石油巨头展开竞争。

更令美国担忧的是中海油是中国的国有企业。在这场迄今为止规模最大的收购战中，反对外国政府控制美国能源资产成为反对派的战斗口号。尽管该协议在美国外国投资委员会做出决定之前就夭折了，但仅仅是中海油的收购意向公布之后，就已经有美国国会议员以"国家安全"为由呼吁阻止收购。自然资源现在也被视为"国家安全"的一部分。

中海油最终放弃了这笔交易（优尼科最终被雪佛龙收购），但并没有放弃北美业务。资源丰富的加拿大接下来也要面对由中海油竞购其自然资源引发的问题（见图 8.3）。

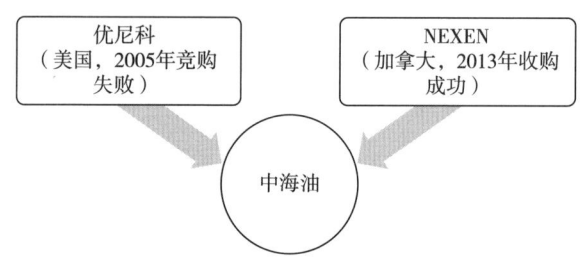

图 8.3 中海油两次投标和两次不同的结果

2012 年，中海油与加拿大政府正面对垒，从某种程度上说，这是双方的第二次。中海油拟出价 151 亿美元收购加拿大石油生产商 NEXEN，后者在加拿大、北海和墨西哥湾都拥有油砂业务。当美国和英国关注墨西哥湾和北海时，加拿大担心的是其庞大的油砂储量。加拿大的油砂储量在全球排名第三，仅次于沙特阿拉伯和委内瑞拉。

此次收购引起了公众的广泛关注，人们认为，中国企业在美国受挫后，正在以更快的速度攫取加拿大的自然资源。在中海油出价竞购 NEXEN 之前，中国在加拿大油砂和其他自然资源领域的投资一直在上升，因此，此次中海油的大规模公开竞购成了焦点：

- 2011 年，中海油以 21 亿加元收购了陷入困境的加拿大油砂开发商 OPTI 100% 的股份，迈出了进军油砂业的关键一步。
- 中石化在 2011 年收购了加拿大日光能源公司（Daylight Energy），并在 2010 年 4 月对加拿大合成原油公司（Syncrude）投资 46.5 亿加元。
- 中投公司作为中国的主权基金，在多伦多设有办事处，并于 2010 年投资 8.17 亿加元，与加拿大畔西能源信托公司（Penn West）成立了一家新的油砂合资企业；2009 年，它还向加拿大矿业公司泰克资源（Teck Resources）投资了 15 亿加元。
- 中石油在 2009 年年底向 Athabasca 油砂公司投资 19 亿加元。

更不用说，对双方来说，幕后的故事都很沉重。对中海油来说，背负着沉重的包袱。2005 年，中海油对美国油气生产商优尼科的竞购以失败告终，当时美国政治上的强烈反对和国家安全方面的担忧导致该交易被叫停。对加拿大政府来说，2010 年，加拿大援引《加拿大投资法》（Investment Canada Act）阻止了必和必拓公司（BHP）对加拿大资源公司 Potash 的收购，加拿大公众对加拿大对外国直接投资的开放性提出了质疑。双方都对此次收购结果高度关注。

《加拿大投资法》规定要对加拿大境内的外国直接投资进行审查。该法案的既定目标之一是将有利的外国投资吸引到加拿大。审查是秘密进行的，并不会公开披露信息。最后的决定由加拿大工业部部长做出，他只需要发布做出决定的书面理由，且不会接受上诉。因此，这一过程是不透明的——与美国外国投资委员会的审查没有太大区别。

审查有两种类型："净收益"审查和"国家安全"审查。这两项审查中更为人熟知的是"净收益"审查。

"净收益"审查

审查的主要问题是拟议收购是否"可能对加拿大产生净收益"。

考虑的因素主要是经济方面的（也包括一些旨在保护加拿大创意产业免受美国支配的文化元素），主要包括对加拿大经济活动、就业和资源加工的影响；加拿大公民在企业中的参与程度；投资对加拿大生产率、产品种类、产业效率、技术发展、创新和竞争的影响；投资与加拿大工业、经济和文化政策的相容性；投资对加拿大在世界市场上竞争能力的贡献。

如果外国投资人对加拿大企业直接收购的金额超过了法定门槛，就属于《加拿大投资法》规定的审查范围。该门槛因投资人的性质而有所不同，并每年进行调整。例如，目前世贸组织成员的国有企业门槛是4.28亿加元；非世贸组织成员收购方、私人企业收购方分别适用不同的门槛。

主权投资基金在加拿大受到了广泛关注。公众认为必须从多方面进一步评估国有实体的拟议收购，例如收购方的公司治理和报告结构，收购方在多大程度上被所在国拥有或控制，以及被收购的加拿大企业未来是否有能力在商业基础上持续运营。

"国家安全"审查

《加拿大投资法》明确的"国家安全"审查比"净收益"审查覆盖面更广。它可以适用于任何投资，包括设立一家新企业、收购加拿大企业控制权（全部或部分收购），以及设立一家在加拿大经营全部或部分业务的实体。"国家安全"审查的裁决是最终结果，不能上诉，但接受司法审查。

"国家安全"审查的过程甚至比"净收益"审查更加不透明。"对国家安全的威胁"没有定义，没有书面决定，也不接受上诉，甚至不会披露是否进行了"国家安全"审查。

中海油和加拿大政府似乎都很熟悉历史。中海油同意采取下面的缓和措施来满足加拿大工业部对于"净收益"审查的要求，尽管这些措施随着时间的推移会对其财务业绩造成相当大的拖累：

- 中海油在纽约交易所和香港交易所上市后，必须遵守相关的公司治理和信息披露规定。
- 中海油推动 NEXEN 公司在东京证券交易所上市。
- 中海油在加拿大设立美洲总部。
- 中海油保留 NEXEN 的高级管理层，并同意不裁减加拿大员工。
- 中海油承诺增加对油砂的投资。

加拿大方面没有让收购 Potash 的故事重演，而是批准了中海油此次大额收购。加拿大甚至在美国对 NEXEN 涉及的墨西哥湾资产间接转移的问题展开的国家安全审查完成之前，就已经这么做了。毫无疑问，加拿大政府的做法是有利的，但是加拿大政府也提出了警告，为非加拿大国有企业在加拿大从事油砂行业划定了界限。然而，正如第十章所述，近年来，主权投资基金已经成为积极的 ESG 投资者，其中许多基金已经承诺不再投资油砂等传统碳氢化合物能源领域。试图在沙滩上划清界限的傲慢政治姿态，最终被证明是毫无意义的。

时任加拿大总理哈珀在 2013 年批准中海油此次收购交易（连带批准了马来西亚国有企业马来西亚国家石油公司对另一家加拿大石油生产商的一笔金额较小的交易）时表示："外国政府对油砂开发的控制程度已经足够了，程度的继续提升将不会给加拿大带来新的净效益。"这一决定有效地限制了主权投资基金在加拿大主要经济领域的投资，它们将油砂列入不再触碰的领域名单。

关键基础设施，扩展审查

不出意料，美国又进一步扩大了国家安全审查范围。随着这一重大转变的出台，与主权投资基金的冲突更加不可避免。迪拜港口交易见证了美国外国投资委员会原本旨在为跨境自由投资和政治干预之间建立的防火墙机制的崩溃。

2006年，迪拜环球港务集团（Dubai Ports World）准备收购英国半岛东方轮船公司（Peninsular and Oriental Steam Navigation Company）在美国的6个商业港口业务，引发了美国民众和国会的担忧和强烈批评。值得强调的是，该笔港口交易仅涉及一家外国实体向另一家外国实体转让经营港口的租约，而非所有权（见图8.4）。在自愿提交"国家安全"审查申请后，美国外国投资委员会批准了这笔投资。故事本可以就此结束。

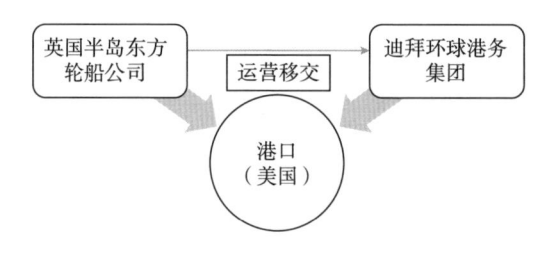

图8.4 迪拜环球港务集团和美国港口

但是在"9·11"之后，时代变了，国家安全和主权投资基金直接投资的轨迹注定会产生交叉，进而产生持久而深远的影响。美国国会和公众在得知港口收购获得批准后反应迅速而强烈，他们聚集在一起共同呼吁"国家安全"，关注的焦点集中在迪拜政府对收购方的控制上。由于受到国会和公众出乎意料的关注，迪拜环球港务集团匆忙将美国港口业务出售给了另外一家美国保险公司。

收购港口引发的争议清楚地表明，"9·11"恐怖袭击极大地改变了美国外国投资委员会的政治倾向。美国国会的强烈反应显然让美国外国投资委员会始料不及。公众讨论的焦点是外国政府控制了美国的关键基础设施。该事件直接导致美国通过了新的《外国投资与国家安全法》（Foreign Investment and National Security Act），赋予国会委员会实时监督外国投资委员会审查的权力，导致审查过程不可逆转地演变成政治议题。

最重要的是，《外国投资与国家安全法》正式扩大了"国家安全"的概念范围。根据该法案，美国外国投资委员会将对"关键基础设施"领域的外国投资进行审查。就像之前的"国家安全"概念一样，这个新词也没有清晰的定义。审查范围的大门开得越来越大。

"关键基础设施"的纳入对主权投资基金产生了重大影响。主权投资基金通常投资于基础设施项目，因为基础设施项目符合对于长期大额投资人来说最具吸引力的大规模和长周期投资要求。早期的《伯德修正案》延长了美国外国投资委员会对主权投资基金交易的审查时间，延长了交易的不确定时期（见表8.3），对于寻求确定性和最佳条款的卖方来说，主权投资基金的吸引力在降低。对主权投资基金来说，将"关键基础设施"纳入国家安全审查是一个重大问题。

历史总是有迹可循的。我们已经看到，当美国在中海油对优尼科的收购案中率先将自然资源纳入外国直接投资审查范围之后，加拿大是如何紧随美国之后进一步扩大自身的外国直接投资审查范围的。在美国外国投资委员会对港口收购项目开展"关键基础设施"投资审查10年之后，类似的故事再一次上演，这一次发生在地球的另一端澳大利亚，上演了更为戏剧化的一幕。

2016年，作为资产私有化运动的一部分，澳大利亚新南威尔士州政府对其持有的国有配电公司Ausgrid的一半股权进行公开招标出售。Ausgrid公司为悉尼和新南威尔士州其他地区的150多万用户提供电力来源。该项出售预计将为新南威尔士州政府筹集数十亿美元。中国国有企业国家电网公司和总部位于中国香港的长江基建集团成功竞标获得了Ausgrid公司50.4%股份的99年租赁权。

作为一项外国企业收购澳大利亚企业多数股权的交易，该拟议收购需要接受澳大利亚外国投资审查委员会（Foreign Investment Review Board，简写为FIRB）的审查。在联邦政府开绿灯的情况下，交易取得了实质性进展，但是随后不久又突然被政府叫停。

在最后时刻，澳大利亚财政部部长以国家安全为由撤销了这笔交易。交易双方都对这一决定感到惊讶，但是这一决定在联邦层面得到了两党的政治支持。尤其令人惊讶的是，就在2015年，新南威尔士州成功地将另一家配电公司Transgrid私有化，卖给了一家含有近65%外资股权的财团（其中40%由两家总部位于海湾地区的主权投资基金所有，见图8.5）。

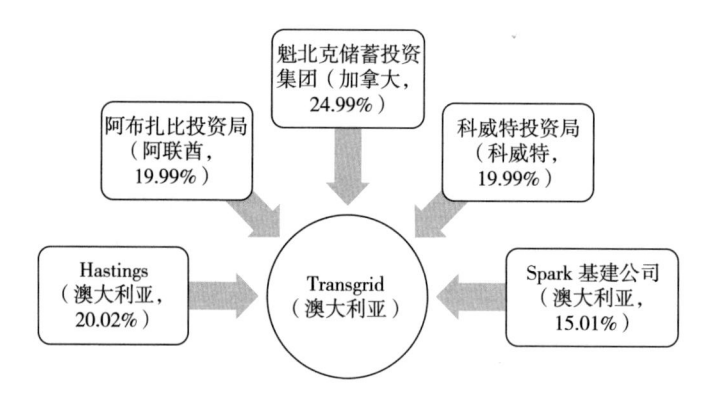

图8.5 澳大利亚Transgrid公司的中标人

按照惯例，澳大利亚财政部部长没有提供任何拒绝中国收购Ausgrid公司的国家安全理由。各方只能自行推测。随后，Ausgrid公司将50.4%的股份卖给了唯一一家来自澳大利亚国内的竞标人——IFM财团，该财团为澳大利亚养老基金和澳大利亚超级年金（澳大利亚最大的养老基金）管理基础设施投资（见第九章，澳大利亚IFM财团和中国国家电网公司共同参与了对另一家关键基础设施德国东部电网运营商50Hertz的投资）。

毫无意外的是，这一否决——据报道发生在交易预计完成日期的

10天前——引发了中方对澳方的不满，并造成了较大的负面影响，不满的人群中也包括对增加外国投资持支持态度的澳大利亚人。这个故事非常发人深省。澳大利亚政府未能及时发现并解决该笔交易中存在的问题，表明澳大利亚的国家安全审查机构之间严重缺乏协作，其后果必将导致广泛的影响。

幕后的故事是这样的：澳大利亚长期以来一直保存着一份关键基础设施名单，但直到最后一刻，在澳大利亚国防情报局表态之前，没有人注意到Ausgrid公司在这份名单上。Ausgrid公司为位于爱丽丝泉附近的松树谷地区的美澳联合军事基地提供电力供应。松树谷地区设有美澳联盟的绝密监测站，对于美国在核战争中的军事力量至关重要。如果Ausgrid公司被出售给中国政府控制的竞购者，将成为激怒美国的重大失误。如果这件事情在不知不觉中发生了，只会让结果变得更加糟糕。

导致这一失误的原因是，关键基础设施的国家安全审查缺乏明确的责任归属。澳大利亚政府的解决方案是什么？那就是设立一个新的政府机构：澳大利亚关键基础设施中心（Australia's Critical Infrastructure Centre，简写为ACIC）。在这一事件之后，澳大利亚政府和那些为澳大利亚之外的潜在买家提供投资建议的咨询顾问对基础设施（尤其是电网）涉及的国家安全问题的认识也提高了很多。

2020年6月，澳大利亚政府提交了一份对"敏感国家安全事务"中的外国投资进行额外审查的议案。政府并没有对这个潜在的宽泛术语进行定义，也不像目前的审查机制那样明确了触发额外审查的最低投资金额或控制权的百分比例。因此，这将赋予澳大利亚政府宽泛的自由裁量权，用于叫停或撤销外国收购。现在，咨询顾问肯定会将这一议案内容纳入外国投资者收购需要认真考虑的不确定因素中去。

拧紧数字螺丝

自美国外国投资委员会成立以来,"国家安全"审查的范围不断扩大,无疑会导致提交和审查数量的增长(见表8.4)。尽管如此,直到2016年美国总统大选之前,被审查的交易数量仍然有限,被彻底叫停的交易数量(不包括因为美国外国投资委员会审查而放弃的交易)仍然屈指可数。然而,随着特朗普政府大幅扩大美国外国投资委员会审查的使用范围,这一数字在2017年开始飙升。而且,尽管美国外国投资委员会尚未提供随后几年的数据,但我们将在第九章中看到,这一趋势将持续下去,更多的科技交易将受到质疑、被叫停或被冻结。

表8.4 2009—2017年美国外国投资委员会审查的外国投资交易

年份	通告数量	审查期间撤销的通告数量	调查数量	调查期间撤销的通告数量	总统令
2009	65	5	25	2	0
2010	93	6	35	6	0
2011	111	1	40	5	0
2012	114	2	45	20	1
2013	97	3	48	5	0
2014	147	3	51	9	0
2015	143	3	66	10	0
2016	172	6	79	21	1
2017	237	36	561	145	3

资料来源:截至2019年12月,美国外国投资委员会向国会提交的年度报告(2016年和2017年,由于美国外国投资委员会报告的时间安排,2017年之后的数字尚未公布)。

审查进一步收紧的时代即将来临。2016年美国大选产生了一个新的行政部门,该部门与国会一样完全是出于政治动机反对外国拥有美国资产,而与之形成对比的是,美国外国投资委员会设立的本意是削弱国会的反对力量。美国对外国直接投资做出的反应越来越明显。在美国历史上政治分歧最大的时刻,美国白宫和两党严阵以待,进一步强化了美国外国投资委员会的作用,以及它对外国投资者参与美国收购案的审查(见表 8.4),甚至在 2018 年夏天美国国会采取行动将新的游戏规则编纂成法案之前,美国的总统令就出现了明显增加的趋势。在白宫的设想中,美国外国投资委员会应当是用于保护外国对美直接投资免受政治阻挠的堡垒,但它日益成为白宫的政策工具,对政治风向越来越敏感。在美国外国投资委员会的历史上,总统根据美国外国投资委员会的建议采取的行政命令叫停了 7 笔交易,特别是从奥巴马总统开始,速度明显加快。随着全球技术革命,更多的数字经济收购受到了审查和挑战:

- 1990 年,布什总统要求中航技放弃对 MAMCO 公司的收购。
- 2012 年,奥巴马总统要求 Ralls Corporation 退出俄勒冈州的一个风力发电场项目。
- 2016 年,奥巴马总统叫停了中国福建宏芯投资基金收购总部位于德国并拥有美国资产的半导体企业爱思强公司。
- 2017 年,特朗普总统叫停了来自中国的投资公司峡谷桥资本合伙公司以 13 亿美元收购位于俄勒冈州波特兰的莱迪思半导体公司。
- 2018 年,特朗普总统叫停了总部位于新加坡的博通公司以 1 170 亿美元收购美国半导体芯片制造商高通公司。
- 2020 年,特朗普总统要求北京中长石基信息技术股份有限公司出售其在 2018 年收购的美国酒店行业软件供应商 StayNTouch 公司。
- 2020 年 8 月,特朗普总统要求字节跳动放弃受到广泛欢迎的社交媒体应用程序 TikTok(前身是 musical.ly,2017 年被字节跳动收购）。

特朗普政府对 2018 年高通公司和蚂蚁金服两起收购案采取的行动，极大地扩大了"国家安全"的审查范围。两起收购案都没有涉及任何有说服力的军事技术或设施，自然资源和"关键基础设施"也不存在，至少在人们理解的物理意义上是如此。反而是，这两起收购案充满了"美国优先"和"技术霸权"的氛围。在那年夏天，随着《外国投资风险评估现代化法案》（Foreign Investment Risk Review Modernization Act）被表决通过，这种氛围进一步升温。

高通/博通交易

2018 年 3 月 12 日，特朗普总统叫停了总部位于新加坡的博通公司以 1 170 亿美元收购高通公司。出于税收考虑，总部设在新加坡的美国高科技企业博通公司在成本削减方面非常激进。人们担心，这一收购将导致高通公司的研发投资被大幅削减，从而导致美国失去对第五代无线通信技术（5G）的主导权。目前，华为公司在这一方面处于世界领先地位。

美国外国投资委员会主席甚至为此于 2018 年 3 月 5 日向美国外国投资委员会相关各方发送了一封前所未有的信函。令问题更为复杂的是，博通公司正在推动本土化过程，拟变更为一家美国实体企业，并将位于新加坡的总部迁移至美国——这可能会排除美国外国投资委员会的管辖权。美国外国投资委员会对此的反应是，通知博通公司不得随意采取行动将总部迁往美国。不管采取任何措施，都要提前 5 个工作日通知美国外国投资委员会——大概是为了让美国外国投资委员会有权叫停这笔交易。这一切都表明，美国外国投资委员会在全面抢占地盘。很多人认为这笔交易并不涉及国家安全，而是美国外国投资委员会在 5G 技术争夺中公然偏袒主队。

高通公司争夺战清楚地表明了特朗普政府对于华为公司在 5G 无线通信技术中领先优势的担忧。这种毫无顾忌的反制措施暴露出，由于美国没有制约华为公司的竞争对手，其在 5G 技术争夺中处于战略劣势。有趣的是，如果美国外国投资委员会是箭袋中的一支箭，那么主权基金则是另一支箭。美国司法部部长比尔·巴尔（Bill Barr）建议美国设立一只国家基金来收购欧洲公司的控股权，国会也在考虑设立另一只 5G 技术专项基金，以开发华为公司 5G 网络的替代产品（详细讨论参见第十章）。

蚂蚁金服和速汇金的交易

特朗普政府在另一个新兴领域——资金转账，同样发挥了美国外国投资委员会的作用。特朗普政府急于采取果断行动，已经失去了等待国会进一步行动的耐心。大多数人都把资金转账业务和位于移民社区或卡车停靠站的西联汇款网点联系在一起，而并非是国家安全概念。但是，从蚂蚁金服遭遇的阻碍来看，特朗普政府并不这么认为。

蚂蚁金服是中国互联网巨头阿里巴巴旗下的移动金融和资产管理公司。正如前面几章所讨论的，蚂蚁金服和其母公司的股权结构中都包括大型主权投资基金，从中国的中投公司到东南亚的主权财富基金，再到加拿大的养老金管理公司。2018 年年初，蚂蚁金服撤回了对美国汇款公司速汇金（MoneyGram）的收购，此前美国外国投资委员会曾以国家安全为由叫停了这一拟议交易。这是特朗普政府时期被叫停的最为引人关注的中国企业收购案。

总部位于达拉斯的速汇金在全球拥有大约 35 万个汇款网点，几乎遍布全球所有国家。蚂蚁金服寻求在本土市场之外的增长，收购速汇金的主要目的不是获得在美国市场的业务，而是在中国以外其他不断增长的市场扩张业务。经营已经陷入苦苦挣扎的速汇金在不断扩张的蚂蚁金服身上看到了一线生机。收购失败后，蚂蚁金服和速汇金联合宣布,双方已经签订合作协议,通过开展某种形式的商业合作,共同开发和探索在中国、印度、菲律宾和其他亚洲市场以及美国市场的汇款和数字支付业务。

这宗收购案被审查并最终被叫停的命运,凸显了"敏感个人数据"日益成为中美两国之间广受关注的重要领域,再次将"国家安全"的概念扩大到与军事无关的另一个经济领域。速汇金拥有广泛的美国公民的财务记录。关于这项收购案的争议始终认为,如果蚂蚁金服获得了这些数据,作为一家中国公司,它可能早已向中国政府提供了这些数据。美国外国投资委员会叫停蚂蚁金服收购案是将涉及 TID(美国的关键技术、关键基础设施和敏感个人数据,见图 8.6)交易的审查纳入法规的前奏。

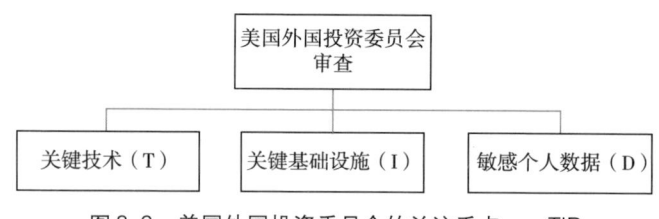

图 8.6 美国外国投资委员会的关注重点——TID

为了追赶特朗普政府改革的步伐,美国国会于 2018 年颁布了《外国投资风险评估现代化法案》,并最终于 2020 年 2 月生效。该法案在很大程度上是将已经成为既成事实的高通公司和速汇金收购案编纂成法律。尽管美国外国投资委员会的整个审查流程并不透明(如下一节所述),但是该法案首次确认了美国外国投资委员会的做法,也就是在特朗普政府领导下,美国外国投资委员会已经在数字经济中推行的做法。

对于希望参与全球数字经济的主权投资基金来说,《外国投资风险评估现代化法案》最具启示性和影响力的内容是引入了 TID 这一新的概念。与实行了近半个世纪的美国外国投资委员会的做法明显不同的是，如果收购者中包含了"外国政府利益"，以及交易涉及收购"美国TID业务"中的"实质性利益"时，就会触发强制申报。

在《外国投资风险评估现代化法案》出台之前，向美国外国投资委员会申报是自愿的。尽管申报是一种惯例，经常被用来降低涉及外国投资者的交易风险，但是，要求强制申报是一个巨大的转变。《外国投资风险评估现代化法案》的另一个重要扩展是，授予了美国外国投资委员会更大的权力，在涉及TID的情况下，可以审查和叫停并不涉及"控制权"的交易。主权基金毫无疑问属于"外国政府利益"的类别，在TID交易中面临着越来越多的壁垒。

改变游戏规则的主权投资基金

《外国投资风险评估现代化法案》出台之后，对美国数字经济进行投资的主权投资基金将面临更为严格的审查和更长的审查周期。根据该法案更新的审查流程，对受其约束的对象带来了很大的不确定性。一些令人更为惊讶的方面还包括：

- 美国外国投资委员会不公开地开展工作；根据美国《信息自由法》的规定，它的诉讼程序不受强制披露要求的约束。
- 在行政法庭或法院都没有对美国外国投资委员会的决定提出上诉的机制。
- 实际上，美国外国投资委员会不提供最终裁决的理由，一般情况下只提供一页纸的通知。
- 美国外国投资委员会维护"国家安全"任务的"领导"机构是财政部，而非国防部或国土安全部，尽管这些机构和其他看起来更具有相关专业知识的机构扮演着"幕后"的角色。
- 所有的沟通都是通过财政部的工作人员进行的，而不涉及作为真正利益相关方的其他机构,这进一步增加了审查过程的不透明度。

了解美国外国投资委员会,需要从它不同寻常的组织架构和审查流程入手。首先,美国外国投资委员会对主权投资基金的审查从一开始一直是自愿的,但是现在,就连在名义上也不再是自愿的。《外国投资风险评估现代化法案》在涉及 TID 的交易中引入了一个适用于主权投资基金的强制性"声明"(以及其他与政府有"重大利益"的机构)。外国投资者和目标企业通常需要共同准备一份被称为"通告"的文件,"通告"的准备过程通常费时费力,必须收集和说明有关外国投资者和目标企业的详细信息。在理想情况下,这一过程将按照"美国外国投资委员会对外国投资的审查步骤"中所列的时间表进行(见专栏 8.2)。

专栏 8.2　美国外国投资委员会对外国投资的审查步骤

"国家安全"概念变得越来越宽泛,将许多快速增长的数字技术领域囊括在内。主权投资者的投资团队现在将提交美国外国投资委员会审查视为一个瓶颈问题,它决定了主权投资基金是否应考虑对具有美国元素或与之存在关联的资产提出收购要约。

这个过程理论上看起来很简单,每一步都有规定的时间周期。但是,美国外国投资委员会在收到申请之后,工作人员在准备就绪之前不会"接受"任何备案申请,这一阶段会延长审查周期。一旦正式审查流程启动,如果申请人被要求撤回申请并重新提交(如果不接受,美国外国投资委员会的工作人员有可能会直接拒绝申请),多数情况下会延长审查周期。实践中,越来越多的关于缓解协议细节的谈判将会消耗更多时间。经验丰富的交易律师建议，从签署协议到完成美国外国投资委员会审查流程需要预先留出5~6个月的时间。

图8.7是主权投资基金涉及TID业务交易的审查步骤时间表，而实践中大概率会滞后于这个时间表。

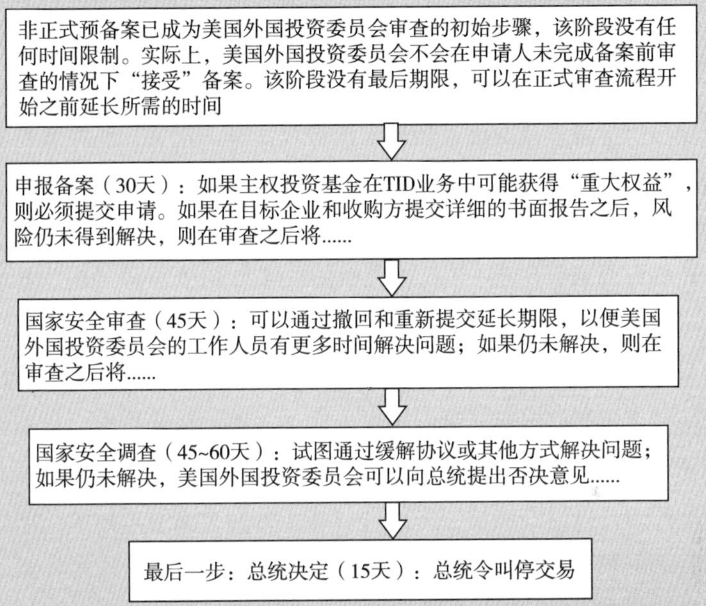

非正式预备案已成为美国外国投资委员会审查的初始步骤，该阶段没有任何时间限制。实际上，美国外国投资委员会不会在申请人未完成备案前审查的情况下"接受"备案。该阶段没有最后期限，可以在正式审查流程开始之前延长所需的时间

⬇

申报备案（30天）：如果主权投资基金在TID业务中可能获得"重大权益"，则必须提交申请。如果在目标企业和收购方提交详细的书面报告之后，风险仍未得到解决，则在审查之后将……

⬇

国家安全审查（45天）：可以通过撤回和重新提交延长期限，以便美国外国投资委员会的工作人员有更多时间解决问题；如果仍未解决，则在审查之后将……

⬇

国家安全调查（45~60天）：试图通过缓解协议或其他方式解决问题；如果仍未解决，美国外国投资委员会可以向总统提出否决意见……

⬇

最后一步：总统决定（15天）：总统令叫停交易

图8.7　美国外国投资委员会的审查步骤

美国外国投资委员会的审查不仅不透明，更重要的是时间周期不可预测，意味着审查过程本身往往会将主权投资基金排除在收购交易之外，即使结果极有可能是对双方有利的。

其次，从司法管辖的角度来看，"美国企业"指的是美国企业，或者更宽泛一点。《外国投资风险评估现代化法案》之前的法律将"美国企业"定义为"在美国从事州际商业活动，且仅限于其州际商

第八章　海外扩张与国家安全冲突　289

业活动范围内（重要补充说明）"的任何实体。然而，最终出台的法案对于"美国企业"的定义有意忽略了上述补充强调的部分，从而扩大了美国外国投资委员会对于涉及收购美国全球业务交易的管辖范围。尽管收到了许多关于这一点的质疑，但是美国外国投资委员会仍然指出，该定义"符合《外国投资风险评估现代化法案》的措辞，是为了表明企业在美国州际商业活动范围之外的其他活动仍旧与外国投资委员会对国家安全风险的分析有关"。

再次，就被审查的投资范围而言，"受管辖的投资"将美国外国投资委员会的审查范围远远拓展到控股权之外。过去，非控股投资并不在美国外国投资委员会的管辖范围之内。现在"控股"不再是美国外国投资委员会对 TID 业务投资进行审查的前提，只要能够接触 TID 业务所拥有的某些信息、TID 业务中的某些权利或参与 TID 业务中的某些决策就足以开展审查。

最后，审查过程现在延长了，而且可能永远也不会结束。备案、审查或调查引起的国家安全问题可以通过缓解措施来解决。例如，可以限制外国人接触敏感信息的机会，可以限制外国收购者影响企业管理层的能力，可以"隔离"某个部门或子公司，或对目标公司的后续处置施加限制。这些限制可以反映在各类文书中，包括规定在交割后对缓解协议的履行情况进行持续监督。

上述做法的结果是改变了本应最终明确给出"是或否"决定的流程，并保护双方不受交易之后被撤销的影响。如今，它已经成为美国政府持续参与企业经营的一种方式，包括运用从问讯到政府定期合规检查等手段对外国公民进行检查。由于在实践中越来越普遍使用缓解措施，即使是收购完成之后，该交易仍可能受到美国外国投资委员会的监督。

《外国投资风险评估现代化法案》并没有就此止步，它还修改了美国外国投资委员会的审查流程，这将使大多数国家的主权投资基金处于不利地位。某些特定国家可以获得免票入场资格，因此这些国家的私募股权投资/风险投资基金管理人更受青睐。上述特定国家将免于美国外国投资委员会对非控股的少数股权投资（这一例外不适用于仍受美国外国投资委员会约束的控股权交易）的审查。美国财政部已经选择了澳大利亚、加拿大和英国作为法案最早期圈定的例外国家，并将每两年对这些国家进行审查。这表明美国及其盟友与中国和世界其他国家彼此之间的裂痕越来越深。享有特殊待遇的是3个英语国家（最初两年，见图8.8）；尽管日本是美国的亲密盟友，但日本仍未能入选（见专栏8.3）。

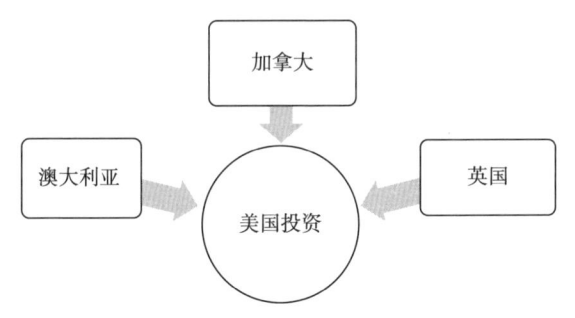

图8.8 美国外国投资委员会审查的例外国家

专栏8.3 种族主义

美国限制外国直接投资的历史表明，正是日本、迪拜和现如今中国的投资，促使美国国会团结起来采取行动。值得注意的是，在美国政党分歧严重的时刻，两党都坚定地支持《外国投资风险评估现代化法案》。今天美国对中国在美投资的反应，让人想起20世纪80年代美国对日本在美投资不断增长的反应。

尽管有关中国资本收购硅谷和美国的报道铺天盖地，但与许多欧洲国家相比，中国对美国的累计投资额实质上还是偏低。英国和加拿大对美国的直接投资累计超过 5 000 亿美元（2018 年数据），让排名低于瑞典的中国相形见绌。一些评论人士认为，美国两党对中国投资反应强烈的根本原因是种族主义。保罗·马斯格雷夫（Paul Musgrave）在《外交政策》（Foreign Policy）一书中谈到，他从某位美国政府高官的口误中读懂了真相。

他谈到了美国国务院政策规划主任基伦·斯金纳（Kiron Skinner）在 2019 年 4 月的一次公开讲话，斯金纳指出，中美之间的竞争会非常激烈，因为"这是我们第一次面对一个非白人/非高加索人种的强大竞争对手"。

不论马斯格雷夫是否找到了真正的原因，但是美国政府对中国投资的强烈反应，与 20 世纪 80 年代美国的坚定盟友日本对美国投资浪潮引发的近乎恐慌的局面有着惊人的相似之处。美国的政策不仅仅建立在国家安全或产业政策的基础上，这也就不难理解美国外国投资委员会的白名单包括了澳大利亚、加拿大和英国，却不包括日本。

为了适应美国私募股权投资基金的离岸结构及其有限合伙人名单上的主权投资基金，投资基金受到了《外国投资风险评估现代化法案》的"特殊优待"。为了使主权投资基金在法案落地之后仍可以在美国开展投资，在立法和规则制定过程中为私募股权投资基金的管理人预留了机会，以强化其作为主权投资基金投资美国私募资产的中介机构的地位。

主权投资基金通过私募股权投资基金或风险投资基金投资 TID 项

目,如果符合以下规定,则不属于法律规定的"重大利益"的范围(从而避免触发强制申报和延期审查),其中主权投资基金仅限于作为有限合伙人,而且不拥有基金普通合伙人的任何权益:

- 基金普通合伙人是美国人(不是外国人)。
- 有限合伙人委员会没有投资决策权,也没有参与被投资企业公司治理的权力。
- 任何非美国的有限合伙人无法获得重要的非公开技术资料。
- 非美国的有限合伙人没有接触或参与业务的权力。

上述例外条款成为主权投资基金通过美国的基金管理人投资美国敏感行业的主要动力。考虑到美国私募股权投资基金和风险投资基金的行业游说能力,这一点丝毫不令人意外。有了这一规定,主权投资基金可能会重新考虑其在 TID 行业的直接投资路径,并回归作为美国私募股权投资基金和风险投资基金的被动有限合伙人的角色,或者决定投资于其他更容易被接受的市场。只有时间才能揭示这根丢给私募股权投资基金/风险投资基金的骨头对于整个行业的影响。

总而言之,美国率先通过《外国投资风险评估现代化法案》,再次收紧了对外国直接投资的国家安全审查规则,就像它在美日贸易关系紧张时期通过《埃克森－佛罗里奥修正案》所做的一样,当时是对日本,现在是对中国。值得注意的是,澳大利亚和加拿大在美国外国投资委员会的审查程序中享有特殊伙伴地位,它们近期也加强了对外国投资的审查。近年来,需要审查的投资领域呈现爆炸式增长(见专栏 8.4),而且对包括主权投资基金在内的政府背景投资人的关注变得越来越强烈。

专栏 8.4　扩大的网络

　　2013 年，美国外国投资委员会接受了中国肉类加工商双汇国际提交的审查申请，后者准备用 47 亿美元收购美国最大的火腿生产商史密斯菲尔德食品（Smithfield Foods）。当时，这是中国公司对美国公司最大的一笔收购案。在漫不经心的观察者看来，火腿与国家安全威胁似乎毫无关系。尽管美国游说人士致信美国外国投资委员会，提出了食品安全受到威胁的担忧，美国参议院农业委员会也就外国企业收购美国食品企业举行了听证会，但就连美国外国投资委员会也未能发现猪肉中蕴含的国家安全问题。

　　但是现在，美国外国投资委员会广泛使用权力已经成为一种趋势，美国政府仍在竭力扩大美国外国投资委员会的审查范围。在《外国投资风险评估现代化法案》获得通过前不久，美国外国投资委员会采取的两项举措清晰地表明了特朗普政府更为激进的立场。第一个例子是美国网络安全公司科芬斯（Cofense），该公司可以模拟并检测通过电子邮件实施的网络攻击，用于抵御美国公司和其他公司面临的安全威胁。

　　贝莱德（BlackRock）于 2018 年 2 月（《外国投资风险评估现代化法案》通过前 6 个月）与包括潘普洛纳（Pamplona）在内的一些投资人一起收购了科芬斯。潘普洛纳是一家为俄罗斯投资人提供服务的私募股权投资公司，由俄罗斯阿尔法银行（ALFA Bank）前首席执行官亚历山大·克纳斯特（Alexander Knaster）创立。作为收购交易的一部分，潘普洛纳获得了一个董事会席位，但在其他方面显然是被动的少数股权所有人，贝莱德才是真正的幕后控制人。尽管如此，美国外国投资委员会还是在接下来的几个月进行了干预。潘普洛纳最终放弃了科芬斯的董事会席位，并同意出售所持有的股份。在股份拍卖失败后，贝莱德收购了潘普洛纳所持有的股份，潘普洛纳也没有遭受任何经济损失；同样，不论输赢，贝莱德的资产负债表都不会受到影响。

上述案例似乎明显属于美国外国投资委员会的审查范围，特别是考虑到《外国投资风险评估现代化法案》对外国获取TID领域的重大非公开技术信息资料的限制。然而，潘普洛纳的上游投资人的被动投资特点，使得相关方——科芬斯、贝莱德和潘普洛纳——对于不需要获得美国外国投资委员会批准就可以继续交易充满信心。虽然在《外国投资风险评估现代化法案》出台之前，向美国外国投资委员会申报仍是自愿行为，但是目标公司和领投的贝莱德应该预先考虑到美国外国投资委员会带来的审查风险。这次收购带来的经验教训是，美国外国投资委员会正在更加深入地了解整个投资过程的相关信息。

与此同时，美国外国投资委员会展开了一张更大的网，覆盖了更多的国家和行业，包括大多数观察人士认为的不属于任何关于"国家安全"的理性讨论范围之内的事项，比如猪肉。2018年年底，美国外国投资委员会又叫停了一笔收购。一家日本建筑用品制造商准备将其亏损的意大利子公司出售给一家中国的建筑集团。出售方是日本的骊住集团（Lixil Group），收购方是中国的广田控股集团，交易标的是意大利的帕玛斯迪利沙（Permasteelisa），如图8.9所示。标的公司的美国子公司引发了国家安全担忧，该公司生产建筑物的外部产品，客户包括纽约现代艺术博物馆和苹果的硅谷总部。

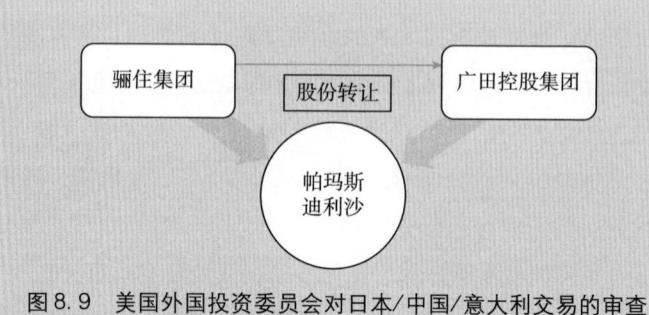

```
骊住集团  →  股份转让  →  广田控股集团
              ↓
          帕玛斯
          迪利沙
```

图 8.9　美国外国投资委员会对日本/中国/意大利交易的审查

收购是否真正涉及国家安全问题（例如，关键基础设施）？美国外国投资委员会运作并不透明，其决定仍有待进一步解释。但是有一点无可争议，那就是有了美国外国投资委员会之后，黑暗中总会发生一些意想不到的事情。

我们将在下一章介绍审查范围扩大带来的持续且加速增长的影响。世界正在分化成不同的阵营，但主权投资基金仍然肩负着投资并实现回报的使命，这样的机会越来越多地出现在高速增长的数字经济初创企业中。桌子是为下一道菜准备的。

在酒店自助餐厅吃早餐时，你可能会注意到有些人会品尝多种美食，而另一些人则坚持他们的早餐习惯，不碰其他国家早餐中最美味的食物。在一天的第一餐中，不吃外国美食可能只是一种习惯。对于主权投资者来说，国家安全审查给他们早中晚的食谱带来了越来越多的限制，但是背后的动机可能各有不同。

第九章
国际紧张局势下的技术交易

我们来做一个关于同性交友应用程序的小测试。每天有超过360万活跃用户依赖这款应用程序查看他们附近用户的个人资料。这款非常受欢迎的移动社交应用程序利用地理定位，按距离远近排列出一串想要和你约会的人。

用户可以点击查看其他用户的个人资料，其中显示用户的"角色"、身高、体重、艾滋病状态（以及上次检测日期）。聊天时可以发送照片。个人资料照片不能使用裸体或内衣照片，但是聊天不受这些限制。

这款"约会"应用程序已经被下载超过2 700万次，并且赢得了多项行业奖项，包括2011年的TechCrunch最佳地理位置应用程序奖。人们认为它导致传统线下同性交友中心的消亡，也称赞它是一种低风险的社交方式。

你了解它了吗？这里面会涉及至关重要的国家安全问题吗？你认为这款应用程序会惹怒美国外国投资委员会并导致其被迫从交易资产中剥离吗？显然，数以百万计的用户并不这么认为，2016年将西好莱坞公司（West Hollywood）撮合出售给中国买家的人也不这么认为。

如果你具备快速学习能力，可能已经明白了。随着个人数据的价值越来越为人所知，以及数据武器化的潜力变得越来越清晰，一个貌似正确的答案出现了。 当然，美国外国投资委员会并没有公开解释过，所以我们列出了多项可能的答案：

A. 地理定位功能使得该款应用程序可以访问数百万用户的活动轨迹数据，其中一些可能是军方或敏感机构的政府雇员或承包商。

B. 敏感的个人数据，如是否感染艾滋病毒，可以用来损害用户利益。

C. 露骨的照片、性行为和其他个人数据可能被用于勒索等犯罪行为。

D. 在禁止同性性行为的地区，泄露该款应用程序的使用情况可能导致法律行动。

E. 以上全是。

如果你回答"E"，我们会给你满分。 如果你想要了解更多信息并获得额外学分，请在本章学习"从硬科技到无形数据"。

多年以前，主权基金对科技行业的直接投资集中在"ToC"（面向个人用户）服务上，如消费技术、电子商务和共享经济。这类投资近年来有所放缓，部分原因是这些行业已经基本完成了整合，形成了一些在地区内甚至全球享有垄断地位的主导企业（电子商务：美国和欧洲的亚马逊、中国的阿里巴巴；交通共享：美国的优步和中国的滴滴出行等）。因此，许多基金认为自己在这些领域的投资已经足够多了。

这种转变背后更为强大的推动力是，以消费者为中心的全球互联网转变为更加面向企业用户的互联网。消费者早已接受了数字技术对于他们生活的改变，而企业用户才刚刚开始研究数字技术带来的好处——包括最新的人工智能技术——如何提高它们的生产效率。互联网企业与制造业的联系不断深化，传统产业（金融服务、零售、医疗健康等产业）的升级正在加速。

如果说2014—2015年标志着全球移动互联网经济的开端，那么2017—2018年对于全球数字化转型来说则是更为重要的转折点。如今，数字经济的前沿正在向企业主导的转型迈进，其特征是更先进技术的应用，如物联网（IoT）、人工智能（AI）、区块链（Blockchain）、云计算（Cloud Computing）和数据分析（Data Analytics）组成的iABCD

技术，以及5G移动网络和更多的数字化产业（见图9.1）。

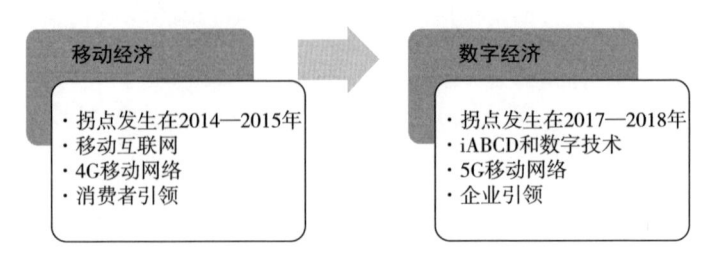

```
┌─────────────────────────┐         ┌─────────────────────────┐
│ 移动经济                │   ──▶   │ 数字经济                │
│ ·拐点发生在2014—2015年  │         │ ·拐点发生在2017—2018年  │
│ ·移动互联网             │         │ ·iABCD和数字技术        │
│ ·4G移动网络             │         │ ·5G移动网络             │
│ ·消费者引领             │         │ ·企业引领               │
└─────────────────────────┘         └─────────────────────────┘
```

图9.1 从移动经济到数字经济投资

因此，主权财富基金现在的思维更加系统化，更专注于颠覆性创新。与其投资于依靠大量日常服务或娱乐内容吸引用户流量的移动互联网平台，不如投资于有机会改变行业的颠覆性想法或技术。这类公司的成功往往更依赖于独有的知识产权（相对于电子商务而言，竞争壁垒更大），同时需要相对更大的资本投资来支持对技术的深度研究和随后的全球扩张——这非常适合长期投资者。

然而，在民族主义抬头和贸易战的气氛下，东道国政府对外国直接投资变得更加谨慎，尤其是在它们认为存在很大国家安全问题的行业。正如第八章所讨论的那样，美国新出台的《外国投资风险评估现代化法案》要求美国外国投资委员会从更为广泛的视角来看待国家安全问题：除了国防设施和基础设施保护、政府合同等传统项目，研发新兴TID领域相关技术的创新能力成为新的关注焦点（见图9.2）：

- 关键技术：包括美国外国投资委员会传统上认为与其有关的军事和国防项目，以及某些行业中使用的"新兴和基础技术"，如计算机存储、半导体和电信设备。
- 关键基础设施：确定了28种需要接受美国外国投资委员会审查的关键基础设施，其中包括电信网络、发电、输电、配电和存储设施、某些石油和天然气系统、金融市场基础设施和交易所、机场和港口等。
- 敏感个人数据：包括任何维护或采集超过 100 万人的遗传信息或其他"可识别数据"（如金融、健康、生物特征或保险数据）的企业。

```
           ┌─────────────────────┐
           │ 美国外国投资委员会  │
           │        审查         │
           └──────────┬──────────┘
        ┌─────────────┼─────────────┐
┌───────┴──────┐ ┌────┴─────────┐ ┌─┴──────────────┐
│ 关键技术（T）│ │关键基础设施（I）│ │敏感个人数据（D）│
└──────────────┘ └──────────────┘ └────────────────┘
```

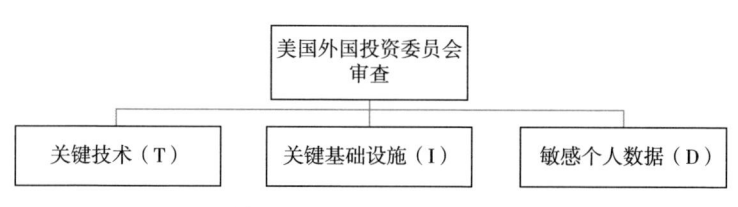

图 9.2　美国外国投资委员会的关注焦点 TID

本章重点讨论主权投资者更加积极地参与数字经济，尤其是 TID 领域投资，所引发的紧张关系。主权投资者热衷于直接投资于尖端技术领域。与此同时，它们的活动也加剧了地缘政治紧张局势，使得跨境监管进一步收紧。特别是对于中国的主权资本而言，在美国外国投资委员会以及欧盟、以色列和澳大利亚等其他国家政府的监管下，制裁公司和阻挠收购的案例数量正在不断上升。西方资本也并非不受约束：美国国内对于美国机构投资于包括中国在内等美国司法管辖区之外的科技企业的监管也在加强。

技术与半导体芯片

前沿技术一直是美国外国投资委员会开展"国家安全"审查的重点。早在 1987 年，日本电子公司富士通就试图从在纽约交易所上市的美法合资公司斯伦贝谢手中收购美国半导体制造商仙童半导体 80% 的股份。仙童之于英特尔和许多其他的美国半导体公司来说，就像网景之于今天的谷歌和脸书一样，当时《洛杉矶时报》的一篇新闻报道称，仙童半导体是"美国高科技产业的先驱"和"硅谷之母"。

里根政府和行业主管机构的许多官员认为，这笔交易是日本在美国，尤其是在具有重要战略意义的高科技领域的投资尝试。仙童半导体是美国武装部队的武器供应商。国防部部长卡斯帕·W. 温伯格（Caspar W. Weinberger）、商务部部长马尔科姆·鲍德里奇（Malcolm Baldrige）和中央情报局共同要求白宫阻止这家日本电子公司的投标（见专栏8.1）。《洛杉矶时报》认为，与"外国竞争对手日本富士通"的潜在交易就像"把弗农山庄（Mount Vernon，乔治·华盛顿故居）卖给英国红衫军"。在巨大压力下，双方取消了交易。

历史总有相似之处。2016年，来自中国的资本向仙童半导体发出了24.9亿美元的收购要约（见图9.3）。买方财团包括中国国有企业华润微电子有限公司和中国投资基金清芯华创（它的有限合伙投资人中还包括一家中国国有企业）。中方很清楚，这笔交易可能牵涉漫长的国家安全审查。因此，买方财团承诺，如果交易未能通过美国外国投资委员会的审查，将向仙童半导体支付1.08亿美元。不过，仙童半导体的董事会认为，这项拟议收购不值得（再次）挑战监管审查，因此拒绝了收购要约，理由是担心不确定是否可以获得美国外国投资委员会的批准。

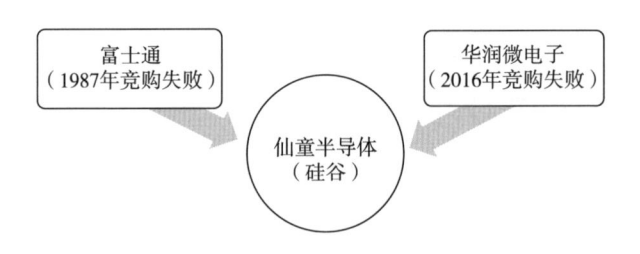

图9.3 日本和中国对仙童半导体的竞标

同年，即2016年，也发生了一笔交易，该交易后来与美国外国投资委员会发生了冲突。特朗普总统阻止中国政府支持的私募股权公司峡谷桥资本以13亿美元收购美国芯片制造企业莱迪思半导体公司。如

第一章详细介绍的那样，位于俄勒冈州的莱迪思是一家上市半导体公司，生产可编程逻辑器件，用户可将其用于汽车、电脑和移动电话等特定用途。

莱迪思半导体与峡谷桥资本交易的主要问题之一就是收购方与中国政府存在密切关系。莱迪思半导体于2016年2月开始寻找潜在收购方，2016年4月8日，中国的国新基金与莱迪思半导体接洽，提出了收购要约。国新基金同时也投资了具有军事用途的企业，还在其他与军事和经济相关的敏感行业进行投资。因此，国新基金的投标自然会受到美国外国投资委员会的审查。

国新基金可能意识到了与主权资本之间的密切联系会带来一系列的问题，于是在美国设立了私募股权投资基金峡谷桥资本，并设计了复杂的交易结构（见图9.4）。国新基金旗下的中国创业投资基金是峡谷桥资本唯一的有限合伙人，两名美国公民被任命为管理该基金的普通合伙人。这一结构旨在表明，潜在买家峡谷桥资本是一家美国实体，由美国普通合伙人经营，国新基金作为有限合伙人，仅作为被动投资者，拥有有限的经营权。

尽管如此，特朗普总统还是在2017年9月发布了一项行政命令，禁止峡谷桥资本收购芯片制造商莱迪思半导体。根据他的命令，"这笔交易可能会对（美国的）国家安全带来风险，原因包括知识产权可能会被转让给外国收购者、中国政府是这笔交易的幕后支持者、维持半导体供应链的完整性对于美国政府来说非常重要，以及美国政府使用了莱迪思半导体的产品"。

这是一年内被叫停的第二笔与中国有关的半导体行业收购案（2016年12月，奥巴马总统叫停了中国企业收购德国半导体公司爱思强的美国业务，详见本章后面的介绍）。这清楚地表明了一个信号，即美国强烈反对在高科技领域与中国有关的投资。该案例还反映了美国目前采用的审查程序：无论收购方如何设计交易结构，美国外国投资委员会最终都将追溯到最终实际控制人及其关联公司（在这种情况下，国新基金的资金在到达美国的峡谷桥资本前甚至通过了一家中国香港的投资机构——奕泰资本，参见图9.4），以确定被收购企业在交易完成后是否由国外买家控制。

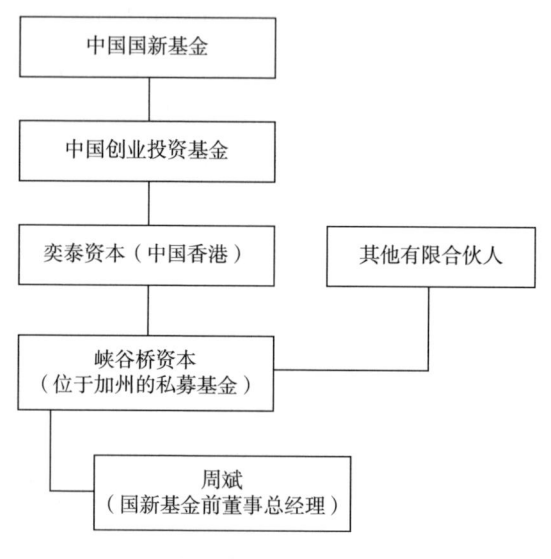

```
         中国国新基金
              │
         中国创业投资基金
              │
      奕泰资本（中国香港）      其他有限合伙人
              │                     │
              └──────┬──────────────┘
                     │
              峡谷桥资本
           （位于加州的私募基金）
                     │
                   周斌
          （国新基金前董事总经理）
```

图9.4　峡谷桥资本的所有权和控制链

同样，2018年2月，美国外国投资委员会事实上叫停了中国政府支持的半导体投资基金湖北鑫炎以5.8亿美元收购半导体测试公司Xcerra的交易。从技术上来说，收购方之所以退出Xcerra收购，是因为有迹象表明美国外国投资委员会永远也不可能批准这笔交易。Xcerra本身并不生产芯片，但是它提供用于半导体生产的测试设备，客户中包括美国政府供应链上的部分芯片制造企业。Xcerra发表声明称，在认定美国外国投资委员会不会轻易批准该项收购案后，公司已经与湖北鑫炎达成一致，撤回在美国外国投资委员会的申请并将终止之前的收购协议。

从硬科技到无形数据

如今,在人工智能和 iABCD 时代,随着美国 2018 年颁布的新的《外国投资风险评估现代化法案》于 2020 年 2 月 13 日全面生效,"关键技术"的概念大幅扩大(还有对美国外国投资委员会的重大改革,如第八章所述)。美国外国投资委员会传统上将"关键技术"与军事和国防相关项目联系在一起,而新法规则强调纳入有可能被应用于工业领域的"新兴和基础技术",包括计算机存储、半导体和电信设备。

在这种背景下,数据,无论是个人数据,还是工业数据,都已经成为美国外国投资委员会关注的主要问题,这种做法背后的原因是人工智能的认知能力必须通过数据"训练"或"教授"习得。从人脸识别到自动驾驶汽车再到机器翻译,大多数人工智能应用程序必须通过大量数据训练,找到输入数据和输出结果之间的隐藏模型(这就是所谓的"机器学习"),机器算法才能"学会"如何掌握人类技能。

因此,人工智能创新竞争在很大程度上来说是一场数据竞争。此外,数据收集和分析也会引发严重的个人隐私问题。最近,与数据技术有关的初创企业成为美国外国投资委员会审查的新焦点。本节将分析其中备受关注的案例,包括 3 家中国公司在收购技术初创企业的过程中因被认为涉嫌获取敏感个人数据而遭受了此前罕见的强制撤销交易制裁——2019—2020 年的 Grindr、PatientsLikeMe 和 StayNTouch。

昆仑万维/Grindr 收购案

2019 年 3 月,美国外国投资委员会要求中国的游戏公司昆仑万维出售它持有的 Grindr 的股份。昆仑万维通过 2016 年和 2018 年的两次交易(61.53% 和 100%)完成了对 Grindr 的收购。2019 年 3 月,由于担心数据隐私问题,美国外国投资委员会出手进行了干预。昆仑万维在此之前已经完成了收购,但是没有将收购提交美国外国投资委员会审查，因为提交审查的要求是自愿的，而且可能昆仑万维并不认为从风险投资的角度来看，这样一款应用程序会与国家安全风险有关。

2020年3月，昆仑万维宣布在2020年6月交易撤销截止日期之前，以约6.085亿美元的价格将Grindr出售给美国公司San Vicente Acquisition。然而，最终交割仍将取决于美国外国投资委员会的最终审查。此次出售较昆仑万维2016年收购Grindr多数股权时的1.51亿美元估值大幅增长，但是由于是被迫出售，相较于真实价值仍然打了折扣。

此前，在2017年，蚂蚁金服宣布以12亿美元收购汇款支付公司速汇金。蚂蚁金服投资的战略出发点是速汇金可以为中国的支付宝用户提供一个平台，让他们在出国旅行时购买商品和服务。然而，蚂蚁金服未能缓解美国外国投资委员会对可用于识别美国公民身份的数据的安全性的担忧，该笔收购于2018年1月宣告失败。

在Grindr收购案中，美国外国投资委员会并没有披露它具体担忧的内容，但是数据隐私保护显然是它的关注重点。Grindr收集了敏感的个人数据。分析人士认为，Grindr上的社交数据可能会引发对用户（包括美国军方和政府承包商）的敲诈。

碳云智能/PatientsLikeMe收购案

碳云智能收购PatientsLikeMe的案例也出现了同样的问题。美国健康科技创业公司PatientsLikeMe为患者提供与有着类似健康问题的人群进行交流的社交平台。2017年，总部位于深圳的数字医疗独角兽公司碳云智能（iCarbonX）向PatientsLikeMe投资超过1亿美元，成为PatientsLikeMe的最大股东。

在投资一年多之后，美国外国投资委员会命令碳云智能出售其在PatientsLikeMe中的多数股权。原因显然与PatientsLikeMe采集和保存的美国患者数据有关。2019年年中，碳云智能将它持有的Patients-

LikeMe 全部股权出售给了美国联合健康集团（UnitedHealth Group），完全退出了该笔投资。

石基信息/StayNTouch 收购案

石基信息/StayNTouch 成为第三例被美国政府命令撤销的涉及个人数据的中国企业收购案（这一次是根据总统令撤销的，这也成为总统根据美国外国投资委员会建议撤销的 6 笔交易之一）。2018 年，中国酒店、餐饮和零售软件供应商北京中长石基信息技术股份有限公司（简称石基信息）收购了美国的 StayNTouch 公司，该公司为酒店行业提供基于云计算的软件，客户包括米高梅国际酒店集团、新概念宾馆和迈阿密海滩的枫丹白露酒店，枫丹白露酒店曾在詹姆斯·邦德系列的早期电影《金手指》（*Goldfinger*）中出现过。StayNTouch 提供的软件可以让酒店客人使用智能手机办理入住和退房手续。

2020 年 3 月，在收购已经完成数年后，石基信息被要求在 120 天之内出售 StayNTouch 及其美国资产。与 Grindr 一样，撤销对 StayNTouch 投资的命令并没有具体说明究竟是什么原因引发了国家安全担忧。然而，这一命令本身就提供了线索。尽管撤销投资有 120 天窗口期，但是石基信息及其香港子公司被要求立即停止访问客户数据。这一点充分说明了，在特朗普政府看来，中国企业访问美国客户的"个人可识别信息"（Personally Identifiable Information，简写为 PII），无论行业如何，都属于国家安全风险（见图 9.5）。

现在，TikTok 成为最引人关注的因为涉及"个人可识别信息"而被撤销的交易。2017 年，中国科技巨头字节跳动斥资 10 亿美元收购了美国初创企业 musical.ly，该公司是短视频社交应用程序 TikTok（对应中国国内应用程序的名称"抖音"）的前身。当时该项收购案没有申请美国外国投资委员会的批准，这也使得该交易很容易受到后来下达的撤销投资命令的影响。

约会/健康数据	健康/疾病数据	出行/金融数据
昆仑万维	碳云智能	石基信息
Grindr	PatientsLikeMe	StayNTouch

图 9.5　被美国国家安全审查撤销的涉及"个人可识别信息"的收购案

musical.ly 在全球广受欢迎。字节跳动将这笔交易视为向海外市场扩张的手段，试图利用自身的实力和目标公司的国际影响力实现海外扩张。这个计划取得了惊人的成功。仅仅两年之后，TikTok 的下载量就超过了 15 亿次——仅 2019 年在美国就超过了 4 000 万次。除了苹果，它是唯一一家在中国和美国都拥有超过 1 亿用户的科技公司。TikTok 取得的惊人成功，特别是针对年轻用户的成功，引发了脸书创始人马克·扎克伯格和美国参议院少数党领袖查克·舒默（Chuck Schumer）的批评。他们提出了对中国政府审查 TikTok 内容的担忧。美国立法者呼吁美国政府着手对公司收集的美国人，特别是青少年的个人数据，启动国家安全审查。

尽管 musical.ly 的创始人是中国人，总部位于上海，但是美国外国投资委员会声称对它在美国的业务，特别是它拥有的美国用户的数据拥有管辖权——其中 60% 的用户年龄在 16 岁至 24 岁之间。用户通过该款应用程序上传个人数据并发布视频。除此之外，该款应用程序还会自动保存用户的位置信息，这一点导致美国军方改变立场，完全禁止士兵使用。美国国会议员呼吁所有美国政府雇员在其使用的所有设备上都删除 TikTok。

字节跳动有一个计划，希望在不剥离资产的情况下缓解美国的上述担忧。据报道，作为对美国外国投资委员会非正式调查的回应，字节跳动对来自美国的用户数据进行了物理隔离，将其保存在美国和新加坡的服务器上，而非中国（见图9.6）。另一项应对措施是，TikTok聘请了首位"首席信息安全官"——罗兰·克劳蒂尔（Roland Cloutier）。克劳蒂尔的职业生涯始于美国空军，同时也是一名作战安全专家，曾在美国上市公司担任高级安全管理职位，对他的任命有助于改善TikTok在美国国家安全方面的形象。2016年，克劳蒂尔写了一本书——《成为全球首席安全官》，内容是关于他的新职务。最为引人注目的是，2020年5月，字节跳动聘请了曾负责迪士尼全球内容和广告销售业务以及国际运营业务的前高级副总裁凯文·梅耶尔（Kevin Mayer）。他不仅担任了TikTok的首席执行官，还出人意料地担任了字节跳动的首席运营官。

TikTok希望它所采取的剥离中美业务、保护美国用户个人数据等措施，能够让这款短视频App免受美国外国投资委员会的撤资令影响。但是，这些措施都被证明是徒劳的。字节跳动在2020年8月连续遭到两次撤资令打击，第一次是紧急命令，禁止字节跳动在美国运营，TikTok开始手忙脚乱地寻找潜在的美国买家。特朗普总统的这一举动让人不禁想起了他的畅销书《交易的艺术》。特朗普坚持让字节跳动向美国财政部支付其出售TikTok所得价款中的大部分作为费用。一周多后，美国外国投资委员会下达了正式撤资命令。美国科技巨头微软和甲骨文成为收购TikTok美国资产的主要竞标者。2020年8月底，凯文·梅耶尔辞职。TikTok确实只能是一段短视频。

这些由数据引发的美国外国投资委员会审查案例，为《外国投资风险评估现代化法案》的最终版本中关于敏感个人数据的定义提供了参考基准。敏感个人数据的定义结合了两个主要元素：第一，信息本身的内容；第二，个人的特征，包括他们与美国国家安全联系的可能性。对于前一个元素，法案规定了10类敏感数据；对于后一个元素，法案将100万人视为一个阈值，这使得所有具有一定影响力的移动应用程序都被纳入了监管视野。

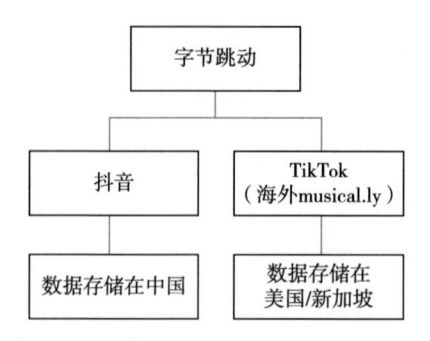

```
          字节跳动
            │
      ┌─────┴─────┐
      │           │
     抖音        TikTok
                (海外musical.ly)
      │           │
  数据存储在    数据存储在
   中国        美国/新加坡
```

图9.6　字节跳动根据美国外国投资委员会要求进行的数据隔离

此外，将敏感个人数据的采集和存储外包给第三方服务机构，并通过第三方服务器访问采集的数据的业务仍然属于美国的 TID 业务，因为其"间接"收集或维护此类数据。对于 TikTok 而言，这意味着它的海外业务和数据需要额外的隔离保护措施。

美国外国投资委员会对 Grindr、PatientsLikeMe 和 StayNTouch 的撤资命令（以及对阿里巴巴/速汇金和 TikTok 的调查）表明，它将被收购的美国公司的"个人可识别信息"数据的存储视为一个潜在的国家安全问题。此外，由于这些交易早在几年前就已结束，美国外国投资委员会的处理方式显然是要表明，外国收购交易如果没有获得它的批准，那么交易在未来任何时候都有很大可能性被其撤销。这一点对于那些不受"强制性审查"要求的交易也是如此，例如那些交易撮合者认为的在收购过程中甚至连自愿提交审查都纯属多此一举的交易。如下面的章节所示，在全球其他发达国家市场上也出现了类似的趋势。

欧洲：德国、英国、法国

几个与美国相当的欧洲发达经济体近年来也实行了监管改革，增加了对高科技和数字经济产业的关注，特别是德国、英国和法国。

德国经济是工业 4.0、物联网和先进制造业数字化领域的领军国家，在世界经济论坛发布的2018年全球竞争力报告中，德国成为全球最具创新力的经济体（美国排名第二）。与此同时，当中国与西方各国就先进技术收购达成一系列交易之时，德国成为第一个收紧外国企业收购法规要求的欧洲国家，为大西洋彼岸提供了最好的范例。

2016年，中国一家国有企业准备收购巴伐利亚机器人公司库卡（Kuka），这被某些德国官员描述为响起了"警钟"——凸显了保护德国具有战略意义的经济板块的必要性。同年，美国响起了声音更大的"警钟"，奥巴马总统叫停了一家中国企业的子公司拟以7.1亿美元收购德国科技企业爱思强公司的计划。

爱思强公司生产基于氮化镓的晶片设备，产品可用于生产武器系统中的半导体。此次竞购由中国福建宏芯基金的德国子公司宏芯投资股份有限公司（简称宏芯投资）发起（见图9.7）。事实上，在早期阶段，德国政府已经批准了中国的收购。根据德国当时适用的法律，收购审查的股权比例门槛为25%，只有在收购危及国家能源安全、国防或金融稳定时，政府才能叫停收购。

```
┌─────────────────────────┐
│  福建宏芯基金（中国）    │
└───────────┬─────────────┘
            ▼
┌─────────────────────────┐
│ 宏芯投资股份有限公司（德国）│
└───────────┬─────────────┘
            ▼
┌─────────────────────────┐
│    爱思强公司（德国）    │
└─────────────────────────┘
```

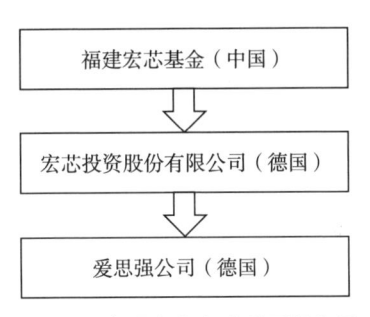

图9.7　中国企业竞购爱思强公司

2016年10月，德国政府撤销了交易许可。根据德国经济部副部长马提亚斯·马希尼格（Matthias Machnig）在媒体上的说法，撤销许可的决定是基于"此前未知的与安全有关的信息"。几个月后，公众对于政府决定的困惑或多或少得到了解释。时任美国总统奥巴马根据美国外国投资委员会的评估结果，发布了禁止中国企业收购爱思强公司的命令。

虽然爱思强公司和宏芯投资均是德国的实体企业，但是美国外国投资委员会声称对"任何由外国主体主导或与外国主体进行的、可能导致任何从事美国州际贸易的实体落入外资控制的并购或收购"具有管辖权。美国的评估报告指出，爱思强公司在美国的业务不仅包括其在加州的研究、技术和销售，还包括该公司已授予和正在申请的美国专利。

美国的思路可能为德国的监管机构带来了多种新视角。首先，正如爱思强公司和莱迪思公司的案例所表明的那样，美国外国投资委员会的审查是"实质重于形式"，这意味着无论是"有限合伙人"，还是由美国公民管理的美国私募股权投资基金，都不可能完全处于安全的避风港。在爱思强公司收购案例中，当"美国"被替换成"德国"时，情况也是如此。无论交易的结构如何，中国政府支持的投资人都无法回避，而且将受到美国外国投资委员会的严格审查。

其次，由于半导体行业具有军民两用的特点，因此它仍然是美国外国投资委员会及其成员机构的高优先级审查事项。美国政府的决定明确指出，所谓的国家安全风险，包括"爱思强公司的知识和经验所构成的整体技术体系的军事用途"。

最后，美国的立场影响深远。只要收购交易中涉及美国的知识产权资产，就有可能被美国外国投资委员会视为拥有管辖权，这一点对于未来的高科技和数字经济领域的收购来说至关重要。

意料之中的是，在爱思强公司之后，德国收紧了外国投资审查程序。2018年，德国政府叫停了中国国家电网拟收购德国东部电网运营商50Hertz的20%股份的计划，该公司为1 800多万德国人提供电力。在这笔交易中，德国政府根据新修订的《外国投资审查法》赋予的权力，将其审查权限扩大到国防领域之外，纳入了关键基础设施。

这笔交易的卖方是 IFM。它是一家澳大利亚公司，为该国养老基金管理着基础设施投资。在德国政府介入之前，IFM 打算出售它持有的 50Hertz 的 40% 的股份。当时，另一家比利时输电系统公司埃利亚（Elia）对 50Hertz 的持股比例为 60%，它对 IFM 准备出售的 20% 的 50Hertz 股份行使了优先购买权，中国国家电网准备通过谈判买下 IFM 剩下的 20% 股份。在这笔交易前，埃利亚和 IFM 于 2010 年联合收购了 50Hertz，当时的卖家是瑞典公司 Vattenfall（见图 9.8）。有趣的是，当时这家澳大利亚公司在收购 50Hertz 的股权时，显然没有经历过中国公司在做出同样尝试时遇到的困难。

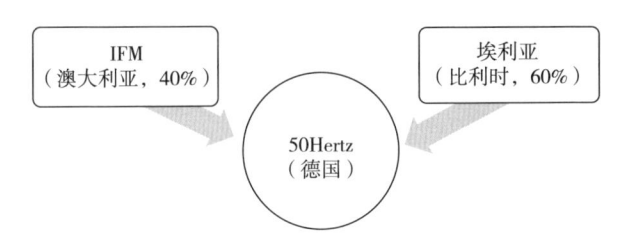

图 9.8　IFM 出售股权前 50Hertz 的股权结构

德国政府对这笔交易表达了担忧，认为这家为柏林等地提供电力的公司属于"关键基础设施"。有趣的是，在这种情况下，德国在不明确否决交易的情况下冻结了中国国家电网的收购。之所以能够如此，是因为 50Hertz 的大股东埃利亚拥有优先购买权，在德国经济部的指示下，埃利亚行使了该权利（IFM 不再是股东），并立即将股权出售给了德国政府拥有的德国复兴信贷银行（见图 9.9）。

2019 年 11 月，德国正式宣布将通过修改关键领域的外国投资规定，进一步加强对外国投资的审查。德国计划将"关键行业"扩大到人工智能、机器人、半导体、生物技术和量子技术等领域，并要求这些领域的企业股权收购超过 10% 时对信息进行披露。与此同时，对于能源、电信、国防和水资源等此前被认定为"关键基础设施"的其他

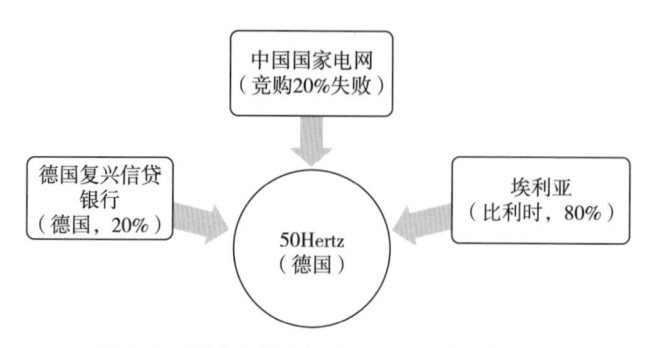

图9.9 IFM出售股权后50Hertz的股权结构

行业，触发政府审查的股权收购门槛比例从25%降至10%。

尽管德国政府没有明确表态，但外界普遍认为，此举针对的是中国政府支持的投资者。新冠肺炎疫情可能会改变这一观点。2020年6月15日，在出现特朗普政府有意收购疫苗制造商Cure-Vac的传闻之后，德国复兴信贷银行先发制人，收购了该公司23%的股份。Cure-Vac是一家德国公司，主要产品是极具前景的新冠病毒疫苗。

此外，在德国采取行动之际，面对中国国有资本不断加大科技领域投资的现状，欧盟正在从总体上重新考虑欧盟的产业战略以及与中国的关系。就在德国复兴信贷银行准备收购Cure-Vac的消息曝光的同一周，欧盟委员会公布了相关提案，旨在援引欧盟的国家援助规则，防止享受政府补贴的非欧盟投资人在竞购欧洲资产时以高价击败竞争对手。这个提案并没有提到对外国投资进行国家安全审查，而是聚焦于非欧盟国家政府补贴造成的不公平优势。与第八章提到的澳大利亚的提案一样，这些提案将在现有审查的基础上再增加一次审查。

当然，并不是所有的主权投资基金都被罚下了场。美国外国投资委员会制定的"白名单"是《外国投资风险评估现代化法案》的一部分（见专栏8.3），美国与澳大利亚、加拿大、英国这3个英语国家目前仍有"相互开放"的机制安排。

例如，在英国，2018年6月生效的新法规降低了政府对收购交易进行干预的门槛,这将影响到包括计算机硬件和量子技术、军事和军民两用技术等在内的先进技术领域。

在欧盟内部,法国也在2018年11月采取了类似的监管措施。法国政府进一步扩大了敏感活动的清单,政府审查涵盖了与"截获/探测通信/对话、捕获计算机数据、信息系统安全、太空作业和公共安全行动中使用的电子系统"有关的活动。审查的范围进一步扩大,涵盖了"网络安全、人工智能、机器人、添加剂制造、半导体、某些军民两用产品和技术以及敏感数据存储"等领域的研发活动。

以色列和日本:难以平衡的技术三角

有趣的是,中美之间日益紧张的科技竞争关系也为第三方国家带来了意想不到的经济增长机会——但这可能不会持续太久。以以色列蓬勃发展的半导体产业为例。作为应对中美贸易关税的措施,一家美国半导体巨头企业增加了它的以色列工厂对中国买家的直接销售额,从而使以色列和中国之间的半导体贸易在2018年增长了80%。与此同时,中国增加了对以色列半导体企业的投资,推高了对以色列设计的芯片的需求。

以色列对军民两用技术转让始终保持着谨慎的控制,努力在中美之间构建一个技术三角(见图9.10)。然而,芯片对于技术进步和军事用途的重要性意味着,以色列在这一技术三角中的地位必然会引起华盛顿的关注。保持平衡将变得越来越困难,很快以色列将可能失去对于中国资本的吸引力(见专栏9.1)。

由于担心以色列与中国越走越近,特朗普政府对以色列施加了压力。在压力之下,以色列正在着手采取行动,设立一个类似于美国外国投资委员会的跨部门的政府机构,审查经济敏感领域的外国投资。据报道,该监管机构一旦成立,将专注于具有军事和商业用途的军民两用产品，如半导体、无人机和人工智能。正如下一节将要表明的那样，越来越多的国家将发现，就像以色列一样，在中美之间寻求平衡本就不容易，随着政治和安全紧张局势的持续升级，这一做法必然会变得更加困难。

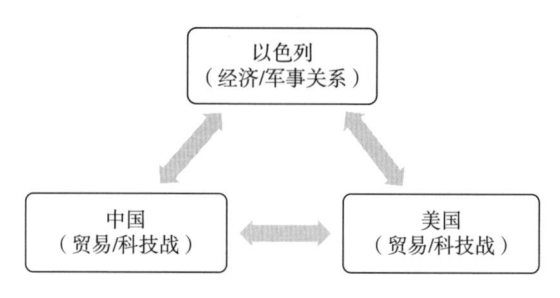

图 9.10　以色列平衡中美关系

专栏 9.1　在长城和哭墙之间两面讨好

以色列是一个科技强国，尤其是在网络安全和军事技术领域。在纳斯达克上市的外国企业中，以色列的公司数量仅次于中国。当硅谷对中国资金关闭大门时，以色列因其蓬勃发展的创新技术获得了"创业国"的美誉，成为极具吸引力的投资目的地：中国获得了宝贵的技术通道，而以色列则收获了一位财力雄厚的支持者。

但美国和以色列的文化联系也很密切。纽约市是除特拉维夫以外犹太人口最多的城市。按照传统，纽约市市长一般会到耶路撒冷进行一次国际朝圣。

尽管如此，或许是因为受到美国的政治支持，自 20 世纪 80 年代以来，以色列一直小心翼翼在中美科技竞争中走钢丝，努力在商业和安全利益方面寻求两个大国之间的最大平衡（见图9.10）。例如，在5G网络问题上，以色列政府出于商业利益反对美国完全禁止华为，同时又出于安全考虑避免在国内的关键基础设施中使用华为的设备。

以色列努力扩大与中国的双边贸易额，同时又小心翼翼地避免出售那些能够提高中国军事实力并激怒华盛顿的安全技术。但是技术在军民两用领域日益扩大的用途（意味着它们既有军事用途，也有商业用途，比如无人机和人工智能），可能会导致以色列一直以来谨慎保持平衡的努力失败。以色列的企业家也担心，接受中国的投资可能会给他们在美国的生意带来负面影响。

面对来自盟友美国不断增加的政治压力和与中国的广阔贸易前景，以色列被夹在两个最大的且渴求技术的贸易伙伴之间。如果紧张的局势进一步升级，以色列将发现，美国和中国这两位贸易伙伴对它采取的微妙的平衡立场并不是那么宽容。

在推动日本加强外国投资审查方面，美国起到了比欧洲国家和以色列更大的作用。从背景来看，美国是日本最强大的安全和经济盟友。作为回报，日本是美国不可或缺的重要地区盟友，美国在传统上一直为日本提供防御朝鲜的核保护伞。中国毗邻日本，是日本的主要贸易伙伴，然而，在跨境投资方面，美国是日本最大的外国投资人。

2019年，日本政府扩大了外国直接投资需要提前备案和接受政府审查的行业范围，新规定主要聚焦人工智能产业，对人工智能技术应用来说至关重要的硬件（如集成电路）和嵌入式软件也被纳入了审查清单。这一点似乎在表明，日本准备要求所有与人工智能应用开发有关的行业都遵守事先备案的要求。

总的来说，日本的新规定在许多方面都与美国的《外国投资风险评估现代化法案》相一致。这一点也并不奇怪。例如，日本在2019年修订后的规定中，新增加了15个将接受更为严格审查的行业，这些行业显然是效仿了美国商务部工业和安全局在《外国投资风险评估现代化法案》中列出的14个"新兴技术"领域。此外，日本的规定中有与美国《外国投资风险评估现代化法案》类似的条款，要求主权财富基金和国有企业必须进行预申报。

日本显示器公司（Japan Display Inc. 简写为JDI）与Suwa财团之间的纠纷的余波表明了日本对高科技领域的中国投资者持谨慎态度。Suwa是一家由中国大陆和中国台湾企业共同组成的财团，由中国嘉实科技投资管理公司牵头。日本显示器公司是苹果智能手机和平板电脑所用显示屏的主要供应商。实际上，日本显示器公司是在拥有日本政府背景的主权投资基金日本产业革新机构（INCJ）的推动下成立的，日本产业革新机构整合了日本显示器行业的领军企业（日立、索尼和东芝）的液晶显示器业务，专注于打造最先进的显示器技术（见图9.11）。

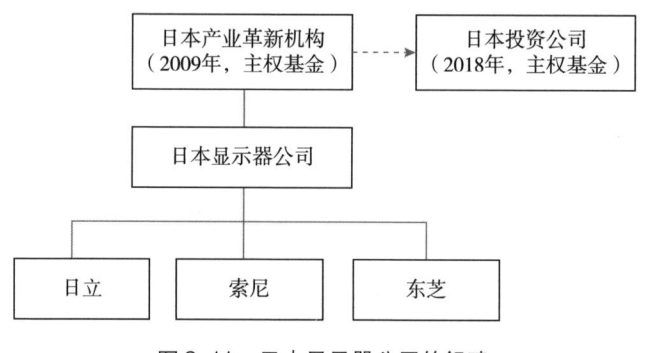

图9.11 日本显示器公司的组建

日本产业革新机构是日本政府在2009年成立的，目的是在"充满希望的新技术"领域"打造下一代企业"。该机构的资金大部分来自日本政府，其余来自日本国内大型企业。该机构与那些将自身定位于长期投资者的主权投资基金的典型做法不同的是，它将自身的存在时限设定为15年，这意味着2024年它将不复存在。值得注意的是，日本新的主权基金日本投资公司于2018年年底成立后，日本产业革新机构变成了日本投资公司的全资子公司。然而，日本投资公司在执行其承担的促进创新的重点任务方面也存在许多自身的困难（详见第七章）。

日本产业革新机构的目标是促进"开放式创新"，即加快技术和专业知识在现有组织架构之外的流动速度，进而提高日本企业的竞争力。它对日本显示器公司的投资是一笔重要的投资。它不仅是日本显示器公司的主要股东，后续还在为日本显示器公司的债务融资提供担保。日本产业革新机构对美国外国投资委员会的投资符合其使命，即利用日本的技术和工业实力，打造可持续发展的下一代企业。

日本显示器公司曾被视为日本国家冠军企业，但近年来陷入了财务困境，并蒙受了严重亏损，公司将亏损归咎于苹果系列产品显示面板的销售放缓。苹果及其同行正在努力减少液晶显示器的使用。据业内人士分析，苹果很可能在2020年之后完全放弃液晶显示屏，转而采用可以让手机设计更加灵活的OLED显示屏。

从2018年开始，日本显示器公司连续5年出现净亏损，每个季度都在一次又一次的危机中挣扎（作为上市公司，它需要公布季度盈利），因此它离不开日本产业革新机构反复注资。日本显示器公司向外部投资者寻求帮助，偿还到期债务并继续投资于新的面板技术。它仍然拥有优秀的技术和工程师，但需要资金来建设一个大规模的OLED生产线，并转向OLED显示屏生产。

到2019年年初，日本显示器公司初步同意接受Suwa财团约7.42亿美元的投资，该财团由中国嘉实科技投资管理公司、中国触摸屏制造企业欧菲光和中国台湾宸鸿科技组成（见图9.12）。此次交易谈判在日本引发了关于"技术转移"和"冠军企业"的讨论。虽然日本显示器公司未能在短时间内推出 OLED 显示屏产品,但它仍然拥有领先的 OLED 技术和优秀的工程技术。此外,日本显示器公司还拥有能够稳定量产低温多晶硅的技术诀窍,低温多晶硅可以使得显示器更加节能、刷新更快,已经广泛用于苹果的高端 iPhone 产品。

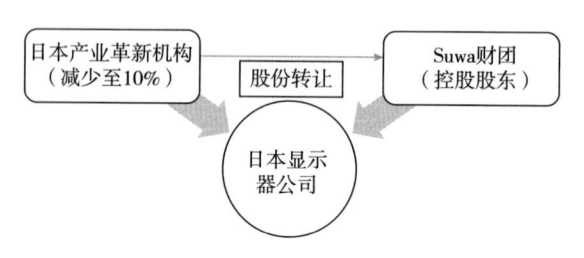

图 9.12　中国财团对日本显示器公司的救助计划

根据收购计划,日本显示器公司将向来自中国的 Suwa 财团发行新股,而 Suwa 财团将向日本产业革新机构购买更多股份。一旦交易完成,Suwa 财团将成为控股股东,日本产业革新机构的持股比例将大幅减少(鉴于日本产业革新机构的运营截止日期为 2024 年,它采取了部分退出的策略)。然而,这笔收购面临着太多的阻力,几个月之后谈判就彻底破裂了。根据日本显示器公司的官方新闻稿,该公司在 2020 年 1 月向 Suwa 财团发出了终止投资协议的通知。

与此同时,日本资产管理公司 Ichigo 介入了交易,该公司计划注资约 8 亿美元拯救日本显示器公司。正如我们在德国看到的那样,日本政府并没有对外国直接投资开展正式审查,当它找到了一家本土公司来顶替中国投资人的位置时,就直接将后者排挤出了市场。对于欧洲来说,这可能也是它们防御中国投资人的首选策略。

2020 年 4 月,欧盟竞争事务专员玛格丽特·维斯塔格(Margrethe Vestager)公开呼吁欧盟成员国加快实施相关法规,以阻止中国国有企业收购因新冠肺炎疫情导致股价下跌的欧洲企业。不仅如此,她还鼓励各国政府在必要时候入股企业,以防止它们落入中国国有企业的掌控。在这方面，意大利先于其他国家已经采取了很多针对外国收购的反制举措。德国和西班牙随后也宣布了类似的反收购举措，它们这样做的部分原因是对沙特阿拉伯公共投资基金近期所做投资的应对以及对中国国有企业收购的担忧。

中美两国的技术跨境关系

毫无疑问，美国外国投资委员会的审查和其他国家新出台的法规，总体来说对主权投资基金的影响广泛。事实上，来自中国的主权资本可能会承受其中最大的冲击。中国和美国两个经济超级大国正在科技领域展开竞争，因此美国外国投资委员会正在采取额外措施，保护敏感技术不被中国收购。事实上，《外国投资风险评估现代化法案》立法的明确意图是"（保持）美国对构成威胁的国家的技术优势，例如中国"。

从技术竞争的角度来看，东方的中国和西方的美国正在形成两个优势不同的领先创新中心。鉴于中国企业在发展业务时面临着与美国许多企业相同的技术问题，它们彼此之间的合作会带来技术创新的交叉传授。然而，国家合作的模式尚未形成，两股创新力量之间相互不信任的氛围可能会导致科技领域的碎片化。

正如我们所看到的，在 5G 领域，美国正在迫使其他国家选择立场，在华为 5G 和目前尚不明确的美国 5G 冠军企业之间选边站队。在人工智能方面，算法已经被研究人员和科技公司广泛共享，但用于训练机器学习模型的数据通常是在本地管理并受到精心保护的。中国取得的成就引发了关于中美之间进行人工智能军备竞赛的讨论。

这也有助于解释为什么以色列和日本这样的国家一再被美国敦促修改其国内的投资审查规则，使之看起来与美国的《外国投资风险评估现代化法案》一致。因为如果其他国家对外国科技投资的审查力度低于美国，那么这一监管漏洞将成为先进技术传播链条上的"薄弱环节"，而美国的竞争对手可以从中获利。

作为中美之间"脱钩"的象征，迄今为止，没有什么比切断连接太平洋两岸的数据电缆更符合其字面意义且更加令人印象深刻的了。2018年8月，美国媒体报道称，美国司法部出于国家安全考虑，即将叫停谷歌和脸书提供资金的太平洋海底电缆项目——原因是其中有来自中国的投资人。直到2019年，该项目一直悬而未决，因为只有美国政府完成国家安全审查（没有具体的时间表），该项目才能被视为获得了最终的批准。2020年年初，美国互联网巨头谷歌和脸书接受了现实，将关于中国有争议的内容从它们提交给美国联邦通信委员会的文件中删除。

太平洋光缆网络是一个大容量光缆项目，由谷歌、脸书和中国第四大电信公司鹏博士合资建设（见图9.13）。这条光缆长约1.3万千米，用于中国和美国之间的跨太平洋高速数据传输。该电缆计划用于连接营造商的数据中心和大规模数据传输，有助于美国公司加强与中国以及中国以外的亚洲新兴市场的联系，例如印度尼西亚、马来西亚和菲律宾等国。

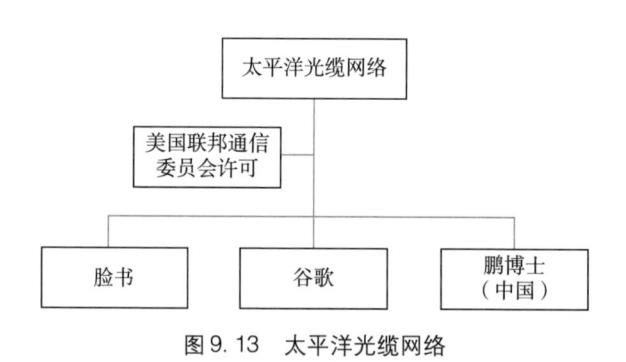

图9.13 太平洋光缆网络

然而据报道，一个由美国司法部领导的跨部门小组——Team Telecom（见图9.14），反对该电缆项目。Team Telecom是美国一个神秘的国家安全部门,主要职责是保护美国的电信系统安全,该小组由来自国防部、国土安全部和联邦调查局(隶属于司法部)的官员组成。

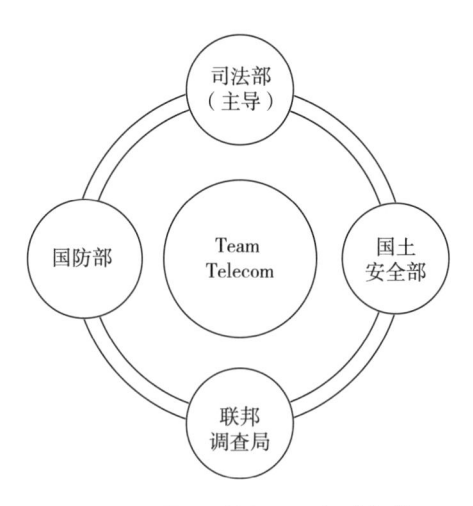

图 9.14　Team Telecom 组成机构

虽然 Team Telecom 没有监管权限,但是国家安全协议具有约束力,可以为 Team Telecom 提供实质性权力,如现场检查、监督和审计,并可以限制被收购公司开展业务的能力。国家安全协议通过禁制令形式授权强制执行,实际上是通过法院来规范收购方的行为。毫无疑问,Team Telecom 使用的国家安全协议凸显了美国政府对数字经济的关注。

据媒体报道,美国司法部和国防部要求联邦通信委员会推迟对太平洋光缆网络项目做出决定(两家公司于 2017 年申请在美国铺设电缆),直到有关的国家安全审查结束。但是审查一直在继续,而且做出最终结论的具体日期也没有明确。美国司法部因为对来自中国的投资者鹏博士集团感到担忧而明确表示反对。总部位于北京的鹏博士集团在中国提供通信服务,它的网站上列出的合作伙伴中包括华为。

全球数据传输的大背景是,在过去 10 年里,谷歌和脸书等公司对类似的光缆项目进行了大量投资,以应对美国和亚洲之间不断增长的网络流量。与中国一样，东南亚国家的数字经济也在快速增长，因此需要更多的跨太平洋网络连接，以满足东西方之间日益增长的带宽需求。从全球范围来看，数千公里长的海底光缆已经铺设到位。在该项目之前，甚至是直接连接中国和美国的光缆项目也获得了批准。

然而，由于中国和美国之间的贸易紧张局势不断升级，全球最大的两个数字经济体之间的竞争日益激烈，互联互通正在被相互不信任所取代。国家安全方面的考虑正在改变跨太平洋互联网连接的结构。如前所述，2020年1月，谷歌和脸书（不包括鹏博士的中国香港子公司——太平洋光缆数据通讯有限公司）向联邦通信委员会提出了一项新方案。它们只要求获准两家美国公司在太平洋光缆网络中拥有的两对光纤的运营权：谷歌与中国台湾连接，脸书与菲律宾连接。

最终，2020年4月8日，美国联邦通信委员会批准了谷歌运营美国与中国台湾之间光缆的申请，但是脸书仍在等待获准运营美国与菲律宾之间的光缆。联邦通信委员会完全推迟了美国与中国香港之间的光缆建设，声称美国其他政府机构已经得出了结论，美国与中国香港之间的光缆将对美国的国家安全和执法构成严重威胁。2020年6月17日，Team Telecom 正式建议联邦通信委员会否决美国与中国香港之间的光缆建设计划。随着通信行业成为特朗普政府的美国产业政策核心，2020年4月发布的一项总统令宣布将进一步强化 Team Telecom 的作用（见专栏9.2）。

> **专栏9.2 Team Telecom 2.0**
>
> 2020年4月3日，特朗普总统签署了一项行政命令，设立了一家相当于美国外国投资委员会的电信行业审查机构。该机构有一个冗长的名字：美国通信服务业外国参与审查委

员会,一位观察人士称其为"Team Telecom 2.0"。随后,华盛顿特区的电话铃声就开始响个不停。

总统的行政命令指示该机构的 3 名成员(担任主席的司法部部长和国防部部长、国土安全部部长)在 90 天内就行动备忘录达成一致。与 Team Telecom 1.0 不同的是,该备忘录是否会对外发布尚不清楚。这一行政命令——对谷歌和脸书等公司来说是有利的——包括了审查时间表(120 天),但在其他方面,对涉及"外国参与"的许可证的审查程序描述很少。

与 Team Telecom 和美国外国投资委员会一样,这也是一个跨部门的委员会。其他机构将加入其中,另外还有一长串的其他机构将作为委员会的"顾问"。委员会主席将是首席检察官威廉·巴尔(William Barr),他直言不讳地指出美国政府应当在 5G 技术发展中发挥关键作用(并建议至少为此设立一只新的国家主权基金),这使得人们对新委员会将如何行使其范围广泛且定义模糊不清的权力产生了担忧。

新成立的委员会有权审查美国联邦通信委员会授予或转让许可证的行为,以判断其是否涉及"危及国家安全或执法利益"。然而,真正让外部律师和说客拿起电话的主要原因是,新委员会有权"审查现有许可证,以确保对美国国家安全或执法利益不存在任何额外的或新的风险"。与此前提到的 Grindr、PatientsLikeMe 和 StayNTouch 收购案中美国外国投资委员会行使的权力相呼应,该委员会有权调查和撤销已经授予的许可证。

此外,与美国外国投资委员会一样,该委员会并没有对"国家安全"给出具体的定义,而是使用了同样也没有定义

> 的"外国参与"一词。有人猜测，这可能考虑到既准备将外国拥有或控制电信服务商的情形纳入范围，又打算将使用外国企业（如华为公司）设备的情形包含在内。每个人都希望搞清楚 Team Telecom 2.0 到底只是 Team Telecom 1.0 的升级版，还是一个全新的安排。在搞清楚相关情况之前，电话很可能会继续响个不停。

地缘政治很可能会继续强化中美两国之间"脱钩"的趋势。2020年1月，中美达成第一阶段贸易协议，协议明确要求中国应避免向美国企业施压，迫使美国向中国本土的合资伙伴分享技术，或以低于市场价格发放技术许可，以换取进入中国市场的机会。与此同时，来自中国的外国直接投资的降幅也很明显：根据荣鼎咨询（Rhodium Group）的数据，2019年中国对美国的外国直接投资下降到31亿美元，与2016年的465亿美元相比微不足道，较2018年的54亿美元也下降了42%。

重新考虑对科技公司的直接投资

综上所述，2019—2020年可能会作为全球数字经济的一个重要转折点而被铭记，从合作共赢到正面对抗的紧张关系，世界上两个数字经济超级大国——美国和中国之间的科技战就是一个例证。在美国采取强硬的国家安全措施的同时，中国也在同样的国家安全背景下加紧努力并加强防御政策，包括计划建立中国版的"不可靠实体清单"（美国将华为纳入美国的"不可靠实体清单"），限制跨境数据流动，完善跨境投资中的外国投资监管框架。

在2020年及以后，在一个技术全球化、各国却变得越来越充满民族主义和保护主义氛围的世界里，围绕主权投资者和跨境科技投资的紧张局势必然会持续升级。一方面，所有国家都在经历"人工智能焦虑"和"科技焦虑"：

- 数据被视为"新经济"的"新石油"，因此被各国视为财富。
- 以人工智能为基础的产业革命推动价值链转型。
- 5G技术推动物联网发展，对数据安全的担忧只会增加。

另一方面，在今天的投资环境下，拥有高质量科技投资项目的主权财富基金的目标是：

- 更加倾向于可能对公共政策、外交政策、公共安全、国防安全产生重大影响的具有吸引力的技术板块。
- 投资数字经济基础设施，打造世界经济的下一代基础设施。
- 考虑到目前对公司估值、治理和IPO的担忧，力图成为更积极的投资者。这意味着要更多地获得公司数据，努力争取董事会或观察员席位，以及更好地使用投票权。

这两种思维方式不太可能顺利达成一致（见图9.15）。上述所有因素都增加了引发政策制定者更多负面关注的可能性，或许还会加大政策制定者对于跨境投资进行监管干预的力度。对于主权投资基金的交易撮合者来说，这意味着更大的交易不确定性——可能会有更多的交易被叫停，正如德国HERE公司收购案所表明的那样（就像日本显示器公司、太平洋光缆网络和本章提到的其他类似案例），监管机构可以很容易地让收购陷入僵局，而不用直接叫停。

2016年12月，新加坡的主权财富基金新加坡政府投资公司联合中国的科技巨头腾讯和地图公司四维图新，共同竞购总部位于荷兰的

```
国家的"人工智能"焦虑              主权投资基金的直接投资
·数据被视为"国宝"                 ·硬科技
·落后于全球价值链                   ·数字基础设施
·数据隐私和网络安全                 ·积极参与公司治理
```

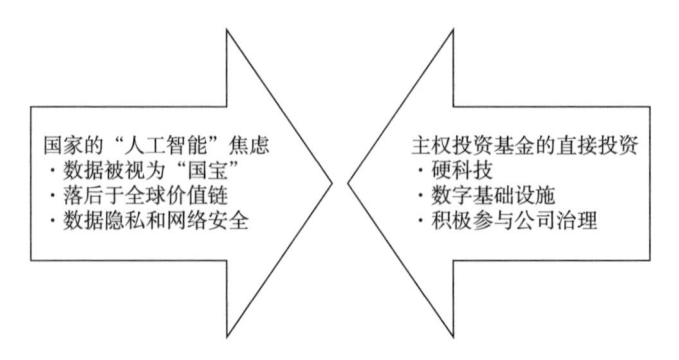

图 9.15　主权投资基金/东道国在科技投资上面临的冲突

HERE 公司 10% 的股份,后者是一家高清晰数字地图服务提供商(见图 9.16)。

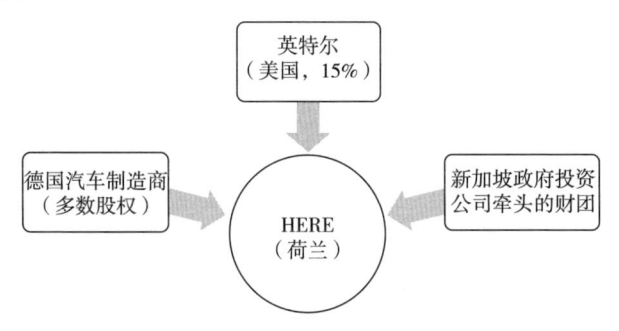

```
            英特尔
          (美国,15%)
              ↓
德国汽车制造商 → HERE ← 新加坡政府投资
 (多数股权)     (荷兰)     公司牵头的财团
```

图 9.16　HERE 公司拒绝了新加坡政府投资公司的投资

　　HERE 公司的多数股权由德国汽车制造商持有,包括奥迪、宝马、戴姆勒和大众,15% 的股权由美国芯片制造企业英特尔公司持有。新加坡政府投资公司为此次 2.43 亿欧元(约合 2.85 亿美元)的收购提供近一半的资金,该笔收购的战略商业价值以及未来将创造的价值,将体现在地图技术在中国市场的应用。

　　HERE 公司提供世界领先的智能位置技术,是谷歌地图强有力的竞争对手。腾讯计划在它的中国和全球地图服务中使用 HERE 公司的地图、定位平台和工具,当时腾讯正与中国互联网巨头阿里巴巴和百度在物流和运输行业开展竞争，特别是自动驾驶汽车领域的竞争。自动驾驶汽车依赖地图定位并寻找方向，因此 HERE 公司提供的基于云计算的高清实时地图技术，凭借其"环顾四周"的功能，成为提高腾讯定位服务能力和自动驾驶研究水平的宝贵资源。新加坡政府投资公司牵头的财团中的第三家公司，是总部位于北京的地图公司四维图新，该公司已经与 HERE 公司在中国共同成立了一家合资公司。

尽管 HERE 公司是一家总部位于荷兰的欧洲公司，但由于它在芝加哥拥有资产，因此需要得到美国政府的批准。在本章前面讨论过的一个案例中，由于交易中涉及美国的知识产权资产，美国对拟议出售的德国半导体企业爱思强公司同样行使了长臂管辖权。新加坡政府投资公司牵头的财团在 2016 年 12 月宣布了收购意向后，花费了数月时间寻求美国外国投资委员会的批准，但是美国的监管机构连续 9 个多月拒绝批准，该财团不得不于 2017 年 9 月宣布放弃收购计划。

在另一份声明中，HERE 公司表示，放弃拟议收购的决定遵循了监管审查程序，"在此过程中，各方认为没有切实可行的途径来获得继续交易所需的批准"。对于交易撮合者来说，收购的不确定性——在没有明确时间表的情况下处于悬而未决的状态——甚至比直接叫停收购更糟糕。当然，最糟糕的情况是在收购结束很长时间之后被迫解除交易（比如 Grindr 和 TikTok）。然而，收购过程中"悬而未决"的状况可能会更加频繁地发生。未来，当主权基金在海外市场寻找高科技初创企业进行跨境投资时，会经常遇到类似于新加坡政府投资公司投资 HERE 公司的情况。

除了中国资本流入美国，另一个方向的资本流动也受到了挑战——美国资本流入中国，因为美国的鹰派政策制定者表示，有意阻止美国养老基金投资中国，尤其是中国的科技企业。所有这些最新的动态都将深刻影响美国、中国和世界其他地区的风险投资和创业生态系统，因为主权资本，无论是外国主权投资基金还是美国养老基金，都是最新科技热潮的主要资本来源。

这些情况将如何影响未来主权投资基金对科技公司的投资行为？在过去的几年里，主权投资基金已经成为新经济企业战略资本的主要来源，以及寻求进入成长型市场的企业的重要合作伙伴。毫无疑问，美国外国投资委员会和其他监管机构正在收紧政策，但这些遍布世界各地且坐拥巨额财富的投资者仍会继续寻找其他跨境合作方式。

展望未来，多数主权基金可能会重新思考自身的战略，并通过各种方式进行调整，比如：

- 使用平衡的投资方法：对于科技投资，采用基金有限合伙投资（私募股权投资基金或风险投资基金）和直接股权投资组合的方式，也就是构建与基金的共同投资、与同行的俱乐部投资和自身的直接股权投资等三者的投资组合。
- 更多的俱乐部直接投资：例如，在获得中国政府支持的收购案例中，如果峡谷桥资本能够引入更加多元化的有限合伙人，稀释国新基金作为主权有限合伙人的作用和投资比例（见图9.4），结果可能会有所不同——来自那些获得"豁免"的国家的合伙人的参与可能会更有帮助。
- 更多关注被投资企业的运营：中美科技竞争日益加剧带来的负面影响，正随着供应链中断和贸易保护主义抬头，在全球范围内引起连锁反应。在寻找新的投资机会时，主权投资基金必须充分了解现有投资组合中的企业的运营风险。
- 加强与政府的关系和沟通：《圣地亚哥原则》是一套适用于主权投资基金的自愿性指导原则。主权投资基金以《圣地亚哥原则》为指导提升透明度，不仅要与外国直接投资的审查机构接触，还要与更加广泛的社区、州和省级政府、非政府组织以及其他利益相关方接触。例如，淡马锡在增加对美国直接投资的同时，在华盛顿特区开设了一家办事处。

总体而言，鉴于所有的商业部门都在经历数字化转型并都有可能涉及"国家安全"，高科技领域的多数收购交易将是主权投资基金与东道国国内的合作伙伴开展的共同投资。美国外国投资委员会（与大多数国家的监管机构一样）主要关注被收购企业是否会"受到外国人的控制"，尤其是外国政府的控制。因此，东道国的合作伙伴不仅可以提供本地的行业知识，还有助于交易获得东道国政府的审查批准。

首先，要与当地金融机构建立良好的合作伙伴关系。中投公司/高盛基金就是一个很好的例子。2017年，中国主权财富基金中投公司与美国投资银行高盛共同设立了一只合资基金。该基金被称为"中美产业合作伙伴关系"，50亿美元的基金协议是在美国总统特朗普对北京访问期间签署的。该基金由高盛控制，中投公司是被动投资者。在不坚持基金控制权（这是美国外国投资委员会的主要关注点）的前提下，中投公司于2019年间接参与了对宝德公司（Boyd Corporation）的收购，后者是一家位于加州的制造企业，为航天和电子行业提供产品。

其次，在人脉广泛的美国科技巨头的保护伞下投资。我们在前几章讨论了淡马锡对真地生命科学的投资，后者是Alphabet（谷歌的母公司）旗下专注于数字健康业务的子公司。淡马锡的投资将帮助真地生命科学发展国际业务。这一点可能成为某种新兴投资模式的一部分。加拿大退休金计划投资委员会和穆巴达拉投资公司共同牵头了对Alphabet另一家子公司Waymo的22.5亿美元投资。这笔投资聚焦自动驾驶技术，不仅涉及敏感的人工智能，还涉及敏感的位置信息。

最后，也许是最好的本土合作伙伴——本土的主权投资基金。如第五章所述，许多主权投资基金都承担了吸引外国投资和促进国内经济发展的使命。这些基金寻求与海外投资人设立合资企业，以引导外国直接投资进入它们本国市场。它们乐意与外国主权投资基金合作，共同投资于本国的国家战略企业。与此同时，正如意大利和法国主权基金的例子一样，它们也有防御性的一面。通过参与这些交易，东道国自身的主权投资基金可以保护本国企业免受潜在的恶意收购，从而避免生产力和技术流失。

因此，未来几年，市场可能会观察到全球主要主权投资基金单独进行的大额直接投资，随着政治紧张局势的加剧和初创企业整体估值水平的下降而显著减少。

然而，主权投资基金仍将是科技创新投资领域强有力的参与者。随着越来越多的初创企业在面对波动的公开市场时努力保持自身的私有化，在企业发展后期的大额融资轮中可能会出现越来越多有主权投资基金参与的独角兽估值水平的融资，尽管这些大额融资更大可能是俱乐部投资。最重要的是，正如第十章所表明的那样，主权投资基金在科技、金融、经济和外交领域的影响力日益增强，已经成为21世纪的"超级资产所有者"。

如果你没能注意到 Grindr 对国家安全的威胁，也不必为此担心。并非只有你一人如此。 大多数人都不会将交友类应用程序与导弹技术联系在一起，更不会理解其中可能涉及的国家安全威胁议题。 但是本章提出了一个有助于下次理解同类问题的提示，并且第十章也会有所帮助。 提示是什么呢？ 在本章开头的问题中勾选"以上全是"，不仅是对第九章"国家安全"问题的明智回答，而且你将在第十章发现，它也是关于主权投资者的一个很好的描述。

第十章
超级资产所有者

澳大利亚是一个地广人稀的国家，一场致命的火灾——2019—2020年夏季森林大火——夷平了面积相当于整个英格兰的地区，这是该国有史以来最热、最干燥的天气造成的。数月以来，很多人失去了生命，大量财产被毁，城市暴露在极度危险的烟雾中。

震惊的澳大利亚人目睹了气候变化，他们将大规模的森林大火、极端天气和该国2万亿美元的养老金——同时也是世界第四大养老金资产池——联系在了一起。2020年，森林大火的幸存者、"地球之友"等环保组织要求澳大利亚主权投资基金放弃煤炭和化石燃料投资的呼声越来越大，最大的呼声来自缴纳养老金的年轻人，他们可能要到30多年以后才能获得他们的养老金。他们认为，随着全球气温上升，这片大陆只会变得更热、更干燥、更易燃，他们要求养老金资产管理人采取更加直接的措施来应对全球气候变暖——保护他们的养老金储蓄免受气候变化引发的金融灾难。

当印度尼西亚最大的城市沉入海底，澳大利亚被野火吞噬时，主权投资基金在世界可持续发展中扮演的角色备受关注。作为与政府有着密切联系的实体，它们被赋予探索国家未来发展方向的职责，它们肩负着更为宏大的使命，而不仅仅是增加其一般来说已经非常庞大的资产储备。主权投资者已经学会接受自己作为大规模资产所有者和长期投资者的角色，他们对未来10年的资本配置将决定包含气候变化、数字经济治理以及其他同样紧迫的优先事项等在内的全球议程。

强大的 ESG 守护者

2019年3月15日，新西兰基督城两座清真寺发生了枪击惨案，造成51人死亡，更糟糕的是，这一事件在脸书上进行了直播，并在推特和油管上广泛传播。新西兰超级年金率先做出了迅速而明确的反应，组织了一场名为"基督城呼吁"的活动。该活动倡导政府、企业和更为广泛的社会群体自愿承诺，共同致力于消除网络上的恐怖主义和暴力极端主义内容。谷歌、微软、推特、油管均已加入该项呼吁。

主权投资基金与清真寺枪击案、森林大火以及类似看起来不属于投资领域的话题之间的联系在于，随着全球可持续发展挑战变得越来越严峻和紧迫，主权投资者作为"超级资产所有者"，正在向他们所投资的行业发出明确的信息：ESG（环境、社会和公司治理）和SDG（可持续发展目标）必须成为投资新常态。400亿美元的新西兰超级年金在推动这一趋势方面发挥了领导作用，而"基督城呼吁"是第一个针对社交媒体问题的全球倡议联盟。

新西兰超级年金是位于奥克兰的新西兰主权财富基金。所有65岁以上的新西兰公民和永久居民都有资格从政府领取统一费率的养老金。

这些款项由现在的纳税人支付。创建于 2001 年的新西兰超级年金是新西兰政府资产负债表上的一个资产池，用于提前为新西兰养老金体系的未来开支预留资金。基金由一家名为"新西兰养老金监管人"的官方实体管理。监管人的投资目标是在不承担过大风险的前提下实现基金长期回报的最大化，减轻新西兰人未来的纳税负担。

新西兰养老金监管人的管理团队深刻地认识到应当"以一种不损害新西兰作为国际社会负责任成员声誉的方式管理基金"。一部分主权投资基金的投资团队乐于运用传统的资产配置和投资手段。然而，监管人管理团队采取了更为大胆的做法，热情拥抱了负责任投资的理念，推行了负责任投资的框架。他们认为，负责任投资可以在更长远的时间范围内增加回报，降低风险，因此决定将负责任投资作为基金投资的核心原则。

在发起"基督城呼吁"之后，新西兰超级年金迅速召集了新西兰主要的机构投资者。在不到一周时间之内，多数机构都发表声明支持该倡议。截至 2019 年年底，全球已有 102 家资产管理公司签署该倡议，这些公司管理着超过 13 万亿美元的资产。2020 年 3 月 20 日，在大规模枪击事件一周年之际，新西兰超级年金等公司向 Alphabet（旗下公司油管）、脸书和推特的董事会和管理层发出了一封公开信，提醒他们关注主权投资者的力量。这封信列出了所有 102 家签署倡议的大型机构投资者的名单，并毫不客气地提出了明确要求：

我们的要求包括：
- 为贵公司的高管和董事会成员制定明确的公司治理和问责机制，以确保你们的平台不会被用来推广和传播令人反感的内容，比如类似于基督城枪击事件的直播。
- 投入足够的资源专门用于打击视频直播和跨平台传播中令人反感的内容。

在评估这些公司的应对时，新西兰超级年金及其盟友也没有含糊其词：

> 到目前为止，我们对贵公司高级管理人员和董事会对我们倡议的回应感到不满。贵公司未能对这些行为做出回应，除了对全球社会继续造成伤害，也导致重大的商业风险。贵公司有责任解决这一问题。我们将与贵公司保持接触并秉持开放态度，期望贵公司能够承担起责任，全面解决问题。

在新西兰超级年金的领导下，这次倡议行动的速度和针对性预示着世界可以期待这些巨头有所作为。对于成为这一倡议目标的上市公司来说，指名道姓并提出改变行为的具体要求，而不是泛泛地呼吁改进，才是倡议发起者应当采取的做法。三大社交媒体平台已经正式承诺解决它们投诉的问题。然而，基督城惨案的图片仍在网上流传。新西兰超级年金及其盟友在信中强调，该倡议将"继续接纳新的签署方，直到目标公司采取有意义的行动"。

挪威央行投资管理机构（NBIM）拥有1万亿美元的投资组合，平均持有全球所有上市公司1.5%的股份，也采取了类似的负责任投资行动。挪威央行投资管理机构于2020年3月发布了最新责任投资报告，涵盖了2019年的投票、管理层参与和后续行动，长达100多页。在其持有表决权股份的9 000多家公司中，它的投票率超过97%。即使是在其最重要的上市公司持股中，它也毫不犹豫地投票反对管理层。2019年，它在谷歌投了8次反对票，对亚马逊和脸书各投了4次反对票。

新西兰超级年金和挪威央行投资管理机构等主权投资基金用行动表明了一个重大转变：坚持ESG投资理念的主权投资基金开始采用在化石燃料和气候变化相关的行业中发展起来的"绿色投资"策略，来为网络空间的可持续发展做出努力。直到最近，新西兰和挪威的基金最为人所知的是它们为脱碳所做出的努力。两国都已经将气候风险全面系统地纳入了投资过程。新西兰超级年金为它的整个投资组合制定了低碳投资战略，挪威央行投资管理机构也从它的持仓中剔除了与热能煤有关的头寸。

今天，许多基金不仅实行了与气候有关的投资战略，而且直接参与了实际的绿色项目。印度尼西亚的新基金是构建全新的、适应性更强的资本的关键因素（首都雅加达很快就会被不断上升的海平面所淹没）。沙特阿拉伯公共投资基金投资建设的"新未来城"，是世界上最大的碳氢化合物生产国之一的绿色飞地。规模相对较小的例子是，魁北克储蓄投资集团正在为其总部所在地蒙特利尔的绿色公共交通的大规模扩张提供资金。即使是最著名的被动投资者——日本政府养老金投资基金（GPIF），也在重新调整其基金管理策略，致力于在推动ESG目标达成方面发挥更加积极的作用（见专栏10.1）。事实上，主权投资基金针对气候变化采取的行动已经向国内外其他投资者发出了强烈信号。

> **专栏10.1　被动型投资者，积极的ESG**
>
> 全球最大资产管理公司贝莱德公司的掌门人拉里·芬克（Larry Fink），于2020年1月致首席执行官们的公开信，受到了媒体的广泛关注。公开信关注气候变化，而且很可能会影响到美国公司的董事会。正如《华尔街日报》在其报道中所描述的："贝莱德公司首席执行官推动ESG投资，凸显了他对美国企业界发展方向的影响力。"
>
> 这个故事实际上是从日本东京一栋办公楼里开始的。日

第十章　超级资产所有者

本政府养老金投资基金是全球最大的养老基金，拥有1.5万亿美元的资产，庞大的股权和债权投资组合广泛地投资于日本和世界各地，包括来自3 400余名发行人的5 000多种不同的股票和债券，其中权益资产和固定收益资产各占一半。在权益资产中，日本国内资产和国外资产又各占一半，而在固定收益资产中，日本国内资产占比更大。该公司定位为"超长期投资者"，投资期限为100年。

自2015年首席投资官水野弘道上任以来（已退休），日本政府养老金投资基金一直在加大力度转向负责任投资。该基金已经成为日本在这一投资领域的领头羊。2016—2018年，由日本政府养老金投资基金管理的归属于ESG投资的资产总规模增长了4.6倍，使得日本成为ESG投资增长最快的国家之一。除了扩大ESG领域的资产配置，日本政府养老金投资基金采取的重要举措还包括根据ESG标准评估外部资产管理人。2018年，日本政府养老金投资基金修订了其ESG评估标准，并开始根据新的标准评估外部资产管理人。

让我们回到拉里·芬克的信。据报道，当日本政府养老金投资基金发现贝莱德公司缺乏ESG投资基金之后，在2019年从该基金管理人那里撤回了数十亿美元。从这个角度来看，这封信一点儿也不令人惊讶。"有钱能使鬼推磨"。即使是那些管理着巨额资金的基金管理人，也会认真倾听并采取行动——虽然有时姗姗来迟。无论是独自投资还是联合投资，主权投资者都将投资管理的重点转向了ESG。作为长期被动投资者，主权投资者将从这场运动中获益最多；作为资金巨头，它们有可能推动ESG目标的实现。

现在，主权投资基金把注意力集中在了大型科技公司身上，这反映了它们已经日渐成熟，因为科技公司通常被认为是比许多其他行业企业更加伟大的 ESG 先驱。这在 E（环境）方面表现得最为明显。例如，谷歌和苹果都建立了绿色总部。一般而言，科技行业的 ESG 得分（相对）较高，因为创新往往有利于社会环境。2019 年 12 月，由电信行业委托发布的一项报告估计，移动技术的应用使得人们在过去一年里减少了 21.35 亿吨温室气体排放，相当于俄罗斯的全年排放量。

主权投资基金现在关注的是数字经济的社会（S）和更为根本的公司治理（G）问题。技术进步步伐加快，尤其是人工智能和机器学习技术，也在给社会带来混乱和焦虑。与此同时，传统上有责任规范新技术社会影响的机构，正在努力跟上技术的快速变化和指数级增长的影响。通过对科技公司发挥影响，主权投资基金可以与政府和社会上的各利益相关方共同努力，实现可持续的数字化转型。

随着谷歌、亚马逊、脸书和苹果等科技巨头以及众多由人工智能技术驱动的初创企业（其中一些可能很快就会成为全球主导企业）采集到越来越多的用户数据，它们正在越来越多地影响人们的生活。对于新的投资，主权投资基金采取的 ESG 投资策略使得它们要对科技公司及其创新技术的影响进行更加严格的审查，特别是科技公司在处理数据隐私和信息安全等方面的做法，以及在支持政府和企业对个人信息数据进行监控方面发挥的作用，尤其是在数据被许多人视为"新经济"的"新石油"，并在控制流行病方面发挥关键作用之际。对于主权投资基金现有投资组合中的企业来说，它们要发挥更加积极的治理作用，以减轻甚至预防先进技术对社会的负外部性。

超级金融科技机构

作为遍布全球的资产管理者，主权投资基金不仅把握着数字经济的脉搏，而且更加接近于数字经济跳动的心脏。随着对外科技投资的不断增长，它们将转变为技术驱动的"智能组织"。越来越多的主权投资基金着力提升自身的运营能力，利用技术提高效率，使用人工智能和机器学习技术来分析数据，并保护其大额投资组合不受网络安全风险的影响。对于新加坡政府投资公司来说，这一转型涉及在"ODE to technology"框架下许多方面的工作（见图10.1）。

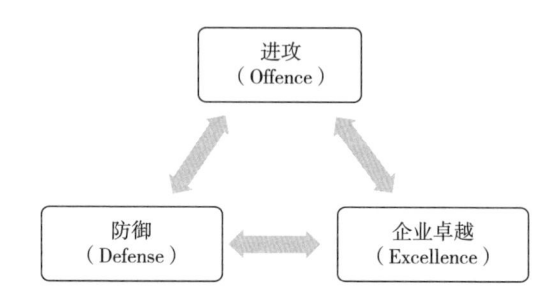

图10.1 新加坡政府投资公司的ODE框架

如前几章所述，新加坡政府投资公司广泛投资于科技行业，包括直接投资或通过外部基金管理公司投资初创公司、成长型公司和上市前后的公司。凭借在北京和硅谷等创新中心设立的本地办事处，以及其他8个分布在全球不同地区的办事处，新加坡政府投资公司可以充分比较各地的优势和劣势，从而抓住独特的机会。除了科技投资团队，新加坡政府投资公司还组建了3个不同部门，专门负责其内部技术能力培育和业务创新（见图10.2）：

- 技术组领导组织内的创新和转型，并针对新加坡政府投资公司的需求设计开发整体的数字解决方案。
- GIC实验室是一个内部创新实验室，主要职能是加速创新技术应用，并对可在企业范围内得到应用的技术趋势进行研究。
- Kepler Fi是新加坡政府投资公司的全资子公司，负责孵化和扩大有可能颠覆机构资产管理行业的创新。

```
       ┌─────────────┐
       │ 新加坡政府  │
       │  投资公司   │
       └──────┬──────┘
              │
       ┌──────┴──────┐
       │ 科技投资团队 │
       └──────┬──────┘
      ┌───────┼────────┐
  ┌───┴──┐ ┌──┴────┐ ┌─┴──────┐
  │技术组│ │GIC实验室│ │Kepler Fi│
  └──────┘ └───────┘ └────────┘
```

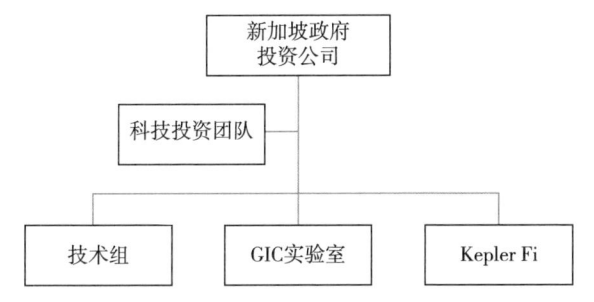

图 10.2　新加坡政府投资公司组建了多个专注于业务转型的部门

Kepler Fi 这一独特的设置体现了新加坡政府投资公司的前瞻性思考。它是一家独立自主的全资子公司，在曼哈顿设有办事处，专注于投资管理领域的激进创新（"登月计划"），主要业务包括设立合资企业、创业投资以及开发自有产品。Kepler Fi 在技术领域采取了积极行动，将机器学习、大数据和区块链等技术应用于新加坡政府投资公司热衷于投资的和实际持有的资产类别以及数字化转型。

如果说新加坡政府投资公司准备成为领先的智能和技术驱动的资产管理机构，那么荷兰养老金管理公司汇盈资产管理公司已经明确了彻底改变养老金行业的方向。荷兰汇盈资产管理公司的创新部门 Groe-iFabriek 正在着手建设一个更大的项目，目的是打造一个共享的荷兰养老金基础设施平台，使养老金管理更为便捷且成本更低。正如该项目所介绍的那样：我们怎么才能设计出一款养老金产品，既可以简单地向外行人介绍清楚，又可以将资产管理成本降低到 1% 以下，而且每年管理费用低于 10 欧元？经过过去几年的评估，项目团队决定使用区块链或分布式账本技术。

在传统的集中式养老金管理系统中使用区块链或分布式账本技术具有革命性意义。根据项目团队的说法，目前遇到的主要制约是集中管理数据和流程意味着生态系统中的大多数参与者丧失了权力。他们不再是自己的数据、流程和组织的主人。正因为如此，更加推荐使用生态系统层级的治理模型（见图10.3）。尽管评估结果表明，目前大部分"区块链即服务"（BaaS）的解决方案尚不能满足需求，但是分布式账本技术赋能的新框架未来一旦实现，将给行业带来颠覆性影响。因为当前养老金管理的平均成本比荷兰汇盈资产管理公司的目标——10欧元，高了接近20倍。

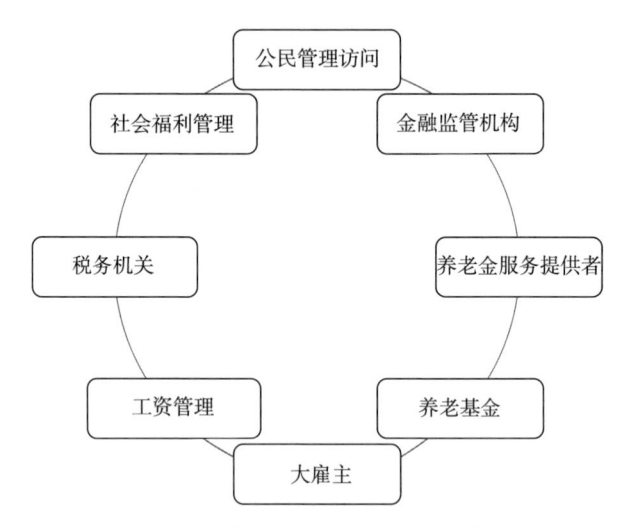

图10.3 基于区块链的层级治理模型

资料来源：2019年荷兰汇盈资产管理公司《养老金基础设施技术评估》。

当然，并不是所有的主权投资基金都有意愿或有可用的人才来培育子公司或创建内部的颠覆者。许多主权投资基金通过外部收购和投资实现自身的数字化转型。艾特集团（Aite Group）对主权财富基金在技术和数据上的支出成本分析显示，2018年，排名前15位的主权财富基金的总支出约为6.82亿美元，预计到2021年将增至8.5亿美元。主权投资基金正逐步转向内部投资管理，这刺激了更为复杂的内部技术创新的需求，例如，帮助基金经理清楚识别不同股权比例对应的风险敞口的能力。主权投资基金的购买力是它们被视为金融科技行业主要参与者和大师的另一个原因。

与此同时，主权投资基金在金融科技领域非常活跃，对它们来说，这里既是适合投资的领域（包括区块链、代币和数字货币），也是获取前沿技术的渠道。阿里巴巴的金融科技子公司蚂蚁金服、印度尼西亚电商平台 Bukalapak 和总部位于柏林的移动银行 N26 等都获得了大量来自主权投资基金的股权投资。这一趋势在新冠肺炎疫情中仍在继续：2020 年 6 月，沙特阿拉伯国家石油公司的风险投资企业沙特阿美创投公司参与了总部位于纽约的 Wahed 投资公司的 2 500 万美元融资，这是一家专门提供符合伊斯兰教法的投资项目的金融科技公司。在这样的背景下，金融科技初创企业纷纷崛起，推动投资管理的数字化转型。不列颠哥伦比亚投资管理公司 2020 年 2 月对英国独立投资分析服务商 ClearMacro 的投资就是一个很好的例子。

不列颠哥伦比亚投资管理公司管理着超过 1 000 亿美元的资产，是加拿大最大的资产管理公司之一，同时也为不列颠哥伦比亚省公共服务部门提供领先的投资管理服务。它在 ClearMacro 一轮未披露的融资中已经持有其少数股权，并拥有一个董事会席位。由于不列颠哥伦比亚投资管理公司近年来已经在内部打造了稳固的跨资产类别的投资能力，它对 ClearMacro 的战略投资，旨在从 ClearMacro 引入一流的数据分析策略和分析工具，为投资决策和风险管理提供支持。

在世界的另一端，穆巴达拉投资公司和沙特阿拉伯公共投资基金分别出资 12 亿美元和 15 亿美元，支持一家海湾－印度地区的金融科技公司。在脸书斥资 57 亿美元收购了快速增长的印度数字服务企业 Jio Platforms 的少数股权后，脸书旗下的 WhatsApp 应用在该平台上推出了支付系统，此举也被视为效仿微信发展路线，打造通用数字平台的第一步。海湾地区的主权投资基金不仅能够为该企业的增长提供资金，还将促进该企业的技术应用于广阔的横跨印度洋走廊的支付交易。

展望未来，在许多主权投资基金建立好自身的数字技术能力之后，它们将有机会整合其子公司和所投资的金融科技资源，形成一个强大的生态系统——"超级金融科技机构"。以淡马锡为例。一方面，与新加坡政府投资公司类似，淡马锡设立了数字技术部门 Root Access，为它分布在多个地点的多支团队面临的资产管理问题提供数字化解决方案。该部门在人工智能、机器学习和大数据方面使用开源技术，利用内外部数据推动以往耗时较长的流程实现自动化，帮助投资团队做出更好、更快的决策。

其中的一个项目专注于开发一个人工智能驱动的系统，快速生成被投资企业的行业分类，从而快速进行基准测试，加速投资分析过程并降低成本。Root Access 团队正在考虑将它的解决方案推广到淡马锡的所有投资组合业务以及其他领域。这意味着来自淡马锡内部的创新产品甚至有可能会颠覆市场上的创新颠覆者。

另一方面，通过预测颠覆性技术对现有企业的影响，并试图挑选出最终胜出的颠覆者，淡马锡已成为它所投资企业转型的积极参与者和推动者。一个非常具有启发性的例子是淡马锡投资的两家企业所组成的财团可能会获准在新加坡开展虚拟银行业务（见图 10.4）。淡马锡持有新加坡电信公司的多数股权，这是主权投资基金作为国有控股公司诞生时就拥有的资产。另外，淡马锡和中投公司、愿景基金一起，投资了东南亚网约车平台和支付领域的独角兽 Grab。据报道，这家颠覆性的科技公司在最近一轮投资中的估值为 140 亿美元。

Grab 和新加坡电信公司正在联手申请新加坡金融管理局拟颁发的两个虚拟银行牌照中的一个。Grab 和新加坡电信公司于 2016 年合资设立了 Grab Financial，分别拥有该公司 60% 和 40% 的股份，目前该公司可以接受零售存款和贷款，并且在支付、贷款和保险等领域表现活跃，根据 Grab 发布的报告，数字银行将致力于满足以数字支付方式为首选项的消费者的需求，这些消费者希望获得更多的便利和个性化，以及致力于缓解中小企业缺乏信贷渠道的关键痛点。

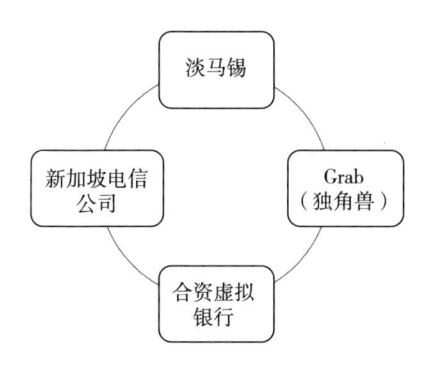

图 10.4　淡马锡推动两家被投资企业合作创新

如果此次合作成功，淡马锡作为合资双方的股东，将从多个方面受益。我们在第七章讲述了同样的故事，中投公司投资的两家企业——全球估值最高的独角兽公司蚂蚁金服和全球资产规模最大的银行中国工商银行——之间的合资。与中投公司一样，淡马锡既是 Grab 的股东，也是新加坡电信公司的股东，两家公司共同设立的合资企业如果获得成功，淡马锡将从这两家公司都获得增值收益。

这次合作的另一个好处是，防范数字技术颠覆带来的负面影响。淡马锡得益于它持有新加坡电信公司较大的股权比例，可以避免被另一家淡马锡并不持有股权的数字化初创企业所颠覆。对中投公司而言，入股蚂蚁金服也可以被看作对冲它持有的国有银行股权的风险。

最后，作为新加坡电信公司的大股东和 Grab 的重要投资人，淡马锡的地位使得它对金融科技发展拥有独特的见解，为它对金融行业整体风险敞口的投资管理提供可操作的信息。淡马锡持有的金融行业公司股票中，包括超过 10% 的星展银行股份和其他全球性金融机构股份。淡马锡、中投公司、新加坡政府投资公司和其他主权投资基金都围绕自身打造了各自的生态系统，毫无疑问，它们都称得上是超级金融科技机构。

分裂的科技未来

2019 年可能会作为全球数字经济的一个重要转折点而被铭记,从合作共赢到正面冲突,世界两大数字超级大国——中国和美国之间的科技战就是明证。海外投资中断、科技出口黑名单扩大,再加上与美国正在进行的贸易战和科技战,可能为中国弥补其在芯片领域的相对弱势提供新的动力。中国现在更加注重发展以半导体为投资重点的主权基金,帮助中国的研究实验机构和风险投资企业大力推动半导体研发。

2019 年 10 月,中国成立了新的国家半导体基金(这是 5 年内的第 2 次),基金规模为 2 040 亿元(约合 289 亿美元),该基金前身在 2014 年的资本规模仅为 200 亿美元。公司注册信息显示,该基金的注册资本主要来自中国国家机构,包括中国财政部(225 亿元)和政策性银行国家开发银行(220 亿元),以及中国烟草股份有限公司等国有企业。

新基金的目标是引领国内科技发展趋势,减少对战略物资进口的依赖,加速经济的数字化转型。但是在半导体领域,中国要想成为全球领导者,还有很长的路要走。2014 年,该基金向数十个项目投入了数十亿美元,但它们的电子产品仍落后于行业领先企业。中国台湾和韩国拥有先进的芯片生产能力,而西欧、日本和北美拥有用于芯片制造的原材料的制造技术。

对于这只新基金来说,它的目标可能更为广泛——为中国培育从芯片设计到制造、从处理器到存储芯片的完整半导体产业供应链。自然这也引起了美国官员的新的担忧,他们抱怨称,这只新基金使得中国企业获得了相对于美国竞争对手的不公平优势。此外,美国政府对这一领域的供应链安全也非常关注,因为许多半导体产品的最终用户是美国政府和军方。

美国会作何反应？美国在5G通信技术方面开始打造自己的主权基金。一直以来，美国及其西方盟友在5G通信领域一直依赖从中国购买的产品，尤其是华为的产品。华为是中国挑战美国技术优势的标志性企业，是5G技术领域的领导者，而5G是下一代移动通信技术，对物联网、人工智能、区块链、云计算和大数据等新兴行业起到重要的支撑作用（见图10.5）。特朗普政府采取了极其非常规的策略，通过美国外国投资委员会（如第八章所述）来保护高通公司的研发预算，这或许是打造5G技术领域美国领先企业的最佳途径，但是也凸显了美国的绝望情绪。与此同时，华为一直在将竞争范围从5G领域扩大到整个互联网产业。

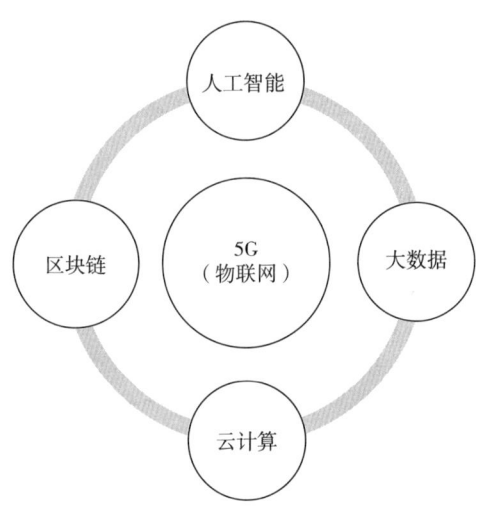

图10.5 5G技术支撑的物联网、人工智能、大数据、云计算和区块链

2020年3月，媒体报道称，华为向国际电信联盟提出了一项雄心勃勃的提议。国际电信联盟是联合国机构，负责批准包括互联网协议在内的国际电信协议。华为与中国政府、中国的电信运营商一起，主张用"新IP"取代当前的互联网TCP/IP基础设施，这是一种能够胜任自动驾驶汽车、物联网、全息通信等任务需求的先进的网络通信协议。

目前互联网通信使用的是 50 多年前开发的 TCP/IP 协议，华为认为，它不足以满足物联网、卫星通信和其他新兴技术的最新需求。据报道，俄罗斯支持采用新技术，沙特阿拉伯也持积极态度。一些观察人士指出，新 IP 将加速互联网一分为二的过程，中国、俄罗斯、中东和非洲将走华为路线，而美国和西欧将继续走 TCP/IP 路线。无论如何，华为作为技术领导者的崛起带来了艰难的选择。

特朗普政府试图说服西方盟友（以及美国国内的电信运营商）将华为技术排除在外的外交行动只取得了事倍功半的效果，因为这需要先开发出中国产品的替代品。澳大利亚已经签署了协议，英国政府试图走中间路线，允许在自己的无线网络中使用华为生产的某些部件，但是在议会中却遭到了自己党派的反对。2020 年 7 月，英国政府做出让步，宣布从 2021 年开始禁止使用华为的新 5G 设备，并要求在 2027 年之前完全拆除国内所有此类设备。

考虑到实际的市场情况，抵制华为产品的行动面临重重困难也就不难理解。欧洲的爱立信和诺基亚等竞争对手无法提供像华为那样的一整套的集成解决方案，而且两家公司的产品前期建设成本更高。各国，尤其是相对贫穷的新兴市场国家，不愿意放慢 5G 网络的部署速度，因为它们认为快速部署 5G 网络对本国经济增长至关重要。在替代品有限且成本高昂的现实条件下，各国政府仍会倾向于使用华为产品。

正如第四章中所描述的"蓝点网络"计划，美国一直在推动替代中国倡议的方案（见图 10.6）。这一次，新成立的美国国际发展金融公司也成了计划的一部分。拥有 600 亿美元资金的美国国际发展金融公司，其前身是美国海外私募投资公司（Overseas Private Investment Corporation，简写为 OPIC）。美国国际发展金融公司在 2019 年 12 月宣布了一项计划，为新兴市场的移动网络技术研发提供资金，前提是这些市场不使用华为设备。尽管目前尚不清楚哪些设备供应商可以作为替代，但是据彭博社报道，这一消息一经宣布，诺基亚和爱立信两家公司的股价均出现上涨。美国国际发展金融公司与主权投资基金类似，但与其前身有所不同，它被允许可以持有其投资企业的少数股权。那么它可以投资哪些企业？

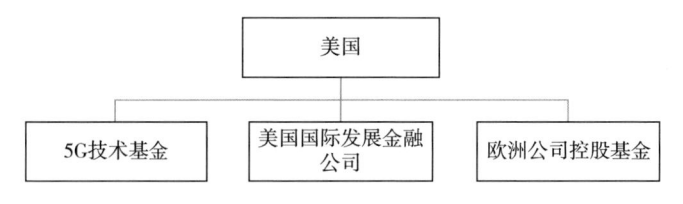

```
                    美国
         ┌───────────┼───────────┐
    5G技术基金   美国国际发展金融   欧洲公司控股基金
                    公司
```

图 10.6　美国新的 5G 技术主权投资基金

2020 年 1 月，美国提出设立另一只主权基金，以应对中国的行动。就在中国和美国签署第一阶段经贸协议的同一周，一个由两党参议员组成的小组提出了一项法案，准备提供超过 10 亿美元的资金，用于研发西方国家自己的 5G 设备，并替代华为的产品。该法案建议联邦通信委员会从新拍卖的频谱许可证收入中拿出至少 7.5 亿美元或每年拍卖收入的 5%，用于设立一只开放式无线接入网（O-RAN）的研发基金。美国国家电信和信息管理局负责对该基金进行监督。基金的潜在投资对象并不仅限于美国公司。

该法案还将促使美国深度参与国际标准制定机构（如上文提到的国际电信联盟）的电信规则制定过程，并通过各种政策手段努力使华为的替代产品更加便宜。参议员在一份声明中表示："如果美国继续无所作为，华为就会成为成本最低、发展最快、使用最广泛的全球 5G 通信设备供应商，而美国和西方的企业和工人则会失去市场份额和就业机会。"

最后，美国司法部部长比尔·巴尔（Bill Barr）在 2020 年 2 月的讲话中采取了更加公开的干涉主义立场，提出了设立第三只美国基金的建议。尽管美国政府通过各种努力希望让高通公司成为 5G 技术发展的主导者，但是大多数观察人士得出的结论是美国本土没有华为的竞争对手。华为仅有的竞争对手是两家欧洲电信公司。媒体援引巴尔的话称:"有人提出,美国可以通过与诺基亚或爱立信结盟来解决这些问题,其中由美国掌握控股权,方式可以是直接控股,或是通过美国与盟国的民间企业财团来控股。"也许,这就是参议员提议的7.5亿美元,或者是美国国际发展金融公司的600亿美元技术支持经费,或者是其他由美国政府资助的机构,未来准备投资的方向。

显然,跨境数据治理争议——制定由谁来控制数据的规则,从而充分利用数据价值并增强国家创新能力——不仅仅是技术问题,还是决定21世纪地缘政治竞争局势的核心问题。更为复杂的是,在这个问题上存在着难以弥合的深刻分歧,这不仅是中美两国之间的分歧,也是欧盟、日本、印度和新兴市场各国政府之间的分歧,它们在如何处理数字经济带来的问题上存在着哲学层面的分歧。

例如,如第一章所述,欧盟提出了提振数字经济、避免过度依赖非欧洲企业的建议。欧盟在2020年2月公布了一项试图恢复欧盟官员所称的"技术主权"的计划。这呼应了2019年年底的媒体报道。当时的媒体报道称,在欧盟委员会官员提供的一份由欧盟新主席乌尔苏拉·冯德莱恩(Ursula von der Leyen)提出的草案中,有一项激进的计划,建议设立一只所谓的"欧洲未来基金"。这项长达173页的计划的核心内容是建立防御性更强的欧洲,可以对华盛顿和北京采取更加强硬的贸易制裁措施,同时将更多的公共资金投入欧洲企业,以抗衡目前主宰欧洲数字技术领域的中美数字巨头企业。

据报道,日本在2020年也加入了中美之间对5G技术领导权的竞争,拨款2 200亿日元(约合20.3亿美元)用于企业研发6G技术(5G之后的下一代无线通信技术)。这一新的基金将成为日本经济刺激计划的一部分,国有的新能源产业技术综合开发机构(NEDO)将为基金提供资金支持。2020年2月,日本政府宣布正在制定一份详细的蓝图,重点关注6G无线通信技术,并由一个专门小组就2030年6G网络投入运营后的技术发展、潜在的应用领域和未来政策展开讨论。

日本在推广5G技术方面落后于中国、韩国和美国，它正在积极投入资金，以重新参与6G技术的竞争，并力争发挥关键作用。日本通信大臣高市早苗在发布日本政府2030年目标的新闻发布会上说："顺利引入下一代无线通信网络标准对于提升日本的国际竞争力是不可或缺的。"

毫无疑问，更多的国家将加入5G（和6G）技术的国际竞争。具有讽刺意味的是，物联网不仅在推动全世界的主权投资基金寻找独角兽方面发挥了作用，还催生了新的主权投资基金，这些主权投资基金作为政府的积极政策工具，通过支持不同的技术路线来瓜分数字未来。但是更有希望的是，各国通过主权投资基金实现经济独立，世界可能会找到一个新的平衡点，共同培育共享的数字未来。

和平外交：从"相互确保摧毁"到"相互确保繁荣"

主权投资基金可以通过支持国内领先企业或开辟全球新的数字领域，在构建技术壁垒方面发挥作用；同时，也可以帮助不同国家建造沟通桥梁，促进共同利益的实现。令人惊讶的是，最好的例子也是在中国和美国之间。两国互为主要贸易伙伴，中国对美国的贸易顺差在中国3万亿美元的外汇储备中占有相当大的比重。中国的外汇储备由两家主权基金管理，一家是中投公司，另一家是中国国家外汇管理局。

它们把钱投到了哪里呢？其中大多数都投资了美国。仅中国国家外汇管理局就持有超过1万亿美元的美国国债。除了债券市场，它们还投资于更为广泛的公开市场，例如挪威基金。中投公司管理着多元化的投资组合，私募股权投资基金和私募直接投资等另类资产也占有较大比重。尽管如此，中投公司的大部分投资组合仍是美元资产。中国主权投资基金对美国的大规模投资，有时被视为中国在金融市场上的"核武器"。

一些人认为，如果中国抛售数以万亿计的美元资产，美国的金融市场将遭受重创。中国作为美国政府的最大债权国（有时中国是第二，略低于日本主权投资基金持有的美国国债），即使中国仅仅抛售它自己持有的美国国债，美国国债的收益率也将飙升。市场普遍认为，这将导致美国经济陷入衰退。但中国会这样做吗？

这是一个关键问题，因为对于主权投资基金对东道国的投资而言，当投资规模较大时，投资的进入和退出都会产生深远的影响。理性的回答是否定的，因为这样做也会严重伤害中国的利益。如果美元和经济遭到破坏，中国以美元形式持有的国民储蓄也将消失。此外，中国将不再享受陷入困境的贸易伙伴的贸易顺差。美国对中国采取惩罚性贸易行动也是如此。

中美之间经济上的相互依存关系（见图10.7）是如此之密切，以至于一方试图对另一方造成痛苦的任何努力都会对双方造成同样大的伤害，这很可能促成了中美贸易战持续近两年后于2020年2月达成第一阶段贸易协定。

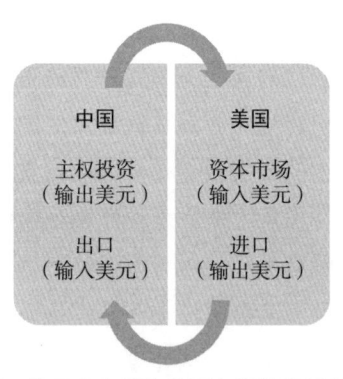

中国	美国
主权投资（输出美元）	资本市场（输入美元）
出口（输入美元）	进口（输出美元）

图 10.7　美元在中国和美国之间的贸易投资循环

在新冠肺炎疫情的早期阶段，日元兑换其他货币的汇率大幅下跌（这一点与市场预期相反，作为一种避险货币，市场预期日元应该在新冠肺炎疫情消息出现时升值），评论员将这种反常现象归结为日本政府养老金投资基金准备增加其投资组合中全球资产占比的计划（并因此卖出日元以实现这一目标，在疫情通常会导致日元升值的情况下压低日元汇率）。虽然没有人对日本政府养老金投资基金故意压低日元相对于其他货币汇率（并附带保持，甚至提高日本的出口竞争力）的行为进行指责，但似乎有证据表明，如果它想这么做，它也是可以做到的。

主权投资基金持有的外国资产作为金融工具（武器）可能会让人们想起20世纪的冷战时期，当时，苏联和美国面临着全面核战争的风险——带有核弹头的导弹同时在大气层外飞驰，在第一波攻击的瞬间就可以将对方毁灭殆尽。这一战略被称为"相互确保摧毁"（Mutual Assured Destruction，简写为MAD），意思是指双方都拥有可靠的二次核打击能力，即在对方首先实施核打击后，己方仍能生存下来，并具备完全摧毁对方的核报复能力。这种对"相互确保摧毁"的共同理解影响了苏联和美国处理两国之间冲突的方式，导致核战争风险变得更小。

同理，主权投资基金可以作为地缘政治力量平衡的工具。对于那些经济实力超过其他领域实力的国家来说，这方面可能会特别重要，因为它们的全球投资可以提升自身相对于其他国家的经济独立性。一般来说，主权财富基金在东道国的投资，会导致东道国政府重新评估它与主权财富基金母国之间的政治关系。尤其是，东道国准备采取任何敌对行动之前都必须考虑到，失去与外国主权投资基金的经济合作伙伴关系带来的成本将持续增加。

新加坡已经走上了这条道路。正如我们所看到的，新加坡政府投资公司和淡马锡都是顶级主权投资基金，具备在全球范围内扩张的能力，始终保持着数字革命前沿领域的领先优势。它们的资本实力增强了新加坡在地区和全球范围内的经济影响力。作为一个历史上属于中华文明圈，同时缺乏自然资源的富裕小国，新加坡成为中国最大的外国投资者。精明的主权投资基金给出了一个绝佳的例子，说明了一个小国可以通过多种方式提升自己相对于大国的地位。

例如，到2019年，淡马锡已将它投资组合中的26%（超过500亿美元）配置到了中国。我们在前几章回顾了淡马锡以及新加坡政府投资公司在中国数字经济重要领域的投资活动，不仅如此，两家公司是中国许多资产（如商业地产和基础设施）的主要投资人。除了享受投资世界上最伟大的经济增长奇迹带来的财务回报，这个小小的城市国家还获得了额外的好处。

例如，淡马锡的房地产开发子公司星桥腾飞（Ascendas Singbridge）正在广州市与当地政府合作开发一座科技城，名为"中新广州知识城"。该科技城最初由一家企业倡议并主导，旨在在广州市附近建设智能产业园，吸引高科技产业。2018年，中国和新加坡政府之间的框架协议将该项目提升为国家级双边合作项目。2019年，该项目引起了美中经济与安全评估委员会向美国国会提交的报告的关注，作为新加坡正在通过经济手段不断加强与中国紧密关系的例证。

新加坡的主权投资基金的例子向质疑它们的国家表明，每个国家都有机会打造独特的经济发展模式。除了通过向中国投入资金、技能和专业知识来打造良好形象，新加坡的主权投资基金还充分展示了投资流向更大经济体的好处，或许还可以微妙地让东道国关注到，两国关系不稳定可能会带来的经济和相应的附加成本。这个"老谋深算"的国家唯一的自然资源就是它拥有的受过良好教育并勤奋工作的国民。新加坡政府采取了非常明智的策略。

换句话说，主权投资基金作为某种意义上的平衡稳定器，使得较小的国家可以通过其他手段获得更多的地缘政治实力。如果我们用主权基金的价值来衡量它们行使此类政治职能的潜力，那么观察这些顶级基金的母国将是一件有趣的事情。例如，像穆巴达拉投资公司和卡塔尔投资局这样具有强大影响力的主权投资基金分别属于阿联酋和卡塔尔，这两个国家历史上在国际舞台上的政治影响力并不高。但是，现在它们展示出了比以往更加强大的地缘政治影响力（见图10.8）。这些新的全球金融市场的参与者，其总部不再设在纽约华尔街、伦敦金融城、香港中环，而是在奥克兰、都柏林、蒙特利尔、奥斯陆、利雅得，以及阿塞拜疆、埃及、哈萨克斯坦、马来西亚和阿曼等更具异国情调的地方。

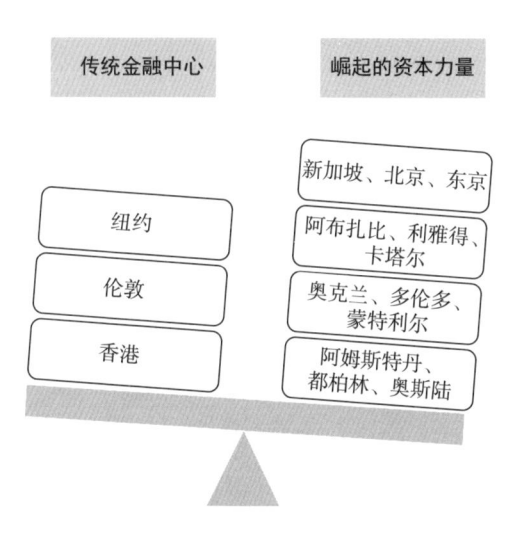

图 10.8 主权投资基金投射出新的地缘政治影响力

比制衡世界主要大国更为重要的是，主权投资基金可以促进经济合作，以实现"相互确保繁荣"（Mutual Assured Prosperity，简写为MAP）。同样，以中国和美国为例，这两个经济体都从全球经济一体化的资本流动中受益匪浅。对中国来说，国内经济增长迅速；对于美国来说，它的消费者喜欢更便宜的iPhone，更少的抵押贷款成本（更低的利率）和更小的税收负担（充足的外国资本）。中国和新加坡在贸易和投资方面的深厚关系也是如此。这就解释了为什么近年来主权投资基金之间的合作越来越多，它们联合开展了大量投资并共同促进了经济发展。

前几章分析了许多主权投资基金之间的联合投资,在第五章中,我们看到许多国家都在有意识地利用本国的主权投资基金作为平台,吸引外国资金培育本国的创新生态系统。当然,当东道国和母国拥有各自的主权投资基金并双向开展跨境投资时,"相互确保繁荣"表现得最为明显(见图10.9)。然而,即使是通过单边投资也可以实现"相互确保繁荣"。通过将资本投资于东道国的经济发展,主权投资基金(以及身后的母国)本质上是在购买东道国未来发展的股票。这些投资在母国和东道国之间创造了许多共同利益,为双边关系增加了和平与安全保证。

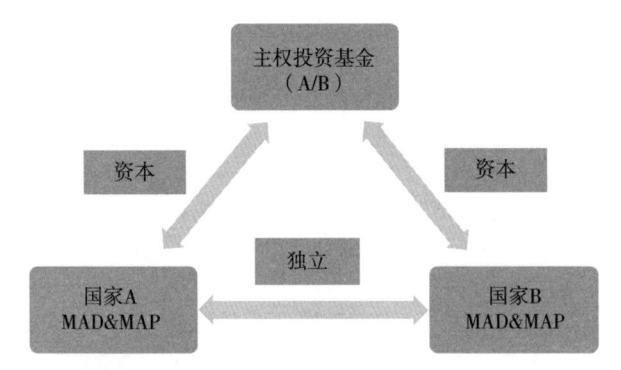

图 10.9 从"相互确保摧毁"(MAD)到"相互确保繁荣"(MAP)

例如,沙特阿拉伯公共投资基金和埃及(埃及于2018年设立了主权基金)在2016年签署了一项协议,共同设立一只160亿美元的投资基金,但没有详细说明各方的出资比例。沙特阿拉伯公共投资基金是红海沿岸"新未来城"的主要出资人,这座崭新的城市将把埃及(以及约旦)的部分地区纳入总体规划(见第五章)。埃及是一个人口众多且文化影响力更大的阿拉伯国家,沙特阿拉伯凭借此举可以在埃及的发展中发挥更加重要的作用。"新未来城"项目使两国在数字和文化转型中具备了共同利益,有助于平衡这两个主要的阿拉伯国家之间的人口和财富差距。

此外,埃及正在推进与其他主权投资基金的合作,特别是海湾地区的主权基金。据报道,埃及正在与阿曼的主权财富基金进行谈判,准备对包括物流业在内的多个国内行业进行联合投资。埃及已经与阿布扎比发展控股公司共同设立了200亿美元的联合投资基金。阿布扎比发展控股公司是阿联酋的国有企业,专注于制造业、传统和可再生能源以及科技领域的投资。埃及同时也在寻求与科威特合作。

俄罗斯现在正积极参与主权投资基金引领的"相互确保繁荣"战略。尽管在规模、气候和军事实力等方面与新加坡和中东地区的国家有很大不同,但俄罗斯在其主权投资基金的投资方面使用了类似的策略。俄罗斯直接投资基金就是一个很好的例子。与新加坡一样,该基金与中国建立了密切的投资关系,主要集中在技术相关领域。如前所述,俄罗斯直接投资基金和中投公司在2019年共同宣布了设立中俄科技投资基金的计划,双方共同确定的投资重点是人工智能等先进数字技术领域。

与新加坡聚焦中国不同,俄罗斯直接投资基金努力在更为广泛的范围内发挥作用。这可能是因为尽管俄罗斯直接投资基金扮演着与淡马锡类似的沟通桥梁的角色,但是双方的战略服务于不同的目标。俄罗斯并不是一个富裕小国,不需要通过与大国保持平衡来保护自身的独立。俄罗斯是一个资源丰富且重要的大国,它的目标是展现自身的实力,作为制衡其他大国的力量,并提高本国的国际地位。因此,俄罗斯的伙伴关系在地理上呈现多元化的特点。俄罗斯直接投资基金与来自15个国家的具有国际领先地位的合作投资人建立了战略合作伙伴关系,合作总金额超过400亿美元。

在另一个地缘政治的重要地区——中东,俄罗斯直接投资基金也在积极推动建立投资联盟。2019年10月15日,在中俄科技投资基金宣布成立一个月后,俄罗斯直接投资基金和阿联酋主权财富基金穆巴达拉投资公司共同宣布了 6 项合作协议，作为它们自 2013 年以来成功的长期投资合作伙伴关系的延续。

根据声明，俄罗斯直接投资基金和穆巴达拉投资公司已经联合开展了超过 45 项投资，总规模超过 20 亿美元。6 项新的合作协议将进一步强化双方合作，并将合作扩展到一系列对俄罗斯经济至关重要的领域，包括先进技术、人工智能、医疗、交通和物流等：

1. 人工智能与技术开发：双方将考虑投资俄罗斯方面多个领域的国家级项目，尤其是人工智能项目。
2. 卫生保健领域：双方将合作加强俄罗斯医疗卫生基础设施建设，包括交流经验，并为来自俄罗斯的患者提供在阿联酋使用先进医疗设备进行治疗的机会。
3. 工业领域：双方将研究与俄罗斯木材行业的领先企业 Sveza 共同投资建设一家新的木浆厂，项目总投资 28 亿美元，每年生产超过 130 万吨木浆，主要面向俄罗斯本土市场和欧洲、亚洲的主要市场。
4. 运输：双方正在考虑共同投资俄罗斯最大铁路运营商之一——NTS，该财团将由俄罗斯直接投资基金牵头，投资 3 亿美元，用于扩大 NTS 的列车车队，巩固其在铁路物流市场的地位。
5. 先进技术：双方同意与俄罗斯 Natechlab（全球领先的人脸识别技术开发商）合作，扩大在中东的业务。
6. 物流服务：双方同意扩大对专业物流技术（PLT）平台的投资，在莫斯科地区建设新的物流项目，包括一个先进的多温度货运配送中心和其他必要的基础设施，该项目的可租赁面积超过 10 万平方米。

在离阿布扎比不远的地方，俄罗斯直接投资基金正在与沙特阿拉伯主权投资基金合作，帮助俄罗斯与阿联酋的邻国沙特阿拉伯构建更加紧密的经济联系。这些投资向着相反的方向流动：俄罗斯不主导这些项目，而是由沙特阿拉伯主导。2019年10月，俄罗斯直接投资基金与沙特阿拉伯公共投资基金旗下的沙特阿拉伯技术开发和投资公司（TAQNIA）签署了一项合作协议，旨在为小型航天器提供商业发射服务。俄罗斯直接投资基金与沙特阿拉伯技术开发和投资公司的投资伙伴关系包括为后者提供员工培训，以及联合设计和开发用于大规模商业发射的航天技术。

根据该协议，俄罗斯直接投资基金和沙特阿拉伯技术开发和投资公司将共同努力并协调一致，准备投资开发将小型航天器发射到近地轨道和太阳同步轨道的航天技术，并开发这些技术的潜在商业用途。正如我们在第四章中所看到的，苏联的太空发射中心位于哈萨克斯坦，而任务控制中心位于莫斯科。该提议将为俄罗斯提供一个可供选择的替代发射场；同时，进一步推动沙特阿拉伯发展自身的航天技术，正如本书前面谈到的沙特阿拉伯对OneWeb和维珍银河的投资所表明的那样。

总而言之，2020年及以后将有更多的主权基金成立，这并不令人意外。自1953年科威特投资局成立以来，主权投资基金的数量和规模都在不断增长。今天，这种势头比以往任何时期都更加强劲。总体来说，主权投资基金被视为非常年轻的"社区"，其中大部分"居民"是"Z世代"和"千禧一代"。越来越多的国家开始考虑建立自己的主权财富基金，无论是为了更好地利用贸易顺差、为子孙后代储蓄自然资源财富，还是推动本国经济增长。

主权投资基金群体的扩大将强化各国在经济上的相互依存关系，类似于欧盟这样通过经济合作促进国际和平、安全和繁荣的契约。通过主权投资基金之间的合作，中国、美国、欧盟、日本和世界上许多其他地区有望达成新的平衡，在日益分裂的科技世界中共同推动创新。

这一点对于共享数字未来至关重要，因为数字经济的核心是贸易、资本、人才、技术和数据的自由流动。

结语

正如本书所总结的，毫无疑问，主权投资基金——包括主权财富基金、公共养老基金、国家发展基金和各类新型政府投资基金——已经成为国际货币和金融体系中的"超级资产所有者"。主权投资基金绝不是具有同样特质的投资者群体，而是更加多元化的投资者群体。主权投资基金拥有强大的力量和影响力，决定着全球资本市场和数字经济的未来方向。

主权投资基金的出现意味着世界经济力量版图发生了重大变化。来自发展中国家的投资基金首次与经合组织的金融巨头平等竞争。此外，它们对高科技领域的投资使得它们有机会参与第四次工业革命的前沿领域，对美国和德国等传统创新强国构成了挑战。因此，新的创新中心如雨后春笋般在全球涌现。新兴经济体变得越来越聪明，越来越有竞争力。从这个意义上来说，主权投资基金将使得全球地缘政治力量重新达到平衡。

鉴于主权投资基金的资本影响力和长期投资视野，它们在推动未来经济可持续增长方面处于独特的地位。本书的大部分内容都支持了一个标准的观点，即主权投资基金可以为经济和政治带来独特的正面影响。本书强调了主权投资基金的正面影响力，并将本书的重点聚焦于此。相比之下，国际上执着于主权投资基金的负面影响及其对国家安全的威胁，则完全是短视的。

因此，我们不应再回避这样一个现实：主权投资始终既是政治的，也是经济的；相反，我们提倡所有的利益相关方采取均衡政策为应对手段。本书仅仅是未来全球对话的一个起点。最后，希望我们——无论是主权投资基金的投资人、科技独角兽、风险投资基金、金融公司、政策制定者、学者还是普通大众——都能够在现代政治背景下对主权投资基金有更为全面的理解，而不是简单地对它们进行分类。只有这样，我们才能一起走向一个更加稳定、共同繁荣、持久和平的时代。

在 2021 年挪威大选中，领先的首相候选人乔纳斯·加尔·斯特尔（Jonas Gahr Store）于近期打破了政治共识。他宣称，10 万亿挪威克朗（约合 1 万亿美元）的主权投资基金很明显是与政治有关的。诚然，主权投资基金不太可能摆脱它们与政治之间的联系，增加透明度也只能解决我们所面临的部分问题。不可否认的是，从长远来看，这些资金将更多地作为国家（无论大小）的经济政策和政治政策的工具，而且这一趋势越来越强大和明显。

本书是在新冠肺炎疫情席卷全球之际写成的。疫情是一场生死搏斗，让人们得以从另一个角度审视极端复杂的金融世界。然而，在疫情将对人类健康的关注推到风口浪尖之际，主权投资者依然在发挥它们的作用。回顾第三章，你可能会想起 Vir Biotech 这家生物科技领域的独角兽公司，它是阿布扎比投资局、阿拉斯加永久基金公司和淡马锡（来自 3 个不同大陆的主权投资基金）开展合作的例子。葛兰素史克公司在 2020 年 4 月宣布对 Vir Biotech 开展一轮新的 2.5 亿美元投资，以开发针对新冠病毒的抗体治疗方案。

虽然新冠肺炎疫情催生了更多的线上活动，验证了主权投资基金关于数字经济的投资主题，但是，它们的全球扩张也使得国与国之间形成了更多的现实联系。至于证据，只需要看看红海上的"新未来城"就知道了。埃及和沙特阿拉伯的主权基金的部分合作内容实际上就是物理意义上的桥梁建设活动：这一智慧城市计划由沙特阿拉伯公共投资基金出资 5 亿美元，包括一座真实连接埃及西奈半岛和沙特阿拉伯红海海岸的桥梁，这是两个没有共同边界的国家的首个直接连接。在桥梁建成之前，这座未来大城市的市民将不得不依靠那些飞行出租车。

致谢

马文彦

2007—2008年全球金融危机爆发之初,我还是华尔街的一名投资银行家和权益联结产品的交易员。2007年9月29日,中国主权财富基金中投公司在北京成立,负责管理中国万亿美元外汇储备中的一部分。当时,主权财富基金刚刚进入全球资本市场。我有幸成为中投公司的首批海外员工,并搬到了北京,与亚洲、非洲、大洋洲、欧洲、北美洲和南美洲等各大洲的主权投资者一道,开启了一次激动人心的旅程。

在中投公司工作了10年后,我于2019年搬到了纽约,回到了私募资本市场。那时,主权基金已经被公认为国际货币和金融体系的重要参与者。事实上,人们经常看到它们的行动成为头条新闻。因此,我有机会成为纽约大学法学院兼任教授,教授一门关于主权投资者、资本市场和监管挑战的课程。当我在2020年春天完成这本书的初稿时,新冠肺炎疫情暴发了,拥有大量金融资产组合的主权基金(再次)活跃在动荡的资本市场和全球金融危机的前线。

因此,这本关于主权投资基金及其全球科技投资的书加入了一个新的背景——世界经济低迷和国际紧张局势。如果不是有幸能与保罗这样的行业领导者合作,完成这本聚焦如此复杂和快速发展主题的书是完全不可能的。保罗从事国际法工作超过40年,并曾师从金融、投资、法律和技术领域的知名学者。

我衷心感谢纽约大学法学院的丽塔博士(Dr. Rita)和格斯·豪瑟

（Gus Hauser），以及我攻读比较法法学硕士学位时纽约大学法学院的传奇院长约翰·塞克斯顿（John Sexton）。我从事私募股权/风险投资、投资银行和执业律师的工作经历，都始于1997年慷慨的豪瑟奖学金的资助。在塞克斯顿担任纽约大学校长的10年期间，他创立了世界上第一所也是唯一一所"全球网络大学"，并邀请我参加他就职全球理事会主席的典礼。我在纽约大学的经历是我之后职业生涯的基础，帮助我成长为跨国商业领域的专业人士。

衷心感谢中投公司首任董事长楼继伟先生和首任总经理高西庆博士在公司成立之初对我的录用。作为中投公司的一员，最令人欣慰的一点是，有机会接触全球金融市场的各项新发展。这个独特的平台让我接触了世界各地的风云人物，包括将全球技术创新与中国市场联系起来的各类硅谷项目。

同样要感谢中投公司董事长丁学东、总经理李克平和监事会主席金立群，我最近几年向他们汇报工作。金立群现在是亚洲基础设施投资银行行长，他教我欣赏莎士比亚的作品，并在专业上给予我指导。阅读《哈姆雷特》《麦克白》《李尔王》提高了我的英语写作水平，希望这本书的写作风格比我之前的金融教科书《投资中国》更有趣、更吸引人。

对于写作本书这样一个全新的主题，我通过世界经济论坛从一些与众不同的机构投资者、科技企业家和商界领导者那里了解到了最新的市场信息，特别是长期投资委员会、数字经济和社会委员会的研究员，以及全球青年领袖社区的成员。世界经济论坛创始人兼执行主席克劳斯·施瓦布（Klaus Schwab）教授对全球可持续发展、共享数字未来有着宏伟的愿景，这也是本书的一个重要主题。

世界经济论坛长期投资委员会汇集了主要的主权财富基金和公共养老金的最具前瞻性眼光的领导人，我从与他们的不断讨论中学到了很多新东西，这其中包括埃里森·塔蒂提（Alison Tarditi，澳大利亚联邦退休金公司首席投资官)、阿德里安·奥尔(Adrian Orr,新西兰超级年金首席执行官)、哥特·迪杰斯特拉(Gert Dijkstra,荷兰汇盈资产管理公司首席战略官)、水野弘道(Hiromichi Mizuno,日本政府养老金投资基金首席投资官)、贾格迪普·辛格·巴赫尔(Jagdeep Singh Bacher,美国加州大学董事会首席投资官)、让-保罗·维兰(Jean-Paul Villain,阿联酋阿布扎比投资局董事)、拉尔斯·罗德(Lars Rohde,丹麦劳动力市场补充养老基金首席执行官)、林昭杰(Lim Chow Kiat,新加坡政府投资公司首席执行官)、鲁本·杰弗里(Reuben Jeffery,美国洛克菲勒公司首席执行官)和斯科特·卡尔布(Scott E. Kalb,韩国投资公司首席投资官)。

我与加拿大主要养老金管理机构的领导人有着特殊的友谊,因为我曾在加拿大多伦多的中投公司北美办事处担任过几年的负责人。布莱克·哈奇森(Blake Hutcheson)是安大略省市政雇员退休系统房地产部门的首席执行官,也是我在海湾街办公室的房东。迈克尔·萨比亚(Michael Sabia,魁北克储蓄投资集团首席执行官)、罗恩·莫克(Ron Mock,安大略省教师退休金计划首席执行官)、安德烈·波波奈斯(Andre Bourbonnais,加拿大公共部门退休金计划首席执行官)和我一起参加了彭博2015年加拿大峰会的投资小组。加拿大退休金计划投资委员会现任首席执行官马克·梅钦(Mark Machin)和前任首席执行官马克·怀斯曼(Mark Wiseman)长期以来一直是我的朋友,并对我在纽约大学开设的关于主权财富基金、养老金和其他资产所有者的课程给予了热情支持,对此我深表感谢。

感谢许多杰出的朋友、同事、从业者和学者,他们身处行业和商业实践的最前沿,为本书提供了专家级的意见、反馈、见解和改进的建议。我曾就有关传闻和轶事向他们寻求指点,以及对真实性进行考证。我要特别感谢华山资本的朋友们,这是我2009年在中投公司为中美之间的跨境投资而设立的基金。在过去的10年里,我们一起度过了一段有趣的旅程。

特别感谢弗兰克·瓜里尼（Frank Guarini），他曾经担任 7 届新泽西州国会议员，也是纽约大学法学院的老朋友。即使已经 90 多岁了，他仍以令人难以置信的远见和慷慨，继续为我提供宝贵的指导。与这位令人钦佩的领导人在一起的时光改变了我的思维方式和我本人。他一直是一位了不起的导师，我感谢他一直以来给予我的支持。

从一系列想法和主题到一本完整而连贯的图书，过程中手稿经历了多次迭代，并经过了约翰·威立（John Wiley）出版公司嘉玛·瓦勒尔（Gemma Valler）编辑团队的精心编辑。我们的长期合作始于我 2016 年出版的《中国移动经济》（China's Mobile Economy 入选 i-CIO. com 评选的"2016 年首席信息官最佳商业图书"）。执行主编珀维·帕特尔（Purvi Patel）和文字编辑卡洛琳·麦克弗森（Caroline McPherson）对本书英文版的最终出版做出了很大贡献。特别感谢格拉迪斯·加纳登（Gladys Ganaden）为本书英文版设计的封面。

最后，我要感谢我的妻子汝欣，她给了我爱和支持，是我真正的伙伴，帮助我构思和撰写这本书，也感谢她对于我牺牲我们周末和晚上的相处时光来写作本书所给予的耐心。

致谢

保罗·唐斯

全球新冠肺炎疫情让人们看到了很多东西，也让人们开始感恩。当我在隔离期间写这篇致谢时，唯一能打破曼哈顿四周异常宁静的声音就是急救人员的警报声。我首先要感谢他们。他们和那些负责后勤、医疗和基本服务的人一起，使我可以安心地坐在我的笔记本电脑前写作。生活在数字化转型时代，是本书关注的重点。

还有许多人帮助我完成了这本书。从事法律工作的同事向我传授了相关领域的知识，而这些知识在网络上是查不到的。其中两位在帮助我理解本书所描绘的世界时提供了特殊的帮助：布雷特·迪克（Brett Dick）撰写了关于美国对主权投资者的税收待遇的经典著作，他的继任者巴巴克·尼克拉维什（Babak Nikravesh）曾陪我无数次拜访过许多主权投资者，帮助我丰富了本书内容，他始终为我提供深刻的洞察力并陪伴在我身边。

我也要感谢霍根·洛弗尔斯（Hogan Lovells），是他促成了一年一度的主权投资者大会，汇集了本书中所提到的主权投资者中的思想领袖。与会者和主讲人对本书的主题提供了有价值的实践经验。

回顾过去，我还必须感谢两位教授帮助我了解国际商业交易知识。一位是哈尔·斯科特（Hal Scott），他在哈佛大学法学院教授的课程为我在国际商法领域的职业生涯奠定了基础；另一位是已故的布宜诺斯艾利斯大学法学院的塞尔吉奥·勒佩拉（Sergio Le Pera），他传授给我的比较法方面的知识经历了时间的考验。

在本书的写作中，没有人比我的合著者马文彦更有价值了，他深邃的洞察力、娴熟的文笔和良好的合作为本书的最终成稿提供了动力。

我最应该感谢的是我的家人，他们让我得以沉浸在本书的写作过程中，也要感谢我过去几十年的旅行和深夜电话会议，这些经历为本书的写作打下了基础。我的两个女儿莱克斯和丽芙，她们都给予了我很大支持（尽管她们的全职工作分别是在独角兽俱乐部和大学）。最为重要的是，我优秀的爱人——丽贝卡·唐斯（Rebecca Downs），当我沉浸于本书的写作时，她是我头脑保持清醒的源泉。

参考文献

第一章　危机中崛起的主权投资者

Fitzgerald, Drew. "Senators urge $1 billion plan to loosen China's grip on 5G", Wall Street Journal, 14 January 2020. https://www.wsj.com/articles/senators-propose-bill-to-subsidize-u-s-firms-5g-efforts-11579031806

Government Pension Investment Fund. "ESG Report 2018", 2019. https://www.gpif.go.jp/en/investment/190905_Esg_Report.pdf

Hentov, Elliot. "How do sovereign wealth funds invest", State Street Global Advisors, January 2020. https://www.ssga.com/library-content/pdfs/official-institutions-/how-do-sovereign-wealth-funds-invest.pdf

Lahiri, Tripti. "A fund linked to the tech deal Trump just vetoed is an investor in China's national security", Quartz, 14 September 2017. https://qz.com/1077213/trump-has-stopped-an-acquisition-of-lattice-semiconductor-by-canyon-bridge-a-private-equity-fund-with-ties-to-chinese-state-run-firms/

Li, Tao. "How China's 'Big Fund' is helping the country catch up in the global semiconductor race", South China Morning Post, 10 May 2018. https://scmp.com/tech/enterprises/article/2145422/how-chinas-big-fund-helping-country-catch-global-semiconductor-race

Li, Xiang. "PE firm Canyon Bridge shifting focus to Europe", China Daily, 9 February 2018b. https://www.chinadaily.com.cn/a/201802/09/WS5a7d0205a3106e7dcc13bbf1.html

de la Merced, Michael J. "Sovereign Wealth Funds Embrace their Ambitions", 18 October 2018. https://www.nytimes.com/2018/10/08/business/dealbook/sovereign-wealth-funds-embrace-their-ambitions.html

Morozov, Evgeny. "Billion-dollar debts control the future of tech industry", The Guardian, 10 March 2018. https://www.theguardian.com/commentisfree/2018/mar/11/insatiable-global-funds-control-future-of-tech-industry

Prequin. "Prequin Special Report: Sovereign Wealth Funds", August 2018. https://docs.preqin.com/reports/Preqin-Special-Report-Sovereign-Wealth-Funds-August-2018.pdf

Rahadiana, Rieka. "Indonesia Secures $22.8 Billion from U.A.E. for Wealth Fund", Bloomberg, 12 January 2020. https://www.bloomberg

.com/news/articles/2020-01-13/indonesia-snags-22-8-billion-from-uae-for-sovereign-wealth-fund

Reuters. "Goldman Sachs pleads not guilty in Malaysia over 1MDB bond sales: state media", 24 February 2020. https://www.reuters.com/article/us-malaysia-politics-1mdb-goldman/goldman-sachs-pleads-not-guilty-in-malaysia-over-1mdb-bond-sales-state-media-idUSKCN20I0QI

Wall Street Journal. "Citigroup down premarket on Abu Dhabi demands," 16 December 2009. https://blogs.wsj.com/marketbeat/2009/12/16/citigroup-down-premarket-on-abu-dhabi-demands/

第二章 从被动配置者到主动投资者

Alves, Bruno. "What OMERS learnt managing third-party capital", Infrastructure Investor, 23 April 2019. https://www.infrastructureinvestor.com/omers-learnt-managing-third-party-capital/

Canadian Business. "CPPIB looks to cash in on 'disruption' and shifts in technology, demographics." 21 November 2018. https://www.canadianbusiness.com/business-news/cppib-look-to-cash-in-on-disruption-and-shifts-in-technology-demographics/

CBS News. "Airline suspends "nut rage" sister over ad meeting tantrum", 16 April 2018. https://www.cbsnews.com/news/korean-air-nut-rage-sister-emily-cho-water-throwing-ad-meeting-cho-hyun-ah/

Cohan, William D. "VCs have pumped up the value of the 'unicorn' startups", Fortune, 21 January 2016. https://fortune.com/longform/silicon-valley-tech-ipo-market/

Economist. "A vast pension fund is gaining even more financial clout", 19 January 2019. https://www.economist.com/finance-and-economics/2019/01/19/canadas-vast-pension-fund-is-gaining-even-more-financial-clout

Gillers, Heather. "CalPERS Wants to Double Down on Private Equity", Wall Street Journal, 17 March 2019. https://www.wsj.com/articles/calpers-wants-to-double-down-on-private-equity-11552834800

Gonzalez, Guadalupe. "Spotify's CFO: The Traditional IPO Process Hasn't Evolved in Decades –That's 'Moronic'", Inc, 20 June 2019. https://www.inc.com/guadalupe-gonzalez/spotify-cfo-direct-listing-ipo-slack.html

de Leon, Riley. "Airbnb and the Silicon Valley unicorns that may dare to go public in 2020", CNBC, December 23, 2019 https://www.cnbc.com/2019/12/23/airbnb-and-silicon-valley-unicorns-that-may-dare-to-ipo-in-2020.html

Marvin, Rob. "2019: A No Good, Very Bad Year for Unicorn Tech Companies", PCMag, 18 November 2019, https://www.pcmag.com/news/2019-a-no-good-very-bad-year-for-unicorn-tech-companies

Webb, Merryn Somerset. "Proof that the tech-unicorn IPO bubble is bursting", Money Week, 13 September 2019. https://moneyweek.com/515081/proof-that-the-tech-company-unicorn-ipo-bubble-is-bursting

Whyte, Amy. "Norway Blocks Wealth Fund From Investing in Private Equity", institutional investor, 10 April 2018. https://www.institutionalinvestor.com/article/b17q8601nxqmt5/norway-blocks-wealth-fund-from-investing-in-private-equity

Winck, Ben. "The IPO market is rebelling against many of 2019's money-losing unicorns", Business Insider, 2 October 2019. https://markets.businessinsider.com/news/stocks/ipo-market-outlook-trends-why-investors-rebelling-against-unicorns-implications-2019-9-1028570687#reason-1-weak-margins1

Wille, Klaus, Joyce Koh and Yoolim Lee. "How Singapore's wealth fund invests in tech companies", Bloomberg, 22 March 2018. https://www.bloomberg.com/news/articles/2018-03-22/how-singapore-wealth-fund-gic-invests-in-tech-companies-q-a

第三章　全球寻找独角兽

Economist. "The wave of unicorn IPOs reveals Silicon Valley's groupthink", 17 April 2019b. https://www.economist.com/briefing/2019/04/17/the-wave-of-unicorn-ipos-reveals-silicon-valleys-groupthink

Fintech Futures. "Judo Bank breaks Aussie record with $400 million round", 5 August 2019. https://www.fintechfutures.com/2019/08/judo-bank-breaks-aussie-record-with-400m-round/

Melton, Monica. "Babylon Health Gets $2 billion Valuation with New Funding that will help it expand in U.S.", Forbes, 2 August 2019. https://www.forbes.com/sites/monicamelton/2019/08/02/babylon-health-gets-2-billion-valuation-with-new-funding-that-will-help-it-expand-in-us/#7c1d82437a1a

Ontario Teachers' Pension Plan. "Ontario Teachers' to invest in global disruptive technology through new innovation platform", Press Release, 23 April 2019. https://www.otpp.com/news/article/-/article/804527

Rundell, Sarah. "Temasek seeks tomorrow's champions", Top100Funds.com, 12 October 2017. https://www.top1000funds.com/2017/10/temasek-seeks-tomorrows-champions/

Sarkar, Pooja. "Singapore sting: Temasek's game plan for India investments", Forbes India, 12 November 2019. https://www.forbesindia.com/article/boardroom/singapore-sting-temaseks-game-plan-for-india-investments/56081/1

Schipani, Andres. "Nubank Shakes Up Brazil's Banking Industry", Financial Times Special Report Boldness in Business, 30 March 2020. https://www.ft.com/content/c0014ce4-6273-11ea-abcc-910c5b38d9ed

Soo, Zen. "Why sovereign wealth funds are pouring billions into tech firms", SCMP, 6 June 2017, https://scmp.com/business/banking-finance/article/2096993/why-sovereign-wealth-funds-are-buying-more-tech-firms

Soo, Zen. "Excerpts of Q&A with Khazanah Nasional managing director", SCMP, 8 June 2017 https://www.scmp.com/tech/leaders-founders/article/2097400/excerpts-qa-khazanah-nasionalmanaging-director

Wald, Ellen. "Did Saudi Arabia Just Troll Elon Musk's Tesla?", Forbes, 18 September 2018. https://www.forbes.com/sites/ellenrwald/2018/09/18/did-saudi-arabia-just-troll-elon-musks-tesla/#642ad4fc4d7f

Whelan, Robbie and Eliot Brown. "SoftBank is Funding Every Side of a Bruising Startup Battle", Wall Street Journal, 30 January 2020. https://www.wsj.com/articles/softbank-is-funding-every-side-of-latin-americas-bruising-startup-battle-11580398900

Wright, Chris. "Lifting the Lid on Singapore's GIC", Euromoney, 9 May 2019. https://www.euromoney.com/article/b1f9hfdkhkzh7n/asia-sovereign-wealth-funds-lifting-the-lid-on-singapores-gic

第四章　投资于数字基础设施的长期资本

Abrahams, Jessica. "Uniqlo heads towards full warehouse automation with groundbreaking robot robot that can fold and box clothes", Telegraph, 24 December 2019. https://www.telegraph.co.uk/news/2019/12/24/uniqlo-heads-towards-full-warehouse-automation-groundbreaking/

Global Construction Review. "Plans announced for $86 billion first phase of Kuwait's Silk City", 20 February 2019. http://www.globalconstructionreview.com/news/plans-announced-86bn-first-phase-kuwaits-silk-city/

Kamiya, Marco and Winston Ma, "Sovereign investment funds could be the answer to the SDGs", World Economic Forum, December 2019. https://www.weforum.org/agenda/2019/12/sovereign-wealth-funds-sdgs/

Ma, Winston. "The Digital Silk Road brings the new momentum of Green Transformation for the BRI", World Economic Forum, September 2019. https://www.weforum.org/agenda/2018/09/could-a-digital-silk-road-solve-the-belt-and-roads-sustainability-problem/

Ma, Winston. "The Digital Silk Road for the Next Billion Users", Milken Review, 2018. http://www.milkenreview.org/articles/the-digital-silk-road-for-the-next-billion-users

Miller, Rich. "EdgeCore Launches, Plans $2 Billion in Data Center Development", Data Center Frontier, 14 February 2018. https://datacenterfrontier.com/edgecore-launches-plans-2-billion-in-data-center-development/

Miller, Rich. "Going xScale: Equinix, GIC Partner on Hyperscale Data Centers in Europe", Data Center Frontier, 1 July 2019. https://datacenterfrontier.com/going-xscale-equinix-gic-partner-on-hyperscale-data-centers-in-europe/

Queensland Investment Corporation. "Red Papers: Detailed Thinking from Deep Research, Mobility as a Service", 21 June 2018. https://www.qic.com.au/knowledge-centre/mobility-as-a-service-20180621

United States Department of State. "Blue Dot Network", Last retrieved April 20, 2020 from https://www.state.gov/blue-dot-network/

第五章　推动本国数字化转型

African Business Magazine. "How well are Africa's sovereign wealth funds managed?", July 3, 2018. https://africanbusinessmagazine.com/sectors/finance/how-well-are-africas-sovereign-wealth-funds-managed/

African Union. "The Draft Digital Transformation Strategy for Africa (2020-2030)". https://www.tralac.org/documents/resources/african-union/3013-the-draft-digital-transformation-strategy-for-africa-2020-2030/file.html

Bisson, Peter and Jonathon Tetrault. "A conversation with CDPQ's Michael Sabia", McKinsey Industry Insights, July 2015. https://www.mckinsey.com/industries/financial-services/our-insights/a-conversation-with-cdpqs-michael-sabia

Bright, Jake. "Driving deep into Africa's blossoming tech scene", TechCrunch, 31 May 2019. https://techcrunch.com/2019/05/31/diving-deep-into-africas-blossoming-tech-scene/ accessed on Jan. 19, 2020

Caisse de Depot et placement de Quebec. "Two funds created to support Quebec companies' international growth and business transfer projects", press release, 15 February 2017. https://www.cdpq.com/en/news/pressreleases/two-funds-created-to-support-quebec-companies-international-growth-and-business

Ghosh, Indranil. "Transforming Emerging Economies with Sovereign Development Funds", Emerging Markets Views, 13 February 2019. https://em-views.com/transforming-emerging-economies-with-sovereign-development-funds

Lim, Zhi Jian. "Letter: SWF governance model that works for Singapore", letter to the editor, Financial Times, 20 February 2020. https://www.ft.com/content/421c052e-4ce5-11ea-95a0-43d18ec715f5

Ncube, Mthuli, "Sovereign Wealth Funds and Africa's Unique Challenges", Quantum Global Group, 21 August 2017 http://quantumglobalgroup.com/article/sovereign-wealth-funds-and-africas-unique-challenges/

Patrick, Margot, Gabriele Steinhauser and Patricia Kowsmann. "The $500 Million Bank Heist –and How It Was Foiled", Wall Street Journal, 3 October 2018. https://www.wsj.com/articles/the-500-million-central-bank-heistand-how-it-was-foiled-1538578897

Scheck, Justin, Rory Jones and Summer Said. "A Prince's $500 billion Desert Dream: Flying Cars, Robot Dinosaurs and a Giant Artificial Moon", Wall Street Journal, 25 July 2019. https://www.wsj.com/articles/a-princes-500-billion-desert-dream-flying-cars-robot-dinosaurs-and-a-giant-artificial-moon-11564097568

United Nations Conference on Trade and Development. "UNCTAD Digital Economy Report 2019", 4 September 2019. https://unctad.org/en/PublicationsLibrary/der2019_en.pdf

第六章　更早期，更灵活

Brown, Eliot. "How Adam Neumann's Over-the-Top Style Built WeWork. This Is Not the Way Everybody Behaves", Wall Street Journal, 19 September 2019. https://www.wsj.com/articles/this-is-not-the-way-everybody-behaves-how-adam-neumanns-over-the-top-style-built-wework-11568823827

Koh, Joyce. "Temasek Will Explore AI and Blockchain Deals", Bloomberg, 21 November 2018. https://www.bloomberg.com/news/articles/2018-11-22/temasek-to-explore-ai-blockchain-deals-with-experimental-pods

McNish, Jacquie. "Quebec's Caisse eyes $1 billion payday on Bombardier train sale", 21 February 2020. https://www.wsj.com/articles/quebecs-caisse-eyes-1-billion-payday-on-bombardier-train-sale-11582286403

Mohamed, Theron. "Softbank wework valuation 5 billion staggering drop", Business Insider, 8 November 2019. https://markets.businessinsider.com/news/stocks/softbank-wework-valuation-5-billion-staggering-drop-2019-11-1028673855

Mubadala. "Mubadala to launch $400 million European tech fund", press release, 13 June 2018. https://www.mubadala.com/en/news/mubadala-launch-400-million-european-tech-fund

Powell, Jamie, "NIO's New Years Day Surprise" Financial Times, 7 January 2020. https://ftalphaville.ft.com/2020/01/06/1578327570000/Nio-s-New-Years-Day-surprise/

Reuters. "WeWork debacle has unicorn investors seeking cover", 13 January 2020b. https://www.reuters.com/article/us-fundingunicorns-analysis/wework-debacle-has-unicorn-investors-seeking-cover-idUSKBN1ZC0ZK

Russell, Jon. "Temasek jumps into China's bike-rental startup war with investment in Mobike", Techcrunch, 20 February 2017. https://techcrunch.com/2017/02/20/temasek-jumps-into-chinas-bike-rental-startup-war-with-investment-in-mobike/

Saigol, Lina and Selin Bucak. "One Canadian Pension Fund Is Betting That 'Cuddly Capital' Can Raise Its Profile in Private Equity", Barron's, 13 January 2020. https://www.barrons.com/articles/canadas-omers-bets-cuddly-capital-can-raise-profile-in-private-equity-51578953912

Sen, Anirban and Jane Lanhee Lee, "China's 'Big Gamble': Lessons From the Bike Sharing Bust May Hang Over Its A.I. Boom", Fortune, 7 December 2019. https://fortune.com/2019/12/06/china-bike-sharing-investors-ai/

第七章　寻找人才，组建捕猎队伍

Ai-CIO. "3 Large Funds Commit $700 Million to Form Capital Constellation", 26 February 2018. https://www.ai-cio.com/news/3-large-funds-commit-700-million-form-capital-constellation/

Aldred, Stephen. "Chasing Temasek, China's CIC explores broader investing role", Reuters, 19 July 2012. https://www.reuters.com/article/us-cic-strategy/chasing-temasek-chinas-cic-explores-broader-investing-role-idUSBRE86I0BW20120719

Caisse de Depot et placement de Quebec. "CDPQ and Generation Investment Management make long term-investment in FNZ", press release 8 October 2018. https://www.cdpq.com/en/news/pressreleases/cdpq-and-generation-investment-management-make-long-term-investment-in-fnz

Hope, Bradley and Jenny Strasburg. "SoftBank's Rajeev Misra used campaign of sabotage to hobble internal rivals", Wall Street Journal, 26 February 2020. https://www.wsj.com/articles/softbanks-rajeev-misra-used-campaign-of-sabotage-to-hobble-internal-rivals-11582743294

Japan Times. "Japan Investment Corp. at risk of becoming another 'zombie' rescue fund after METI intervention" 31 January 2019. https://www.japantimes.co.jp/news/2019/01/31/business/japan-investment-corp-risk-becoming-another-zombie-rescue-fund-metis-intervention/#.Xpx7JVNKhR1

Loizos, Connie. "Unity, whose software powers half of all new mobile games, lands $400 million from Silver Lake", 23 May 2017. https://techcrunch.com/2019/05/09/with-new-raise-unitys-valuation-could-climb-towards-6-billion/

Martin, Matthew. "Saudi Wealth Fund Plans San Francisco Office", Bloomberg, 13 February 2019. https://www.bloomberg.com/news/articles/2019-02-13/saudi-wealth-fund-plans-san-francisco-office-in-technology-push

McElhaney, Alicia. "After Blowback, Texas Teachers Pauses Its Move to a New Office" Institutional Investor, February 2020. https://www.institutionalinvestor.com/article/b1khm9bk17qchs/After-Blowback-Texas-Teachers-Pauses-Its-Move-to-a-New-Office

Milstead, David. "The price of a pension: Inside CPPIB, the $3-billion-a-year operation that invests your money", The Global and Mail, 7 September 2019. https://www.theglobeandmail.com/business/article-the-price-of-a-pension-inside-cppib-the-3-billion-a-year-operation/

Misra, Rajeev and Marcelo Claure, "Trouble at the top of SoftBank may threaten its pricey investments", The Real Deal, 8 February 2019. https://therealdeal.com/2019/02/08/trouble-at-the-top-of-softbank-may-threaten-investments/

O'Hear, Steve. "Omers Ventures outs €300M European fund — Q&A with Managing Partner Harry Briggs", Techcrunch, 25 March 2019. https://techcrunch.com/2019/03/25/omers-ventures-europe/

Pfeuti, Elizabeth. "Where in the World is the Kuwait Investment Office?" Chief Investment Officer, 27 June 2014. https://www.ai-cio.com/news/where-in-the-world-is-the-kuwait-investment-authority/

Proud, Liam and George Hay. "Vision Fund may be Hotel California for investors", Reuters, 19 June 2019. https://www.reuters.com/article/us-softbank-group-vision-fund-breakingvi/breakingviews-vision-fund-may-be-hotel-california-for-investors-idUSKCN1TK1YL

PYMNTS. "SoftBank's Vision Fund Sequel Fails To Meet Funding Goal", 7 February 2020. https://www.pymnts.com/news/investment-tracker/2020/softbank-vision-fund-sequel-fails-meet-funding-goal/

Shieber, Jonathan. "WestSummit Looks Beyond CIC for Newest Fund", PE News, 25 June 2012. https://www.penews.com/articles/westsummit-looks-beyond-cic-20120625

Wickham, Phil and Koichiro Nakamura, "SoftBank's problems aren't so surprising if you understand this one thing about the company", Market Watch, 30 October 2019. https://www.marketwatch.com/story/softbanks-problems-arent-so-surprising-if-you-understand-this-one-thing-about-the-company-2019-10-30

第八章　海外扩张与国家安全冲突

Ferek, Katy Stech. "National Security Regulator to Take Closer Look at Privacy Risks in Foreign Investors' U.S. Deals", Wall Street Journal, 13 February 2020. https://www.wsj.com/articles/national-securityregulator-to-take-closer-look-at-privacy-risks-in-foreign-investors-u-s-deals-11581600600

Hartcher, Peter. "Revealed: why the sale of Ausgrid to Chinese buyers was vetoed", Sydney Morning Herald, 28 May 2018. https://www.smh.com.au/opinion/revealed-why-the-sale-of-ausgrid-to-chinese-buyers-was-vetoed-20180528-p4zhxh.html

Innovation, Science and Economic Development Canada. "Investment Canada Annual Report 2018-2019", 2019. https://www.ic.gc.ca/eic/site/ica-lic.nsf/eng/h_lk81126.html

Musgrave, Paul. "The Slip that Revealed the Real Trump Doctrine", Foreign Policy, 2 May 2019. https://foreignpolicy.com/2019/05/02/the-slip-that-revealed-the-real-trump-doctrine/

Needham, Kirsty. "China's Australia investments fell amid 2018-19 tensions", Reuters, 7 May 2020. https://www.reuters.com/article/australia-china-investment/chinas-australia-investments-fell-amid-2018-19-tensions-data-shows-idUSL4N2CP1M1

Sanger, David. "Japanese Purchase of Chip Maker Cancelled After Objections in US", New York Times, 17 March 1987. https://www.nytimes.com/1987/03/17/business/japanese-purchase-of-chip-maker-canceled-after-objections-in-us.html

Satariano, Adam and Monika Pronczuk. "Europe, Overrun by Foreign Tech Giants Wants to Grow Its Own", 19 February 2020, New York Times. https://www.nytimes.com/2020/02/19/business/europe-digital-economy.html

Scott, Jason. "Australia to Toughen Foreign Investment Laws Amid China Spat", Bloomberg, 4 June 2020. https://www.bloomberg.com/news/articles/2020-06-04/australia-to-boost-foreign-investment-rules-for-sensitive-assets

United States Department of Justice. "Attorney General William Barr delivers the keynote address at the Department of Justice's China Initiative Conference", 6 February 2020. https://www.justice.gov/opa/speech/attorney-general-william-p-barr-delivers-keynote-address-department-justices-china

United States Treasury. "CFIUS Overview". Last retrieved 18 April 2020 from https://home.treasury.gov/policy-issues/international/the-committee-on-foreign-investment-in-the-united-states-cfius/cfius-overview

Zhong, Raymond. "U.S. Blocks a Chinese Deal Amid Rising Tensions Over Technology," New York Times, 23 February 2018. https://www.nytimes.com/2018/02/23/technology/china-microchips-cfius-xcerra.html

第九章 国际紧张局势下的技术交易

Agence France-Press. "Germany aims to shield tech firms from foreign takeovers", SCMP, 28 November 2019. https://scmp.com/tech/policy/article/3039814/germany-aims-shield-tech-firms-foreign-takeovers

Business Wire. "Boyd Corporation Announces Agreement to be Acquired by Affiliates of Goldman Sachs from Genstar Capital", 11 July 2018. https://www.businesswire.com/news/home/20180711005888/en/Boyd-Corporation-Announces-Agreement-Acquired-Affiliates-Goldman

Clark, Harry and Betty Louie. "United States: Grindr And PatientsLikeMe Outcomes Show Non-Cleared Transactions' Exposure To CFIUS Scrutiny, Especially When PII Is Involved", Mondaq, 8 May 2019. https://www.mondaq.com/unitedstates/Government-Public-Sector/804096/Grindr-And-PatientsLikeMe-Outcomes-Show-Non-Cleared-Transactions39-Exposure-To-CFIUS-Scrutiny-Especially-When-PII-Is-Involved

Dickman, Steve. "US Crackdown On Foreign Biotech Investment Makes Us Poorer, Not Safer", Forbes, 24 May 2019. https://www.forbes.com/sites/stevedickman/2019/05/24/us-crackdown-on-foreign-biotech-investment-makes-us-poorer-not-safer/#311dbd558197

Gal, Danit. "The U.S.-China-Israel Technology Triangle", foreignaffairs.com, 30 July 2019. https://www.cfr.org/blog/us-china-israel-technology-triangle

Harris, Mark. "Google and Facebook turn their backs on undersea cable to China", Techcrunch, 6 February 2020. https://techcrunch.com/2020/02/06/google-and-facebook-turn-their-backs-on-undersea-cable-to-china/

Jing, Meng. "Your money's not wanted HERE: Chinese-led bid for stake in high-res map maker rejected by US", SCMP, 27 September 2017. https://scmp.com/business/companies/article/2113119/your-moneys-not-wanted-here-chinese-led-bid-stake-high-res-map

Jing, Meng. "Tencent, partners invest in HERE's digital maps to get a leg up on self-driving cars", SCMP, 27 December 2016. https://scmp.com/business/article/2057446/tencent-partners-invest-heres-digital-maps-get-leg-self-driving-cars

Khan, Mehren. "EU Floats Plan for €100 billion sovereign wealth fund", Financial Times, 23 August 2019 https://www.ft.com/content/033057a2-c504-11e9-a8e9-296ca66511c9

Japan Times. "Japan Display bailout plan gets shareholder approval", 26 March 2020. https://www.japantimes.co.jp/news/2020/03/26/business/corporate-business/japan-display-bailout/

Mercury News. "Fairchild turns down Chinese offer", 17 February 2016. https://www.mercurynews.com/2016/02/17/fairchild-turns-down-chinese-offer/

Newton, Casey. "How Grindr became a national security issue", The Verge, 28 March 2019. https://www.theverge.com/interface/2019/3/28/18285274/grindr-national-security-cfius-china-kunlun-military

New York Times. "Really? Is the White House Proposing to Buy Ericsson or Nokia?" 13 February 2020b. https://www.nytimes.com/2020/02/07/business/dealbook/bill-barr-huawei-nokia-ericsson.html

Titcomb, James. "British chip firm Imagination needs support from Chinese owner after royalties from Apple dry up", Telegraph, 12 August 2019. https://www.telegraph.co.uk/technology/2019/08/12/british-chip-firm-imagination-needs-support-chinese-owner-royalties/

Xiang, Li. "PE firm Canyon Bridge shifting focus to Europe", China Daily, 9 February 2018. https://www.chinadaily.com.cn/a/201802/09/WS5a7d0205a3106e7dcc13bbf1.html

U.S.-China Economic and Security Review Commission. "2019 Report to Congress", 14 November 2019. https://www.uscc.gov/annual-report/2019-annual-report

White House. "Executive Order Establishing the Committee for the Assessment of Foreign Participation in the United States Telecommunications Sector", 4 April 2020. https://www.whitehouse.gov/presidential-actions/executive-order-establishing-committee-assessment-foreign-participation-united-states-telecommunications-services-sector/

第十章　超级资产所有者

Akhlas, Adrian Wail. "Things you need to know about the government's sovereign wealth fund", The Jakarta Post, 24 January 2020. https://www.thejakartapost.com/news/2020/01/24/things-you-need-to-know-about-governments-sovereign-wealth-fund.html

Bird, Mike. "Japan's Pension Whales May Be Making Waves in Currency Markets", Wall Street Journal, 21 February 2020. https://www.wsj.com/articles/japans-pension-whales-may-be-making-waves-in-currency-markets-11582285660

Burgess, Matthew. "Wildfires are Forcing Aussie Pension Funds to Be More Green", Bloomberg, 13 February 2020. https://www.bloomberg.com/news/articles/2020-02-13/wildfires-are-forcing-aussie-pension-funds-to-be-more-green

Canadian Pension Plan Investment Board. "CPP Investments participates in Waymo's first external investment round", press release, 2 March 2020. https://www.cppinvestments.com/public-media/headlines/2020/cpp-investments-participates-in-waymos-first-external-investment-round

Clark, Simon and Ben Dummet. "Coronavirus Accelerates European Efforts to Block Foreign Takeovers", Wall Street Journal, 10 April 2020. https://www.wsj.com/articles/coronavirus-accelerates-european-efforts-to-block-foreign-takeovers-11586516403

Fetalvero, Nathaniel. "These engineers are the driving force behind Temasek's digital transformation", TechInAsia, 30 April 2019. https://www.techinasia.com/engineers-driving-force-temaseks-digital-transformation

Fink, Larry. "Letter to CEOs", BlackRock press release, 14 January 2020. https://www.blackrock.com/corporate/investor-relations/larry-fink-ceo-letter

Grab. "Grab and Singtel partner for Singapore digital banking licence", press release, 30 December 2019. https://www.grab.com/sg/press/others/grab-and-singtel-partner-for-singapore-digital-banking-licence/

Gross, Anna and Madhumita Mugia. "China and Huawei propose reinvention of the internet", Financial Tismes, 27 March 2020. https://www.ft.com/content/c78be2cf-a1a1-40b1-8ab7-904d7095e0f2

Holter, Mikael. "World's Biggest Wealth Fund Dragged Closer to Dumping Assets", Bloomberg News, 30 March 2020. https://www.bloomberg.com/news/articles/2020-03-30/world-s-biggest-wealth-fund-dragged-closer-to-forced-asset-sales

Japan Time. "Japan to develop strategy for 6G wireless communication networks expected around 2030", 21 January 2020. https://www.japantimes.co.jp/news/2020/01/21/business/tech/japan-strategy-6g-wireless-communication-networks-2030/#.XvTGTChKhPZ

Mandow, Nikki. "NZ Super Fund corrals $13 trillion for live streaming action", Newsroom, 20 August 2019. https://www.newsroom.co.nz/2019/08/20/762606/nz-super-fund-corrals-15tn-for-livestreaming-action

Pullar-Strecker, Tom and Rob Stock. "NZ call for better social media controls gains global traction", Stuff, 1April 2019. https://www.stuff.co.nz/business/111710382/nz-call-for-better-social-media-controls-gains-global-traction

Whineray, Matt. "New Zealand's Sovereign Fund Reckons With a Massacre", Institutional Investor, 24 April 2019. https://www.institutionalinvestor.com/article/b1f3tr9mc41xm0/New-Zealand-s-Sovereign-Fund-Reckons-With-a-Massacre

Tomás, Juan Pedro. "US lawmakers propose $1 billion fund to replace Chinese network gear", RCRWireless, 26 September 2019. https://www.rcrwireless.com/20190926/5g/us-lawmakers-propose-1-billion-fund-replace-huawei-gear